TRAITÉ

DES

OBLIGATIONS.

TRAITÉ

DES OBLIGATIONS,

D'APRÈS LES PRINCIPES

DU CODE CIVIL,

Dans lequel on compare ce Code aux Lois
romaines, et où l'on démontre sa supériorité sur
elles dans tous les points où il s'en est écarté.

Par J.-B. CARRIER,

PROFESSEUR DE LA FACULTÉ DE DROIT DE DIJON.

DIJON,

IMPRIMERIE DE BERNARD-DEFAY,

1818.

AVIS.

L'AUTEUR a composé, pendant les années 1810, 1811 et 1812, un ouvrage complet sur toutes les matières du Code civil qu'il est chargé d'enseigner. Il publie aujourd'hui les Traités des obligations conventionnelles et sans convention, celui du contrat de mariage, et le Traité des hypothèques, priviléges et expropriations forcées, qui font partie du grand Traité sur le Code civil. Si le public, à qui cet essai est soumis, trouve que l'ouvrage entier soit digne de l'impression, on le publiera par la voie de la souscription, à raison de 3^{fr} 50^c les 400 pages d'impression, qui sera en tout point pareille, pour le papier, le format et le caractère, aux volumes rendus publics.

·CODE CIVIL.

LIVRE TROISIÈME.

TITRE TROISIÈME.

Des Contrats et Obligations convention-nelles en général.

DISPOSITIONS GÉNÉRALES.

Nous avons vu dans les dispositions générales de la loi sur les matières du 3e livre, que la propriété s'acquiert et se transmet par succession, par donation entre-vifs et testamentaire, et par l'effet des obligations.

Nous avons vu dans le premier titre quelles étaient les personnes appelées à recueillir les successions de ceux qui meurent sans avoir pu ou voulu disposer de leurs biens; nous y avons appris que les biens du défunt étaient alors déférés par la loi elle-même à ceux qu'il était présumé avoir chéris davantage; qu'il y avait deux ordres de successions, les régulières et les irrégulières; que les premières appartenaient aux parens légitimes du défunt, d'abord à ses descendans; à défaut de ceux-ci, à ses ascendans; et enfin à défaut des uns et des autres, à ses parens collatéraux: que les secondes appartenaient, à défaut de parens légitimes, en premier ordre aux enfans naturels reconnus; en second ordre, à l'époux survivant; et enfin, à défaut des uns et des autres, au domaine de l'état. Nous y avons vu que personne n'était forcé de recueillir les successions qui lui étaient échues; que chacun pouvait, à son gré, les accepter ou y renoncer ; qu'en cas d'acceptation, elles étaient divisées entre tous les héritiers dans la proportion de leurs droits.

Nous avons vu dans le second titre quels étaient ceux qui pouvaient disposer soit entre-vifs, soit à cause de mort ; quelles étaient les personnes qui pouvaient profiter de ces dispositions : nous y avons vu que la quotité de biens disponibles variait suivant le nombre et la qualité des héritiers ; qu'elle comprenait tous les biens, lorsque le disposant ne laissait à sa mort ni descendans, ni ascendans ; et enfin nous y avons appris quelles étaient les formes dont ces dispositions devaient être revêtues pour produire leur effet.

Après avoir vu comment la propriété s'acquérait et se transmettait par suite des successions et des dispositions à titre gratuit, nous allons maintenant voir comment ces acquisition et transmission s'opèrent à titre onéreux, c'est-à-dire par l'effet des obligations.

1. On prend quelquefois le mot obligation pour toute espèce de devoir : prises dans ce sens, les obligations se divisent en obligations parfaites et en obligations imparfaites Les premières nous obligent non-seulement envers Dieu, mais aussi envers les hommes ; les secondes ne nous lient qu'envers la divinité : telle est l'obligation de faire l'aumône de notre superflu ; nous n'y sommes obligés qu'envers Dieu, et le pauvre qui la reçoit de nous, ne l'obtient pas à titre d'acquittement d'une créance, mais à titre de bienfait.

Les obligations parfaites sont les seules dont s'occupe la législation civile ; les autres se rapportent à la morale religieuse, et sont du ressort du for interne : mais pour l'homme de bien elles sont aussi obligatoires que les premières, parce qu'elles sont imposées par Dieu, le plus grand, le plus puissant et le plus saint des législateurs, qui punira un jour sévèrement ceux qui ne les auront pas accomplies.

Les obligations parfaites en général peuvent se définir un lien de l'équité ou du droit, ou de l'équité et du droit tout ensemble, qui nous oblige envers quelqu'un à donner, à faire ou à ne pas faire quelque chose.

2. Ainsi les obligations considérées relativement à la nature du lien qui en résulte, sont divisibles sous ce rapport, en obligations purement naturelles, en obligations purement civiles, et en obligations naturelles et civiles tout à la fois.

3 L'obligation purement naturelle est un lien de l'équité, qui n'étant fondé que sur la loi naturelle, ne produit point d'action pour nous contraindre à donner ou à faire ce à quoi nous sommes obligés, mais qui opère cependant quelques effets que la loi civile lui accorde : par exemple, on n'admet pas la répétition de ce qui a été payé en vertu d'une obligation naturelle, art. 1235, 2e alinéa, cod. civ.; on peut se rendre valablement caution d'une obligation purement naturelle non improuvée par la loi, et privée d'action en justice, pour cause de l'incapacité civile de la personne du débiteur principal, art. 2012, c. c.; *Nam licet minùs propriè debere dicantur naturales debitores, per abusionem intelligi possunt debitores, et qui ab his pecuniam accipiunt, debitum sibi accepisse; l. 16, §. 4, ff. de fidejussoribus et mandatoribus. Fidejussor accipi*

*potest quoties est aliqua obligatio civilis vel na-
turalis cui applicetur*, §. 3 eodem.

L'obligation de la femme mariée contractant
sans l'autorisation du mari ou de la justice, est
une obligation purement naturelle : il en est de
même de celle du mineur capable de discerne-
ment.

4. Les obligations purement civiles sont celles
que le débiteur peut être forcé d'exécuter dans
le for extérieur, sans qu'il y soit obligé dans celui de la conscience : telle est l'obligation qui résulte d'un faux serment prêté par une partie à
laquelle son adversaire a déféré le serment décisoire sur l'objet d'une contestation ; ce dernier
peut être contraint de payer ce que l'autre a juré
faussement lui être dû, sans pouvoir être admis
à prouver la fausseté du serment, art. 1363, c. c.
Il est obligé dans le tribunal des hommes, mais
il ne l'est pas devant Dieu, puisqu'il ne doit rien
réellement, et que le crime commis par celui qui
a pris Dieu à témoin d'un fait faux, ne peut pas
lui procurer des droits auprès du souverain juge;
il pourra donc, en toute sureté de conscience, opposer la prescription si elle est une fois acquise;
il pourra même, sans se rendre coupable aux
yeux de la divinité, éluder le payement si cela
lui est possible. Il en est de même de celui qui
a été condamné par une sentence injuste passée
en force de chose jugée, à payer ce qu'il ne devait pas.

5. L'obligation civile et naturelle tout à la fois
est celle qui est fondée sur l'équité naturelle et
sur l'autorité de la loi civile, et qui produit une
action en justice pour forcer le débiteur à exécuter ce qu'il a promis.

C'est de cette espèce d'obligation qu'il est question dans ce titre; elle oblige à la fois et dans le for de la conscience et dans le for extérieur. Telle est l'obligation contractée volontairement par une personne majeure jouissant de ses droits; elle peut être définie un lien fondé à la fois sur l'équité naturelle et sur la loi civile, en vertu duquel nous sommes obligés à donner, à faire ou à ne pas faire quelque chose; l. 3 princ., ff. *de oblig. et act.*; l. 2 princ., ff. *de verb. oblig.*; princ. instit. *de obligationibus.*

Les obligations civiles proviennent de cinq causes : 1° quelques-unes sont imposées immédiatement par la loi; telle est l'obligation prescrite par elle à certaines personnes de se fournir des alimens en cas de besoin; art. 203 et suivans, c. c.; titre du digeste *de agnoscendis et alendis liberis*. Telles sont les obligations imposées, au titre des servitudes, à ceux qui ont des édifices les uns près des autres, etc.

Les autres sources des obligations sont les contrats, les quasi-contrats, les délits, les quasi-délits Ce sont des faits que la loi rend obligatoires; elle en fait naître des obligations qui ne proviennent plus d'elle que médiatement, et qui dérivent immédiatement du fait qui leur a donné l'existence. *Obligamur aut re, aut verbis, aut simul utroque, aut consensu, aut lege, aut jure honorario, aut ex necessitate, aut ex peccato;* leg. 52 princ., ff. *de oblig. et actionibus;* §. 2, instit. *de obligationibus.*

6. Le contrat est une convention par laquelle une ou plusieurs personnes s'obligent envers une ou plusieurs autres, à donner, à faire ou à ne pas

faire quelque chose; l. 1, §. 3, ff. *de pactis;* art.
1101, c. c.

On distingue dans les contrats les choses substantielles, celles qui sont naturelles, et enfin
celles qui sont accidentelles. Les premières sont
celles qui sont tellement nécessaires pour la formation du contrat, qu'il n'y a point de contrat,
ou qu'il y a un contrat différent si l'une d'elles
manque; ainsi il n'y a point de vente, s'il n'y a pas
une chose vendue qui soit l'objet du contrat; art.
1601, c. c. : ainsi il n'y a point de vente, mais
échange, si l'on donne pour prix de la chose qu'on
acquiert, non une somme d'argent, mais une autre
chose à la place; art. 1702, c. c., lors même que
les parties auraient donné à leur convention le
nom de vente, parce que ce n'est pas par la qualité
que les parties donnent aux contrats, que l'on
doit en déterminer la nature, mais par la substance des conventions qu'ils renferment; articles
1156 et 888, c. c. Ainsi il n'y a pas louage, mais
prêt commodat, si on accorde l'usage d'une chose
non fongible, sans exiger aucun prix; art. 1709 et
1876, c. c.; et par la même raison il y aurait
louage et non prêt à usage, si l'on stipulait un
prix pour l'usage, parce que la gratuité est de la
substance du prêt commodat; dit art. 1876.

Les choses naturelles au contrat sont celles
qui s'y trouvent, quoiqu'elles n'y ayent point
été exprimées : telle est la garantie pour le cas
d'éviction dans le contrat de vente et celui de
louage, etc.; art. 1626, 1719 et 1721, c. c.;
mais on peut les exclure du contrat par une
clause formelle, sans que le contrat cesse d'exister, ou sans qu'il change de nature, en quoi

elles diffèrent des choses substantielles ; art. 1627 à la fin, c. c.

Les choses accidentelles sont celles qui ne sont dans le contrat, qu'autant qu'elles y sont mises en termes exprès : telles sont celles qui concernent l'époque et le lieu du payement ; elles diffèrent des naturelles en ce que celles-ci sont dans le contrat lors même qu'il n'en est fait aucune mention, au lieu que les accidentelles ne s'y trouvent qu'autant qu'elles y ont été insérées en termes formels.

Le quasi-contrat est un fait purement volontaire de l'homme, dont il résulte un engagement quelconque envers un tiers, et quelquefois un engagement réciproque des deux parties ; art. 1371, c. c.

7. Le délit est tout fait défendu par la loi, commis volontairement, par suite duquel le public ou des particuliers ont reçu quelque dommage ou offense, et qui emporte l'obligation de réparer le dommage autant que possible, et de subir la peine déterminée par la loi.

8. Le quasi-délit ne diffère du délit que parce que le second est commis volontairement et par dol ; et le premier, par imprudence et sans avoir eu la volonté de nuire.

On s'occupe ici des obligations qui résultent des contrats, appelées pour cela obligations conventionnelles.

Notre titre est divisé en six chapitres : le premier nous donne les différentes divisions des contrats ; le second nous fait connaître les conditions essentielles pour la validité des conventions ; le troisième traite de l'effet des obligations ; le quatrième, des diverses espèces d'o-

bligations; le cinquième nous enseigne les différentes manières dont s'éteignent les obligations; le sixième enfin nous fait connaître les
différens genres de preuves qui servent à établir
l'existence d'une obligation ou son extinction.

CHAPITRE PREMIER.

Divisions principales des Contrats.

9. Les contrats se divisent premièrement en
contrats bilatéraux et unilatéraux; l. 19, ff. *de
verb. significatione.* Le contrat est synallagmatique ou bilatéral lorsque les contractans s'obligent réciproquement les uns envers les autres.
Telle est la vente : l'un des contractans, le vendeur, s'oblige à livrer la chose vendue, et l'autre,
l'acheteur, à en payer le prix; art 1582, c. c.

Le contrat est unilatéral lorsqu'une ou plusieurs personnes sont obligées envers une ou
plusieurs autres, qui ne sont point obligées de
leur côté. Tel est le prêt de consommation :
l'emprunteur seul est obligé, il est tenu de rendre la somme qu'on lui a prêtée, mais le prêteur n'est obligé à rien.

Cette division est utile en pratique, parce que,
entre autres raisons, l'on doit faire autant de
doubles des premiers, qu'il y a de personnes
intéressées, lorsqu'ils sont sous signatures privées, et que cela n'est pas exigé pour les seconds;
art. 1325, c. c.

Les contrats synallagmatiques se subdivisent
en contrats synallagmatiques parfaits, et en contrats synallagmatiques imparfaits.

10. Les premiers sont ceux qui, dès le moment
de leur formation, produisent des obligations

réciproques, comme la vente : dans ce contrat, le vendeur et l'acheteur sont tous deux obligés dès le moment où le contrat se forme.

Les contrats synallagmatiques imparfaits sont ceux où un seul des contractans est obligé à l'instant de la perfection du contrat, et l'autre ne l'est que postérieurement au contrat, et par suite d'un fait survenu depuis, *non obligatur ab initio, sed ex post facto.* Tel est le contrat de prêt commodat ; le seul emprunteur est obligé au moment où la convention se forme ; le prêteur ne le sera qu'autant qu'un fait postérieur au contrat le rendra obligé : par exemple, si le commodataire est obligé de faire quelque dépense extraordinaire et nécessaire pour la conservation de la chose prêtée, le prêteur sera obligé de la restituer à l'emprunteur; art. 1890, c. c.; mais cette obligation ne doit pas son existence au contrat, mais elle tire son origine du fait de la dépense qui a eu lieu après la convention.

Cette division est encore utile en pratique, parce que l'acte sous seing privé double, triple, etc., n'est exigé que lorsqu'il s'agit de contrats parfaitement synallagmatiques et non pour ceux qui ne le sont qu'imparfaitement, pour deux motifs: premièrement, lorsque l'obligation de celui qui ne l'est que par suite d'un événement postérieur au contrat sera formée, il ne pourra pas opposer le défaut de mention de titre double, triple, etc., parce qu'alors il aura exécuté le contrat, et que ce défaut ne peut pas être opposé par celui qui a exécuté; art. 1325 à la fin, c. c. 2° La principale raison de cette décision est que la loi n'exige le titre double que pour les conventions synallagmatiques, dit art. 1325 au com-

mencement, c'est-à-dire que pour celles qui produisent des obligations réciproques, art. 1102,
c. c. ; mais dans les contrats imparfaitement synallagmatiques, l'obligation de celui qui n'était
point engagé au moment du contrat, mais qui
ne l'est devenu que par un fait postérieur à la
convention, n'est point provenue de la convention ; il n'y a eu d'obligé par elle que l'autre contractant : elle n'a donc pas produit des obligations réciproques, elle n'est donc pas synallagmatique, elle n'est donc pas soumise aux dispositions de l'article 1325, c. c., qui ne concerne
que les conventions synallagmatiques.

11. Deuxièmement, les contrats se divisent en
contrats commutatifs et en contrats aléatoires.

Il est commutatif lorsque chacune des parties
s'engage à donner ou à faire une chose qui est
regardée comme l'équivalent de ce qu'on lui
donne ou de ce que l'on fait pour elle. Tels sont
l'achat, l'échange, le louage : le vendeur, le co-
permutant, le locateur, veut recevoir le prix et
la valeur de ce qu'il abandonne à l'autre partie.

Le contrat est appelé aléatoire, du mot latin
alea, qui signifie risque, hasard ; il est tel lorsque l'équivalent consiste dans la chance de gain
ou de perte pour chacune des parties d'après un
événement incertain. Le contrat d'assurance d'un
vaisseau est une convention aléatoire ; l'assureur
reçoit de l'assuré une somme que l'on nomme
prime d'assurance ; elle est le prix des risques
auxquels est exposé l'assureur qui prend l'engagement de réparer la perte du vaisseau ou des
marchandises, s'ils périssent par fortune de mer
pendant le voyage pour lequel ils sont assurés.
Si le vaisseau arrive à bon port, l'assureur con-

serve la somme qui lui a été payée, quoiqu'il n'ait rien donné de son côté; et le contrat est néanmoins commutatif : il a donné l'équivalent de ce qu'il a reçu, au moyen des risques dont il s'était chargé.

Cette division a un but d'utilité réelle en pratique, parce que certains contrats commutatifs, tels que la vente et la dation en payement, sont sujets à l'action en rescision pour cause de lésion de plus des sept douzièmes, et le contrat de partage pour lésion de plus du quart ; art. 1674 et 887, c c. Les contrats aléatoires ne sont pas susceptibles d'être attaqués par cette voie, parce que les risques dont se charge l'un des contractans ne peuvent pas être appréciés rigoureusement, et qu'ainsi il n'y a pas de bases certaines d'estimation.

12. Les contrats se divisent, en troisième lieu, en contrats de bienfaisance et en contrats à titre onéreux.

Le contrat de bienfaisance est celui dans lequel une des parties procure à l'autre un avantage purement gratuit : tels sont le prêt commodat, le prêt de consommation quand il n'y a point d'intérêts de stipulés, le mandat lorsque le mandataire ne s'est point fait accorder des salaires, et sur-tout la donation entre-vifs.

Les contrats à titre onéreux sont ceux qui assujettissent chacune des parties à donner ou à faire quelque chose. Je m'engage à faire vos affaires à Paris ; vous vous engagez à faire les miennes à Rouen : ce contrat, appelé dans le droit romain *facio ut facias,* est un contrat à titre onéreux; les deux parties s'engagent réciproquement à faire une chose l'une pour l'autre.

Vous me promettez cent louis pour que je bâtisse votre maison : ce contrat, appelé dans les lois romaines *do ut facias*, est à titre onéreux ; l'un des contractans s'engage à donner quelque chose, et l'autre s'oblige à un fait.

Il y a cette différence entre le contrat à titre onéreux et le contrat commutatif, que le premier est le genre, et le second une espèce de ce genre. Tout contrat commutatif est à titre onéreux, mais tout contrat à titre onéreux n'est pas commutatif : dans cette dernière espèce de contrat, il faut que ce que l'on s'engage à donner ou à faire soit à peu près l'équivalent de ce que nous recevons ; mais pour que le contrat soit à titre onéreux, il suffit que celui qui reçoit soit astreint à donner ou à faire quelque chose, quoique ce qu'il s'engage à donner ou à faire ne soit pas l'équivalent de ce qu'il a reçu ou de ce que l'on fait pour lui. Une donation entre-vifs sera considérée comme un contrat à titre onéreux, lorsque des charges auront été imposées au donataire, quoiqu'elles soient beaucoup au-dessous des avantages reçus. Arrêt de la Cour de cassation du 22 septembre 1808, rapporté par Sirey, 1re partie, pag. 106; autre arrêt du 1er mars 1809, rapporté par le même, 1re partie, pag. 185 et 186, tous les deux dans la collection pour l'an 1809

Cette division en contrats de bienfaisance et en contrats à titre onéreux, est précieuse en pratique : les premiers n'ont lieu qu'en considération de la personne à qui l'on procure l'avantage, et ainsi l'erreur sur la personne les vicie toujours; au contraire les autres se font indifféremment avec une personne ou avec une autre, et par conséquent l'erreur sur la personne ne les vicie qu'autant qu'il est prouvé que la considération de la personne avec laquelle on croyait contracter a été le motif déterminant du contrat.

Cette division est encore utile pour un autre motif : la garantie pour cause d'éviction a lieu dans les contrats à titre onéreux, parce que le contractant évincé serait en perte réelle s'il n'était pas indemnisé de l'éviction ; au contraire cette garantie n'est pas admise dans les contrats de bienfaisance, parce que le contractant dépossédé n'éprouve pas un dommage véritable puisqu'il n'avait rien donné de son côté. Ainsi le donataire évincé ne peut agir en garantie contre le donateur, à moins que ce dernier n'ait donné sciemment la chose d'autrui, et que le donataire y ait fait de grandes dépenses qu'il n'a pu obtenir de l'évinçant, ou à moins que le donateur ne s'y soit formellement soumis, parce qu'alors c'est une loi qu'il s'est volontairement imposée et à laquelle il doit se conformer ; l. 18, §. 3, ff. *de donationibus;* l. 2, cod. *de evictionibus;* art. 1134, c. c. Enfin, lorsqu'il s'agit de biens donnés pour dot ; artic. 1440, 1541 et 1547, cod. civ.

13. On divise quatrièmement les contrats en contrats réels et en contrats consensuels

Les contrats réels sont ceux qui, outre le consentement des parties, exigent pour leur accomplissement que la chose qui en est l'objet soit délivrée dans le moment même de la convention : tels sont le prêt commodat, le prêt de consommation, le dépôt et le gage. Dans le prêt de consommation, la propriété de la chose prêtée est transmise à l'emprunteur ; art. 1893, c. c.; princ.

instit. *quibus modis re contrahitur obligatio.* Dans le prêt à usage, c'est l'usage seul de la chose qui est accordé; art 1875, 1877 et 1880, c. c.; §. 2, instit. *quibus modis re contrah. oblig.* Dans le dépôt, la garde seule est commise au dépositaire; art. 1915, c. c.; l. 1, ff. *depositi.* Dans le gage, c'est la possession seule de la chose donnée en gage qui est transférée au créancier engagiste; art. 2076, c. c.; l. 9, §. 2, ff. *de pignerati actione;* mais ce sont tous des contrats réels, puisque l'obligation de l'emprunteur, du dépositaire et du créancier n'est formée qu'après qu'ils ont reçu la chose qui est l'objet du contrat. Dans les conventions qui obligent à rendre soit la même chose comme le prêt à usage, soit une autre chose de la même nature comme dans le prêt de consommation, l'obligation ne prend naissance qu'autant que la délivrance accompagne le consentement. On ne peut être astreint à rendre qu'autant que l'on a reçu; c'est pour cela que l'on dit que ces espèces d'obligations se contractent par la chose, quoique le consentement y soit aussi nécessaire. Toto titulo instit. *quibus modis re contrahitur obligatio.*

Les contrats purement consensuels sont ceux qui s'accomplissent par le seul consentement des parties contractantes donné et reçu réciproquement, à la différence des autres contrats qui, outre le consentement nécessaire pour toutes les conventions, l. 1, § 5, *ver. adeò,* ff. *de pactis,* requièrent encore pour leur perfection, ou la tradition de la chose comme les contrats réels, art. 1875, 1892, 1915, 1919, 2071, c c., ou un acte notarié dont la minute soit conservée, comme la donation entre-vifs, art. 931, c. c., et c. *ideò*

autem illis modis obligatio dicitur consensu con-
trahi, quia neque scripturá neque præsentiá om-
nimodò opus est, neque dari quicquam necesse est
ut substantiam capiat obligatio, sed sufficit eos qui
negotia gerunt consentire; §. 1, inst. *de oblig. ex*
consensu. Tel est le contrat de vente, il est parfait entre les parties, et la propriété est acquise de
droit à l'acheteur à l'égard du vendeur, dès qu'on
est convenu de la chose et du prix, quoique la
chose n'ait pas encore été livrée, ni le prix payé;
art. 1583, c. c.; princ. instit. *de emptione-ven-*
ditione; l. 52, §. 9, ff. *de obligat et actionibus.*

Cette division en contrats réels et contrats consensuels est d'un grand usage dans la jurisprudence, car, pour les premiers, l'hypothèque
accordée pour leur sureté n'opère ses effets que
du jour de la tradition de la chose qui est l'objet
du contrat, et non de celui de l'accord, parce
que l'obligation principale n'est formée qu'au
moment de la délivrance, et qu'il est de principe que l'hypothèque, qui est l'accessoire de
l'obligation principale, ne peut pas exister avant
celle-ci, l'accessoire ne pouvant exister avant le
principal; l. 1, §. 1, ff. *qui potiores in pignore;*
au contraire, pour les seconds, l'hypothèque a
lieu du moment de l'accord, parce que le contrat
principal est parfait dès ce moment.

14. Cinquièmement, on divise les contrats en
contrats auxquels l'écriture est essentielle, et en
ceux qui peuvent se former verbalement, et pour
lesquels l'écriture n'est exigée que pour la preuve
lorsqu'il s'agit de choses excédant en valeur 150
francs, et en cas de dénégation seulement.

Les contrats auxquels l'écriture est essentielle,
sont ceux pour lesquels la loi l'exige d'une ma-

nière impérative, et qui ne produisent aucune obligation civile lorsqu'ils ont été formés verbalement, lors même que la convention serait avouée. Telle est la donation entre-vifs : une personne aurait donné tous ses biens présens à une autre qui aurait accepté expressément la donation ; si cette convention n'a pas été rédigée par écrit de la manière indiquée par la loi, elle ne produira aucun effet, et le donateur ne pourra être contraint de l'exécuter, lors même qu'il avouerait en justice la vérité de cette convention.

Les contrats qui peuvent se former verbalement, sont ceux qui s'accomplissent par le seul consentement des parties et qui doivent produire tout leur effet, lorsque la convention est avouée, quoiqu'ils n'ayent pas été rédigés par écrit, et quelle que soit la valeur de la chose qui en est l'objet : tels sont la vente, l'échange, le louage, etc. Dans la donation, l'écriture est exigée pour la perfection du contrat ; dans la vente et autres, elle n'est exigée que pour la preuve en cas de dénégation, et lorsque l'objet de la convention excède 150 fr : *in primo requiritur scriptura pro perfectione ; in aliis, pro probatione tantùm.*

Cette division est utile en pratique, parce que les premiers sont nuls, quoiqu'ils soient avoués, s'ils ne sont pas rédigés par écrit de la manière légale ; les seconds au contraire sont valables, quoique non rédigés par écrit, si l'existence en est avouée et reconnue par les parties.

15. Sixièmement, on divise les contrats en contrats authentiques et en contrats sous signatures privées.

Les premiers sont ceux qui sont reçus, avec les solennités requises par la loi, par des officiers

publics ayant pouvoir d'instrumenter dans le
lieu où ils sont rédigés; art. 1317, c. c Ils portent
la preuve de leur vérité par la signature de l'officier public qui les a faits; ils ne sont accomplis qu'après que tout est écrit, et que ceux qui
doivent signer y ont mis leur seing et les notaires le leur; l. 17, codice *de fide instrumentorum*.

Les contrats sous seing privé sont ceux qui ne
sont revêtus que des signatures des parties contractantes, et qui ne font foi qu'après qu'ils ont
été reconnus, ou vérifiés en cas de dénégation
de sa propre écriture ou signature, ou de non-
connaissance de celle d'autrui ; art. 1322 , 1323
et 1324, c. c.

Cette division des contrats en contrats authentiques et en contrats sous signature privée est
très utile en pratique pour deux motifs : 1° parce
que les contrats authentiques font foi en justice,
jusqu'à inscription de faux de la convention
qu'ils renferment entre les parties contractantes
et leurs héritiers et ayant cause ; il faut nécessairement les attaquer par la voie de faux principal ou incident, si on veut ébranler la confiance que la loi accorde aux officiers qui les ont
reçus ; art. 1319, c. c. Au contraire on peut
soutenir que l'écriture ou la signature d'un acte
sous seing privé que l'on nous attribue n'est pas
la nôtre, ou déclarer qu'on ne la reconnaît pas
pour être celle de notre auteur, sans être obligé
de prendre la voie d'inscription de faux; et sur
cette dénégation ou non-connaissance, le tribunal saisi ordonne la vérification ; artic. 1322 ,
1323 et 1324, c. c.; 193, 194, 195, cod. de
procéd. Le second motif est que l'on peut pra-

tiquer des saisies sur les biens de son débiteur et les faire vendre sans jugement préalable de condamnation, avec des titres authentiques, pourvu qu'ils soient revêtus de la formule d'exécution, c'est-à-dire pourvu qu'ils soient intitulés du nom du roi, et qu'ils contiennent mandement d'exécution; art. 551 et 545, cod. de proc Au contraire les titres sous seing privé n'étant point exécutoires, il faut l'intervention de la justice, il faut un jugement de condamnation pour pouvoir exécuter le débiteur.

16. Septièmement, les contrats se divisent en contrats principaux et en contrats accessoires: les premiers sont ceux qui interviennent principalement et pour eux-mêmes; les contrats accessoires sont ceux qui se forment pour assurer l'exécution des contrats principaux. Tels sont les contrats de cautionnement, de gage, d'hypothèque, qui supposent une obligation principale pour sureté de laquelle les cautions, gages et hypothèques sont donnés.

Cette division est utile, parce que les premiers ne dépendent de rien; au contraire les seconds se forment, subsistent et tombent avec les premiers, dont ils ne sont que l'accessoire et la dépendance.

Huitièmement, on peut diviser les contrats en contrats nommés et en contrats innomés.

Les premiers sont ceux qui ont reçu de la loi un nom particulier qui ne convient qu'à une sorte d'affaires, et qui produisent une action portant le même nom que le contrat: tels sont le louage, la vente, le prêt à usage, le prêt de consommation, etc.

Les contrats innomés sont toutes les conventions qui n'ont pas reçu une dénomination particulière de la loi; il y en a autant d'espèces qu'il se peut former d'accords différens entre les hommes, suivant leur position et leur intérêt. *Quarum totidem genera sunt quot rerum contrahendarum,* §. 3, instit. *de divisione stipulationum.*

Cette division a encore son utilité en pratique, parce que les contrats innomés ne sont soumis qu'aux règles générales exposées dans ce titre; tandis que les autres sont en outre régis par les lois particulières qui leur sont propres; art. 1107, cod. civ.

Chez nous tous les contrats, soit nommés soit innomés, ou simples pactes, sont obligatoires, pourvu qu'ils ne soient pas contraires aux lois ou aux mœurs, et que l'on se soit conformé, en les faisant, aux règles générales qui sont l'objet de notre titre, et aux règles particulières des contrats nommés; et ils sont tous de bonne foi.

Les règles particulières aux contrats nommés sont expliquées aux titres relatifs à chacun d'eux : ainsi on verra au titre de la vente les règles particulières à cette espèce de convention.

17. Les règles particulières aux transactions commerciales, telles que le contrat de change, sociétés de commerce et autres, sont exposées au code de commerce; nous les faisons connaître en traitant les contrats ordinaires auxquels les conventions commerciales ont du rapport. Ainsi on parle du change à la fin du chapitre 7 du contrat de vente, qui traite des cessions de créances avec lesquelles le contrat de change a quelque affinité; on expose les règles de l'affrétement ou louage des navires, ainsi que du louage des

matelots, à la fin du titre du louage : ainsi on traite des sociétés commerciales à la fin du titre de la société ; on parle de l'assurance et du prêt à la grosse aventure, en traitant des contrats aléatoires dont ils font partie ; on s'occupe du mandat des agens de change, des courtiers, et des capitaines des navires marchands, à la fin du titre sur le mandat.

CHAPITRE II.

Des Conditions essentielles pour la validité des conventions.

Après avoir vu les différentes divisions des contrats , l'ordre naturel exige que l'on fasse connaître quelles sont les conditions nécessaires pour leur formation.

18. Cinq conditions sont essentielles pour la validité des conventions :

Le consentement de celui qui s'oblige ; sa capacité de contracter ; un objet certain qui forme la matière du contrat ; une cause licite dans l'obligation, et la nécessité de l'accomplir : si une de ces conditions manque, la convention est infectée d'un vice essentiel qui en opère la nullité.

Ce chapitre est divisé en cinq sections : la première traite du consentement ; la seconde de la capacité des parties contractantes ; la troisième de l'objet et de la matière des contrats ; la quatrième de leur cause ; la cinquième de la nécessité du lien.

SECTION PREMIÈRE.

Du Consentement.

19. Le consentement de celui qui s'oblige est

requis pour la validité de l'obligation, parce que le pacte ou convention est l'accord de deux ou plusieurs personnes sur le même objet : *est pactio duorum pluriumve in idem placitum consensus;* l. 1, § 2, ff. *de pactis.* Il faut donc le concours des volontés des parties contractantes ; il faut donc le consentement de celui qui s'oblige, puisqu'il est question ici des obligations conventionnelles, de celles qui résultent des conventions qui ne sont elles-mêmes formées que par le concours des volontés des parties contractantes : l'obligation conventionnelle n'étant imposée à l'homme que par sa volonté, il faut donc qu'il y consente pour que le lien obligatoire soit formé.

De là il résulte que tous ceux qui sont privés de l'usage de la raison, qui par leur état ne sont pas susceptibles d'avoir de volonté, tels que les imbéciles, les insensés, les furieux, les enfans, sont incapables de faire des conventions valables.

Il faut que le consentement de celui qui s'oblige soit spontané, et qu'il soit le fruit d'une réflexion libre, éclairée, et non entraînée par des manœuvres entachées de dol.

20 De ce principe on doit conclure que le consentement n'est pas valable, s'il est le fruit de l'erreur, ou s'il a été extorqué par violence ou surpris par dol.

Au contraire l'obligation est parfaite, si elle est le fruit d'une volonté libre, éclairée, et non déterminée par les artifices et manœuvres de l'autre partie ; car quel fondement plus sûr peut avoir l'obligation parmi les hommes, que le libre engagement de celui qui s'oblige ?

Les conventions étant des engagemens volontaires qui se forment par le consentement, elles doivent être faites avec connaissance et liberté ; et si elles n'ont pas ces deux caractères, elles ne peuvent produire aucun effet : *nihil consensui tam contrarium est quàm vis et metus quem comprobare contra bonos mores est. Non videntur qui errant consentire ;* l. 116 princ., et §. 2, ff. *de regulis juris ;* 1 57, ff. *de obligat. et actionibus ;* § 23, instit *de inutilibus stipulat.* Le défaut de connaissance et de liberté vicie les conventions, c'est un vice des contrats ; et on appelle vice des conventions ce qui blesse leur nature et leur caractère essentiel.

§. Ier.

De l'Erreur.

Pour que l'erreur vicie la convention dans ses caractères essentiels, et qu'elle en opère la nullité, il faut qu'elle tombe sur la substance même de la chose qui en fait l'objet : c'est pourquoi on distingue, en fait de contrats, l'erreur en substantielle et accidentelle.

21. La première est celle qui tombe sur le contrat lui-même, et c'est principalement en ce sens qu'il est vrai de dire que ceux qui se trompent ne sont pas censés consentir : ainsi, si quelqu'un entend me vendre une chose, et que j'entende la recevoir à titre de prêt ou de donation, il ne se forme entre nous aucun contrat, parce que le concours des deux volontés n'est pas tombé sur le même contrat ; je me suis trompé sur la nature du titre qui m'a mis en possession de la chose qui en est l'objet ; l'autre

partie voulait bien vendre, mais je ne voulais pas acheter, je croyais recevoir à titre de donation ; il n'y a plus ici accord de deux ou plusieurs personnes sur le même objet, *duorum vel plurium in idem placitum consensus ;* l. 1, §. 2, ff. *de pactis.*

22. L'erreur est aussi substantielle lorsqu'elle tombe sur la chose qui est l'objet de la convention : ainsi, si vous voulez me vendre une chose et que je croie en acheter une autre, ou si vous voulez la vendre cent écus et que je sois persuadé de l'acheter pour soixante, il n'y a point de vente dans ces deux cas, parce que le consentement n'est pas tombé dans le premier sur la même chose, et dans le second sur le même prix : *in venditionibus et emptionibus consensum debere intercedere palàm est. Cæterùm, sive in ipsâ emptione dissentiant, sive in pretio, sive in quo alio, emptio imperfecta est. Si igitur ego me fundum emere putarem Cornelianum, tu mihi te vendere Sempronianum putasti, quia in corpore dissensimus, emptio nulla est ;* l 9 princ., ff. *de contrahendâ emptione ;* l. 83, §. 1, et 157, §. 1, ff. *de verb. obligat.*

Cependant si vous avez entendu me vendre pour un prix inférieur à celui pour lequel je croyais acheter, dans ce cas la vente serait valable, parce que je suis censé y avoir consenti ; celui qui veut acheter pour mille écus, veut à plus forte raison acheter pour un moindre prix ; d'ailleurs, une petite somme est renfermée dans une grande : *in majori summâ, minor est ;* l. 52, ff. *locati ;* l. 110 princ., ff. *de regulis juris.*

23. L'erreur est encore regardée comme essentielle lorsqu'elle tombe sur la qualité de la

chose qui en fait la substance et que les contractans ont eue principalement en vue : Je veux
acheter une boîte d'or, on me vend une boîte de
cuivre doré ; l'erreur dans laquelle j'ai été détruit
mon consentement, et il n'y a point de convention, lors même que le vendeur n'aurait eu aucune
intention de me tromper, parce que j'ai voulu
acheter une boîte d'or et non une boîte de
cuivre doré ; je n'ai pas la chose que je voulais avoir, la qualité qui lui manque en change
la valeur, pour ainsi dire, du tout au tout ;
j'aurais donné un prix bien différent si j'avais
connu la véritable matière de la boîte : *nullam
esse venditionem puto quoties in materiá erratur;*
dic lege 9, §. 2, ff. *de contrah. empt.* in fine;
l. 41, §. 1, ff. eodem.

24. Cependant s'il s'agissait d'un contrat dans
lequel il importa toujours à celui qui a reçu la
chose de la conserver telle qu'elle est; dans un
cas semblable, l'erreur sur la qualité substantielle de la chose ne vicierait pas le contrat : ainsi,
si je crois recevoir de vous à titre de donation des vases d'or et que j'en reçoive de cuivre
doré, la donation n'en subsistera pas moins,
parce que j'ai intérêt de conserver les vases tels
qu'ils sont. Si l'erreur sur la qualité essentielle
de la chose donnée était commise par le donateur ; si par exemple voulant donner des vases
de cuivre doré, il donnait des vases d'or qu'il
croyait être de cuivre doré, cette erreur annul-
lerait la donation, parce qu'on ne peut pas étendre
son bienfait au-delà de sa volonté, vu sur-tout
que donner c'est perdre ; l. 7 prin, ff. *de donat.*
Si un débiteur donne en gage à son créancier
une pièce de métal doré que ce dernier prend

pour de l'or, le contrat de gage qui s'est formé
entre les parties est aussi valide, nonobstant cette
erreur essentielle, parce que le créancier a toujours intérêt d'avoir ce gage, quoiqu'il soit moins
précieux qu'il ne l'a cru au moment du contrat,
parce qu'il lui procure toujours une sureté quelconque; l. 22, ff. *de verb. obligat* l. 1, §. 2,
ff. *de pigner. actione;* sauf cependant le droit
qu'aura le créancier d'agir par l'action pigno-
ratitie contraire, pour exiger un gage semblable
à celui qui lui avait été promis; l. 36 princ.,
ff. *de pigner. actione;* et dict. l. 1, §. 2 in fine,
ff. eodem. *Tenebitur tamen pigneratitiâ contra-
riâ actione qui dedit.*

25. L'erreur est accidentelle, et par conséquent elle n'annulle point la convention lorsqu'elle ne tombe que sur quelques qualités accidentelles de la chose : par exemple, je crois
acheter un pré du meilleur produit, il ne rapporte que médiocrement; je crois acheter du
vin de Pommard de première qualité, il est d'une
valeur inférieure : il n'y a pas ici erreur substantielle; je voulais acheter un pré et du vin de Pommard, j'ai ce que je voulais me procurer, quoique
la chose achetée n'ait pas toutes les qualités que je
lui désirais : je ne peux donc pas demander la nullité de la vente. Cependant si le défaut de ces qualités rend la chose totalement impropre à l'usage
pour lequel on l'a achetée, l'erreur où l'on a été
à cet égard donne lieu à l'action redhibitoire,
art. 1641, c c.; et s'il diminue considérablement
cet usage, il y aura lieu à l'action *quanti minoris,*
ou en diminution de prix; l'acquéreur peut même,
dans ce dernier cas, rendre la chose s'il le juge
convenable, tout comme il lui est facultatif dans

le premier, de garder la chose en demandant que le prix soit diminué, art. 1644, c. c. Il faut au reste qu'il s'agisse de défauts non apparens, et que ces actions soient intentées dans le bref délai fixé pour l'usage, des lieux ; artic. 1642 et 1648, c. c.

J'achète, par exemple, une prairie qui produit des herbes vénéneuses dont la forme extérieure est la même que celle des herbes propres à la nourriture des bestiaux; le poison renfermé dans ces plantes fait périr mes troupeaux. Vous me vendez un cheval que je crois sain, et qui est attaqué de la morve, de la pousse, ou de la courbature : dans tous ces cas et autres semblables, la convention ne sera pas nulle, mais je pourrai vous forcer à reprendre la chose qui en fait l'objet, parce que si j'avais connu de semblables défauts je n'aurais pas fait la convention. *Si pestibilis, id est pestibiles herbas vel lethiferas habens*, l. 4, cod *de œdilitio edicto;* l. 1 princ., et §. 1 et sequentibus, et l. 49, ff. codem.

26. L'erreur sur la personne avec qui on contracte est aussi quelquefois substantielle, et quelquefois accidentelle.

Toutes les fois que la considération de la personne avec laquelle on veut contracter est la cause principale de la convention, l'erreur sur la personne est considérée comme substantielle, et en cette qualité elle fait obstacle au consentement, et elle empêche la convention de se former.

Dans les contrats de bienfaisance l'erreur sur la personne est substantielle, parce que l'on n'est porté à conférer des bienfaits à quelqu'un qu'en considération de ses qualités personnelles qui lui ont attiré notre bienveillance, ou parce qu'il nous est lié par les liens du sang et de l'amitié : c'est donc la considération de la personne qui est le motif déterminant du contrat. Par exemple, je veux faire une donation à Paul; je la fais à Antoine que par erreur je prends pour Paul: cette donation est nulle, parce que mon affection pour Paul était le motif de la libéralité que je voulais exercer à son égard; c'est la considération de sa personne qui a été la cause principale de la convention.

L'erreur sur la personne est encore substantielle dans le contrat de mariage, où la considération de la personne est tout, puisqu'il est l'union de deux personnes de sexe différent qui s'associent pour toute la vie : d'après ce, si croyant épouser une telle femme, on contracte mariage avec une autre que l'on croyait être la première, à cause du voile dont elle était couverte, le mariage est nul, parce que la considération de la personne est ici le vrai motif déterminant. D'ailleurs, dans le mariage, ce sont les personnes qui sont l'objet du contrat; lorsqu'il y a substitution d'une personne à une autre, il y a tout à la fois erreur sur la personne, et erreur sur l'objet du contrat.

Lorsque la considération de la personne avec qui on croyait contracter n'est entrée pour rien dans la convention, et que le contrat se serait également formé avec toute autre personne, ce qui arrive presque toujours dans les contrats à titre onéreux, l'erreur alors doit être regardée comme accidentelle, et le contrat doit subsister: par exemple, j'ai acheté chez un marchand drapier une pièce de drap qu'il m'a promis de me livrer le lendemain; quoique ce marchand m'ait

3

pris pour un autre à qui je ressemble, et quoique je l'aye laissé dans son erreur à cet égard, il n'en est pas moins tenu d'accomplir le marché, parce que lui étant indifférent de vendre sa marchandise à une personne ou à une autre, ce n'est pas précisément et personnellement à celui pour lequel il me prenait qu'il a voulu vendre, mais en général à la personne qui lui donnerait le prix qu'il en demandait.

27. L'erreur dans les motifs qui ont porté quelqu'un à contracter, annulle-t-elle la convention ?

Il faut distinguer si on a fait dépendre la convention de la vérité des motifs, avec stipulation expresse qu'elle ne produirait aucun effet dans le cas contraire; c'est alors une convention conditionnelle faite sous une condition suspensive qui n'aura lieu qu'autant que la condition se sera réalisée, et qui dans le cas contraire sera absolument nulle par défaut d'accomplissement de la condition, *defectu conditionis*.

Mais si les parties n'ont pas déclaré formellement qu'elles voulaient faire dépendre la convention de la vérité des motifs, dans ce cas l'erreur dans les motifs ne vicie point les conventions, parce que les conditions qui ne doivent être apposées dans les conventions que par la volonté des deux parties, ne peuvent pas y être suppléées.

28. Toutes les erreurs dont on vient de parler tombent sur des faits, et il est de principe que l'erreur sur un fait sert toujours d'excuse; l. 21, ff. *de prob. et præsump* ; l. 23, codice eodem; à moins qu'il ne s'agisse d'une ignorance crasse, c'est-à-dire de celle qui tombe sur son propre

fait ou sur un fait notoire. *Plurimùm interest utrum quis de alterius causâ et facto non sciret ; sed facti ignorantia ita demùm cuique non nocet, si nón ei summa negligentia objiciatur : quid enim, si omnes in civitate sciunt quod ille solus ignorat?* l. 3, princ.; l. 9, §. 2, ff. *de juris et facti ignorantiâ,* et l. 6 eodem.

L'erreur de droit qui a déterminé à contracter, annulle-t-elle la convention ?

Il faut encore faire ici une distinction entre le cas où il s'agit de gagner, et celui où il est question de perdre. Lorsqu'il s'agit de gagner, l'erreur de droit n'excuse personne : *juris ignorantia non prodest acquirere volentibus ;* l. 7, ff. *de juris et facti ignorantiâ.* Par exemple, je demande l'exécution d'un testament par acte public qui m'institue héritier universel ; les héritiers de la loi s'y opposent, en me disant qu'il est nul, parce qu'il n'y a que quatre témoins tandis que le code civil en requiert six. Ignorant les dispositions de la loi, je crois les moyens opposés par les héritiers légitimes, fondés en droit ; je transige avec eux, ils ne me donnent presque rien. On demande si la transaction sera viciée par suite de cette erreur : on répond que non ; c'est la disposition formelle de l'art. 2052, c. c. Il s'agissait d'acquérir et de gagner ; l'institué voulait acquérir les biens de l'instituant ; et par suite de la maxime *error juris nec feminis in compendiis prodest,* l. 8, ff. *de juris et facti ignorantiâ,* on doit conclure qu'une semblable erreur ne vicie pas la convention.

On dit communément que l'ignorance de droit ne nuit point quand il s'agit de perdre, *error juris non nocet in damnis :* cet axiome a besoin d'être expliqué.

On distingue en droit deux sortes de perte : l'une s'appelle *damnum amittendæ rei ;* elle se dit du cas où, sans être dépouillé du domaine de la chose, on est censé l'avoir déjà perdue, parce qu'elle se trouve entre les mains d'un tiers possesseur. L'autre espèce de perte s'appelle *damnum amissæ rei,* et elle a lieu quand on a perdu tout droit dans la chose.

- L'ignorance de droit ne nuit point par rapport à la première espèce de perte : *omnibus juris error in damnis amittendæ rei suæ non nocet;* l. 8, ff. eodem.

Ainsi une personne qui, par erreur de droit, aura cru pendant plusieurs années qu'une hérédité à laquelle elle est appelée par la loi ne lui appartenait pas, ne sera pas pour cela non-recevable à la revendiquer contre celui qui la possède depuis moins de trente ans; et réciproquement celui qui, par une erreur de la même nature, s'est cru héritier du défunt, et a perçu en conséquence les fruits de la succession pendant plusieurs années, ne peut être poursuivi pour la restitution des fruits qu'il a consommés de bonne foi, sans s'en trouver plus riche au temps de la demande en pétition d'hérédité formée contre lui; parce qu'il faudrait, pour remplir l'objet de cette restitution, qu'il prît sur ses propres fonds, et qu'ainsi l'obligation de restituer doit être considérée comme une perte non encore faite, mais seulement à faire, *damnum amittendæ rei;* l 25, §. 6 et 11, ff. *de petitione hæreditatis. Et non puto hunc esse prædonem qui dolo caret, quamvis in jure erret.*

De même, lorsqu'un usufruitier déchargé de donner caution, croyant par erreur de droit qu'on ne peut le dispenser de cette obligation, fournit caution malgré la décharge qui lui a été accordée par le testateur, il pourra se faire relever de son cautionnement, et cette convention sera nulle parce qu'elle a son fondement sur une erreur de droit, et que par suite de cette obligation l'usufruitier n'a encore rien perdu.

Quant à la seconde espèce de perte qui a lieu quand on a perdu tout droit sur la chose, *damnum amissæ rei*, elle n'annulle pas la convention, parce que personne n'est présumé ignorer le droit; et en conséquence celui qui s'est dépouillé par suite d'une erreur de droit, est supposé l'avoir fait en connaissance de cause et dans l'intention de ne point user de ses droits. En vain dira-t-on que celui qui reçoit ce qui ne lui est pas dû, n'est pas plus favorable que celui qui paye ce qu'il ne doit pas; c'est précisément de cette parité de condition que résulte le défaut de pouvoir répéter : *in pari causâ melior est causa possidentis;* l. 33, l. 128, l. 126, §. 2; l. 154 princ., ff. *de regulis juris;* l. 15 in fine, c. *de rei vindicatione.*

D'après ces motifs et les articles 1356 dernier alinéa, et 2052 second alinéa, c. c, il paraît que les principes sur l'erreur de droit doivent être encore suivis.

Mais il est au moins incontestable qu'il n'est permis à personne d'ignorer les préceptes du droit naturel. *Omnes sciunt jus naturale,* dit Cujas, *quest. papin.,* l. 9, l. 5; *id omnes ex naturâ ipsâ hausimus, et ad id non eruditi, sed facti; non instituti, sed imbuti sumus.* Cicero, *de officiis.*

On n'excuse aussi dans aucun cas l'ignorance du droit public qui commande à tous les citoyens, ni celle des lois criminelles et de police qui sont censées connues et doivent être observées par tous ceux qui habitent le territoire, même par les étrangers; art. 3, alinéa premier, c. c.; car ce serait en vain qu'on les aurait établies, s'il était possible de les enfreindre sous prétexte d'ignorance. L'ordre si nécessaire pour entretenir l'harmonie dans toutes les parties du corps social serait troublé, on ne verrait que confusion et désordre.

Enfin on n'admettrait pas bien certainement l'excuse d'un jurisconsulte basée sur une erreur de droit même civil et privé, parce qu'elle ne serait pas présumable, vu que la connaissance du droit constitue son état et profession.

§. II.

Défaut de liberté.

29. Le défaut de liberté de la part de celui qui contracte est aussi un vice qui affecte la convention dans sa substance, et qui détruit le consentement spontané qui est requis pour sa formation.

En vain dira-t-on que celui qui donne un consentement forcé par les menaces qu'on lui fait, donne un véritable consentement, *coacta voluntas, voluntas est;* que ce consentement est même caractérisé, puisqu'il a eu à choisir entre l'obligation qu'on lui proposait et l'exécution des menaces; que ce choix suppose une détermination bien décidée de la volonté.

On répond que le principe *coacta voluntas,*

voluntas est, n'a lieu que lorsqu'il s'agit de ce qui est défendu ou ordonné par le droit naturel ou le droit divin positif; on n'est jamais excusable si on fait ce que ces droits défendent, ou si l'on ne fait pas ce qu'ils ordonnent, quelque considérables que soient les violences que l'on ait employées pour nous contraindre à violer les préceptes prohibitifs ou impératifs : mais quand il s'agit de choses qui sont simplement permises par le droit naturel, en ce sens qu'on a la faculté de les faire ou de ne pas les faire à son choix, telles que sont les conventions, il faut, pour que l'on puisse être lié et obligé par elles, un consentement libre et spontané, de telle sorte que, dans le for interne même, les obligations contractées par violence ne peuvent produire aucun effet.

On appelle violence toute impression illicite qui porte une personne contre son gré, par la crainte de quelque mal considérable, à donner un consentement qu'elle ne donnerait pas si la liberté était dégagée de cette impression; l. 5, ff. *quod metûs causâ;* l. 1 eodem, *propter necessitatem impositam contrariam voluntati.*

La violence exercée contre celui qui a contracté, rend nulle la convention, lors même qu'elle aurait été exercée par une autre personne que celle au profit de qui la convention a été faite.

Il suffit que la violence ait été employée contre quelqu'un afin d'extorquer son consentement, pour que l'on doive dire que la convention n'est plus le fruit d'une volonté libre et spontanée qui est absolument requise pour la validité des conventions; et alors peu importe l'auteur de la violence, peu importe que ce soit celui qui profite du contrat ou une autre personne, parce que; dans l'un et l'autre cas, le consentement ne peut plus être regardé comme spontané. *In hâc actione non quæritur utrum is qui convenitur, an alius metum fecit : sufficit enim hoc docere metum sibi illatum vel vim, et ex hâc re cum qui convenitur, etsi crimine caret, lucrum tamen sensisse;* l. 14, §. 3, ff. *quod metûs causâ;* l. 9, §. 1 eodem; l. 5, codice eodem.

3o. Toute violence néanmoins n'est pas suffisante pour opérer la nullité de la convention qu'elle a déterminée; il faut, pour pouvoir produire cet effet, qu'elle soit de nature à faire impression sur une personne raisonnable, et qu'elle puisse lui inspirer la crainte d'exposer sa personne ou sa fortune à un mal considérable et présent. *Metum autem non vani hominis, sed qui in hominem constantissimum cadat;* l. 6, ff. *quod metûs causâ.*

Une terreur panique ne suffirait pas pour demander la nullité d'une convention, il faut que la crainte ait eu un fondement réel; il faut que la personne ou la fortune de celui qui a contracté ait été exposée à un danger considérable et présent. Par exemple, une personne placée près d'un grand feu tient dans ses mains mon porte-feuille, contenant toute ma fortune, qui consiste en billets et effets de commerce; elle me menace de le jeter au feu si je ne souscris pas une obligation à son profit; ma fortune était exposée à une perte certaine si je n'avais pas consenti à ce que l'on exigeait de moi : on trouve donc ici le genre de violence exigé par la loi pour opérer la nullité de la convention. Il en sera de même si un magistrat me menace de me faire conduire en prison, si je ne donne pas mon consentement au contrat qu'il me propose ; dans ce cas c'est ma personne qui est exposée à un mal considérable et présent. *Metum accipiendum Labeo ait non quemlibet timorem, sed majoris malitatis ;* l. 5, ff. *quod metús causá.*

Il faut que les menaces portent sur un mal présent ; les menaces d'un mal futur ne sont pas suffisantes pour faire impression sur une ame raisonnable ; la fortune et la personne ne sont pas réellement exposées : on peut en effet dénoncer de semblables menaces à la police, qui prendra les mesures nécessaires pour en empêcher l'exécution. *Metum præsentem accipere debemus, non suspicionem inferendi ejus ;* l. 9 princ., ff. eodem.

Il faut, pour demander la nullité de la convention, que la violence employée ait été une violence injuste, *adversùs bonos mores non eam quam magistratus rectè intulit ;* l. 3, §. 1, ff. eodem. Les voies de droit ne peuvent jamais passer pour une violence de cette espèce ; c'est pourquoi un débiteur ne peut pas demander la nullité d'un contrat qu'il a passé avec son créancier, sous le seul prétexte qu'il avait été intimidé par les menaces que ce dernier lui avait faites d'exercer contre lui la contrainte par corps qu'il était en droit d'employer à son égard.

31. Au reste, dans cette matière on a égard à l'âge, au sexe et à la condition des personnes. Telle violence capable d'intimider un vieillard sur le bord de sa tombe, ne produit aucun effet sur un homme d'un âge mûr ; celle qui fait impression sur une personne du sexe, n'en fera aucune sur un homme ; et des menaces mépri-

sées par un militaire, seront capables d'inspirer la plus vive crainte à un ecclésiastique. Voyez Brunemann et les docteurs par lui cités sur la loi 6, ff. *quod metûs causâ*.

32. La violence annulle la convention non-seulement lorsqu'elle est exercée sur la partie contractante, mais encore lorsqu'elle l'est sur des personnes qu'elle chérit plus que la vie, c'est-à-dire sur son époux ou son épouse, sur ses descendans ou ascendans.

La loi 8, §. dernier, ff. eod., annullait bien la convention lorsque la violence était exercée sur les descendans des contractans; mais il n'en était pas de même lorsqu'il s'agissait des ascendans : *nihil interest in se quis veritus sit an in liberis suis, cùm pro affectu parentes magis in liberis terreantur.* Notre code, plus moral que la loi romaine, suppose qu'un bon fils préférera la perte de tous ses biens à l'idée de voir son père maltraité par ceux qui exigent ce sacrifice : il en est de même d'un époux envers l'autre; les liens qui les unissent sont si forts, qu'ils n'hésiteront jamais à faire les plus grands sacrifices pour soustraire celui qui est menacé, aux maux que l'on veut lui faire souffrir. Soit que la violence soit exercée envers celui qui contracte, soit qu'elle ait lieu envers son épouse, ses descendans ou ses ascendans qui sont l'objet de toutes ses affections, on peut dire que, dans tous ces cas, il s'est trouvé dans une position bien critique, et capable de détruire le consentement libre et spontané qui est nécessaire pour la formation des conventions.

33. Si une personne attaquée par des voleurs promet une somme considérable à des personnes qui passent, pour les engager à venir la délivrer

des mains de ces brigands qui veulent lui arracher la vie, elle ne pourra pas demander la nullité de la promesse, sous le prétexte qu'elle est l'effet de la crainte où elle se trouvait dans le moment où elle l'a faite, parce que c'est ici la juste récompense d'un service rendu. *Eleganter Pomponius ait si quo magis te de vi hostium vel latronum tuerer, aliquid à te accepero vel te obligavero......* *non debere hoc edicto teneri : ego enim operæ potiùs mercedem accepisse videor;* l. 9, §. 1, versic. *Eleganter,* ff. *quod metûs causâ.*

On ne pourra pas même demander la réduction de la somme promise, parce que le service rendu est inestimable, les donataires ayant exposé leur vie pour sauver celle du donateur. *Si quis aliquem à latrunculis vel hostibus eripuit, et aliquid pro eo ab ipso accepit, hæc donatio irrevocabilis est; merces enim eximii laboris appellanda est quod contemplatione salutis certo modo æstimari non placuit;* l. 34, §. 1, ff. *de donationibus.*

34. La seule crainte révérentielle envers le père, la mère ou autres ascendans, quand on n'a exercé aucune violence, ne suffit pas pour opérer la nullité du contrat. La loi 22, ff. *de ritu nuptiar.,* s'exprime ainsi : *Si patre cogente ducit uxorem quam non duceret, si sui arbitrii esset, contraxit tamen matrimonium quod inter invitos non contrahitur, maluisse hoc videtur.* La loi 26, §. 1, ff. *de pignoribus et hypothecis,* contient les mêmes principes; elle décide que l'hypothèque accordée par le fils sur la sollicitation de son père, est valide, quoique le fils n'ait consenti que par la crainte de son père.

§. III.

Dol.

Le dol est aussi un vice des conventions qui en opère la nullité, et qui autorise à en demander la rescision.

55. On entend par dol toute surprise, fraude, finesse, simulation, et toute autre manœuvre coupable employée pour tromper quelqu'un : *est omnis calliditas, fallacia, machinatio ad fallendum, decipiendum, circonveniendum aliquem adhibita ;* leg. 1, §. 2, ff. *de dolo malo ;* l. 7, §. 9, ff. *de pactis.*

Toute espèce de dol ne suffit pas pour demander la nullité de la convention dans laquelle il est intervenu, il faut que les manœuvres pratiquées par l'une des parties ayent été telles, qu'il soit évident que l'autre n'aurait pas consenti, si ces manœuvres n'avaient pas été employées. De là il suit qu'il y a deux espèces de dol : celui qui détermine à contracter, appelé par les lois romaines *dolus dans causam contractui ;* et le dol qui intervient dans un contrat, mais qui n'a pas décidé à le former, qui s'est glissé dans une convention volontairement faite, et qui porte préjudice au contractant trompé par le dol ; il est appelé par les lois romaines *dolus incidens in contractum.* Le premier seul annulle les contrats, parce qu'il affecte le consentement des parties, qui est une des conditions essentielles pour contracter, art. 1108, c. c.; ce n'est plus ici un consentement spontané, c'est un consentement surpris par des manœuvres coupables qui ont décidé à contracter celui qui n'était pas disposé à le faire, qui ne l'aurait pas fait, si on n'eût pas mis en jeu des fraudes et des surprises pour entraîner sa volonté; ce premier dol affecte donc la convention dans sa racine et dans sa base, il doit donc la rendre nulle.

La seconde espèce de dol ne produit pas la nullité de la convention où il s'est introduit, parce qu'elle a été volontairement formée par une personne capable de contracter, qu'elle a un objet certain et une cause licite, et qu'ainsi elle renferme tout ce qui est essentiel pour sa perfection, art. 1108, c. c.; elle donne seulement lieu, en faveur de la partie lésée par le dol, à une action en réparation des dommages soufferts, lorsqu'ils sont d'une certaine importance. Ces distinctions étaient déjà admises par la loi 7 princ , ff. *de dolo*, et par la loi 12, §. 1, ff. *de jure dotium*.

36. Le dol étant une espèce de délit, étant une mauvaise action, on ne le présume pas, *quia nemo præsumitur malus;* tous les hommes sont plutôt censés se conformer à la vertu, et ne jamais se permettre ce qui est défendu par les lois : le dol doit donc être prouvé, les manœuvres dont on se plaint doivent être pleinement justifiées. *Dolum non nisi perspicuis indiciis probari convenit;* l. 6, codice *de dolo*.

37. On a vu que la violence opérait la nullité de la convention, soit qu'elle eût été employée par un des contractans, ou par un tiers; au contraire il faut que les manœuvres qui ont déterminé à contracter, ayent été employées par la partie qui profite du contrat, pour que l'on puisse en demander la nullité, sauf le recours de l'autre contractant contre le tiers qui s'est rendu coupable de dol,

pour se faire indemniser du préjudice que lui
cause le contrat : la raison de la différence est
que la violence est très odieuse, puisqu'elle trouble
l'ordre et l'harmonie de la société. D'un autre
côté, elle contraint le consentement d'une manière visible et révoltante; le dol au contraire ne
fait que surprendre le consentement, on est in-
duit à consentir par les artifices qu'on emploie
à cet effet, on est amené à contracter pour
ainsi dire sans s'en apercevoir; il n'y a point ici
de ces contraintes odieuses qui arrachent le consentement et qui troublent l'ordre public. C'est
pour cela que la violence est un moyen de nullité lors même qu'elle est étrangère à la partie
qui tire profit du contrat, tandis que le dol ne
peut rendre nulle la convention qu'autant qu'il a
eu lieu de la part de celui à qui il est utile, ou
par son ordre ou conseil; car alors il serait complice du dol.

38. Au reste la violence, l'erreur et le dol
annullent bien la convention, mais ils n'opèrent
pas cet effet de plein droit, il faut que la nullité
soit demandée; jusque-là le contrat subsiste, parce qu'il est fondé sur un consentement au moins
apparent; et l'action en rescision de ce contrat in-
fecté n'est plus recevable, si depuis que la violence
a cessé, le contrat a été approuvé, soit expressément, soit tacitement, en l'exécutant, soit même
en laissant passer, sans agir, le temps accordé par
la loi pour la durée de l'action; l. dernière au cod.
de temporibus in integrum restit.; art. 1115, c. c.

S'il y a eu consentement exprès, c'est un nouveau contrat qui s'est formé, et qui renferme tout
ce qui est requis pour sa perfection : il en est de
même si le contrat a été exécuté, parce que cette

exécution suppose un consentement tacite d'approbation qui produit le même effet que l'approbation expresse, *eadem est vis taciti ac expressi*, l. 12, ff. *de evictionib.*; l. 2, ff. *ad municipalem;* l. 7, §. 3, ff. *de decurionibus et filiis eorum;* mais au reste, qu'il s'agisse d'approbation expresse ou tacite, il faut que la violence ait cessé quand elle intervient, parce que, dans le cas contraire, elle serait imprégnée du même vice que l'acte approuvé, et elle serait sujette elle-même à l'action en rescision.

On a aussi dit que le contrat ne pouvait plus être attaqué si on a laissé écouler, sans se plaindre, le temps accordé par la loi pour intenter son action, qui est de dix ans, dans les cas ordinaires, à partir du moment où la violence a cessé, art. 1304, c. c., parce que ce silence, quand rien n'empêchait d'agir, emporte aussi une approbation tacite, et l'action en rescision est prescrite après l'expiration du terme fixé par la loi.

Ces dispositions sur l'approbation expresse ou tacite, et sur l'écoulement du terme pour agir, s'appliquent aussi aux contrats infectés d'erreur ou de dol, pourvu que cela soit arrivé depuis la découverte de l'erreur ou du dol; art. 1117 et 1304, c. c.

§. IV.

Lésion.

39. On peut aussi placer parmi les vices qui annullent les contrats, la lésion et le préjudice qu'a soufferts celui qui voulait recevoir l'équivalent de ce qu'il donnait, et qui a reçu beaucoup moins; on peut considérer celui qui vend, lorsqu'il y est contraint par la nécessité de ses affaires,

et pour se soustraire aux poursuites de ses créanciers, comme étant en quelque sorte dans un
état de violence qui enlève le véritable consentement.

On verra à la section 7 du chapitre 5 de ce
titre, que le mineur non émancipé est recevable
à attaquer les contrats qu'il a passés en minorité,
pour cause de lésion quelque modique qu'elle soit,
soit qu'il s'agisse de choses mobilières ou immobilières, et quelle que soit la nature du contrat,
pourvu qu'il intente son action dans les dix ans qui
suivront l'époque de sa majorité; art. 1304, dernier alinéa, et 1305, c c Il en est de même des
interdits qui sont assimilés en tout point, pour
leur personne et leurs biens, aux mineurs; art.
509, et dernier alinéa 1304, c. c.

Et quant aux mineurs émancipés, ils jouissent
de la même faveur pour toutes les conventions
qui excèdent leur capacité; dit art. 1305, c. c.

On verra à la même section que les majeurs
libres de leurs droits ne peuvent attaquer leurs
contrats pour cause de lésion que dans deux cas:
1° lorsqu'ils ont été lésés de plus du quart dans
un partage, art. 887, 2e alinéa, c c., pourvu
qu'ils agissent dans les dix ans de cet acte, dit
art. 1304, 1er alinéa; 2° lorsqu'ils ont été lésés
de plus des sept douzièmes dans le prix de la
vente d'un immeuble, en agissant dans les deux
ans de la vente; art. 1674 et 1676, c. c.

40. L'action en rescision pour cause de lésion
ne peut pas être intentée par un majeur, pour
une vente de succession faite à un étranger, lors
même qu'elle serait toute composée d'immeubles,
parce que ce contrat est aléatoire. L'acheteur
étant obligé de payer toutes les dettes de cette

hérédité qui pourront se découvrir par la suite, on n'a pas de bases certaines d'estimation ; il a payé la véritable valeur de l'hoirie au moyen du risque dont il s'est chargé de payer les dettes immenses qui sont inconnues au moment de la vente, et qui pourront se manifester un jour : *ob latens æs alienum quod emergere potest.*

§. V.

Défaut d'intérêt, et Promesse au nom d'autrui sans mandat.

41. Le consentement de toutes les parties contractantes étant requis pour la validité des conventions, et les parties devant y avoir intérêt, on doit en conclure que personne ne peut en général s'engager ni stipuler en son propre nom que pour soi-même : *Si quis alii quàm ei cujus juri subjectus est stipuletur, nihil agit ; §. 4,* inst. *de inutil. stipul.* Le §. 19, au même titre, en donne cette raison, que les stipulations ont été inventées pour que chacun se procurât ce qui l'intéresse ; or personne n'a intérêt que l'on donne à autrui. *Alteri stipulari nemo potest ; inventæ enim sunt stipulationes ut unusquisque acquirat quod suâ interest : cæterùm si alii detur, nihil interest stipulatoris ; l.* 38, §. 17, ff. *de verborum obligationibus.*

Si je stipule de Pierre qu'il donnera cent louis à Jacques, Pierre n'est obligé ni envers moi, ni envers Jacques : il ne l'est pas envers moi, je n'ai pas voulu qu'il s'obligeât envers moi ; il ne l'est pas envers Jacques, parce que ce dernier n'était pas partie dans le contrat, et qu'il est de principe que les conventions ne nuisent et ne

4

profitent qu'aux parties contractantes. *Non debet alii nocere quod inter alios actum est. Res inter alios acta neque nocet neque prodest;* l. 58, §. 17, ff. *de verb. obligat.;* l. 75, §. dernier, ff. *de regulis juris;* art. 1165, c. c.

Si l'on stipule en même temps pour soi et pour autrui, la convention sera bonne pour la·part qui appartient au stipulant, parce que ce qui est utile n'est pas vicié par ce qui est inutile : *utile per inutile non vitiatur;* §. 4, inst. *de inutilibus stipulationibus.*

Je promets que Cyprien fera quelque chose pour Antoine : je ne serai point obligé, et Cyprien ne le sera pas lui-même ; celui qui a promis n'est point obligé, parce qu'il n'a point voulu s'obliger, mais engager Cyprien ; ce dernier n'est point obligé, parce qu'on ne peut pas l'être par suite du contrat d'autrui : *Certissimum est ex alterius contractu neminem obligari;* l. 10, ff. *de jurejurando;* l. 74, ff. *de regulis juris;* l. 27, §. 4, ff. *de pactis;* §. 21, inst. *de inutilib. stipulationib.;* l. 38 princ., et §. 1 ; l. 83 princ., ff. *de verborum obligat.;* l. 65, ff. *de fidejussoribus.*

42. On peut néanmoins stipuler pour autrui, 1° lorsqu'on y a un intérêt appréciable à prix d'argent, parce qu'alors on peut demander des dommages-intérêts en cas d'inexécution ; celui qui a promis ne peut pas impunément refuser d'exécuter le contrat : ainsi je peux stipuler de mon débiteur qu'il payera une somme d'argent à mon créancier, parce que j'ai intérêt de me libérer pour éviter les poursuites de celui-ci. Les lois romaines disaient déjà : *Alii stipulari possum si meá intersit. Sed si quis stipuletur alii, cùm ejus interes-*

set, placuit stipulationem valere ; et si creditori suo quis stipulatus sit, quod suá interest ne fortè vel pœná committatur vel prædia distrahantur quæ pignori data erant, valet stipulatio. §. 20, instit. de inutil. stipulat.

2° On peut stipuler pour autrui, et la stipulation est valable, lorsqu'on stipule une peine en sa faveur en cas d'inexécution, parce qu'il y a ici la même raison que dans l'alinéa précédent : le débiteur ne peut pas avec impunité y contrevenir ; §. 19, instit. *de inutil. stipulat.*

3° On peut stipuler pour autrui, lorsque cette stipulation est la condition d'une stipulation que l'on fait pour soi-même ; dans ce cas, la stipulation en faveur du tiers n'est que l'accessoire de l'obligation principale qui est en ma faveur ; je stipule moins pour autrui que pour moi-même : ainsi je peux stipuler d'Étienne qu'il me donnera 10,000 fr. s'il ne bâtit pas la maison de Sérapion ; c'est envers moi qu'Étienne est obligé, mais il ne l'est que sous une condition, c'est-à-dire s'il ne bâtit pas la maison de Sérapion : il pourra donc se soustraire à l'exécution de l'obligation contractée envers moi en construisant cette maison,

4° On peut stipuler au profit d'un tiers, lorsque telle est la condition de la donation que l'on fait à une autre personne. Je donne à Jean tous mes biens présens, à condition qu'il payera une pension de mille écus à Sébastien. Jean ne peut pas se prévaloir du don sans exécuter la condition imposée ; il ne peut pas diviser la disposition faite à son profit ; l'équité s'oppose à ce qu'il jouisse de la chose donnée sans accomplir la charge qui lui a été imposée en faveur du

tiers; le tiers a une action qui ne provient pas du
du contrat auquel il n'a pas paru, mais de l'équité.

Au reste, le consentement de celui en faveur
de qui on stipule est si bien requis, qu'il faut
qu'il déclare vouloir profiter de la stipulation
faite à son profit; jusque-là cette stipulation
est révocable de la part de celui qui l'a faite;
l. 3, cod. *de donationibus quæ sub modo;* l.
cùm qui, ff. *qui sine manumissione ad libert.
proclamar.;* art 1121, c. c. Après cette déclaration, le concours des volontés du donateur et
du tiers a donné la perfection et par là même
l'irrévocabilité à la donation faite en faveur de
ce tiers.

5° On peut stipuler et promettre au nom de
ceux dont on a charge ou mandat, soit que ce
pouvoir provienne d'eux, soit qu'il provienne
de la loi, ou de la justice; l. 10 in fine; l. 14 et
15, ff. *de pactis. Sicuti pactum procuratoris nocet, ita et prodesse. Item magistri societatum
pactum prodesse et obesse constat. Tutoris quoque
pactum pupillo prodest,* pourvu qu'on ne dé-
passe point les bornes du mandat; l. 5, ff. *mandati;* §. 8, instit. *de mandato;* art. 1998, c. c.

On peut aussi promettre le fait d'un tiers, quoique l'on n'ait point mandat de sa part, et que l'on
ne soit point chargé par la loi ou par la justice
de la gestion de ses affaires, si on se porte fort
pour lui : et alors si le tiers ne veut pas accomplir l'obligation, s'il refuse de tenir l'engagement, le stipulant aura une action en indemnité
contre celui qui s'est porté fort ou qui a promis
de faire ratifier. Celui qui se porte fort promet
son propre fait en promettant celui d'autrui; il
s'engage et s'oblige lui-même . ce n'est pas ici la

pure promesse du fait d'autrui , mais l'engagement contracté de faire faire par le tiers ; §. 3,
instit. *de inutil. stipulat.*; l. 83 princ., ff. *de verb.*
obligationibus.

Lors même que celui qui a promis le fait d'autrui n'a pas déclaré qu'il se portait fort , ou qu'il
ferait ratifier, cependant la promesse ne sera pas
inutile, si le stipulant a eu soin de faire promettre
en sa faveur une somme par forme de peine par
celui qui intervient pour un tiers , dans le cas où
ce dernier n'exécuterait pas la convention ; la
stipulation est alors valable , parce que celui qui
s'est engagé pour autrui s'est soumis lui-même à
quelque chose de personnel , et qu'il ñe peut se
refuser à l'accomplissement de ses propres obligations. *Versâ vice , qui alium facturum pro-*
misit, videtur in eâ esse causâ, ut non teneatur,
nisi pœnam ipse promiserit ; §. 21 , instit. *de*
inutil. stipulat.

En thèse générale, on est censé dans les contrats avoir stipulé pour soi , ses héritiers ou ayant
cause, à moins que le contraire ne soit exprimé
ou ne résulte de la nature de la convention.

- On est présumé contracter pour soi et ses héritiers, parce qu'il s'agit dans les contrats des affaires de la famille, et que l'on veut par eux pourvoir aux besoins de la maison ; d'ailleurs nos héritiers sont la continuation de notre personne ;
hæres defuncti personam sustinet ; l. 13 , cod. *de*
contrahendâ et committend. stipulat. ; l. 9, ff. *de*
probat. et præsump.

- On est aussi censé contracter pour ceux qui
succèdent à titre singulier à la créance, c'est-à-
dire pour ses cessionnaires qui acquièrent tous
les droits principaux et accessoires du cédant,

tels que privilége, cautionnement et hypothèque; art. 1692, c. c.

On est encore présumé contracter pour ses
créanciers, puisqu'ils peuvent exercer tous les
droits et actions de leur débiteur qui ne sont
pas exclusivement attachés à sa personne; art.
1166, c. c.

43. *Pro hœredibus et nobis contrahimus;*
nous contractons pour nous et nos héritiers,
c'est le principe général; mais il souffre deux
exceptions : la première, lorsque le contraire est
exprimé; c'est ici une convention qui sert de loi
aux parties, le débiteur qui ne peut pas être
obligé au-delà de sa volonté, ne le sera pas envers les héritiers s'il a été dit, en termes exprès,
qu'il ne le serait qu'envers l'autre contractant
et non envers ses représentans. *Contractus ex
conventione legem accipiunt;* l. 1, §. 6, ff. *depositi;* art. 1134, cod. civ. Lorsqu'une personne
s'engage envers quelqu'un de le laisser passer sur
un de ses fonds, pour se rendre à sa maison,
mais sous la condition que ce droit de passage
ne sera que personnel au créancier, et non
transmissible aux héritiers, ces derniers ne pourront pas s'en prévaloir.

La seconde exception a lieu lorsque la nature
même de la convention démontre que l'obligé n'a
voulu s'engager qu'envers le stipulant, et non envers ses héritiers : par exemple, un barbier s'engage envers moi de faire ma barbe pendant tout le
cours de sa vie; quoiqu'il ne soit pas dit que cela
ne s'entend que de moi personnellement, cependant après ma mort mes héritiers ne pourront pas
le forcer de leur rendre le même service, parce
que c'est ici un engagement envers la personne,

et qui, par sa nature, ne passe point aux héritiers
de celui envers qui on l'a contracté.

Lorsque la femme stipule qu'elle reprendra son
apport franc et quitte de dettes en cas de renonciation à la communauté, cette stipulation lui
est personnelle ; elle n'est point transmissible à
ses héritiers, à moins que cela ne soit formellement exprimé, parce que c'est une clause insolite
extraordinaire, et qui est contre la nature des
sociétés dans lesquelles on ne peut pas stipuler
que sa mise sera à l'abri de toute contribution
aux pertes; art. 1514 et 1855, c. c.

SECTION II.

De la Capacité des parties contractantes.

44. Il ne suffit pas que les parties donnent leur
consentement pour que la convention soit valable, il faut encore qu'elles ayent le pouvoir de
contracter.

Il y a deux sortes d'incapacités : l'incapacité
naturelle, et l'incapacité civile.

La première est celle qui provient de quelque
défaut naturel qui rend incapable de donner un
véritable consentement, ou de l'exprimer : ainsi
sont incapables de donner un véritable consentement, les furieux, les insensés, les imbécilles,
les enfans dans les premières années de la vie;
les hommes dans l'état d'ivresse, pendant la durée de cet état; ainsi les sourds et muets de naissance qui n'ont pas eu le bonheur d'être mis en
rapport d'idées avec les autres hommes, par les
soins et les procédés de l'immortel abbé de l'Épée
ou de ses savans successeurs, sont incapables
d'exprimer leur consentement. Cette incapacité

de contracter se confond avec le défaut de consentement, et rentre par conséquent dans les
matières de la première section qui s'occupe du
consentement des parties contractantes, et des
vices qui peuvent l'affecter.

45. Il n'est question ici que de l'incapacité civile. Elle se définit l'impuissance de contracter
dont la loi frappe certaines personnes qui peuvent
donner et exprimer leur consentement, mais
qui sont déclarées incapables de contracter,
soit à cause de la faiblesse de leur raison, soit à
cause de leur faiblesse d'esprit ou de caractère,
ou de leur penchant à la dissipation, ou de leur
soumission à l'autorité maritale, ou de leur état
de détention, etc.

En général, toutes personnes ont le pouvoir
de contracter; les conventions sont d'un besoin
journalier : ce sont elles qui conservent la société
dans tous les lieux ; c'est par leur moyen que
nous nous procurons ce qui nous manque, et
que nous nous débarrassons des choses qui ne
nous sont pas nécessaires, soit par la voie d'é-
change contre celles dont nous avons besoin,
soit en obtenant leur prix par le moyen de la
vente : il faut donc que la faculté de les former
soit générale et accordée à tous les hommes capables d'un véritable consentement.

De là il suit qu'il n'y a de personnes incapables de contracter que celles qui sont déclarées
telles par la loi.

L'incapacité civile est absolue ou relative : elle
est absolue quand l'incapable ne peut former
aucun contrat; elle est relative lorsque la loi ne
prohibe pas la formation de tous les contrats,
mais de quelques-uns seulement.

46. Sont incapables d'une manière absolue les mineurs non émancipés, les interdits, les femmes mariées non autorisées ; les condamnés à des peines afflictives temporaires pendant la durée de leurs peines, parce qu'ils sont, pendant le temps qu'ils les subissent, dans un état d'interdiction légale, et qu'ils sont privés de l'exercice de leurs droits civils, qui sont exercés par un curateur nommé par le conseil de famille; art. 29, code des délits et des peines de 1810.

47. Sont incapables d'une manière relative, 1° les mineurs émancipés qui ne peuvent pas faire tous les contrats excédant les bornes de l'administration de leurs biens qui leur est seule acquise par l'émancipation, art. 481 et 484, cod. civil.

2° Ceux à qui on a nommé un conseil judiciaire à cause de leur faiblesse d'esprit et de caractère, ou de leur tendance à la prodigalité, sont incapables de plaider, transiger, emprunter, recevoir un capital mobilier, ni en donner décharge, aliéner ni grever leurs biens d'hypothèque sans l'assistance de leur conseil; art. 499 et 513, c. c.; ils sont capables de faire seuls tous les autres contrats; c'est un reste de leur ancienne capacité qui demeure intact dans tous les points non indiqués par nos articles : ainsi ils peuvent vendre leur mobilier et louer leurs meubles et immeubles, etc., puisque ces conventions ne leur sont pas prohibées par la loi; seulement on ne pourra pas obtenir sur leurs immeubles des hypothèques pour la sureté de ces contrats, à moins qu'ils ne soient assistés de leur conseil judiciaire.

3° Généralement tous ceux auxquels la loi interdit certains contrats; ceci s'applique d'abord aux juges, à leurs suppléans, aux procureurs généraux, à leurs substituts, aux avocats généraux, aux procureurs du roi, à leurs substituts, aux greffiers, huissiers, avoués, avocats et notaires, qui ne peuvent devenir cessionnaires des procès, droits et actions litigeux qui sont de la compétence du tribunal dans le ressort duquel ils remplissent leurs fonctions; art. 1597, c. c.

Cette disposition est aussi applicable à tous ceux qui gèrent les affaires des communes, de l'état, des établissemens publics, des mineurs, interdits, et des autres particuliers; ils ne peuvent acquérir les biens qu'ils sont chargés de vendre, et qui sont confiés à leurs soins; art. 1596, c. c.

Le contrat de vente est encore défendu entre époux, excepté dans trois cas exprimés à l'art. 1595, c. c. Ils ne peuvent non plus se faire aucune donation irrévocable pendant le mariage; art. 1096, c. c.

On doit enfin comprendre, dans cette dernière disposition, toutes les espèces de contrats qui sont défendus aux administrateurs des hospices et des communes; ils ne peuvent, par exemple, transiger sur les droits litigieux de ces corps qu'après y avoir été autorisés par le gouvernement; art. 2045, dernier alinéa, c. c.

48. Tous les engagemens des mineurs, des interdits et des femmes mariées, ne peuvent pas être attaqués par eux pour cause d'incapacité; ils ne peuvent l'être que dans les cas prévus par la loi; elle veut qu'ils ayent été lésés par suite de la convention, et non par l'effet d'un événement casuel et imprévu; qu'ils n'ayent point

approuvé expressément ou tacitement le contrat dans un temps où ils étaient capables de le faire, et qu'ils se trouvent encore dans les délais fixés par la loi pour agir; art. 1304, 1305, 1306 et 1311, c. c.

Au reste l'incapacité de ces personnes ayant été uniquement introduite dans leur intérêt, elles seules peuvent l'opposer, et ceux qui ont contracté avec elles ne peuvent dans aucun cas s'en faire un moyen pour demander la nullité ou la rescision des engagemens qu'ils ont contractés avec les mineurs, interdits et femmes mariées; ils avaient eux-mêmes la capacité la plus entière pour contracter. Ils exciperaient ici du droit des tiers, ce qui n'est jamais permis : *non auditur excipiens ex jure tertii;* ils sont d'ailleurs censés avoir connu la condition de ceux avec qui ils contractaient. *Qui cum alio contrahit, aut est aut esse debet non ignarus conditionis ejus;* l. 19, ff. *de regulis juris.* La convention est boiteuse, elle est bonne d'un côté et invalide de l'autre, *claudicat contractus;* ils sont obligés, quoique les personnes incapables ne le soient pas. *Ipsi quidem qui cum his contrahunt obligantur, et invicem pupilli non obligantur;* princ. instit. *de auctoritate tutorum;* l. 14, cod. *de procuratoribus.*

SECTION III.

De l'objet et de la matière des contrats.

49. Tout contrat a pour objet une chose qu'une partie s'oblige à donner, ou qu'elle s'engage à faire ou à ne pas faire. La matière des conventions est une chose à donner, ou un fait à exécuter, ou dont on doit s'abstenir : *Non solùm*

res in stipulatum deduci possunt, sed etiam facta, ut si stipulemur aliquid fieri vel non fieri; §. dernier, instit. *de verborum oblig.;* l. 2, ff. eodem; l. 3, ff. *de oblig. et actionib.*

Quelquefois on donne une chose pour en avoir une autre, *do ut des;* quelquefois on fait une chose pour que l'autre en fasse une de son côté, *facio ut facias;* quelquefois on donne une chose à une personne qui s'engage réciproquement à faire quelque chose pour nous, *do ut facias;* quelquefois on donne ou l'on fait quelque chose pour quelqu'un par pur esprit de bienfaisance, et sans rien espérer de lui. Telles sont les différentes combinaisons qui peuvent avoir lieu sur les choses et les faits qui sont l'objet des contrats.

§. Ier.

Des Choses.

50. Toutes choses mobilières et immobilières, corporelles et incorporelles, présentes et futures, peuvent être l'objet des conventions. *Omnis res quæ dominio nostro subjicitur in stipulationem deduci potest, sive mobilis sit, sive soli;* princip. institut. *de inutilib. stipulat.; nec emptio nec venditio sine re quæ væneat potest intelligi, et tamen fructus et partus futuri rectè emuntur;* l. 8 princ, ff. *de contrah. emptione;* toto titulo, ff. et codicis *de hæreditate et actione venditá.*

Le simple usage ou la simple possession d'une chose peut être l'objet des contrats, comme la propriété de la chose même. Dans le louage, le commodat, c'est le simple usage de la chose qui est l'objet du contrat, et ces deux conventions ne diffèrent entr'elles que parce que le commo-

dat est essentiellement gratuit, tandis qu'au contraire dans le louage on donne un prix pour
l'usage de la chose; art. 1709 et 1876, c. c. La
propriété de la chose est l'objet le plus ordinaire
des contrats de vente et d'échange : dans le premier, la chose est donnée pour un prix consistant en argent comptant; et dans le second, on
donne une chose pour une autre; art. 1582 et
1702, c. c.; l. 5, §. 1, ff. *de præscriptis verbis.*

La chose qui m'appartient est possédée par un
tiers, je peux intenter contre lui l'action en revendication; mais pour éviter un procès, je puis
acheter la possession de ma chose, et dans un cas
semblable la possession seule de la chose est l'objet
du contrat de vente. *Sed rei suæ emptio tunc valet, cùm ab initio agatur ut possessionem emat,
quam fortè venditor habuit et in judicio posses-
sionis potior esset;* l. 34, §. 4, ff. *de contr. empt.*
La loi 82 princ., ff *de verb. oblig.,* dit aussi : *Sanè
rem meam mihi restitui rectè stipulari videor.*

La possession seule de la chose est aussi l'objet
du contrat de gage; elle est transmise au créancier sous la condition de restituer cette possession quand il sera payé : la chose n'est entre ses
mains que pour lui servir de sureté; ce n'est qu'un
dépôt assurant le privilége de celui-ci; art 2071,
2073 et 2079, c. c.; l. 9, §. 2, ff. *de pigneratitiâ
actione.*

51. Toutes sortes de choses ne peuvent pas être
l'objet des conventions; il n'y a que celles qui
sont dans le commerce qui peuvent être la matière des contrats; l. 83, §. 5, ff. *de verb. obligat.;*
§. 1, instit. *de inutil. stipul.*

Toutes conventions qui auraient pour objet
des choses qui ne sont pas dans le commerce se-

raient absolument nulles et ne pourraient produire aucun effet, lors même que ces choses seraient, par la suite des temps, mises dans le commerce. *Uniuscujusque contractus initium spectan-
dum et causam;* l. 8 in fine, princ. ff. *mandati;*
l. 1, §. 13 et 30 à la fin, ff. *depositi;* l. 58, §. *filius-
familiâs;* l. 78 in princ., ff. *de verb. obligat.;* l.
144, § 1, ff. *de regulis juris.* Or, dans le moment
de la formation de la convention elle était nulle,
parce que la chose qui en était l'objet n'etait pas
dans le commerce, et cette convention nulle dans
le principe ne peut pas devenir valide de ce que
la chose qui en est la matière a été mise dans le commerce depuis l'époque où le contrat s'est accompli, parce que les lois ci-dessus nous apprennent
que c'est l'instant de la perfection du contrat
qu'il faut examiner pour savoir s'il est valide ou
non. C'est un des cas de l'application de la maxime:
ce qui est nul dans le principe ne peut pas devenir valide par la suite; *quod ab initio vitiosum
est, non potest tractu temporis convalescere;* l. 29,
ff. *de regulis juris.*

D'après ces principes, les églises, les places publiques, les rues, les ports, les rades, les forte-
resses, etc., qui ne sont pas dans le commerce
des particuliers, ne peuvent pas être l'objet des
conventions. *Quod nullius esse potest, id ut alterius fiat, nulla obligatio valet efficere;* l. 182,
ff. *de regulis juris.*

52. A plus forte raison les choses qui n'existent
pas ne peuvent pas être la matière des contrats,
soit qu'elles ayent cessé d'exister, soit qu'elles ne
puissent pas exister dans la nature : la convention
qui aurait pour objet de semblables choses serait
nulle, par défaut d'une chose qui en fût la ma-

tière, le néant ne pouvant en servir. *Si quis rem quæ in rerum naturá non est aut esse non potest, dari stipulatus fuerit, veluti Stichum qui mortuus est, aut hypocentaurum qui esse non potest, inutilis erit stipulatio;* §. 1, inst. *de inutil. stipulat.*

53. Il n'est pas nécessaire que la chose qui fait l'objet du contrat soit toujours un corps certain et déterminé, par exemple un tel cheval; mais il faut de toute nécessité que la chose soit au moins déterminée quant à son espèce : par exemple, je peux promettre un cheval en général, et alors je dois donner un cheval d'une bonté médiocre; le créancier ne peut pas l'exiger de la meilleure qualité, ni le débiteur l'offrir de la pire; 1. 37 princ., ff. *de leg.*; 10, *id esse observandum ne optimus vel pessimus accipiatur.*

Néanmoins pour qu'une chose déterminée seulement quant à son espèce, puisse être l'objet d'une convention, il faut que l'espèce de laquelle fait partie la chose promise soit d'une certaine considération morale, comme quand on a promis une montre d'or en général; car si cette chose était telle qu'elle pût être réduite à presque rien, il ne pourrait point y avoir d'obligation, attendu que dans l'ordre moral presque rien est considéré comme rien, et qu'ainsi le créancier serait sans intérêt et par là même sans action, l'intérêt étant la mesure des actions : par exemple, si une personne promettait en général du vin, du froment, etc., sans en déterminer la quantité, il ne résulterait de cette promesse aucune obligation, parce que tout cela pourrait se réduire à presque rien; elle pourrait s'acquitter en me donnant un grain de froment et une goutte de vin; l. 94, ff *de verb. oblig.*

54. La quotité de la chose promise peut être incertaine, mais il faut qu'elle puisse être déterminée : ainsi je peux vendre à quelqu'un tous les blés qui seront nécessaires pour sa famille pendant une année; la quantité est incertaine, mais elle est susceptible d'être déterminée : on sait ce que chaque individu peut en consommer chaque année, en prenant la moyenne proportionnelle entre les plus forts mangeurs et ceux qui consomment le moins.

55. On peut contracter des obligations relativement aux choses qui n'existent pas encore, mais dont on attend l'existence : ainsi lorsque je m'engage à livrer les fruits que produiront les arbres de mon verger l'année prochaine, je contracte une obligation valable; l. 8, ff. *de contrah. empt.; l. 73 princ., ff. de verb. obligat.* Lorsque les fruits seront venus, le contrat aura un objet réel et véritable; mais au contraire la vente sera nulle, faute d'une chose qui en soit la matière, si mes arbres ne produisent point de fruits, de sorte que la vente des fruits futurs contient la condition tacite qu'il y aura des fruits *Inest autem conditio legati, veluti cùm ita legamus, fructus qui ex eo fundo percepti erunt hæres dato; l. 1, §. 3, ff. de condit. et demonstrationibus;* dict. l. 73 princ., ff. *de verb. obligat.*

Une simple espérance peut être l'objet des conventions : un pêcheur peut vendre un coup de filet qu'il jette dans la mer, et quoiqu'il ne prenne rien, la convention subsiste, car c'était l'espérance qui en était l'objet, et le droit d'avoir ce qui serait pris; et cette espérance, quoique très incertaine, avait un fondement dans le coup de filet qui le plus souvent amène des poissons : *aliquandò tamen et sine re venditio intelligitur, veluti cùm quasi alea emitur, quod fit cùm captus piscium vel avium emitur; emptio contrahitur etiamsi nihil inciderit, quia spei emptio est;* l. 8, §. 1, ff. *de contrah. empt.*

Si l'on trouve dans le filet non des poissons, mais un lingot d'or, il n'appartiendra pas à l'acquéreur, parce qu'il n'est pas entré dans la pensée des contractans, mais il restera au pêcheur comme une bonne fortune qui lui est survenue. *Iniquum est perimi pacto id de quo cogitatum non est;* l. 9, §. 3, ff. *de transactionibus;* art. 1163, c. c.

56. Quoique les choses futures puissent être l'objet des contrats, la loi prohibe néanmoins toutes renonciations à des successions non ouvertes, et tous pactes et stipulations sur des successions futures, lors même qu'ils auraient lieu du consentement de ceux de la succession desquels il s'agit. De tels pactes sont regardés avec raison comme contraires à l'honnêteté publique, ils supposent le désir et la prévoyance de la mort prochaine de celui de la succession duquel on traite. *Ex eo instrumento nullam vos habere actionem, in quo contra bonos mores de successione futurá interposita fuit stipulatio, cùm omnia quæ contra bonos mores vel in pactum vel in stipulationem deducuntur, nullius momenti sunt;* l. 4, cod. *de inutilibus stipulationibus.*

Quoique de semblables stipulations soient moins odieuses lorsque la personne de la succession de laquelle il s'agit y consent, et qu'elles fussent autorisées dans ce cas par la loi 30, au cod. *de pactis,* pourvu qu'elle persévérât dans son consentement

5

jusqu'à sa mort; l. 3o. cod. *de pactis;* cependant notre code a bien fait de les proscrire, même dans cette circonstance, parce que de semblables conventions sont sans objet. Celui qui renonce à une succession future en faveur du stipulant, ou celui qui aliène sa part éventuelle de cette hoirie, renonce à des droits et aliène des choses qui ne lui appartiennent pas, et qui peut-être ne lui appartiendront jamais, pouvant mourir avant celui dont il attend la succession.

Néanmoins on permet, dans un contrat de mariage, d'assurer sa succession d'une manière irrévocable aux époux ou à leurs enfans à naître, on autorise la donation qui leur est faite de tout ou partie des biens présens et futurs, on peut leur donner tout ou partie des biens présens, sous la condition de payer les dettes que laissera le donateur à son décès et d'acquitter les legs qu'il fera ; ce sont de véritables règlemens sur des successions futures, qui sortent de la prohibition générale, à cause de la grande faveur dont jouissent les mariages qui, donnant naissance à des sociétés particulières, augmentent et perpétuent la société générale ; chap. 8 et 9 du tit. 2, liv. 3, c. c.

57. Le principe portant que les choses futures peuvent être la matière des contrats, reçoit une seconde exception introduite par les lois de police, qui portent que les blés et les foins ne peuvent être vendus avant la récolte, ou avant un temps voisin de la récolte, art. 626 du cod. de proc., ni les laines avant la tonte; c'est afin d'empêcher les cultivateurs d'être victimes des usuriers qui achèteraient presque pour rien une récolte qu'ils auraient soin de peindre comme

exposée à mille casualités; l. du 6 messidor an 3.

58. Il est inutile de dire que l'on ne peut pas stipuler de quelqu'un qu'il nous donnera notre propre chose; il est évident que ce qui est déjà à nous ne peut plus nous appartenir de nouveau, nous n'avons pas besoin d'un titre de propriété puisque nous en avons déjà un : *quod nostrum est ampliùs nostrum fieri nequit;* §. 10, instit. *de legatis.*

Mais ces raisons ne se rencontrant pas lorsque notre chose cesse de nous appartenir, on pourra valablement stipuler que l'on nous donnera notre chose, si elle cesse de nous appartenir; l. 82 princ., et 87, ff. *de verb. obligat.;* §. 22 instit. eodem. De même si notre propriété est imparfaite, par exemple si nous n'avons droit qu'à la première herbe d'un pré, et que la seconde appartienne à une autre personne, nous pourrons acheter, ce qui manque pour rendre notre propriété parfaite; ce n'est plus ici acquérir ce qui est déjà à nous.

§. II.

Des Faits.

59. Tout fait honnête, d'une exécution possible en soi-même, peut être l'objet d'une obligation, quand même cette exécution serait impossible à celui qui s'est obligé; il suffit que le fait soit possible en soi, pour que le stipulant ait dû compter sur son exécution; et celui qui s'est obligé doit s'imputer d'avoir contracté un engagement qui est au-dessus de ses forces.

Si le fait promis est impossible en soi, celui qui s'est engagé n'est pas tenu d'exécuter l'obligation, parce qu'à l'impossible nul n'est tenu, *impossibilium nulla est obligatio;* l. 185 et 135, ff. *de regulis juris.*

Il faut encore que les faits promis ne soient contraires ni aux lois, ni aux mœurs; ceux-ci ne peuvent jamais être l'objet d'une convention : *quod ex turpi causâ promissum est, veluti si quis homicidium vel parricidium se facturum promiserit, non valet;* §. 24 instit. *de inutilibus stipulat.* De semblables faits sont regardés comme impossibles : *quæ facta lædunt pietatem, existimationem, verecundiam nostram, et generaliter contra bonos mores sunt, nec facere nos posse credendum est;* l. 15, ff. *de cond institutionum.*

60. Les faits indéterminés ne peuvent aussi être l'objet d'un contrat, parce qu'il ne doit pas être vague, autrement on ne saurait estimer d'une manière précise les dommages-intérêts en cas d'inexécution : ainsi ce serait inutilement que je m'engagerais à vous construire une maison, si le lieu où elle doit être bâtie n'était pas déterminé; parce qu'autrement on ne saurait pas quelle grandeur et dimension doit avoir cette maison, ce qui peut varier à l'infini, suivant le plus ou le moins d'étendue du terrain qui doit être occupé par elle. La loi 2, §. 5, ff. *de eo quod certo loco,* s'exprime ainsi : *Si quis insulam fieri stipuletur, et locum non adjiciat, non valet stipulatio.* La loi 95, ff. *de verb. oblig.,* dit la même chose.

61. Il faut enfin que ce que l'on s'oblige de faire ou de ne pas faire soit tel que celui envers qui on s'oblige ait intérêt à ce que la convention soit exécutée; et cet intérêt doit être appréciable à prix d'argent, sinon celui qui s'est engagé peut sans danger se refuser à l'accomplissement de

l'obligation, parce qu'on ne pourrait pas prononcer des dommages-intérêts contre lui.

Mais quoiqu'un fait auquel on n'a pas d'intérêt appréciable ne puisse être l'objet d'un contrat, il peut néanmoins en être la condition ou la
charge : ainsi je peux valablement promettre cinquante louis par an à un jeune homme, sous la
condition qu'il viendra étudier le droit à Dijon;
ne m'étant obligé que sous une condition, il faudra qu'elle soit accomplie pour que l'on soit fondé à agir contre moi.

SECTION IV.

De la Cause des contrats.

Pour la validité de la convention, il ne suffit
pas qu'elle ait eu lieu du consentement d'une
personne capable de contracter, et qu'elle ait
pour objet une chose qui soit dans le commerce,
ou un fait possible et honnête, il faut encore que
celui qui s'oblige ait eu un motif raisonnable
et juste pour contracter, il faut qu'une obligation ait une cause licite.

62. Toute obligation sans cause, ou fondée sur
une fausse cause, ou sur une cause illicite, ne
peut avoir aucun effet; l. 7, §. 3, ff. *de pactis;*
l. 1, l. 3 et 4, ff. *de condictione sine causá.*

Il faut dans toutes les conventions que l'obligation ait une cause : dans les contrats à titre
onéreux, l'engagement de l'un des contractans
est le fondement et le motif de l'engagement de
l'autre : dans les donations et dans les autres contrats, où un seul des contractans fait et donne
quelque chose, tandis que l'autre ne fait rien et
ne donne rien de son côté, l'engagement de ce-

lui qui donne a son fondement sur quelque motif raisonnable et juste, comme un service rendu, ou quelqu'autre mérite du donataire, ou le seul plaisir de faire du bien, et ce motif tient lieu de cause de la part de celui qui reçoit et ne donne rien; l. 9, ff. *pro socio;* l. 1, l. 3 et 5, ff. *de donationibus.*

L'obligation est nulle non-seulement lorsqu'elle n'a point de cause, mais encore lorsqu'elle est fondée sur une fausse cause, parce que c'est la même chose qu'une obligation n'ait point de cause ou qu'elle en ait une fausse. Je m'oblige de vous livrer cent écus, parce que je crois que c'est vous qui avez fait mes moissons : le fait est faux; mon obligation, qui repose sur une fausse cause, ne peut produire aucun effet; je ne dois pas vous payer un travail que vous n'avez pas fait.

C'est encore la même chose que l'obligation n'ait jamais eu de cause, ou qu'elle en ait eu une qui n'existe plus : *sive ab initio sine causâ promissum est, sive fuit causa promittendi quœ finita est, dicendum est condictioni locum fore;* l. 1, §. 2, ff. *de condict. sine causâ.* Par exemple, j'ai promis à mon voisin cent francs par an tant qu'il ne bâtirait pas sur le fonds qu'il a devant mes fenêtres, afin que je ne sois pas privé de la belle perspective qui se déroule devant moi ; dès le moment qu'il bâtit, mon obligation, qui avait une cause, cesse d'en avoir une, et dès cet instant c'est comme si elle n'en avait jamais eu.

Si on n'a pas encore délivré la somme promise sans cause, ce n'est pas l'argent qui est encore entre nos mains que l'on peut répéter, mais on peut agir pour se faire restituer le titre obligatoire, afin que l'on ne puisse pas un jour en demander l'exécution contre nous. *Qui autem promisit sine causâ, condicere quantitatem non potest, quam non dedit, sed ipsam obligationem;* l. 1 princ., ff. *de condictione sine causâ.*

63. S'il n'y a de cause que pour une partie de l'obligation et non pour l'autre, on pourra se pourvoir pour se faire libérer de la partie de l'obligation qui est sans cause : par exemple, j'ai promis mille écus, et il n'y a cause de mon obligation que pour cinq cents; le créancier devra me donner quittance de cinq cents écus, ou me restituer mon billet de mille pour en recevoir un de cinq cents. *Cùm quinque promittere deberet decem promisit, incerti condictione consequetur ut in quinque liberetur;* l. 3 in fine, ff. eodem.

64. Pour la validité de l'obligation, il suffit qu'elle ait une cause, et elle ne sera pas nulle, quoique la cause ne soit pas exprimée; et elle est présumée exister, parce qu'on ne pense pas qu'un homme puisse contracter un engagement sans en avoir reçu l'équivalent, une conduite contraire n'étant pas celle d'un homme sensé : ce sera donc au débiteur à prouver que l'obligation est sans cause.

65. Il faut que la cause soit licite : ainsi je vous ai promis cent écus pour injurier une personne; vous n'aurez point d'action pour demander la somme promise, quoique vous ayez exécuté l'engagement de votre côté, parce que vous avez commis un délit en exécutant le mandat, et que l'on ne doit point payer ceux qui commettent des délits; ce serait les inviter au crime; l. 26,

27 princ., 123, ff. *de verb. obligat ;* l. 5, codice
ob turpem causam; § 24 instit , *de inutilibus
stipulat.;* l. 61, ff. *de verb. obligat. Generaliter
novimus turpes stipulationes nullius esse momenti.
Si flagitii faciendi vel facti causâ concepta sit
stipulatio, ab initio non valet*

66. Il est certain que l'on n'a point d'action
en vertu d'une obligation fondée sur une cause
illicite; mais peut-on répéter ce qui a déjà été
payé? Il faut distinguer : s'il n'y a violation de la
loi ou des mœurs que du côté de celui qui a reçu,
la répétition est admise, parce qu'on n'a rien à
reprocher à celui qui agit et qui se trouve privé
injustement de ce qui lui appartient. *Quod si
turpis causa accipientis fuerit, etiamsi res secuta sit, repeti potest;* l. 1, §. 2, ff. *de condict.
ob turpem causam;* la loi 3, cod. eodem, dit aussi :
*Quoties accipientis, non dantis turpis invenitur
causa, licet hœc secuta fuerit, datum condici
tantùm, non etiam usuræ peti possunt.* Par exemple, je me rends adjudicataire d'un domaine
vendu en justice; les titres de propriété de ce
domaine m'appartiennent comme une dépendance de ce domaine : le débiteur exproprié est
donc obligé de me les remettre gratuitement. S'il
se fait payer pour cela, il commet une injustice
à mon égard, et je pourrai répéter l'argent déboursé à cette occasion, parce que je n'ai point
partagé la turpitude de celui qui a reçu; j'avais
en effet un motif plausible de me procurer ces
titres qui m'étaient nécessaires pour justifier de
ma propriété, et j'ai été en conséquence contraint de souscrire au sacrifice que l'on a exigé
de moi.

Si au contraire les lois ou les mœurs ont été

violées tant de la part de celui qui a reçu la somme que l'on veut répéter, que du côté de celui qui l'a payée, l'action en répétition n'a pas lieu. *Ubi autem dantis et accipientis turpitudo versatur, non posse repeti dicimus veluti si pecunia detur ut malè judicetur;* l. 3, ff. *de cond. ob turpem causam;* l. 5, cod. eodem. Par exemple, j'ai payé la somme promise à celui qui a injurié quelqu'un d'après mes ordres; je ne pourrai pas la répéter, parce qu'il y a ici tort des deux côtés, le mandant est aussi coupable que le mandataire, leur cause est pareille, leur délit est le même; c'est donc le cas de dire avec la loi 2, au cod. *de condict. ob turpem causam,* à la fin : *In pari causâ possessoris conditio melior habetur;* et avec la loi 154, ff. *de regulis juris : Cùm par delictum est duorum, semper oneratur petitor, et melior habetur possessoris causa.* La parité de position et l'égalité de délit font maintenir celui qui possède l'argent.

- Au reste, si le fait dont il s'agit est puni par la loi criminelle, tant celui qui l'a commis que celui qui a donné mandat de le commettre, seront soumis aux peines prononcées par la loi; art. 59 et 60, cod des délits et des peines de 1810.

67. Si une personne s'est fait payer pour ne pas commettre un crime, c'est encore une obligation fondée sur une cause contraire aux bonnes mœurs, et on pourra répéter ce qu'elle a reçu quoiqu'elle se soit abstenue du crime prévu par les contractans, parce qu'il est contraire aux bonnes mœurs de se faire payer pour ne pas exécuter des choses dont on doit s'abstenir par devoir, et par l'effet de la seule obéissance

due au droit naturel ou positif. *Si ob maleficium, ne FIAT promissum sit nulla est obligatio ex hâc conventione;* l. 7, §. 3, ff. *de pactis.*

Ici la répétition est admise, parce qu'il n'y a conduite honteuse que de la part de celui qui a reçu; on n'a rien à reprocher à l'autre, qui a au contraire empêché de commettre un crime.

On comprend ici, sous l'expression *causes illicites*, toutes celles qui sont contraires aux lois, aux bonnes mœurs ou à l'ordre public.

SECTION V.

Nécessité du lien.

Pour la validité des obligations, outre le consentement des parties contractantes, leur capacité de contracter, une chose certaine qui en soit l'objet, et une cause licite, il faut encore qu'il y ait nécessité de les accomplir; c'est principalement dans cette nécessité d'exécuter ce que l'on a promis, que consiste la nature de l'obligation. *Obligatio est juris vinculum quo necessitate adstringimur alicujus rei solvendæ secundùm civitatis nostræ jura;* princip instit. *de obligat.* Cette nécessité constitue ce que l'on appelle le lien obligatoire.

68. Le défaut de lien de la part de celui qui s'est obligé est encore un vice radical de l'obligation, parce qu'il n'y a obligation qu'autant qu'il y a nécessité de remplir ce que l'on a promis : or rien n'est si contraire à la nécessité d'exécuter l'engagement, que la faculté que l'on se serait réservée d'y contrevenir, en ne promettant de donner ou de faire que dans le cas où on le voudrait. Ainsi, si je promets de payer cent louis à Pierre,

si cela me fait plaisir, il n'y a point d'obligation de formée, il n'y a point de lien, puisqu'il dépend de moi de payer ou de ne pas payer les cent louis à ma volonté. *Illam autem stipulationem, si volueris, dari, inutilem esse constat ;* l. 46, §. 3, ff. *de verb. obligat.;* art. 1174, c. c.

69. Il en serait différemment si je m'engageais à payer une somme, si je le jugeais raisonnable; je serais alors valablement obligé, car il ne dépend pas de moi de payer ou de ne pas payer à mon choix, puisque j'ai promis de payer si cela était raisonnable. Les juges devant lesquels l'action sera portée examineront s'il est conforme ou non à la raison d'exécuter cette obligation; l. 11, §. 3, ff. *de legatis 3o.*

CHAPITRE III.

De l'Effet des obligations.

Ce chapitre est divisé en six sections : la première contient des dispositions générales sur les effets des obligations à l'égard des parties contractantes; la seconde considère ces effets par rapport à l'obligation de donner; la troisième les envisage par rapport à celle de faire ou de ne pas faire; la quatrième parle des dommages et intérêts résultant de l'inexécution des obligations; la cinquième donne les règles d'interprétation des conventions; la sixième enfin traite de l'effet des conventions à l'égard des tiers.

SECTION PREMIÈRE.

Dispositions générales.

70. Les conventions étant légalement formées,

tout ce qui a été convenu, avec toutes les conditions exigées dans le chapitre précédent, tient
lieu de loi à ceux qui les ont faites *Contractus
enim legem ex conventione accipiunt; l. 1, §. 6,
ff. depositi; l. 23, ff. de regulis juris; l. 34 eodem.*
La loi 1 princ , ff. *de pactis,* dit aussi : *Quid
enim tam congruum fidei humanæ, quàm ea
quæ inter eos placuerunt, servare ?*

Les parties contractantes sont liées par leurs
conventions, et elles doivent les exécuter avec
autant d'exactitude que ce qui est prescrit par
les lois générales; ce dont elles sont convenues
est une vraie loi pour elles, c'est une loi qu'elles
se sont imposée elles - mêmes, à laquelle elles
doivent se conformer, avec d'autant plus de fidélité que c'est une loi de leur choix.

71. Les conventions légalement formées ne
peuvent plus être révoquées que du consentement de toutes les parties contractantes; ce qui
est le produit du concours des volontés ne peut
être anéanti par la volonté d'un seul des contractans, il faut que le contrat soit résolu de la
même manière qu'il a été formé, parce qu'il est
naturel que les choses se dissolvent de la même
manière qu'elles se sont formées. *Nihil tam naturale est quàm eo genere quidque dissolvere quo
colligatum est. Ideò... nudi consensûs obligatio
contrario consensu dissolvitur; l. 35, ff. de regulis
juris; §. dernier, aux institutes, quibus modis tollitur obligatio.*

En général, les conventions formées par le
consentement mutuel des parties ne peuvent être
révoquées que de leur consentement réciproque
contraire; cependant elles sont quelquefois réso-

lues sur la demande de l'une des parties contre
la volonté de l'autre, lorsque la première se
trouve dans un des cas déterminés par la loi, et
qu'elle a en sa faveur une des causes de résolution autorisées par elle. Ici ce n'est plus par le
caprice de l'un des contractans que la convention, produit de la volonté commune, est anéantie, mais par l'autorité toute-puissante de la loi
qui a eu de justes motifs d'admettre ces causes
d'extinction. Ainsi, dans les conventions synallagmatiques, le défaut d'exécution de la part de
l'une des parties autorise l'autre à demander la
résolution de la convention, art. 1184, 1610,
1655, 1741, c. c.; parce que l'engagement de l'un
est le fondement de celui de l'autre, et que celui
qui a profité du contrat doit être privé de cet avantage, lorsqu'il ne veut pas l'exécuter de son côté.
Ainsi, la donation peut être révoquée contre la
volonté du donataire lorsqu'il a été ingrat envers
son bienfaiteur, parce qu'il s'est rendu indigne du
bienfait; 955, c. c. Elle est aussi révoquée, sans qu'il
y ait aucun fait qui lui soit imputable, lorsqu'il
survient des enfans au donateur qui n'en avait
point au moment de la donation, parce qu'on
présume que ce dernier n'aurait pas donné s'il
avait cru avoir des enfans; art. 960, c. c. Ainsi
un des associés peut, contre la volonté des autres,
renoncer à une société contractée pour toute la
vie, pourvu qu'il le fasse de bonne foi et non à
contre-temps, parce que la société forcée est la
mère des dissentions et des discordes; art. 1865,
dernier alinéa, et 1869, c c. Ainsi, le mandant
peut révoquer le mandataire contre le gré de ce
dernier, parce qu'il ne doit pas rendre un service au mandant malgré celui-ci; art. 2003, c. c.

Ainsi le créancier peut être privé du gage s'il en abuse; art. 2082, c. c , etc.

72. Dans toute espèce de conventions , il est sous-entendu que l'un doit à l'autre la bonne foi avec tous les effets que l'équité peut exiger pour l'exécution de ce qui a été convenu; la bonne foi doit être entière dans tous les contrats, et chacune des parties est obligée à tout ce qu'elle demande. *Item in his contractibus alter alteri obligatur de eo quod alterum alteri ex bono et æquo præstare oportet;* l. 2, §. 3, ff. *de obligat. et act. Bonam fidem in contractibus considerari æquum est;* l. 4, cod. eod.

Les conventions obligent non-seulement à ce qui est exprimé, mais encore à tout ce que demande la nature de la convention, et à toutes les suites que l'équité, l'usage ou la loi donnent à l'obligation qui a été contractée. Ainsi on peut distinguer trois sortes d'engagemens dans les conventions : ceux qui sont exprimés, ceux qui en sont des suites naturelles, tels que la garantie de la part du vendeur, ceux qui sont réglés par quelque loi ou usage. Toutes ces suites des conventions sont comme des pactes tacites et sousentendus qui en font partie; car les contractans consentent à tout ce qui est essentiel à leurs engagemens, et ils sont censés avoir contracté suivant l'usage du lieu où le contrat s'est formé; ils sont présumés connaître ces usages et s'y être soumis : *ea quæ sunt moris et consuetudinis in bonæ fidei judiciis debent venire ;* l. 31, §. 20 à la fin, ff *de ædilitio edicto;* l. 6, ff. *de evictionibus;* l. 1 princ , *de usuris,* eodem; art. 1160, c. c. Ainsi, lorsque le bail sera sans écrit , la partie qui voudra résilier sera obligée d'avertir l'autre, par

un congé donné dans le terme d'avance fixé suivant l'usage des lieux ; ainsi on devra payer un
ou plusieurs termes de loyer d'avance, si tel est
l'usage des lieux, etc.; art. 1736 et 1753, 2e alinéa, c. c.

SECTION II.

De l'Obligation de donner.

73. Celui qui s'est obligé à donner une chose
est tenu, par une conséquence nécessaire de l'o-
bligation qu'il a contractée, de livrer la chose
promise; il ne peut la donner qu'en la mettant
à la disposition du créancier, et pour cela il faut
qu'il lui en fasse la délivrance et lui en abandonne la possession, *tradere est vacuam possessionem relinquere;* l. 36, ff *de actionibus empti.*
Par une autre conséquence de cette obligation
de donner, il est tenu de conserver la chose qui
est la matière du contrat jusqu'à la livraison :
pour pouvoir la livrer il faut qu'elle existe, il
faut donc qu'il prenne soin de la conserver, et
la loi le condamne, dans le cas contraire, aux
dommages-intérêts soufferts par le créancier; il
doit lui donner la véritable valeur de cette chose
si elle a péri, ou la différence de valeur si elle a
été détériorée.

Lorsque la chose que le débiteur a promise
est un corps certain, et qu'il l'a entre ses mains,
s'il refuse de la livrer, le juge l'y condamnera;
et s'il ne veut pas obéir à l'ordre du magistrat,
ce dernier permettra au créancier de s'en saisir
et de s'en mettre en possession. Le débiteur ne
peut pas retenir la chose due en offrant les dommages-intérêts résultant de l'inexécution de son
obligation; çe ne sont pas des dommages-intérêts

qui se résolvent en une somme d'argent que l'acheteur a voulu se procurer, mais la chose même qui fait l'objet du contrat ; et c'est cette chose et non des deniers que le vendeur s'est engagé à délivrer. Relativement à l'obligation de donner, la condamnation aux dommages-intérêts n'a lieu que lorsque le débiteur ne peut pas délivrer la chose promise; l. 11, §. 2, ff. *de act. empt.*; l. 68, ff *de rei vindicatione*.

74. Chez les Romains, les soins que l'on devait donner à la conservation de la chose qui était l'objet du contrat avaient plus ou moins d'étendue, suivant que le contrat était à l'avantage des deux parties ou de l'une d'elles seulement. Lorsque le contrat était tout à l'avantage du maître de la chose, comme le dépôt, tandis qu'il ne donnait que de l'embarras et de la peine à celui qui la détenait, le détenteur n'était tenu que de la faute grave, c'est-à-dire qu'il était tenu de la perte lorsqu'elle arrivait, faute d'en avoir pris les soins que prennent de leurs affaires les hommes un peu négligens. Une personne est dépositaire d'un diamant; elle le place dans un endroit ouvert à tout le monde ; il y est pris : elle est responsable de la perte de ce diamant. Il y a ici faute grave; les hommes même un peu négligens ne l'auraient pas laissé dans un lieu où il était si exposé. Mais si le dépositaire avait placé le diamant sur une table dans une chambre bien fermée, et que la porte ait été brisée par des voleurs qui se seraient ensuite emparés du diamant, il ne sera pas responsable de la perte: il est vrai qu'un homme plus soigneux ne se serait pas contenté de le mettre sur une table dans une chambre bien fermée, qu'il l'aurait

encore renfermé dans un coffre ou armoire existant dans cette chambre. Mais en omettant cette
précaution, il n'aurait commis qu'une faute lé=
gère dont il n'était pas tenu ; l. 23, ff. *de regulis
juris.*

Lorsque la convention ne procurait d'avantage qu'à celui qui détenait la chose d'autrui et
s'en servait, et qu'elle ne causait que de l'in-
commodité au propriétaire de la chose, comme
le prêt commodat, dans ce cas, celui qui détenait la chose était obligé d'apporter à sa conservation les soins du père de famille le plus diligent, et il était responsable de la faute la plus
légère : *nec sufficit ei tantam diligentiam adhi-
buisse, quantam rebus suis adhibere solitus est,
si modò alius diligentior poterat eam rem custo-
dire ;* §. 20, instit. *quibus modis re contrah obligat In rebus commodatis talis diligentia præs-
tanda est, qualem quisque diligentissimus pater-
familiás suis rebus adhibet ;* l. 18 princ., ff. *commodati.*

Lorsque le contrat était à l'avantage des deux
parties, comme la vente, où l'une des parties
reçoit la chose vendue et l'autre le prix stipulé,
celui qui détenait la chose, tel que le vendeur,
avant la tradition, n'était tenu que de la faute
grave et légère ; il était obligé d'apporter à la
conservation de la chose les soins d'un bon père
de famille : *debet habere curam frugi patris-fa-
miliás ;* l. 23, ff. *de regulis juris.*

Il y avait faute grave quand on n'employait
pas à la conservation de la chose les soins qu'ont
coutume d'employer les hommes un peu négligens, quand on n'avait pas pris les moyens de
conservation qui seraient venus dans la pensée

des hommes les plus bornés : *lata culpa est non intelligere quod omnes intelligunt;* l. 113, §. 2, ff. *de verb. significat.* Cette faute était comparée au dol, *lata culpa est dolo proxima;* elle est même appelée dol par la loi 226, ff. *de verb. significat. Magna negligentia culpa est, magna culpa dolus est.*

Il y avait faute légère quand on n'apportait pas à la conservation de la chose les soins d'un bon père de famille.

Enfin il y avait faute très légère lorsque l'on n'avait pas de la chose les soins du père de famille le plus diligent.

Si contractus respiciat solius dantis utilitatem, ut in deposito, tunc accipiens tenetur tantùm de dolo et latâ culpâ; si è contrà spectet solius accipientis commodum, tunc iste tenetur de dolo, latâ, levi et levissimâ culpâ; si utriusque in favorem initus sit, tunc ambo tenentur de dolo, latâ et levi culpâ.

75. Cette division des fautes a paru trop métaphysique aux rédacteurs du code; ils ont décidé que l'obligation de veiller à la conservation de la chose soumet celui qui en est tenu à y apporter tous les soins d'un bon père de famille, soit que le contrat ait pour objet l'avantage des deux contractans, soit qu'il ait pour objet celui d'un seul d'entre eux.

Néanmoins les principes des lois romaines à l'égard de la perte de la chose, arrivée par la faute de celui qui l'avait en son pouvoir, n'étaient pas dénués de raison; l'équité seule exige que j'aye un plus grand soin de la chose d'autrui lorsque le contrat est tout à mon avantage, que s'il est tout à l'avantage du maître de la chose : aussi a-t-on ajouté que l'obligation d'apporter les soins d'un bon père de famille était plus ou moins étendue, suivant la nature des contrats dont les effets à cet égard sont expliqués sous les titres qui les concernent. On verra au titre du prêt commodat que l'emprunteur est tenu de la faute la plus légère; il en est effectivement responsable, puisqu'il est tenu de la perte de la chose prêtée si elle a péri pendant qu'il s'en servait, et dans un temps où il pouvait employer la sienne propre; ou si, ne pouvant sauver que l'une des deux choses, il a préféré sauver la sienne propre : dans ces deux cas et sur-tout dans le dernier, s'il y a une faute, elle est très légère, car il est bien naturel de penser à sauver ce qui nous appartient plutôt que la chose d'autrui; art. 1881 et 1882, c. c. On verra au contrat de dépôt que le dépositaire n'est tenu que de la faute grave; il n'est en effet obligé d'apporter à la conservation de la chose déposée que les mêmes soins qu'il donne à la conservation de ses propres affaires; art. 1927, c. c. Or il y a faute grave et même dol lorsque l'on n'apporte pas aux affaires d'autrui les mêmes soins qu'aux siennes propres; c'est ici une négligence affectée qui fait supposer l'intention de nuire, ou tout au moins elle est inexcusable. *Nec enim salvá fide minorem iis quàm suis rebus diligentiam præstabit, alioquin fraude non caret;* l 32, ff. *depositi.*

76. On appelle faute tout fait involontaire, toute négligence ou imprudence qui cause à autrui du dommage : *est factum inconsultum quo alius injuriá læditur; culpa est cùm quod à diligenti provideri poterit, provisum non est;* l. 31, ff. *ad legem Aquiliam.*

77. Celui qui détenait la chose qui est l'objet du contrat, est responsable de sa perte lorsqu'elle arrive par sa faute ; il en est à plus forte raison tenu si c'est par son dol que la chose a péri ou s'est détériorée, c'est-à-dire si c'est volontairement qu'il en a causé la perte ou la détérioration, parce qu'alors il y a délit, le dommage causé se trouvant réuni à l'intention de nuire ; on ne peut pas même convenir qu'il ne sera pas tenu de son dol, parce qu'une semblable stipulation qui l'inviterait à délinquer est contraire aux bonnes mœurs *Celsus putat non valere si convenerit ne dolus præstetur ; hoc enim bonæ fidei judicio contrarium est, et ita utimur;* l. 23, ff. *de regulis juris.*

78. Quant à la perte arrivée par cas fortuits, c'est-à-dire par des cas de force majeure qui ne peuvent être ni prévus, ni empêchés, personne n'en est tenu; loi 23 à la fin; l 6, cod *de pigneratitiá act.;* l. 18 princ., ff *commodati;* à moins que le détenteur ne se soit chargé des cas fortuits; l. 9, §. 3, ff *locati;* art. 1302, 2e alinéa, c. c.; ou à moins qu'il ne fût, comme on le verra dans un instant, en demeure de délivrer au moment de la perte; art. 1138 et 1302, c. c ; ou enfin, à moins qu'une faute n'ait précédé le cas fortuit et ne l'ait occasioné, *nisi aliqua culpa interveniat;* l. 5, § 4 et 7, ff *commod.;* art. 1807, c. c.; parce qu'alors on le rend moins responsable du cas fortuit que de sa faute. Ainsi, un preneur laisse coucher hors de la bergerie les brebis du cheptel; il est tenu de la perte de celles qui ont été dévorées par les loups, parce que c'est sa faute qui a causé le cas fortuit.

79. L'obligation de livrer la chose est parfaite par le seul consentement des parties contractantes; ce principe était déjà adopté par les lois romaines. Dès qu'une personne s'était obligée de livrer une chose par suite d'une convention, dès ce moment l'autre contractant avait contre elle une action personnelle provenant du contrat, en vertu de laquelle celui qui avait promis la chose était contraint de la livrer: *et imprimis ipsam rem præstare venditorem oportet, id est tradere;* l. 11, §. 2, ff. *de action. emp.*

Mais notre code a introduit une disposition nouvelle, en décidant que l'obligation de livrer la chose rend le créancier propriétaire, quoique la tradition n'en ait pas été faite.

Chez les Romains, le contrat ne rendait pas celui à qui on avait promis une chose, propriétaire de la chose promise; ce n'était que la délivrance faite en exécution de la convention, qui produisait cet effet : le contrat ne donnait que le droit de forcer celui qui avait promis la chose à en faire la tradition, et à en transférer la propriété au moyen de cette délivrance Les obligations conventionnelles n'étaient pas une manière d'acquérir le domaine des choses, elles étaient seulement un titre qui donnait droit de l'acquérir au moyen de la tradition que le débiteur était contraint de faire en exécution de ce titre; c'est ce qui résultait de la célèbre maxime : *non nudis pactis sed traditionibus dominia rerum transferuntur;* l. 20, cod. *de pactis.* Ce n'était pas par les contrats, mais par la tradition qui les accompagnait ou qui les suivait, que la propriété des choses était transmise; §. 40, instit. *de rerum divisione;* l. 9, §. 3 et suivant, ff. *de acquir. rerum*

dominio. L'obligation conventionnelle était néanmoins un titre requis pour que la tradition trans-
férât la propriété, car la tradition qui avait lieu
sans titre, sans une juste cause qui précédât la
délivrance, ne transmettait pas le domaine des
choses, elle n'opérait cet effet qu'autant qu'elle
avait été précédée d'un titre; *non nuda traditio
transfert dominium, sed ita si venditio aut aliqua justa causa præcesserit propter quam traditio sequatur;* l. 31, ff. *de acquirendo rerum dominio.*

Pour le contrat de vente, chez les Romains, la
tradition faite en exécution de ce contrat ne suffisait même pas pour transférer la propriété, il
fallait en outre que le prix eût été payé au vendeur, ou qu'il eût été satisfait d'une autre manière, ou enfin qu'il eût suivi la foi de l'acheteur
en lui accordant un terme pour le payement; § 41,
inst. *de rerum divisione;* l. 19, l. 55, ff. *de contr.
emptione;* l. 5, §. avant-dernier, ff. *de tributoriâ
actione.*

D'après notre code, les conventions ne sont
pas seulement un titre qui donne droit d'acquérir
le domaine des choses par la tradition faite en
conséquence, mais elles le transfèrent elles-mêmes,
elles sont un mode d'acquérir la propriété, *sunt
modus acquirendi dominii.*

De ce principe que l'obligation de livrer la
chose emporte la translation de propriété, on a
dû conclure qu'elle était aux risques du créancier, lorsqu'elle périssait avant la tradition sans la
faute du débiteur, *quia res perit domino.*

80. L'article 1138 de notre code que nous
expliquons, après avoir dit que la chose est aux
risques du créancier, ajoute ces mots : *dès l'ins-*

tant où elle a dû être livrée. On ne doit pas entendre ces expressions de l'obligation dont le terme n'est pas échu, car l'obligation à terme est parfaite dès le moment du contrat, le terme seul du payement est différé ; la chose est due au créancier dès cet instant, elle est donc sa propriété, elle périt donc pour lui si la perte arrive sans la faute du débiteur avant l'expiration du terme; elle est si bien due au créancier, que le débiteur ne pourrait pas la répéter s'il avait payé avant le terme; art. 1185, 1186, c. c.; l. 10, ff. *de cond. indebiti.*

Les termes de notre article doivent être appliqués à l'obligation contractée sous une condition suspensive : tant que la condition n'est pas accomplie, l'obligation de délivrer n'est pas formée, la chose ne doit pas être livrée, le débiteur reste toujours propriétaire, puisqu'il ne s'est obligé de la délivrer qu'en cas d'arrivée de l'événement futur et incertain prévu par les contractans : la chose reste donc aux risques de ce dernier jusqu'à cette époque; si elle périt auparavant, elle périt donc pour lui; art. 1182, c. c.; l. 10, §. 5, ff. *de jure dotium.*

Quoique la chose ait péri sans la faute du débiteur, la perte tombera sur lui, s'il était en demeure de la délivrer au moment de cet accident, parce qu'il est en faute par là même qu'il est en demeure, *in culpá est qui in morá est.* Il est possible que l'événement désastreux n'eût pas eu lieu chez le créancier qui aurait pu se défaire de la chose avant la perte; l. 4, cod. *de act. empt.;* l. 23, 82, 91, §. 3, ff *de verb. oblig.;* l. 45, ff. *de oblig et act.*

81. On entend par demeure le retard injuste où est le débiteur d'exécuter son obligation ; il

est constitué en demeure soit par une sommation
qui lui est faite de délivrer la chose; soit par tout
autre acte équivalent, c'est-à-dire par une citation
en conciliation, suivie d'ajournement dans le
mois, art 57, cod de proc., ou par une assigna-
tion en justice, etc Il est même constitué en
demeure par l'effet seul de la convention, lorsqu'elle porte d'une manière formelle que le débiteur y sera mis par la seule échéance du terme,
et sans qu'il soit nécessaire, pour le mettre en
demeure, d'aucune sommation, ni d'aucun autre
acte C'est ici une loi que le débiteur s'est imposée par la convention qui est une véritable loi
pour lui, art. 1134, c. c.; il n'a pas besoin d'être
constitué en demeure, son titre l'y constitue suf-
fisamment; c'est le cas de la maxime : *dies inter-
pellat pro homine*, puisée dans la loi 12 au cod.
de contrah. et committend. stipulat.; il doit se
rappeler lui-même la sévérité de cette clause,
il n'est pas nécessaire qu'il en soit averti par
d'autres : *cùm ea quæ promisit, ipse in memoriâ
suâ servare, non ab aliis sibi manifestari, debeat poscere;* dict leg. in fine.

Chez les Romains, lorsque l'obligation avait
pour objet un corps certain, il périssait aussi pour
le créancier, si la perte arrivait avant la mise en
demeure et sans la faute du débiteur; l. 8, ff. *de
comm. et peric rei vend ;* mais ce n'était pas parce
qu'il en était propriétaire avant la tradition, c'é-
tait une conséquence du principe que le débiteur ne peut être obligé à l'impossible, *impossibilium nulla est obligatio;* l. 185 et 135, ff. *de
regulis juris;* il était libéré par la perte du corps
certain, parce qu'il est impossible de livrer une
chose qui n'existe plus.

82. On verra au titre de la vente et à celui
des hypothèques quels sont les effets de l'obligation de donner ou livrer des immeubles ; on y
verra entre autres choses, que le premier nanti
d'un titre d'acquisition devient propriétaire et
doit être préféré à celui qui a obtenu un titre
postérieur, lors même que ce dernier aurait été
en possession le premier : rien n'est plus juste que
cette disposition, puisque ce n'est pas la tradition,
mais le contrat de vente qui transfère la propriété des immeubles, même à l'égard des tiers ;
le premier acquéreur devenu propriétaire ne peut
pas être dépouillé de sa propriété par le second
contrat de son vendeur, qui est étranger au premier acquéreur : *id quod nostrum est, sine facto
nostro ad alium transferri non potest;* l. 11, ff. *de
regulis juris.*

83. A l'égard des objets mobiliers, quoique
relativement aux parties le contrat soit formé et
la propriété transmise à l'époque où la tradition
doit s'en faire, 1158 et 1583, c c., néanmoins
on a dû prendre en considération l'intérêt d'un
tiers, dont le titre serait postérieur en date, mais
qui serait de bonne foi, c'est-à-dire qui aurait
ignoré que la chose avait déjà été aliénée à une
autre personne et que son vendeur n'en était
plus propriétaire : dans ce cas, s'il a été mis en
possession réelle, il y sera maintenu contre celui
dont le titre est antérieur ; la bonne foi de cet
acquéreur, la nécessité de la société qui exige que
la circulation des objets mobiliers ne soit point
entravée, la difficulté de les suivre et de les reconnaître dans les mains de tierces personnes,
ont dû faire donner la préférence à celui qui a
été mis en possession, quoiqu'il y ait un titre

antérieur au sien : on a dû le décider ainsi, avec
d'autant plus de raison, qu'il est de principe en
fait de meubles que la possession vaut titre; art.
2279, c. c. On a conservé pour les meubles la décision de la loi 15, au cod *de rei vindicatione*, qui
maintenait le premier mis en possession; ce qui
était une conséquence de la maxime *non nudis
pactis*, etc.

Si l'acquéreur postérieur d'un meuble est de
mauvaise foi, quoiqu'il soit en possession, il sera
obligé de livrer les objets mobiliers à celui à qui
ils ont été vendus le premier, parce que son dol
l'oblige à réparer tout le dommage qui en est
résulté pour le premier acquéreur; et ici le dommage consistant dans la privation de la chose
pour ce dernier, la réparation exige qu'il en soit
mis en possession.

SECTION III.

De l'Obligation de faire ou de ne pas faire.

Lorsqu'une personne s'est obligée de faire ou
de ne pas faire une chose, son obligation se résout en dommages et intérêts en cas d'inexécution.

84. Lorsque c'est à faire quelque chose que le
débiteur s'est engagé, une telle obligation ne
donne pas au créancier le droit de forcer le débiteur à remplir son engagement à la lettre, c'est-
à-dire en faisant la chose qu'il a promis de faire;
mais celui-ci doit être condamné aux dommages-
intérêts soufferts par le créancier par suite de
l'inexécution de l'obligation, c'est à quoi se ré-
duisent toutes les obligations qui consistent à faire
quelque chose; c'est une conséquence de la

maxime : *nemo præcisè cogitur ad factum quia illud repugnat libertati naturali.* La loi 13, §. 1, ff. *de re judicatâ*, s'exprime ainsi à cet égard : *Quia non facit quod promisit, in pecuniam numeratam condemnabitur, sicut evenit in omnibus faciendi obligationibus.* Voyez aussi les lois 113, §. 1, et 114, au dig. *de verb. oblig.*

Lorsqu'une personne s'est engagée à faire quelque chose pour une autre, dans un terme convenu et suffisant pour l'exécution de l'ouvrage, quoiqu'une partie de ce terme soit déjà expirée sans que le débiteur se soit mis en devoir d'accomplir son obligation, et que le reste du temps accordé ne puisse suffire pour achever l'ouvrage, néanmoins le créancier ne pourra demander ses dommages-intérêts qu'à la fin du terme, parce que quoiqu'il soit certain que l'obligation ne peut plus s'accomplir dans le peu de jours qui restent à s'écouler, cependant il est évident d'un autre côté qu'il a été convenu que l'action ne serait intentée qu'après l'expiration du terme; l. 124, ff. *de verb. obligat.*; à moins qu'il ne s'agisse de dommages-intérêts soufferts actuellement par le créancier par le seul effet du retard dans l'exécution; art. 1147, c. c., et l. 72, §. 2, ff. *de verb. oblig.*

85. Si l'obligation consiste à ne pas faire quelque chose, et que le débiteur contrevienne à son engagement en faisant ce dont il avait promis de s'abstenir, le créancier peut le poursuivre en justice, pour le faire condamner à détruire ce qui a été fait en contravention à l'engagement, lorsque la chose faite au préjudice de l'obligation est susceptible d'être détruite; et si le débiteur refuse d'exécuter le jugement rendu à cet effet, le

créancier pourra se faire autoriser à la faire détruire lui-même aux frais du débiteur : par exemple, vous construisez une maison sur un fonds
où il ne devait point y en avoir, par suite de la
convention faite avec moi, et qui avait pour but
de conserver mes vues; je serai fondé à faire ordonner la démolition de cette maison, et si vous
ne voulez pas la démolir vous-même, j'obtiendrai
une autorisation pour y faire procéder; mais je
devrai confier cette opération à celui des ouvriers
du pays convoqués à cet effet qui offrira de l'exécuter à moins de frais : c'est ce que l'on appelle
l'adjudication au rabais.

Celui qui s'est engagé à ne pas faire une chose
pourrait impunément contrevenir à son obligation, si on ne pouvait pas le faire condamner à
remettre les lieux dans l'état où ils doivent être
d'après la convention, et si le créancier n'était
pas autorisé, en cas de refus du débiteur, à exécuter le jugement, et à faire détruire ce qui a
été fait en contravention à l'obligation.

Si l'obligation consiste au contraire à faire
quelque chose, et que le débiteur ne veuille pas
l'accomplir, le créancier sera autorisé à la faire
exécuter lui-même aux frais du débiteur. Vous
vous êtes engagé, pour la somme de 30,000 fr.,
à me construire un pont sur une rivière qui traverse mes propriétés; vous ne voulez pas exécuter la convention : après vous avoir constitué en
demeure, j'obtiendrai du tribunal l'autorisation
de faire construire le pont par d'autres, et s'il
m'en coûte plus de 30,000 fr, vous serez obligé
de payer l'excédant; cette différence de prix est
un dommage que je souffre par suite de l'inexécution de votre obligation : au reste, sur la de-

mande du créancier, le tribunal accordera, suivant les circonstances, un temps plus ou moins
long au débiteur pour remplir son engagement,
et ce n'est qu'après l'écoulement de ce temps
que le créancier sera autorisé à faire faire par
d'autres ce qui a été promis. Argument tiré de
l'article 1184 à la fin, c. c ; et il faudra aussi que
les ouvrages à faire soient adjugés au rabais.

Si l'obligation est de ne pas faire, celui qui
contrevient à cet engagement, et fait ce qui lui
est interdit par la convention, doit les dommages-
intérêts par le fait seul de la contravention; s'il
fait ce qui lui est défendu, il viole par là même
la convention, il n'exécute pas son obligation, et
si le créancier en a souffert du préjudice, c'est
le fait de la contravention qui le lui a causé;
le débiteur doit donc les dommages-intérêts par le
fait seul de la contravention : ainsi, s'ils ont été
fixés par la convention à une somme déterminée,
celui qui a fait ce dont il devait s'abstenir, sera
contraint de payer de suite la somme stipulée.

SECTION IV.

*Des dommages et intérêts résultant de l'inexé-
cution de l'obligation.*

86. Les dommages et intérêts sont dus non-
seulement à raison de l'inexécution de l'obligation, mais encore à raison du simple retard dans
l'exécution ; mais il faut que le débiteur soit en
demeure, et il y est constitué soit par une sommation, ou autre acte équivalent, soit par une
stipulation formelle contenue dans l'acte ; art.
1139, c. c.; l. 5, §. 1, ff. *de præscriptis verbis.*

87. Quelquefois le débiteur est dans le cas

de supporter des dommages et intérêts pour
n'avoir pas rempli son obligation, quoiqu'il
n'ait point été constitué en demeure; cela arrive
lorsque la chose que le débiteur était tenu de
donner ou de faire, ne pouvait être donnée
ou faite utilement que dans un certain temps qu'il
a laissé passer sans exécuter son obligation. Par
exemple, j'ai acheté de vous une certaine quantité de marchandises que je me proposais de
vendre à la foire de Beaucaire; vous vous êtes
engagé de me les y livrer lors de l'ouverture de
cette foire, et cependant elle s'est terminée sans
que vous ayez rempli votre engagement : il est évident qu'en ce cas vous me devez des dommages et
intérêts, quoique vous n'ayez pas été constitué
en demeure d'aucune manière. La raison en est
que la connaissance que vous aviez du jour où
s'ouvrait la foire, et de mon intention d'y re-
vendre les marchandises, était une interpellation
suffisante.

§. Ier.

Dommages-intérêts dans les obligations autres que celles d'une somme d'argent.

88. Le débiteur est condamné s'il y a lieu, c'est-à-
dire si le créancier a souffert une perte, ou s'il a été
privé d'un profit, il est condamné, disons-nous,
aux dommages et intérêts de ce dernier, soit pour
l'inexécution, soit pour le simple retard dans
l'exécution, s'il ne prouve pas que l'inexécution
provient d'une cause étrangère qui ne peut lui
être imputée.

S'il établit que l'inexécution provient d'un
cas fortuit ou d'une force majeure, il n'est tenu
à aucuns dommages et intérêts, parce qu'alors

l'exécution a été empêchée par une force étrangère qui ne peut lui être imputée, par une cause qui n'a pu être ni prévue ni empêchée; or personne ne répond de la force majeure ni des cas fortuits, *nemo præstat casus fortuitos ;* l. 23, ff. *de regulis juris.* Par exemple, je vous dois livrer des marchandises le 15 octobre dans une ville de guerre convenue entre nous; à cette époque elle est cernée par des troupes qui en font le siége : l'exécution de la convention est devenue impossible par l'effet d'une force majeure qui ne peut m'être imputée; je ne serai pas tenu de vous payer des dommages-intérêts.

Lorsque l'exécution est empêchée par une force majeure, on doit avertir le créancier, on doit lui faire part de l'obstacle, afin qu'il prenne les moyens de le faire lever, si cela lui est possible, tel que serait un arrêt mis par une puissance sur des vaisseaux. Sans cet avertissement, le débiteur serait tenu des dommages et intérêts du créancier, pourvu que la même force majeure ou une autre n'ait pas rendu l'avertissement impossible; dans ce dernier cas on ne peut pas reprocher au débiteur le défaut d'avis, puisqu'il lui a été impossible de prévenir le créancier; l. 27, § 2, ff. *mandati. Si aliquá ex causá non poterit nuntiare, securus erit.*

89. Si l'exécution n'a pas été empêchée par une cause étrangère, le débiteur sera tenu des dommages et intérêts, lors même qu'il ne serait pas de mauvaise foi, parce que la circonstance de sa bonne foi n'empêche pas le créancier de souffrir; le débiteur devait tout prévoir, il devait calculer tous les événemens possibles qui le mettraient hors d'état d'accomplir l'obliga-

tion; rien ne peut l'excuser s'il n'y a pas force majeure

On entend par dommages et intérêts dus au créancier, le dedommagement de la perte qu'il a soufferte, et du gain dont il a été privé; l. 5, § 1, ff. *de præscriptis verbis;* l 29, § 2, ff. *de œdilitio edicto;* l. 68, ff. *de rei vindicatione.*

C'est une pure question de fait de savoir si le créancier a souffert une perte ou s'il a été privé d'un gain, et à combien se montent cette perte et cette privation de profit. *Quatenùs cujus intersit non in jure sed in facto consistit;* l. 24, ff. *de regulis juris.*

Toute question est de fait ou de droit, *de facto aut de jure;* l ult, ff *de jurejurando*

On appelle question de fait celle où il s'agit de savoir la vérité d'un fait : si un événement a eu lieu ou non; si le défunt a testé ou non; si celui qui se plaint d'un dommage a souffert une perte ou non.

On appelle questions de droit celles où il s'agit de savoir comment il faut juger, où il faut raisonner sur les lois, sur les principes et sur les règles, pour former la décision. C'est une question de droit, en matière de dommages-intérêts, de savoir si celui qui a souffert une perte est dans un des cas où la loi accorde une réparation.

90. Les dommages et intérêts accordés au créancier sont en général de la perte qu'il a soufferte, et du gain qu'il a été empêché de faire, par suite de l'inexécution de l'obligation; ce qui doit néanmoins s'entendre avec les exceptions et modifications que nous allons expliquer.

Le débiteur n'est tenu que des dommages et intérêts qui ont été prévus ou qu'on a pu prévoir lors du contrat, lorsque l'inexécution ne provient pas de son dol, et que c'est une simple faute qui l'a empêché de remplir son obligation, soit parce qu'il s'est engagé imprudemment, soit parce qu'il s'est mis hors d'état de faire ce qu'il avait promis. On présume que les parties contractantes n'ont prévu que les dommages et intérêts que le créancier pourrait souffrir par rapport à la chose même qui était l'objet de la convention ; *quæ modò circa rem ipsam consistit ;* l. 21, §. 3, ff. *de actionib. empti et venditi.* Il est tenu de ces dommages parce qu'ils ont été prévus ou qu'ils ont pu être prévus lors du contrat ; qu'ainsi ils sont censés être entrés dans la pensée des contractans, et que le débiteur est présumé s'être soumis à les réparer ; mais il n'est pas tenu de ceux que l'inexécution a pu causer au créancier dans ses autres biens, parce qu'ils n'ont pu se présenter à la pensée de l'obligé, au moment où la convention s'est formée, et qu'ainsi on ne peut pas présumer qu'il se soit engagé à en indemniser le créancier.

Supposez, par exemple, que je me sois obligé à vous livrer quarante mesures de blé dans un certain temps, et que je n'aye pu remplir mon obligation, il est constant que, si à cette époque le blé s'est trouvé plus cher que je ne vous l'avais vendu, je dois vous indemniser de ce qu'il vous en a coûté de plus pour avoir du blé pareil à celui que je devais vous livrer : il est évident que ce dommage a pu être prévu lors du contrat, puisqu'il s'agissait d'une denrée dont le prix est sujet à varier ; mais si vous êtes boulanger, et que le défaut de livraison vous ait empêché de faire du pain, et que par suite vous ayez perdu

7

vos pratiques, je ne vous devrai à cet égard aucune indemnité, quoique ce soit l'inexécution de
mon obligation qui vous ait occasioné ce préjudice. Cette décision est fondée sur ce qu'on ne
peut pas dire que ce dommage ait été prévu à
l'instant où la convention a été faite, puisqu'il
est étranger à ce qui fait l'objet de mon obligation ; d'où il suit que je ne suis point censé m'être
soumis à la réparer : *non magis quàm si triticum
emerit, et ob eam rem, quod non sit traditum,
familia ejus fame laboraverit, nam pretium tri-
tici, non servorum fame necatorum consequitur :
nec major fit obligatio, quod tardiùs agitur,
quamvis crescat, si triticum hodiè pluris sit ;* dict.
lege 21, §. 3, ff *de act. empti et venditi.*

- Il arrive néanmoins quelquefois que le débiteur
est tenu des dommages et intérêts du créancier,
quoique étrangers à ce qui fait l'objet de la convention. Cette décision s'applique au cas où ils
ont pu être prévus par le contrat, et où par conséquent le débiteur est présumé s'en être tacitement chargé, s'il venait à ne pas remplir son
obligation.

Supposez, par exemple, que je vous aye loué
une maison pour tenir auberge, et que vous ve-
niez à être évincé de votre jouissance, il est constant que les dommages et intérêts dont je serai
tenu envers vous s'étendront non-seulement aux
frais de délogement et à ceux que peut occa-
sioner l'augmentation du prix des loyers, mais
encore au préjudice qui pourra vous résulter de
la perte de vos pratiques, si vous n'avez pas pu
trouver dans le quartier une maison propre à
tenir auberge Il est évident que vous ayant loué
une maison pour y tenir auberge, le risque du

dommage résultant de la perte de vos pratiques, en cas d'éviction, a pu être prévu lors du contrat, et que je suis censé m'être tacitement soumis à le réparer.

91. Lorsque c'est par mauvaise foi que le débiteur a manqué à son obligation, il est tenu indistinctement de tous les dommages et intérêts que l'inexécution de l'obligation a causés au créancier, soit qu'ils ayent pu être prévus lors du contrat, soit qu'ils n'ayent pu l'être; car le dol de celui qui cause quelque préjudice à quelqu'un, l'obligeant à le réparer, soit qu'il ait eu l'intention, au moment du contrat, de se soumettre à cette réparation ou non, *sive velit sive nolit*, il n'est pas nécessaire que celui qui a commis le dol se soit soumis aux dommages et intérêts qu'il a causés par ce moyen, ni par conséquent qu'ils ayent été prévus lors du contrat. *Ex ipsomet dolo nascitur obligatio;* l. 1, §. 1, ff. *de dolo malo.* Sa mauvaise foi renferme la volonté de tout le mal qui pourra en provenir. *Si verò sciens reticuit et emptorem decepit, quæ ex eâ emptione emptor traxerit, præstaturum ei;* l. 13 princ., versic. *Si verò.* ff. *de actionibus empt.*

On est tenu du dommage causé par son dol, quelle que soit l'espèce de convention où il est intervenu; on ne peut pas même, comme nous avons dit plus haut, convenir que l'on ne sera pas tenu de son dol; l. 23, ff. *de regulis juris.*

92. Néanmoins, lors même que l'inexécution provient du dol du débiteur, il n'est tenu que des dommages et intérêts dont l'inexécution a été la cause prochaine et immédiate, et non de ceux dont elle ne serait qu'une cause éloignée et occasionelle : par exemple, j'ai loué une maison à

un individu par un bail sous seing privé; le lo-
cataire prend la profession de marchand, et il
établit un magasin dans la maison louée; je vends
ensuite cette maison avant que le bail ait reçu
une date certaine; l'acquéreur expulse le marchand, qui ne peut se refuser à sortir, parce que
son bail n'est pas opposable à l'acquéreur; art.
1745, c. c. Ici c'est volontairement et par mon
fait que le bail ne reçoit pas son exécution; il y a
dol de ma part; je ne devais pas vendre, ou je devais charger l'acquéreur de l'entretien du louage:
je serai donc tenu de réparer tous les préjudices
dont l'inexécution du bail est une cause prochaine et immédiate, soit qu'ils ayent été prévus
ou non. Ainsi les frais de délogement, l'augmentation de loyer d'une autre maison seront à ma
charge; bien plus, si le marchand ne trouve pas
à louer une autre maison, et qu'il soit obligé par
là d'abandonner son commerce, je serai obligé
de lui payer tous les profits espérés qu'il aurait
faits en le continuant; parce que c'est l'inexécution du bail qui est la cause immédiate de la
privation qu'éprouve le marchand de ce profit.
Mais si l'interruption de son commerce occasione un dérangement dans ses affaires, et que
ses créanciers saisissent ses biens et les dévorent
en frais de justice, je ne serai pas tenu de cette
perte, dont l'inexécution du bail n'est qu'une
cause occasionelle et éloignée : ce dernier préjudice vient de l'état où étaient les affaires de ce
marchand; c'est un cas fortuit à l'égard du locateur, et qui par conséquent ne peut lui être imputé; les biens du marchand ont été saisis parce
qu'il n'exécutait pas ses propres obligations; c'est
ce défaut d'exécution de sa part qui est la cause

directe et immédiate des poursuites des créanciers ; le défaut d'exécution du bail n'en a été que la cause occasionelle. Dumoulin, *Tractatus de eo quod interest*, n° 179.

Quand il s'agit d'estimer les dommages et intérêts soufferts par quelqu'un, rien n'est plus aisé que de faire cette estimation par rapport à la perte soufferte, parce qu'elle est quelque chose de certain et de positif ; c'est un bien réel qui est perdu, et dont la valeur peut être connue et déterminée. Mais quant aux profits espérés dont on a été privé, rien n'est moins certain que leur valeur ; ils pouvaient être considérables ou de peu d'importance, ou même se réduire à rien par une foule d'événemens indépendans de la volonté des hommes : dans cette incertitude on adopte pour règle les profits ordinaires que font des personnes qui ont le même genre d'entreprise, en prenant en considération les différentes casualités auxquelles étaient exposés ces profits, d'après les circonstances.

93. Lorsque les parties ont réglé et déterminé elles-mêmes la somme qui devait être payée en cas d'inexécution pour tenir lieu de dommages et intérêts, la convention doit être exécutée, c'est une loi qu'elles se sont imposée ; art. 1134, c. c. Celui qui n'aura pas exécuté devra cette somme, sans qu'il puisse être accordé à l'autre partie une somme plus forte ou moindre. On doit croire que leur intérêt leur a servi d'un guide excellent pour apprécier les dommages et intérêts résultant de l'inexécution dont elles étaient les meilleurs arbitres.

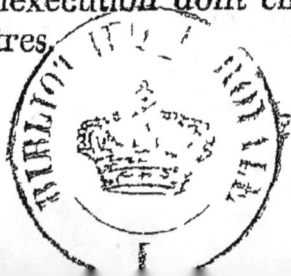

§. II.

Dommages-intérêts pour retard dans l'exécution
d'une obligation de deniers.

94. Après avoir parlé des dommages et intérêts dus par le débiteur dans les cas ordinaires,
soit pour inexécution absolue, soit pour le retard dans l'exécution, lorsque le créancier en a
éprouvé du préjudice, il nous reste à dire un
mot des dommages et intérêts résultant du retard apporté par le débiteur à l'exécution d'une
obligation qui consiste à donner une somme d'argent; la loi les fixe elle-même aux intérêts de la
somme due, c'est-à-dire à cinq pour cent en
matière civile, et à six pour cent en matière commerciale par chaque an de retard, l. 3 septembre
1807; ils courent du jour de la demande en payement formée en justice contre le débiteur, ou
même de celui de la citation en conciliation, lorsqu'elle est suivie dans le mois d'un ajournement
en justice; art. 57, cod. de proc.

Quelque grand que soit le préjudice que le
créancier a souffert, faute d'avoir été payé, soit
que le retard ait été l'effet de la négligence ou
du dol du débiteur, il ne peut exiger d'autre dédommagement que ces intérêts. *Venditori si emp-*
tor, in pretio solvendo, moram fecerit, usuras
duntaxat præstabit : non omne omninò quod ven-
ditor, morâ non factâ, consequi potuit; veluti si
negotiator fuerit, et pretio soluto ex mercibus,
plus quàm ex usuris quærere potuit; l. 19, ff. de
commod et periculo rei venditæ.

On a dû donner ici une règle fixe, parce que
tous les débiteurs sont tenus de délivrer une

même chose, et qu'il ne doit y avoir de différence dans l'obligation de plusieurs personnes qui se sont engagées à donner la même chose; or il y aurait des différences infinies entre le sort des débiteurs d'une somme d'argent, s'ils étaient tenus de payer, pour cause de retard à exécuter leur obligation, le dommage réel souffert par les créanciers : un d'entre eux a pu être ruiné faute d'avoir reçu son argent, dont la privation l'a empêché de payer ses propres créanciers qui ont fait saisir ses biens adjugés depuis en justice pour une somme très inférieure à leur valeur; un autre au contraire a pu souffrir infiniment moins, parce qu'il n'avait pas un besoin aussi pressant de la somme qui lui était due : ainsi, les dommages-intérêts accordés au premier excéderaient de beaucoup ceux qui le seraient au second, et par là deux débiteurs d'une chose parfaitement égale éprouveraient un sort bien différent, ce qui serait bizarre et en quelque sorte contraire à l'équité. D'ailleurs, dans les obligations qui n'ont pas pour objet une somme d'argent, la quotité des dommages et intérêts auxquels on doit être condamné, en cas d'inexécution, a pu être calculée au moment de la convention; c'est la valeur de la chose au moment où elle devait être délivrée, ou le prix de l'ouvrage que l'on s'était chargé de faire qui en constituera la quotité. Mais dans les obligations d'une somme d'argent, ces dommages-intérêts sont incalculables, et ils peuvent s'élever, dans certains cas, à des sommes décuples et même centuples de celle promise par l'acte obligatoire; la loi n'a donc pas eu besoin de les fixer dans le premier cas, puisqu'ils ont été connus du débiteur, mais elle a dû les déterminer dans le second, puisque l'obligé n'a aucune base pour les calculer.

95. Cette règle de la loi sur les dommages et intérêts dus en cas de non-payement d'une somme d'argent, reçoit une première exception relativement aux lettres de change : quand celui sur qui une lettre de change est tirée ne la paye pas au jour de l'échéance, le créancier qui la fait protester peut, par forme de dommages et intérêts du retard qu'il a souffert, exiger du tireur et des endosseurs le rechange, quand même il excéderait l'intérêt ordinaire de la loi; art. 177, 178, 179, 180, cod. de comm. On entend par rechange, les deniers que donne le propriétaire de la lettre protestée pour obtenir de l'argent contre une lettre de change tirée sur le pays du tireur, et sur ce dernier pour être remboursé de ce qui lui est dû par celui-ci.

La caution peut aussi demander même l'intérêt des intérêts qu'elle a payés à la décharge du débiteur, parce que les intérêts payés sont pour elle un véritable capital qu'elle a avancé pour le débiteur; elle peut en outre demander des dommages et intérêts s'il y a lieu; par exemple, si le créancier a fait saisir ses biens, s'il les a fait vendre à vil prix, s'il les a consommés en frais de justice, art. 2028, c. c.; art. 1155, 2e alinéa à la fin, c. c.; parce que le débiteur principal lui doit une indemnité parfaite.

96. Au reste, les intérêts adjugés, en cas de retard dans l'exécution d'une obligation qui consiste à payer une somme d'argent, sont dus, sans que le créancier soit tenu de justifier d'aucune perte. C'est un règlement fait par la loi entre le créancier et le débiteur, qui ne peut ni augmen-

ter ni diminuer en aucun cas; la loi a établi ce forfait, parce qu'il est souvent bien difficile à un créancier de justifier de ses pertes.

Ils ne sont dus que du jour de la demande ou de celui de la conciliation, ainsi que nous l'avons dit plus haut. *Lite contestatá usuræ currunt;* l. 35, ff. *de usuris.* Il y a une exception pour les lettres de change; art. 184, cod. de comm. Il ne suffit pas, pour faire courir les intérêts, de demander en justice le capital, il faut demander formellement les intérêts; art. 1207, c. c.

97. Il y a cependant certains capitaux qui produisent des intérêts de plein droit et sans demande : par exemple, 1° les intérêts de la dot courent de plein droit du jour de la célébration du mariage, contre ceux qui l'ont promise, excepté lorsqu'il y a stipulation formelle contraire; art. 1440 et 1548, c. c.; l. dernière, §. 2, cod. *de jure dotium;* la raison en est que la dot est destinée à soutenir les charges du mariage qui commencent le jour de la célébration; 2° les intérêts du prix d'une vente courent de plein droit, lorsque la chose vendue produit des fruits ou autres revenus; ils sont accordés comme prix de la jouissance des fruits qu'a eue l'acheteur depuis la vente jusqu'au payement du prix; art. 1652, c. c.; l. 2, cod. *de usuris;* l. 18, §. 1, ff. *de usuris;* l. 13, §. 20, ff. *de act empt. Nam cùm emptor re fruatur, æquissimum est eum usuras pretii pendere;* dic. l. 13, §. 20 in fine; 3° les sommes sujettes à rapport produisent intérêts sans demande, du jour de l'ouverture des successions auxquelles le rapport doit être fait, art 856, c. c.; ceux qui doivent le rapport, jouissant des fruits

des biens de la succession dès le moment où elle
est ouverte, il est juste, pour conserver l'égalité,
que leurs cohéritiers jouissent des intérêts des
sommes qui doivent être rapportées; 4° le reli-
quat du compte du tuteur, du jour de la clôture
de son compte, est aussi productif d'intérêts de
plein droit, artic. 474, c. c., parce qu'il doit le
restituer aussitôt après que le compte est clos, et
s'il ne le fait pas, on présume qu'il s'en sert ou
s'en est servi, et qu'ainsi il a contrevenu aux obligations du mandat qui lui est imposé par la loi, en
touchant à un argent qui devait être sacré pour lui;
5° les avances faites par le mandataire en faveur
du mandant portent intérêt de plein droit du
jour des avances, art 2001, c. c., parce qu'il est
privé des profits légitimes qu'il pourrait tirer de
son argent, et qu'il est juste qu'il en soit dédom-
magé au moyen de l'intérêt; 6° le mandataire doit
de plein droit l'intérêt des sommes reçues pour
le mandant, qu'il a employées à son usage du
jour de l'emploi, art. 1996, c. c., parce qu'il a prévariqué en se servant de cet argent; 7° celui qui
a reçu de mauvaise foi une somme qui ne lui
était pas due doit la rendre avec intérêts dès le
jour de la réception, art. 1378, c. c., parce qu'il
a commis une espèce de vol en la retenant, sachant
qu'elle ne lui était pas due; il a violé la loi di-
vine qui porte : Bien d'autrui tu ne retiendras à
ton escient; 8° celui qui conteste mal à propos
dans un ordre, doit compte de plein droit, à la
partie saisie ou au créancier sur lequel les fonds
manqueront, des intérêts qui ont couru pendant
le cours desdites contestations, parce que ce sont
elles qui ont empêché le payement et qui ont ainsi
occasioné ces intérêts; art. 770, cod. de proc.

Il en est de même de ceux qui ont fait des productions tardives; art. 757, cod. de proc.

Il paraît aussi, d'après les art. 1936 et 1996, c. c., que l'intérêt des sommes reçues par le mandataire en exécution du mandat, et l'intérêt des sommes déposées court par l'effet d'une simple sommation et sans qu'il soit nécessaire de former une demande en justice.

§. III.

Intérêt des Intérêts.

98. Pour compléter la matière des intérêts, on va examiner si l'on peut retirer l'intérêt des intérêts échus et non payés.

Cela était défendu chez les Romains par la loi 28, cod. *de usuris*, qui porte : *quapropter hoc apertissimá lege definimus, nullo modo licere cuiquam usuras præteriti temporis vel futuri in sortem redigere, et earum iterùm usuras stipulari.*

Notre code au contraire décide que les intérêts échus des capitaux peuvent produire des intérêts, ou par l'effet d'une demande en justice, ou par celui d'une convention spéciale, pourvu que, soit dans la demande, soit dans la convention, il s'agisse d'intérêts échus au moins pour une année entière.

Dès que la loi du 6 octobre 1789 avait accordé le droit de stipuler l'intérêt pour toute somme prêtée et dans tous les cas, on a pu en conclure que l'on pouvait stipuler l'intérêt même des intérêts échus et non payés, qui seraient de vrais capitaux entre les mains du créancier, s'ils lui avaient été payés. Dès que la stipulation peut produire cet effet, il doit être à plus forte raison produit par une demande en justice qui faisait courir les intérêts d'une somme d'argent dans le temps même où il n'était pas permis de les stipuler. La loi au reste veut que le cours de l'intérêt des intérêts ne puisse avoir lieu, soit en vertu d'une convention, soit par l'effet d'une demande judiciaire, qu'autant qu'il s'agira d'intérêts dus au moins pour une année entière, lors même que les intérêts seraient payables par semestre ou trimestre: c'est un motif d'humanité pour le débiteur, qui a fait admettre cette modification.

Il faut que la convention qui admet l'intérêt des intérêts échus soit postérieure à l'échéance des intérêts : on ne pourrait pas convenir d'avance que chaque annuité d'intérêts produirait de nouveaux intérêts aussitôt après chaque fin d'année; c'est ce qui résulte de ces termes, pourvu qu'il s'agisse d'intérêts *dus* au moins pour une année entière; il faut donc que les intérêts soient déjà dus au moment où l'on convient qu'ils produiront d'autres intérêts. Si l'on pouvait d'avance convenir que chaque année d'intérêts en produirait de nouveaux après l'échéance, le débiteur oublierait cette clause funeste; il dormirait paisiblement, et à son réveil il se trouverait bien étonné en voyant que les intérêts des intérêts, joints au capital prêté et aux intérêts annuels, ont décuplé la somme prêtée. Au contraire, d'après la disposition de la loi, il n'est sujet à aucune surprise; il est averti que les intérêts échus vont porter de nouveaux intérêts par le nouveau contrat qu'on lui demande, et il pourra payer s'il en a le moyen; il ne négligera rien pour y parvenir, afin d'éviter sa ruine.

99. Il ne faut pas confondre avec les intérêts prêtés à terme fixe, les revenus d'une autre nature, tels que fermages, loyers, arrérages de rente perpétuelle ou viagère ; de semblables revenus échus produisent intérêts du jour de la demande ou de la convention, quoiqu'il ne s'agisse pas des revenus d'une année entière ; lors, pour exemple, qu'il est convenu que la somme due par chaque année sera payable par payemens égaux, de trois mois en trois mois, on pourra convenir par un nouveau contrat que chaque trimestre échu produira intérêts.

On doit appliquer la même règle aux restitutions de fruits et aux intérêts payés par un tiers en acquit du débiteur.

Les fermages, loyers, arrérages de rente et les fruits perçus, sont des revenus naturels ; ils sont le prix de la jouissance d'un fonds ou d'une maison qu'a eue le preneur, ou le prix d'un capital qui lui a été aliéné et vendu pour la rente ; ils naissent du contrat même ; ce n'est point par forme de peine contre le débiteur et à titre de dédommagement pour le créancier qu'ils sont dus, mais c'est de la nature même du contrat de louage ou de rente qu'ils proviennent ; ils sont de la part du créancier un bien effectif, comme ses autres biens : les arrérages dans les rentes de toute espèce peuvent être considérés comme autant de capitaux séparés ; ils sont donc de leur nature susceptibles de produire des intérêts, dès qu'ils sont échus, quelle qu'en soit la quotité. Au contraire, les intérêts des sommes prêtées à terme ne sont pas des revenus naturels, ils ne sont dus qu'en vertu d'une stipulation expresse ; ils ne naissent pas du contrat même du prêt qui est gra-

tuit de sa nature, à moins qu'il n'y ait une stipulation formelle contraire; art. 1892 et 1905, c. c.

Usura non naturâ pervenit; l. 62, ff. *de rei
vindic. Usura pecuniæ quam percipimus in fructu
non est, quia non ex ipso corpore, sed ex aliâ
causâ, id est novâ obligatione;* l. 121, ff. *de verb.
signif. Ex locato qui convenitur, nisi convenerit,
ut tardiùs pecuniæ illatæ usuras deberet, non
nisi ex morâ usuras præstare debet;* l. 17, §. 4,
ff. *de usuris;* l. 54, ff. *locati.*

Quant aux intérêts payés par un tiers en acquit du débiteur, ils sont pour ce tiers une somme
vraiment principale susceptible de produire des
intérêts, soit par suite d'une stipulation, soit par
une demande en justice; le tiers a employé pour
ce payement un véritable capital tiré de ses
coffres.

SECTION V.

De l'Interprétation des conventions.

Lorsque les conventions présentent quelques
doutes et quelques obscurités, voici les règles à
suivre pour leur interprétation.

100. *Première règle :* On doit dans les conventions rechercher quelle a été la commune intention des parties contractantes, plutôt que de
s'arrêter au sens littéral des termes : *in conventio-
nibus contrahentium voluntatem, potiùs quàm
verba spectari placuit;* l. 219, ff. *de verb. signif;*
l. 6, §. 1, ff. *de contrah. empt.;* l. 7 in fine, ff. *de
supellectile legat.;* c'est la volonté des contractans
qui les forme, c'est donc cette volonté qui doit
servir pour leur interprétation: par exemple, une
personne vend à une autre un champ pour un
prix désigné, avec convention que le prix ne sera

jamais exigé; cet acte est une véritable donation, quoique les parties lui ayent donné le titre de vente; leur intention ici est manifeste : vendre sous la condition de ne jamais exiger le prix, c'est réellement donner; le nom de vente donné à cette convention par les parties n'est ici d'aucune importance, parce que ce n'est pas par le nom que les parties donnent à leur contrat qu'on doit en déterminer la nature, mais par la substance des conventions qu'il renferme; art. 888, c. c. La loi 36, *de contrah. emptione,* disait déjà qu'un semblable acte était une donation : *Cùm quis in venditione pretium rei ponit donationis causá non exacturus, non videtur vendere.*

101. *Deuxième règle :* Lorsqu'une clause est susceptible de deux sens, on doit plutôt l'entendre dans celui avec lequel elle peut produire quelque effet, que dans le sens avec lequel elle n'en pourrait produire aucun. *Quoties idem sermo duas sententias exprimit, ea potissimùm excipiatur, quæ rei gerendæ aptior est;* l. 67, ff. *de regulis juris. Quo res de quá agitur, magis valeat quàm pereat;* l. 12, l. 21, ff. *de rebus dubiis;* l. 80, ff. *de verborum obligatione;* l. 119, ff. *de leg. 1º.* Les parties, en mettant la clause dans le contrat, ont eu un objet; elles n'ont pas voulu y insérer une clause inutile : on doit donc interpréter les termes susceptibles de deux sens dont elles se sont servies, de manière à faire produire quelque effet à la clause douteuse.

Par exemple, si à la fin d'un acte de partage il est dit qu'il est convenu entre Pierre et Paul, copartageans, que Pierre passera sur ses héritages, cela s'entend des héritages échus à Paul; autrement la clause ne signifierait rien, parce que

Pierre n'a pas besoin d'une stipulation pour pouvoir passer sur ses propres héritages, cela est de droit, c'est une conséquence de son droit de propriété; le sens donné à la clause douteuse est celui qui était dans la pensée des contractans, ils n'ont pas voulu y mettre une clause qui n'aurait pu les conduire à rien.

102. *Troisième règle :* Lorsque dans un contrat il y a des termes susceptibles de deux sens, on doit les entendre dans celui qui convient le mieux à la nature du contrat \Les parties se proposant de faire telle espèce de contrat, on doit présumer qu'elles ont voulu donner aux termes dont elles se sont servies la signification qui convient à la nature de cet acte, et non une signification qui serait en opposition à sa nature. *Ea potissimùm sententia excipiatur, quæ rei gerendæ aptior est ;* l. 67, ff. *de regulis juris.* Par exemple, je vous ai loué ma maison à raison de 300 francs, et à charge de faire les réparations; cela s'entend des réparations locatives dont les locataires sont tenus d'après la nature du contrat de louage, art. 1754, c. c., et non des grosses réparations.

103. *Quatrième règle :* Ce qui peut paraître ambigu dans un contrat, s'interprète par ce qui est d'usage dans le pays où le contrat a été fait. On présume que les parties, en contractant dans un lieu, ont entendu se soumettre aux usages de ce lieu, on présume qu'elles connaissaient ces usages puisqu'elles ont choisi ce lieu pour y contracter, et qu'elles ont voulu en conséquence que ce qui pourrait paraître obscur et ambigu dans leurs conventions fût interprété d'après les usages du lieu où l'acte a été passé.

*Semper in stipulationibus et in cœteris contracti-
bus id sequimur quod actum est; aut si non appa-
reat quod actum est, erit consequens ut id sequa-
mur quod in regione in quâ actum est frequenta-
tur;* l. 34, ff. *de regulis juris.* Ainsi, lorsque je
suis convenu avec un vigneron qu'il cultiverait
mes vignes, il est sous-entendu qu'il donnera le
nombre de labours usité dans le pays.

104. *Cinquième règle :* L'usage est d'une si
grande autorité pour l'interprétation des conventions, qu'on sous-entend dans un contrat les
clauses qui sont d'usage; quoiqu'elles n'y soient
point exprimées, elles y sont suppléées. *Ea quœ
sunt moris et consuetudinis, in bonœ fidei judiciis
debent venire;* l. 31, §. 20 à la fin, ff. *de œdilitio
edicto;* l. 17, §. 1, ff. *de aquâ et aquœ pluv.
arcendœ.* Ainsi, quoique dans un bail à loyer
passé pour neuf ans, contenant la réserve expresse que l'une ou l'autre des parties pourra
le résilier après trois ou six ans, il ne soit point
dit que celle des parties qui voudra se prévaloir de la clause, sera obligée d'avertir l'autre au
terme d'avance fixé par l'usage des lieux, cela
est sous-entendu.

105. *Sixième règle :* On doit interpréter une
clause obscure d'un acte par les autres clauses
contenues dans le même acte, soit qu'elles pré-
cèdent la clause obscure, soit qu'elles la suivent;
parce qu'il est de principe que les clauses d'une
convention s'interprètent les unes par les autres,
en donnant néanmoins à chacune d'elles le sens
qui résulte de l'acte entier. Ainsi, on ne pourrait
interpréter une clause d'un contrat de vente, de
manière à lui donner un sens tel que cette clause

8

ne pourrait plus convenir qu'à un contrat de louage; cette interprétation serait vicieuse, parce qu'elle donnerait à la clause interprétée un sens qui serait en opposition avec l'acte entier; l. 24, ff. *de legibus;* l. 134, §. 1, ff. *de verb. obligat.* Les principes de l'interprétation des clauses les unes par les autres étaient déjà consacrés par la loi 126, ff. *de verb. significat.* Elle porte que si un vendeur, par une première clause, déclare le fonds vendu franc de toutes charges réelles, *uti optimus maximus,* et qu'à la fin de l'acte il soit dit qu'il le soutient franc de toutes charges réelles provenant de son fait, *jus fundi deterius factum non esse per dominum præstabitur,* cette seconde clause explique la première, et la restreint aux charges imposées par le vendeur lui-même.

106. *Septième règle:* Dans le doute, la convention s'interprète contre celui qui a stipulé, et en faveur de celui qui se trouve obligé. On doit restreindre l'obligation au sens qui la diminue, parce que celui qui s'oblige ne veut l'être que le moins possible, et l'autre doit s'imputer de n'avoir pas expliqué plus clairement ses prétentions. *In stipulationibus cùm quæritur quid actum sit, verba contra stipulatorem interpretanda sunt;* l. 38, §. 18, ff. *de verb. obligat. Ac ferè secundùm promissorem interpretamur, quia stipulatori liberum fuit verba latè concipere;* l. 99 princ., et l. 109 eodem. *Semper in obscuris quod minimum est sequimur;* l. 9, l. 34 in fine, ff. *de reg. juris.* Ainsi on voit à l'art. 1327, c. c., que lorsque la somme exprimée au corps d'un billet est différente de celle exprimée au bon, l'obligation est présumée de la somme moindre, à moins qu'il ne soit prouvé de quel côté est l'erreur : cette inter-

prétation est adoptée, parce qu'elle favorise le débiteur. De même, lorsqu'il a été convenu avec un fermier qu'il donnera pour le fermage tant de mesures de blé par an, ce blé doit être délivré au grenier du preneur, s'il n'est pas dit expressément qu'il le sera chez le maître de la ferme, parce que cette interprétation est la plus favorable au débiteur du blé; elle lui évite les fatigues et les frais du transport; art. 1247 et 1609, c. c.

107. *Huitième règle :* Quelque généraux que soient les termes dans lesquels une convention est conçue, elle ne comprend que les choses sur lesquelles il paraît que les parties se sont proposé de contracter : *iniquum est perimi pacto id de quo cogitatum non est ;* l. 9, §. dernier, ff. *de transactionibus.* L'obligation n'étant que le résultat de la volonté, d'un autre côté la volonté ne pouvant porter que sur les choses qui sont entrées dans la pensée des contractans, il y aurait injustice d'étendre l'obligation à des choses dont on n'a pas même eu l'idée : ainsi, la généralité des termes dont se sont servis les contractans doit se réduire aux choses qui ont été l'objet de leur pensée au moment du contrat. Par exemple, si deux frères transigent ensemble sur toutes les difficultés qui se seraient élevées entre eux, et sur toutes les matières d'intérêt qui les concernent, renonçant à toutes actions qu'ils peuvent avoir l'un contre l'autre, sans aucune exception ni réserve; quelque généraux que soient les termes de cette transaction, on ne pourra pas dire qu'elle comprend la renonciation à l'action en nullité contre le testament de l'oncle commun qui était mort en Amérique à l'époque de la transaction, mais dont la mort était ignorée des

contractans, et qui savaient encore moins qu'il eût testé en faveur de l'aîné ; le cadet ne peut pas être présumé avoir renoncé à une action qu'il ne savait en aucune manière lui appartenir : *transactio quœcunque sit de his tantùm de quibus inter convenientes placuit, interposita creditur ;* l. 9, §. 1, ff. *de transact. ;* l. 47, §. 1, ff. *de pactis.*

108. *Neuvième règle :* Lorsque la convention a pour objet une universalité de choses, elle comprend toutes les choses particulières qui composent cette universalité, même celles dont les parties n'avaient pas connaissance, parce que ce ne sont pas telles ou telles choses particulières qui sont l'objet de la convention, mais l'ensemble de toutes les choses qui forment et constituent cette universalité. Ainsi, si je vends l'hérédité de mon cousin qui m'est échue, tout ce qui compose cette hérédité sera compris dans la vente, même les choses que j'ignorais en faire partie, parce que la vente d'un tout comprend toutes les parties de ce tout, et je ne pourrai pas attaquer la vente sous le prétexte qu'il a été découvert que certaines choses que je ne savais pas faire partie de la succession en sont des dépendances : *sub prœtextu specierum post repertarum generali transactione finita, rescindi prohibent jura ;* l. 29, cod. *de transact.*

On en excepte néanmoins les choses qui auraient été cachées au vendeur par l'acheteur ; il en est privé en peine de son dol qui ne doit pas lui profiter ; *error circa proprietatem rei apud alium, extra personas transigentium, tempore transactionis constitutœ, nihil potest nocere ;* eâdem lege 29, in fine.

109. *Dixième règle :* Lorsque dans un contrat

on a exprimé un cas pour l'explication de l'obligation, et pour lever tout doute à cet égard, on n'est pas censé avoir voulu par là restreindre l'étendue naturelle de l'obligation, et l'empêcher d'embrasser les cas non exprimés qu'elle comprend de droit : *quæ dubitationis tollendæ causâ contractibus inseruntur, jus commune non lædunt;* l. 81, ff. *de regulis juris.* L'intention des parties est ici évidente, elles n'ont point voulu restreindre l'obligation ; mais pour obvier à la difficulté de savoir si les cas exprimés étaient ou non compris dans l'engagement, elles les y ont renfermés d'une manière formelle. Ainsi, pour revenir à la transaction générale des deux frères, si, après avoir renoncé à toutes actions qu'ils pouvaient avoir l'un contre l'autre, ils ajoutent ces mots : *et notamment à l'action qu'ils peuvent exercer l'un contre l'autre relativement à la succession de Pierre,* on ne pourra pas conclure de cette addition qu'ils n'ont renoncé qu'à ce genre d'actions et non aux autres; parce qu'il est évident qu'ils n'ont eu d'autre intention, en ajoutant ces mots, que de prévenir les doutes qui auraient pu s'élever sur la question de savoir si les actions spécifiées étaient comprises ou non dans la renonciation générale. Autre exemple : des époux stipulent entre eux la communauté de biens, et ils ajoutent que le mobilier des successions qui leur écherront pendant le mariage, tombera dans la communauté ; cela n'empêche pas que les autres choses qui tombent de droit dans la communauté, n'en fassent partie ; ce n'est que pour obvier aux doutes qui auraient pu s'élever à cet égard, que la clause a été mise.

110. *Onzième règle :* Lorsque le prix de la

chose qui fait l'objet de la convention n'a point été réglé par les parties, et qu'il est nécessaire d'en faire l'estimation, elle sera estimée au prix juste et commun, au prix auquel elle pourrait être vendue, au prix que toute personne en donnerait, sans aucune considération du plus ou moins d'attachement que l'une des parties aurait pour cette chose, et aussi sans s'arrêter au plus ou moins de besoin qu'elle pourrait en avoir : *pretia rerum non ex affectu nec utilitate singulorum sed communiter funguntur, id est quanti omnibus valerent;* l. 63 princ.; l. 62, §. 1, ff. *ad leg. Falcid.;* l. 33, *ad leg. Aquil.;* l. 52, §. 29, ff. *de furtis.*

111. *Douzième règle :* Les expressions qui ne peuvent avoir aucun sens, après avoir employé tous les moyens possibles pour les interpréter, seront rejetées comme si elles n'avaient pas été écrites; mais les autres clauses de l'acte seront exécutées. *Quæ in testamento scripta essent, neque intelligerentur quid significarent, ea perindè sunt, ac si scripta non essent : reliqua autem per se ipsa valent;* l. 2, ff. *de his quæ pro non scriptis;* l. 73, §. 3, ff. *de regulis juris.*

SECTION VI.

De l'effet des Conventions à l'égard des tiers.

112. Les conventions sont des lois que les parties s'imposent à elles-mêmes; mais elles ne peuvent lier les tiers qui y ont été étrangers, et par conséquent leur nuire. La raison en est simple : les obligations conventionnelles ne se formant que par le consentement, il faut nécessairement qu'elles ne puissent nuire qu'à ceux qui

y ont consenti. *Animadvertendum ëst enim ne conventio in aliâ re facta aut cum aliâ personâ, in aliâ re, aliâve personâ noceat;* l. 27, §. 4 in fine, ff. *de pactis;* l. 74, ff. *de regul. jur.;* l. 10, ff. *de jur. dot.;* l. 3 in fine, cod. *ne uxor pro marito.*

Ce même motif de la nécessité du consentement des parties pour la formation des conventions fait qu'elles ne peuvent profiter qu'aux contractans eux-mêmes; il faut que le débiteur ait consenti à nous en procurer le bénéfice, et que nous l'ayons accepté : personne ne peut profiter d'une convention à laquelle il n'a pas donné son consentement, c'est pour lui une chose tout-à-fait étrangère. *Nec paciscendo, nec legem dicendo, nec stipulando quisquam alteri cavere potest;* l. 73, §. 4, ff. *de regulis juris;* l. 38, §. 17, ff. *de verb. oblig.*

On a vu plusieurs exceptions, au principe que les conventions ne nuisent et ne profitent qu'aux contractans, au chapitre 2, section 1ere, §. 5 de ce titre.

113. La loi nous apprend encore ici que, nonobstant ce principe, les créanciers peuvent exercer tous les droits et actions de leur débiteur, à l'exception de ceux qui sont exclusivement attachés à sa personne.

Tous les biens, soit corporels, soit incorporels, présens et futurs du débiteur, étant le gage commun de ses créanciers, art. 2092 et 2093, c. c., ce gage serait absolument illusoire, si, au préjudice de ceux-ci, il négligeait d'exercer ses droits et actions : les créanciers doivent donc être admis à les faire valoir eux-mêmes; car il est naturel et conforme à l'équité que les créanciers puissent exercer tous les droits et actions de leur débiteur. En effet, il est possible que dans leur pensée les créanciers ayent compris, parmi les suretés qu'ils pouvaient avoir de l'exécution de l'obligation, celles résultant des actions et droits qui appartiendraient un jour au débiteur, ou qui lui appartiennent déjà par suite de conventions ou autrement, au moment où ce dernier s'oblige. *Si cui non numeratæ pecuniæ competere possit exceptio, etiam eo supersedente tali auxilio uti, vel præsente vel absentę, creditores ejus..... possunt in examinando negotio suis adversariis eamdem non numeratæ pecuniæ exceptionem opponere;* l. 15 princ., cod. *de non num. pecun.;* l. 15, ff. *de fidejuss.* in princ.; l. 1, cod. *de prœtor. pign.*

Les créanciers peuvent intenter les actions de leur débiteur malgré lui, mais c'est à leurs risques et périls; il n'est pas juste que le débiteur supporte les frais d'un mauvais procès que ses créanciers auraient poursuivi indépendamment de sa volonté. *Nec eo prohibeantur quod debitor eâ nunquàm usus sit : ita tamen ut neque principali debitori, neque fidejussori ejus aliquod præjudicium generetur, si is qui eam exceptionem opposuerit, victus fuerit;* eâdem lege 15 in fine, cod. *de non num. pecun.*

Les créanciers ne peuvent pas exercer les droits et actions exclusivement attachés à la personne du débiteur, il a seul le droit de s'en prévaloir, parce qu'ils sont fondés sur des motifs qui lui sont personnels : ainsi, quoique la femme qui renonce à la communauté puisse reprendre les linges et hardes à son usage, ses créanciers ne peuvent pas exercer ce droit si elle ne veut pas l'exercer elle-même, parce qu'il est exclusivement attaché à sa personne. Ce privilége est fondé sur la nature du lien qui, ayant existé entre elle et son feu mari, ne permet pas qu'elle sorte nue de la maison maritale; ses linges et hardes sont d'ailleurs regardés comme un accessoire inséparable de sa personne; ce droit de les reprendre en cas de renonciation à la communauté est donc basé sur des motifs qui lui sont personnels, de telle sorte qu'il n'est pas même transmissible à ses enfans; art. 1495, 2e alinéa, c. c. Les créanciers personnels de la femme ne peuvent aussi demander la séparation de biens sans le consentement de celle-ci, art. 1446, c. c.; parce que cette action irrite le mari, et qu'elle tend à changer les règles de l'union des époux par rapport aux biens.

114. Les contrats et conventions frauduleux du débiteur ne pouvant nuire à ses créanciers, on peut en conclure qu'ils ont le droit d'attaquer en leur nom personnel tous les actes faits par leur débiteur en fraude de leurs droits. Le gage commun des créanciers aurait bientôt disparu, si un débiteur pouvait soustraire à leur action ses biens en les plaçant sous des noms supposés, ou en les faisant changer de main par tous autres actes frauduleux; mais la loi y a pourvu en donnant aux créanciers le droit d'attaquer de semblables actes. *Necessariò prætor hoc edictum proposuit, quo edicto consuluit creditoribus, revocando ea quæcunque in fraudem eorum alienata sunt;* l. 1, §. 1, ff. *quæ in fraudem creditorum.*

Si les aliénations faites sont à titre gratuit, elles sont annullées, soit que le donataire ait su ou ait ignoré la fraude, parce que sa bonne foi n'empêche pas qu'il ne soit injuste qu'il profite de la perte des créanciers; ces derniers qui combattent pour ne pas perdre sont plus favorables que lui qui combat pour gagner. *Simili modo dicimus, si cui donatum est non esse quærendum, an sciente eo cui donatum, gestum sit, sed hoc tantùm an fraudentur creditores, nec videtur injuriâ affici is qui ignoravit : cùm lucrum extorqueatur, non damnum infligatur;* l. 6, §. 11 et 13, ff. eodem. La bonne foi du donataire ne lui est utile que lorsque la chose donnée a péri, il ne devra rien restituer, il suffit qu'il ne soit pas devenu plus riche par suite de la donation ; il en est autrement du donataire qui a été complice de la fraude, il devra payer la valeur de la chose; dict. §. 11 à la fin.

Si l'aliénation est à titre onéreux, elle n'est annullée qu'autant que l'acquéreur a été complice de la fraude ; il est lui-même créancier du prix qu'il a déboursé; il combat, comme les autres créanciers, pour ne pas perdre; il doit donc être préféré puisqu'il est en possession, *in pari causâ melior est causa possidentis;* l. 128, ff. *de regulis juris.* Il faut donc qu'il soit complice de la fraude pour être dépossédé, parce qu'alors il a participé au dol du débiteur, il a nui par ce dol aux créanciers; il doit réparer le préjudice qui en est résulté pour ceux-ci, en restituant les biens qu'il a acquis, sachant que le débiteur les aliénait pour frauder ses créanciers; il serait injuste que l'acheteur profitât de sa fraude : *nemini fraus et dolus patrocinari debet.* Les créanciers reprendront dans ce cas les fonds, sans être obligés de restituer le prix. *Si debitor in fraudem creditorum minore pretio fundum scienti emptori vendiderit, ... quæsitum est an pretium resti-*

tuere debeant? Proculus existimat omnimodò restituendum esse fundum, etiamsi pretium non solvatur; et rescriptum est secundùm Proculi sententiam; l. 7, ff. eodem.

On rendra cependant le prix s'il existe encore dans les biens du débiteur, parce qu'autrement les créanciers s'enrichiraient aux dépens de l'acquéreur, ce qui est contraire à l'équité; l. 8 eod.

Il ne suffit pas que l'acheteur ait su que le vendeur avait des créanciers, il faut qu'il ait acheté à vil prix pour profiter de la fraude du vendeur, ou qu'il y ait participé de toute autre manière : *quod ait prœtor sciente, sic accipimus, te conscio et fraudem participante;* l. 10, §. 2 et 4 eodem. *Minore pretio,* l. 7 eodem.

115. Il y a fraude, quand, par l'aliénation faite, le débiteur s'est mis dans l'impossibilité de payer ses créanciers; si après l'aliénation il lui restait assez de biens pour s'acquitter, on ne peut plus dire que l'aliénation a eu pour but de frauder les créanciers. Pour pouvoir attaquer les actes, il faut qu'il y ait eu intention de frustrer les créanciers de tout ou partie de ce qui leur est dû, et que par le fait ils en ayent été privés; il faut que le fait et l'intention concourent ensemble : *fraudis interpretatio semper in jure civili non ex eventu duntaxat sed ex consilio quoque desideratur. Oportet ut concurrant simul fraus et eventus;* l. 79, ff. *de regulis juris;* §. 3, instit. *quibus ex causis manumittere non licet;* l. 15, ff. *quœ in fraudem;* l. 1, ff. *qui manumittere non possunt.* Le §. 1 de la loi 10, *quœ in fraudem credit.,* n'est point contraire à ces principes : les seconds créanciers, dans l'espèce de cette loi, avaient été subrogés aux droits des pre-

miers qui avaient été payés de l'argent prêté par les subrogés.

Ainsi, supposons qu'une personne ait pour 20,000 francs de dettes, qu'elle possède une maison valant la même somme, et un pré de la valeur de 10,000 fr. : elle pourra donner le pré, sans que l'on soit en droit de dire que l'aliénation a été faite en fraude des créanciers, puisque la maison qui lui reste suffit pour les payer; et cela aura lieu lors même que la maison serait ensuite dévorée par les flammes, parce qu'elle n'a point eu l'intention de frauder les créanciers, quoiqu'ils le soient par le fait.

Les créanciers ont le droit d'attaquer non-seulement les aliénations qui ont été faites en fraude de leurs droits, mais tous les actes en général de leur débiteur qui ont eu pour but de les frauder, tels qu'une remise de ses créances, une renonciation à une succession ou à une communauté; art. 788, 1167 et 1464, c. c. La loi 1, §. 2, ff. *quæ in fraudem*, contenait les mêmes principes. *Ait ergo prætor, quæ fraudationis causá gesta erunt, hæc verba generalia sunt, et continent in se omnem omninò in fraudem factam alienationem vel quemcunque contractum; quodcunque igitur fraudis causá factum est, videtur his verbis revocari qualecunque fuerit, nam latè ista verba patent. Sive ergò rem alienavit, sive acceptilatione vel pacto aliquem liberavit.*

Néanmoins les créanciers n'ont aucune action contre celui d'entre eux qui, par ses diligences, est parvenu à se faire payer, parce qu'il n'a reçu que ce qui lui appartenait, *suum recepit*; il a obtenu le prix de sa vigilance, et les autres créanciers supportent la peine due à leur négligence : *vigilantibus jus civile scriptum est , alii credito-res suæ negligentiæ expensum ferre debent ;* l. 24, l. 6, §. 6 et 7 eodem; l. 22, ff. *de peculio.*

Cependant le créancier sera obligé de rapporter s'il a reçu depuis la faillite du débiteur commun qui avait dessaisi celui-ci de l'administration de ses biens et qui avait rendu la condition de ses créanciers parfaitement égale; art. 442, c. comm. : *neque enim debuit præripere cœteris , post bona possessa, cùm par jam conditio omnium credito-rum facta esset;* l. 6, §. 7 à la fin, eod. La masse des créanciers peut même faire rapporter ce qui a été reçu, dans les dix jours qui ont précédé la faillite, pour dettes non échues, art. 446, c. com.; parce que ces payemens avant le terme ne sont pas ordinaires, et sont par là même suspects de fraude, et censés faits dans la prévoyance de la faillite.

116. Quoique les créanciers puissent attaquer tous les actes faits par leur débiteur en fraude de leurs droits, néanmoins quant aux droits de leur débiteur énoncés au titre des successions et à celui du contrat de mariage, ils doivent se conformer aux règles qui y sont prescrites.

Ainsi ils ne peuvent attaquer, comme fait en fraude de leurs droits, le partage d'une succession à laquelle était intéressé leur débiteur, qu'autant que l'on y aurait procédé sans eux et au préjudice d'une opposition qu'ils auraient formée à cet effet; art. 882, c. c. : ainsi ils ne pourront renoncer à la communauté, au nom de la femme survivante leur débitrice, qu'autant qu'ils auront fait bon et loyal inventaire, art. 1456; autrement ils ne pourront attaquer l'acceptation qu'elle aurait faite de cette communauté.

CHAPITRE IV.

Des diverses espèces d'Obligations convention-
nelles.

On a vu au commencement de ce titre qu'il
y avait, sous le rapport de la nature du lien qui
en résulte, trois espèces d'obligations : les obligations purement naturelles, purement civiles,
et celles qui sont tout à la fois civiles et naturelles.

Ces dernières obligations proviennent des contrats, quasi-contrats, délits et quasi-délits, et de
l'autorité immédiate de la loi.

Celles qui se forment par la voie des conventions se divisent en obligations pures et simples,
conditionnelles et à terme; en obligations alternatives, solidaires, divisibles et indivisibles, et en
obligations sanctionnées par une clause pénale.

Ce chapitre est divisé en sept sections : la première donne quelques idées générales sur la nature des obligations conventionnelles, pures et
simples, conditionnelles et à terme; la seconde
parle des obligations conditionnelles; la troisième
des obligations à terme; la quatrième des obligations alternatives; la cinquième des obligations
solidaires; la sixième des obligations divisibles et
indivisibles, et la septième enfin des obligations
sanctionnées par une clause pénale.

SECTION PREMIÈRE.

Idées générales sur les Obligations pures et
simples, conditionnelles et à terme.

117. Les obligations pures et simples sont celles

qui ne renferment ni terme ni condition, de telle sorte que la chose qui en est l'objet est due et exigible dès le moment où l'obligation est formée; c'est ce que les Romains exprimaient en disant : *Stipulationis puræ dies statìm cedit et venit; quod sine die debetur præsenti die debetur;* l. 14, ff. *de regulis juris;* l. 41, §. 1, ff. *de verb. obligat.*

118. L'obligation est à terme lorsque l'exécution en est différée jusqu'à une certaine époque convenue entre les parties; lorsque l'obligation est à terme, la chose qui en est l'objet est due dès le moment que le contrat est passé, *dies cedit;* mais elle n'est exigible qu'après l'expiration du terme, *dies venit tantùm post terminum;* §. 2, instit. *de verborum obligationibus;* l. 41 princ., ff. *eodem.*

119. L'obligation conditionnelle est celle qui est suspendue par une condition, c'est-à-dire qui ne doit avoir lieu qu'autant qu'un événement futur et incertain arrivera ou n'arrivera pas; il n'y a d'obligation qu'après l'accomplissement de la condition, jusque-là la chose qui en est l'objet n'est ni exigible ni due : *ante conditionis eventum neque dies cedit, neque venit.* Si on l'a payée auparavant, on peut la répéter; l. 213 princ., ff. *de verb. signific.;* l. 18, ff. *de condic. indeb.* L'action en répétition n'est plus admise lorsque la condition est une fois accomplie, parce que la chose est vraiment due dès ce moment. *Conditione autem existente repeti non potest;* l. 16 princ., ff. *de condic. indeb.*

Je promets à Titius cent écus, sans autre explication; mon obligation est pure et simple, les cent écus sont dus et exigibles dès l'instant où le contrat est passé; ce qui doit néanmoins s'entendre avec un certain tempérament d'équité, parce que le débiteur n'est pas présumé avoir l'argent sur lui au moment du contrat, *non venit cum sacco ad contractum;* on doit donc penser qu'il a été convenu tacitement qu'il aurait un court délai pour faire le payement; l. 105, ff. *de solutionib.; §.* dernier, aux instit. *de inutil. stipulat.* Les lois romaines fixaient ce délai à dix jours; arg. tiré de la loi 21, §. 1, ff. *de pecun. const.* Si on ajoute à la promesse de cent écus ces mots, *payables dans six mois,* c'est une obligation à terme; elle sera conditionnelle, si on ne s'engage à les payer, par exemple, que dans le cas où le vaisseau le Centaure reviendrait d'Asie.

Une obligation est souvent à terme quoiqu'il n'y en ait point d'exprimé, et que de la manière dont elle est conçue, elle paraisse pure et simple; cela a lieu lorsque le fait qui en est l'objet exige du temps pour être accompli : par exemple, je m'engage purement et simplement à bâtir une maison; il est censé convenu entre moi et le stipulant que j'aurai un terme suffisant pour remplir l'obligation; la nature de l'engagement suppose que ce terme m'a été accordé, parce qu'une maison ne peut pas être bâtie dans un jour : ainsi le stipulant ne peut pas se plaindre, si je lui construis sa maison dans l'espace de temps qu'un bon ouvrier ordinaire mettrait pour cela; l. 72, §. 2. ff. *de verb. obligat.*

Les obligations sont encore à terme sous un autre rapport, si on s'oblige à payer chaque année, jusqu'à une certaine époque, une somme de 500 fr.; l'obligation cesse à l'époque fixée, et on n'est plus obligé de rien payer dès ce moment. §. 5, inst. *de verb. obligat.*

L'obligation pure et simple diffère de celle à terme : dans la première, la chose est due et exigible aussitôt après la convention; dans la seconde, elle est due à la même époque, mais elle n'est exigible qu'après que le terme est écoulé. L'une et l'autre diffèrent de l'obligation contractée sous une condition suspensive, en ce que cette dernière obligation n'est formée qu'après l'accomplissement de la condition, de telle manière que la chose qui en est l'objet n'est ni due ni exigible auparavant.

SECTION II.

Des Obligations conditionnelles.

§. Ier.

De la Condition en général, et de ses diverses espèces.

Les conventions étant arbitraires et variables suivant les besoins des hommes, on peut y insérer toutes sortes de pactes et conditions qui ne sont point contraires aux lois et aux mœurs.

120. La condition est un pacte dont le but est de régler ce que les contractans veulent qui soit fait, si un événement futur et incertain qu'ils prévoient, arrive ou n'arrive pas.

Les conditions considérées par rapport à leurs effets sont de trois sortes, selon les trois différens effets qu'elles peuvent avoir : les premières sont celles dont l'accomplissement rend parfaites les conventions qu'on en avait fait dépendre; les secondes sont celles dont l'arrivée résout les contrats; les troisièmes enfin sont celles qui ne tendent ni à accomplir les contrats, ni à les résoudre, mais dont l'arrivée y apporte quelque changement, comme s'il est dit dans un bail que le loyer sera diminué de tant par an, si le locateur ne fournit pas les meubles qu'il s'est engagé de placer dans la maison louée. Quoique les conditions ayent trois effets différens, il n'y en a cependant que deux espèces, les résolutoires et les suspensives : celles qui modifient la convention sont résolutoires si elles tendent à diminuer l'obligation; elles sont suspensives pour partie, si leur arrivée augmente l'obligation.

Il y a des conditions expresses, il y en a de tacites : les premières sont celles qui se trouvent en termes exprès dans les conventions; les secondes se trouvent renfermées dans les conventions sans y être exprimées. La vente des fruits futurs renferme la condition qu'il naîtra des fruits; lorsqu'ainsi je vends les fruits qui naîtront l'année prochaine sur mes arbres, c'est comme s'il était dit : *Je vous vends les fruits de mes arbres, s'ils en produisent;* l. 73, ff. *de verb. obligat.;* l. 1, §. 5, ff. *de cond. et demonst.*

Après ces préliminaires, nous dirons que l'obligation est conditionnelle lorsqu'on la fait dépendre d'un événement futur et incertain, soit en la suspendant jusqu'à ce que l'événement prévu par les contractans ait lieu, soit en la résiliant, selon que l'événement arrivera ou n'arrivera pas.

121. Cette définition nous apprend que la condition est ou suspensive, ou résolutoire : elle est suspensive lorsque les parties ont voulu que l'obligation ne fût formée qu'après l'accomplissement de la condition; elle est résolutoire lors-

que les parties ont entendu que l'obligation formée et parfaite au moment de la convention fût résolue, en cas que la condition se réalisât.

Pour que l'obligation soit conditionnelle, il faut que l'événement dont on la fait dépendre soit futur et incertain; car si l'événement a eu déjà lieu au moment de la convention, l'obligation n'est point conditionnelle, parce que les conditions qui se rapportent au temps présent ou au temps passé ne suspendent jamais les obligations auxquelles elles sont apposées; ou elles les rendent aussitôt nulles, ou elles leur donnent sur le champ la force qu'elles peuvent avoir, et cela a lieu lors même que les parties ignorent l'accomplissement de la condition; les faits qui sont certains d'après la nature des choses ne suspendent point l'obligation, quoiqu'ils soient ignorés des contractans; leur ignorance à cet égard n'empêche pas l'existence de ces faits.

D'après ce, lorsque je promets 100 louis à Pierre si Paul est vivant, ou si le vaisseau la Sirène est arrivé d'Amérique, mon obligation n'est point conditionnelle : si Paul était vivant au moment de l'acte, ou si le vaisseau était arrivé, l'obligation est pure et simple ; si le vaisseau n'était point arrivé ou si Paul était mort à la même époque, je ne suis obligé d'aucune manière, ni purement, ni conditionnellement. *Cùm ad præsens tempus conditio confertur, stipulatio non suspenditur; et si conditio vera sit, stipulatio tenet, quamvis tenere contrahentes conditionem ignorent; veluti si rex parthorum vivit, centum millia dare spondes; eadem sunt, et cùm in præteritum conditio confertur;* l. 37, l. 38, et l. 39, ff. *de rebus creditis. Quæ enim per rerum naturam certa sunt non morantur obligationem, licet apud nos incerta sint ;* §. 6 à la fin, instit. *de verb. obligat.*

122. Les conditions suspensives et résolutoires se subdivisent en potestatives, casuelles et mixtes.

La condition potestative est celle qui fait dépendre l'exécution de l'obligation d'un événement qu'il est au pouvoir de l'une ou de l'autre des parties de faire arriver ou d'empêcher : par exemple, je promets 100 louis à Pierre s'il va à Paris cet hiver ; il dépend de Pierre de faire arriver ou d'empêcher l'événement qui suspend l'obligation ; il peut en effet aller ou ne pas aller à Paris ; cette condition qui lui est imposée est purement potestative de sa part.

La condition casuelle est celle qui dépend du hasard, et qui n'est nullement au pouvoir du créancier ou du débiteur ; elle est appelée casuelle du mot latin *casus, hasard.* Je m'engage à vous donner 100 écus, s'il tombe de la neige le premier décembre ; cette obligation est contractée sous une condition purement casuelle, parce qu'il ne dépend ni du créancier ni du débiteur de faire tomber de la neige ce jour-là.

La condition mixte est celle qui dépend tout à la fois de la volonté de l'une des parties contractantes et de la volonté d'un tiers ; elle est appelée mixte, parce qu'elle est tout à la fois potestative et casuelle ; il dépend en quelque sorte du hasard que la volonté d'un tiers concoure avec celle d'un des contractans. L'obligation est contractée sous une condition mixte lorsqu'elle l'est de cette manière : *Je donnerai 1000 francs à Pierre s'il se marie avec Françoise ;* il faut ici le concours de la volonté de Pierre et de Françoise pour l'accomplissement du fait dont dépend l'obligation.

Elle est encore mixte lorsqu'elle dépend en même temps de l'effet du hasard et de la volonté de l'une des parties : par exemple, je promets à Jacques 100 pistoles s'il se promène le premier juin pendant que la pluie tombera ce jour-là; il dépend bien de Jacques de se promener ou non, mais il ne dépend pas de lui de faire tomber de la pluie le premier de juin.

123. La condition est encore possible ou impossible : elle est possible lorsqu'elle peut arriver ; elle est impossible lorsqu'elle ne peut pas arriver.

Il y a deux sortes d'impossibilité : la physique et la morale.

La condition est impossible physiquement lorsque les lois de la nature s'opposent à son accomplissement : par exemple, je promets à Titius une montre d'or, s'il touche à la lune.

La condition est impossible moralement lorsque le fait qui la constitue est défendu par la loi, ou lorsqu'il est contraire aux bonnes mœurs ; tout ce qui est opposé aux lois et aux mœurs est impossible à l'homme de bien, *quæ contra bonos mores sunt nec facere nos posse credendum est;* l. 15 in fine, ff. *de condit instit.* La promesse que l'on ferait à quelqu'un sous la condition qu'il tuerait une personne, ou qu'il se promenerait tout nu sur la place publique, serait contractée sous une condition moralement impossible : le premier fait est défendu par toutes les lois divines et humaines, et le second est contraire aux bonnes mœurs.

124. Pour qu'une condition puisse être apposée à une obligation conventionnelle, il ne faut pas qu'elle soit d'une chose impossible, ou

opposée aux bonnes mœurs, ou prohibée par la loi ; dans le cas contraire, la condition est nulle, et elle rend nulle l'obligation : *vitiatur et vitiat.*

L'insertion des conditions impossibles physiquement ou moralement, rend nulle l'obligation où elles se trouvent, parce que celui qui s'oblige ainsi ne veut pas sérieusement s'engager, et l'autre contractant qui permet que l'on ajoute de semblables conditions ne veut pas aussi que le débiteur soit valablement obligé; *potiùs jocari quàm serio contrahere videntur,* disaient déjà les lois romaines. On confond ici l'impossibilité morale avec l'impossibilité physique; car ce qui est contraire aux lois et aux mœurs est, comme nous avons dit, impossible à l'honnête homme, quoique les lois physiques de la nature ne s'opposent pas à l'accomplissement de semblables conditions; §. 11, inst. *de inutilibus stipul.* ; l. 35 princ et §. 1, ff. *de verb. obligat.* ; l. 31, et l. 1, §. 11, ff. *de oblig. et actionibus.*

125. Dans les contrats, les conditions impossibles ou contraires aux lois et aux bonnes mœurs sont nulles et rendent nulle l'obligation, *vitiantur et vitiant;* mais dans les institutions et les legs elles sont regardées comme non écrites. Il en est de même dans les donations entre-vifs, art. 900, c. c. *Impossibilis conditio in institutionibus et legatis nec non in fideicommissis et libertatibus pro non scriptâ habetur,* §. 10, inst. *de hœredibus instituendis;* l. 14 et 15, ff. *de condit. instit.* ; la condition seule est annullée; mais la disposition soit entre-vifs, soit à cause de mort où elle se trouve, conserve toute sa force.

126. Si la condition apposée à une obligation,

est de ne pas faire une chose impossible, elle ne rend pas nulle l'obligation contractée sous cette condition : dans ce cas, l'obligation est pure et simple, elle n'est point conditionnelle ; parce que l'événement prévu est certain dès l'instant même de la convention, il ne peut donc pas la suspendre. Par exemple, vous me promettez 100 louis, si je ne touche pas au ciel avec le doigt; la promesse n'est pas conditionnelle, elle est considérée comme pure et simple; car il est impossible que je touche au ciel avec le doigt : les parties n'ont pu ni dû espérer l'existence d'un fait impossible ; l. 7, l. 8 à la fin, ff. *de verb. oblig. Si ita stipuletur si cœlum digito non attigero, dare spondes, purè facta censetur stipulatio, et ideò statim peti potest;* §. 11, institut. à la fin, *de inutil stipulat.*

On a vu à la section 4 du chapitre 2 que l'obligation contractée sous la condition de ne pas faire une chose opposée aux lois et aux mœurs était nulle, parce qu'il est contraire à la bonne foi et à la justice de stipuler des récompenses pour s'abstenir de faire une chose que par devoir l'on ne doit pas faire.

127. L'obligation ne peut produire aucun effet lorsqu'elle a été contractée sous une condition potestative de la part de celui qui s'oblige. Dans une semblable hypothèse, il n'y a point d'obligation, aucun lien n'est formé; il dépend du débiteur d'être obligé ou de ne pas l'être, suivant qu'il accomplira ou n'accomplira pas la condition qui lui est imposée et qui est potestative de sa part. Cette liberté de la part du débiteur est contraire à la nature de l'obligation qui, étant un lien de droit, nous force à donner, à faire ou à ne pas

faire quelque chose : *stipulatio non valet, in rei promittendi arbitrium collatâ conditione ;* l. 17, l. 46, §. 3, ff. *de verb. obligat.*

. Les conditions se divisent encore en conditions affirmatives qui consistent à faire quelque chose, et en conditions négatives qui consistent à ne pas faire quelque chose.

Après avoir parlé des différentes conditions, de celles qui vicient la convention et de celles qui ne font qu'en suspendre l'exécution, il nous reste à parler de la manière dont elles doivent être accomplies, de l'époque où elles sont censées l'être, de leur effet rétroactif au jour du contrat après l'accomplissement, et des droits du créancier conditionnel avant que la condition se soit réalisée.

128. La condition doit être accomplie de la manière que les parties ont vraisemblablement voulu ou entendu qu'elle le fût.

Cette disposition de la loi fera cesser à jamais les querelles des docteurs sur la question de savoir si les conditions doivent être accomplies suivant la lettre de l'obligation, ou si elles peuvent l'être par équivalent, d'après les circonstances où se trouvaient les parties au moment de l'acte, et la nature de la chose qui est l'objet de la condition : *per æquipollens et pro subjectâ materiâ.* On a plutôt égard à la volonté présumée des parties qu'à l'expression littérale de l'obligation; les juges doivent examiner quelle a été l'intention vraisemblable des parties sur la manière dont la condition devait être accomplie, parce que c'est cette intention qui est la première règle d'interprétation des conventions; art. 1156, c. c.

La condition pourra donc être accomplie par

équivalent et même par un tiers, si la chose qui doit être donnée ou faite pour l'accomplissement de la condition peut être aussi bien donnée ou faite par une autre personne que par le débiteur, et si le fait personnel du contractant n'a point été pris en considération, mais le fait en lui-même, tel que l'abattage d'un arbre.

129. L'accomplissement des conditions est indivisible, lors même que la chose qu'elles auraient pour objet serait très divisible, telle qu'une somme d'argent; la raison en est que l'on ne peut pas réputer la condition accomplie tant qu'il en reste une partie à exécuter; ce n'est pas la condition imposée qu'on a accomplie, on est seulement en voie d'y parvenir. Ainsi, celui qui a exécuté en partie la condition en payant une portion de la somme, ne pourra demander aucune part de la chose qui est l'objet de l'obligation tant que le reste de la somme ne sera pas payé; et s'il n'a pas acquitté le total dans le temps fixé pour l'exécution de la condition, il ne pourra plus exiger la chose promise, sauf à répéter, par la condiction *sine causâ,* ce qu'il a déjà payé en exécution de la condition : *cui fundus legatus est, si decem dederit, partem fundi consequi non potest, nisi totam pecuniam numerasset;* l. 55, ff. *de condit. et demonst* La loi 23 au même titre dit aussi: *veriùs est ut conditionem scindere non possit.*

Lorsque la chose qui est l'objet de l'obligation ne peut être délivrée qu'en partie au créancier, nous pensons qu'il suffira à celui-ci d'exécuter dans la même proportion la condition dont l'objet est divisible. Par exemple, je m'engage à donner cent hectares de pré à Polycarpe s'il donne 100 louis à Antoine; je ne possède pour tous biens dans le monde que cinquante hectares de pré : il m'est impossible alors d'exécuter en entier mon obligation, je ne peux la remplir que pour moitié ; il suffira donc à Polycarpe de donner 50 louis à Antoine. Dans les conventions synallagmatiques, si un des contractans n'exécute pas, il ne peut demander l'exécution à son égard, art. 1184, 1610, 1654 et 1741, c. c.; s'il n'exécute qu'en partie, il ne peut donc aussi demander qu'une exécution proportionnelle; et si le donataire avait rempli toute la condition, il pourrait répéter une partie de ce qu'il a payé. Les lois 43, §. 2, et 44, §. 9, ff. *de cond. et dem.* le décident ainsi par rapport aux legs faits, sous la condition de payer une certaine somme, par un testateur qui ne pouvait léguer la chose qu'en partie. *Item scinditur jus dandi, si is cui legatum est, non potest partem hœreditatis sibi relictam totam capere, nam veriùs est, partem eum prœstare debere, partem illos qui auferunt ab eo quod plus relictum est quàm à lege conceditur. Fideicommissarium quod solvit pro ratâ repetere debere.*

130. Après nous avoir appris comment la condition devait être accomplie, la loi nous fait connaître quand elle est censée l'être : les règles à cet égard sont de la plus grande clarté.

Lorsqu'une obligation est contractée sous la condition qu'un événement arrivera dans un temps déterminé, cette condition est censée défaillie à l'époque où le terme est passé sans que l'événement prévu par les contractans soit arrivé. Par exemple, je promets 100 louis à Jérôme si dans deux ans il se marie avec Gertrude : si les deux ans se passent sans qu'il ait épousé celle-ci, la condition est défaillie, parce que, d'après la volonté de l'obligé, elle ne pouvait être utilement accomplie que dans les deux ans qui se sont écoulés

S'il n'y a point de temps déterminé pour l'accomplissement de la condition, on peut toujours la remplir tant qu'il y a possibilité à cet égard ; elle n'est censée défaillie qu'à l'époque où il est devenu certain que l'événement n'arrivera pas. Ainsi, dans l'exemple ci-dessus présenté, si aucun terme n'a été fixé à Jérôme pour épouser Gertrude, il pourra toujours accomplir la condition ; elle sera censée défaillie seulement lorsque l'un ou l'autre sera mort, parce qu'alors il sera certain que le mariage ne peut se célébrer entre eux.

La condition ne sera pas censée avoir manqué quoique Gertrude se soit mariée avec un autre homme, parce qu'il est possible que son premier mari meure, et qu'après la dissolution du premier mariage, elle en contracte un second avec Jérôme.

Lorsque l'obligation est contractée sous la condition qu'un événement n'arrivera pas dans un temps fixé, cette condition est accomplie, si l'événement n'a pas eu lieu au temps déterminé. Par exemple, je promets à Paul 1000 fr., si dans le terme de deux ans il ne se marie pas avec Anastasie; la condition est accomplie, s'il ne s'est pas marié avec cette femme dans le temps sus-énoncé. Elle sera aussi censée accomplie si Anastasie meurt avant ce terme, parce qu'il est certain dès le moment de sa mort que l'événement prévu n'aura pas lieu. Par la même raison les héritiers de Paul pourront demander l'exécution de l'obligation, si Paul meurt avant la fin des deux ans, sans s'être marié avec Anastasie.

S'il n'y a pas de temps fixe, la condition n'est censée accomplie que lorsqu'il est certain que l'événement n'arrivera pas; et en revenant à notre exemple, la mort d'Anastasie rend impossible l'événement prévu; il en est de même du décès de Paul, qui donnera droit d'agir à ses héritiers. *Sed si ita stipulatus fuero si in Capitolium non ascenderis, vel Alexandriam non ieris, centum dare spondes? Non statìm committetur stipulatio, quamvis Capitolium ascendere vel Alexandriam pervenire potueris, sed cùm certum esse cœperit te Capitolium ascendere vel Alexandriam ire non posse;* l. 115, §. 1 et 2, ff. *de verb. oblig.*

131. Relativement aux conditions négatives, c'est-à-dire dans lesquelles un événement ne doit pas avoir lieu sans désignation de terme, elles suspendent soit l'effet des contrats, soit celui des testamens, tout comme les conditions affirmatives, lorsqu'elles sont casuelles, ou lorsqu'elles roulent sur un fait qui dépend de la volonté d'autrui : comme je lègue cent écus à Gervais, si Protais ne monte pas sur le Mont-Blanc; une telle condition suspend la disposition, et le legs ne peut être demandé, ni acquis, que quand il sera certain que la condition ne pourra pas manquer, c'est-à-dire à la mort de Protais. Dans ce cas on n'admet point la caution mucienne, et l'héritier institué ou le légataire n'est point recevable à demander l'exécution de la disposition en offrant cette caution; la raison en est que les lois n'ont introduit ce remède que quand la condition est potestative, et qu'elle oblige à ne pas faire quelque chose l'héritier ou le légataire en faveur duquel la disposition est faite, et qui doit en

profiter dans le cas où il n'enfreindrait pas la défense du testateur.

Mais si la condition est potestative et porte sur
un fait qui soit défendu à l'héritier ou au légataire, par exemple, de ne pas aller à Paris, de
ne pas contracter un second mariage, elle n'a
point d'effet suspensif, et la disposition doit être
exécutée sous la caution mucienne; l. 76, ff. *de
legat.* 2°; l. 67, l. 71, l. 72, l. 73, l. 79, §. 2, ff.
de condit. et demonstr.; novelle 22, chap. 44 :
*Mutianæ cautionis utilitas consistit in conditio-
nibus quæ in non faciendo sunt conceptæ; si in
Capitolium non ascenderit, et similibus;* l. 7 princ.
eodem.

On a vu plus haut que la loi 115, §. 1 et 2,
décide le contraire pour les contrats; la raison
de différence est que, dans les contrats, peu importe si le droit est acquis du vivant du créancier ou après sa mort seulement, puisque chacun
est censé contracter tant pour soi que pour ses
héritiers qui en profiteront en cas de mort de
leur auteur, art. 1122 et 1179, c. c.; au contraire,
il faut que le legs se forme dans la personne du
légataire, qu'il soit acquis à ce dernier de son
vivant, autrement il n'est pas transmissible à ses
héritiers, l. unique, §. 7, cod. *de cad. toll.;* c'est
pour cela que les héritiers institués ou les légataires,
qui sont appelés sous la condition potestative de
ne pas faire quelque chose, ont le droit de demander leur legs aussitôt après la mort du testateur et avant qu'il soit certain, par leur propre
mort, qu'ils ne peuvent plus faire ce qui leur est
défendu; mais ils sont obligés de fournir caution
de restituer la chose léguée ou l'hérédité, dans
le cas où ils contreviendraient à la volonté du

disposant. Si on n'eût pas pris ce parti, la volonté du testateur n'aurait eu aucun effet; et cependant, d'après la loi des douze tables, et la
novelle 22, chap. 2, sa volonté est une loi pour
ses héritiers : *uti legassit, ita jus esto, dicat testator et erit lex, disponat ut dignum est, sit lex
ejus voluntas* D'après ces motifs, on pense que
cela a encore lieu aujourd'hui.

Au reste, la contravention à la condition résout et anéantit la disposition testamentaire dès
le principe, et elle détruit tous ses effets de la
même manière que si elle n'avait jamais été faite
ni exécutée Les lois romaines sont formelles par
rapport à la restitution des fruits; l. 76, §. 7, ff.
de leg. 2º; l. 79, §. 2, ff. *de condit. et demonstr.,*
et novelle 22, chap 44, §. 2.

132. Si l'accomplissement d'une condition est
empêché par le débiteur lié sous cette condition, elle sera réputée accomplie, et il sera obligé
à ce qu'il devait donner ou faire en cas d'accomplissement de la condition, de la même manière que si elle était vraiment accomplie; il ne
doit pas dépendre de lui d'empêcher l'effet de
son obligation en s'opposant à l'accomplissement
de la condition sous laquelle il est obligé. *In jure
civili receptum est quotiens per eum, cujus interest conditionem non impleri, fiat quominùs impleatur, perindè haberi, ac si impleta conditio
fuisset, quod ad legata et ad hæredum institu-
tiones perducitur, quibus exemplis stipulationes
quoque committuntur, cùm per promissorem factum esset, quominùs stipulator conditioni pare-
ret;* l. 161, ff. *de regulis juris;* l. 81, §. 1, ff. *de
condit et demonstr.;* l. 85, §. 7, ff. *de verborum
obligationib.* C'est une conséquence d'une autre

maxime contenue dans la loi 39, ff. *de regulis juris*, portant qu'une chose est censée faite, toutes les fois qu'une personne intéressée à ce qu'elle ne se fasse pas s'oppose à son accomplissement.

Cependant on ne pourra pas dire que le débiteur a, par son fait, empêché que la condition ne soit remplie, s'il y a seulement formé obstacle d'une manière indirecte : par exemple, je m'engage à vous donner un champ, si vous donnez dans deux ans cent écus à Ignace; dans l'intervalle de ce délai je deviens héritier de Pierre à qui vous deviez des sommes énormes; je fais saisir vos biens pour être payé; cette saisie vous met dans l'impossibilité de délivrer les cent écus à Ignace : vous ne pouvez pas dire que la condition est censée accomplie, parce que je n'en ai empêché l'exécution qu'indirectement; je n'ai pas fait procéder à la saisie pour opérer cet effet, mais bien avec l'unique intention d'être payé d'une créance qui m'était légitimement due; l. 38, ff. *de statu liberis*.

133. Il faut aussi faire une distinction entre les conditions qui s'accomplissent en une seule fois, et celles qui ne s'exécutent que par une succession de temps : les unes sont censées accomplies aussitôt que le créancier s'est présenté à cet effet et que le débiteur s'est opposé à l'exécution de la condition; il n'en n'est pas de même des autres. Ainsi, supposons que j'aye promis à un laboureur cent écus s'il voulait travailler dix jours dans mes champs; qu'il se soit présenté pour cela et que je m'y sois opposé : la condition ne sera censée exécutée que pour une journée, et il ne sera réputé l'avoir tout-à-fait accompli qu'a-

près s'être présenté à cet effet dix fois inutilement. *Alia est causa operarum quià singulæ
edendæ sunt; sed etsi hæres accipere noluerit,
non statìm liber erit. Sed cùm tempus transierit,
per quod operarum quantitas consumatur;* l. 20,
§. 5, ff. *de statu liberis.* Il y a pour ainsi dire dix
conditions à accomplir; il faut donc qu'il y ait
eu dix refus ou obstacles de la part du débiteur.

134. Si la condition est une fois accomplie,
elle a un effet rétroactif qui remonte au jour
même où l'obligation a été formée; et si le créancier meurt avant l'accomplissement de la condition, ses droits passent à ses héritiers : la raison
en est que chacun contracte tant pour lui que
pour ses héritiers; l. 9, ff. *de probat.;* art. 1122,
c. c.

On ne considère par conséquent dans les contrats que le temps auquel ils sont faits, et la condition qui s'y trouve apposée a toujours un effet rétroactif au jour de la convention, à quelque époque
qu'elle arrive. *Cùm enim semel extitit conditio perindè habetur ac si illo tempore quo stipulatio
interposita est, sine conditione facta esset;* l. 11,
§. 1, ff. *qui potiores in pignore;* l. 42 princ., ff. *de
oblig. et actionib.;* l. 18, ff. *de regulis juris;* l. 78,
ff. *de verb. oblig.,* §. 4, inst. eodem.

Il n'en est pas de même des legs conditionnels
dont l'espérance ne passe point aux héritiers des
légataires, si ces derniers meurent avant l'accomplissement de la condition; l. unique, §. 7, cod.
de caducis toll.; l. 109, ff. *de cond. et demonstr.;*
l. 42 princ., ff. *de obligat. et actionibus;* art.
1040, c. c. La raison de la différence vient de ce
que celui qui contracte n'a pas seulement envie
de se procurer du bien à lui-même, mais il se

propose aussi d'en faire à ses héritiers; loi 9, ff. *de probat.;* au lieu que celui qui fait un legs n'a d'autre but que d'exercer sa bienfaisance envers le légataire, et non à l'égard des héritiers de celui-ci qu'il ne connaît peut-être pas, et qui par conséquent n'ont pu s'attirer sa bienveillance.

134. Le créancier sous condition peut, avant son accomplissement, faire tous les actes conservatoires de son droit; il n'y a encore rien de dû, mais il y a espérance que quelque chose sera dû, et cette espérance suffit pour l'autoriser à faire tout ce qui est nécessaire pour la conserver et empêcher qu'elle ne devienne inutile : *ex stipulatione conditionali tantùm spes est debitum iri, ipsamque spem in hœredem transmittimus;* §. 4, instit. *de verborum obligationibus.* Le créancier conditionnel pourra donc veiller à la conservation de son droit, soit en prenant inscription sur les biens de son débiteur hypothéqués à sa créance, soit en interrompant la prescription contre un tiers détenteur d'un des immeubles hypothéqués; il pourra se présenter dans les ordres de collocation sur le prix des fonds expropriés, pour demander que le créancier pur et simple sur qui les fonds manqueraient, si la condition était accomplie, ne soit colloqué qu'à la charge de donner caution de rapporter sa collocation au créancier conditionnel si la condition s'accomplit; l. 13, §. 5, ff. *de pignoribus et hypothecis. Ampliùs etiam creditorem sub conditione tuendum putabat adversùs eum cui posteà quicquam deberi cœperit;* l. 9, §. 1, ff. *qui potiores in pignore.*

§. II.

De la Condition suspensive.

135. L'obligation contractée sous une condition suspensive est celle qui dépend d'un événement futur et incertain, c'est-à-dire qu'elle ne doit être formée qu'autant qu'un événement futur et incertain arrivera ou n'arrivera pas, de sorte qu'il n'y a point d'obligation, tant que l'événement prévu ne s'est pas accompli. Par exemple, je vous promets cent louis si Ovide est nommé consul cette année; les cent louis ne seront dus que dans le cas où Ovide obtiendra réellement cette place dans le cours de l'année.

Si plusieurs conditions ont été imposées au créancier, elles devront toutes être accomplies si elles sont réunies par la copulative *et*, et il suffira qu'une soit accomplie, si elles sont exprimées par la disjonctive *ou*: par exemple, s'il se marie, ou s'il se fait recevoir docteur en droit; l. 5, ff. *de cond. instit.*; l 13, §. 2, ff *de rebus dubiis*; l. 129, ff. *de verb. oblig.*; §. 11, instit. *de hæredibus instit*; l. 78 in fine, ff. *de condit. et demonstr.*

Le code nous apprend que l'obligation est encore contractée sous une condition suspensive, lorsqu'elle dépend d'un événement actuellement arrivé, mais encore ignoré des parties. On a déjà vu qu'une semblable obligation n'est pas réellement conditionnelle; les conditions qui se rapportent au temps présent ou passé ne sont pas à proprement parler des conditions, elles n'en ont que la forme extérieure, à cause de la conjonction *si* par laquelle elles sont exprimées, elles n'en produisent pas les effets; l. 100, ff. *de verb.*

obligat. : de semblables obligations sont, dès le moment même de l'acte, ou accomplies ou nulles, selon l'effet que doit leur donner la condition. *Conditio in præteritum, non tantùm in tempus præsens relata, statìm aut perimit obligationem aut omninò non differt;* dite l. 100; §. 6, instit. eodem.

136. Lorsque l'obligation est vraiment contractée sous une condition suspensive, c'est-à-dire lorsqu'elle dépend d'un événement futur et incertain, elle n'a point d'effet, et en conséquence elle ne peut être exécutée qu'après l'événement, toutes choses demeurant en suspens et au même état que s'il n'y avait point eu de convention, jusqu'à ce que la condition soit arrivée; parce que le débiteur n'ayant voulu s'obliger qu'en cas d'accomplissement de la condition, il ne l'est point avant cette époque, et le créancier n'a encore point de droits positifs, mais de simples espérances qui s'évanouissent si la condition défaillit, et qui ne deviendront quelque chose de réel que par l'arrivée de cette condition. Ainsi, dans une vente qui doit s'accomplir par l'événement d'une condition, jusqu'alors l'acheteur n'a qu'une espérance sans aucun droit de jouir ni de prescrire, mais le vendeur demeure le maître de la chose vendue, et les fruits lui appartiennent; et si la condition n'arrive pas, la convention est anéantie de la même manière que si elle n'avait jamais été faite. *Quod si defecerit conditio, nulla ést emptio, sicuti nec stipulatio..... Quod si pendente conditione res tradita sit, emptor non poterit eam usucapere pro emptore, et quod pretii solutum est repetetur et fructus medii temporis venditoris sunt;* l. 8 princ., *de peric. et commod. rei*

vend; l. 4, ff. *de in diem addictione;* §. 4, instit. *de verb. oblig.;* l 54, ff. *de verb. signif.;* l. 37, ff. *de contr. emptione.*

Si l'obligation est contractée sous une condition improprement suspensive, c'est-à-dire si l'événement dont on la fait dépendre est déjà arrivé au moment de la convention, quoique ce fait soit ignoré des parties, elle a son effet du jour même où elle a été contractée ; rien dans ce cas n'a suspendu la convention, on n'a pas eu besoin d'attendre l'événement d'un fait déjà consommé au moment de l'acte. Ainsi, pour revenir à l'exemple de la vente, vous avez acquis un champ, à condition que la vente n'aurait lieu que dans le cas où un tel vaisseau serait arrivé dans le port de Marseille au moment du contrat; la convention n'est point suspendue, elle a ses effets dès l'instant de l'acte, si le vaisseau était réellement arrivé, et elle est nulle dans le cas contraire; ainsi, dans la première hypothèse, vous aurez droit aux fruits perçus depuis la vente, art. 1614, c. c. ; vous supporterez la perte de la chose vendue, si elle périt sans la faute du vendeur; art. 1302 et 1639, c. c.; *perfectá emptione periculum ad emptorem respiciet;* l. 8, princ. ff. *de peric. et comm. rei vend.* Néanmoins vous ne pouvez demander la délivrance qu'après qu'il sera certain que l'événement prévu était véritablement arrivé au jour du contrat : la vente a son effet dès le moment de l'acte, l'exécution seule est différée, parce que le créancier doit prouver l'existence du fait auquel on s'est rapporté et qui est le fondement de son action.

137. Lorsque l'obligation dépend d'un événement futur et incertain, et qu'ainsi elle est

vraiment suspendue, si la chose qui en fait l'objet périt par cas fortuit avant l'événement de la condition, elle périt pour le débiteur, elle est à ses risques et périls ; parce qu'il ne s'est obligé de la livrer qu'en cas d'accomplissement de la condition, que jusqu'alors il demeure le maître, et que, d'après la maxime *res perit domino,* c'est lui qui doit supporter la perte ; d'un autre côté, lorsque la condition s'accomplira, il n'y aura plus de chose qui puisse être la matière du contrat, il manquera alors d'une des conditions qui lui sont essentielles ; art. 1108 et 1138, 2ᵉ alinéa, c. c ; *sicuti stipulationes et legata conditionalia perimuntur, si pendente conditione res extincta fuerit ;* l. 8 in princ., ff. *de peric. et commodo rei vend.;* l. 10, §. 5, ff. *de jure dotium.*

Si la chose est entièrement périe sans la faute du débiteur, l'obligation est éteinte ; il ne peut pas être obligé de livrer une chose qui n'existe plus ; *impossibilium nulla est obligatio ;* l. 185 et 135, ff. *de regulis juris;* art. 1302, c. c.

Si au contraire elle a péri par sa faute, le créancier aura contre lui une action en dommages et intérêts, parce que chacun est obligé de réparer le préjudice qu'il a causé à autrui par sa faute, art. 1382 et 1383, c. c.; l'obligation de payer la valeur de la chose succède ici à celle primitivement contractée de délivrer la chose même ; l. 2, §. 1, ff. *de periculo et commodo rei venditæ.*

Si la chose n'a pas totalement péri, et qu'elle se soit seulement détériorée sans la faute du débiteur, le créancier peut, suivant sa volonté, ou demander la résolution de l'obligation, ou exiger la chose dans l'état où elle se trouve sans diminution de prix.

La loi 8 principio, *de periculo et commodo rei venditæ*, décidait que s'il était survenu des détériorations dans la chose vendue sans la faute du débiteur, avant l'accomplissement de la condition, le créancier devait les supporter, *sanè si extat res, licet deterior effecta, potest dici, damnum esse emptoris*, parce que c'est lui qui aurait profité de l'augmentation s'il y en avait eu; l 7, princ. ff. eod. Mais cette disposition de la loi romaine n'est pas en harmonie avec le principe qui veut qu'il n'y ait encore aucune obligation formée, tant que n'est pas accomplie la condition suspensive qui met jusqu'alors la chose aux risques du débiteur; elle doit diminuer de valeur pour lui, comme elle périrait pour lui; il est toujours propriétaire, c'est lui qui doit courir tous les dangers; art. 1182, c. c.

Si la chose s'est détériorée par la faute du débiteur, il est obligé de réparer le dommage qu'il a causé par sa faute, art. 1382 et 1385, c. c.; et en conséquence le créancier a le droit, ou de résoudre l'obligation, ou d'exiger la chose qui en est l'objet, dans l'état où elle se trouve, avec des dommages-intérêts; art. 1182, c c., 4e alinéa.

138 Si l'obligation est tout à la fois à terme et contractée sous une condition suspensive, et que la condition s'accomplisse avant que le terme soit expiré, le créancier sera obligé d'attendre la fin du terme, afin de pouvoir demander ce qui a été promis, parce que l'obligation est en même temps conditionnelle et à terme, et qu'ainsi il faut se conformer aux règles de l'une et de l'autre : *tota enim obligatio sub conditione et in*

diem collata est ; et licet ad conditionem com-
mitti videatur, dies tamen superest ; 1 8, l. 27,
§. 1, ff. *de verb. oblig.* Par exemple, je m'oblige
à payer dans deux ans 100 louis à Pierre, si le
navire l'Alceste revient d'Asie Quoique le vaisseau soit déjà arrivé, Pierre sera obligé d'attendre la fin des deux ans avant de pouvoir rien
me demander.

§. III.

Condition résolutoire.

159. La condition résolutoire est celle qui,
par son accomplissement, opère la révocation
de l'obligation, et qui remet les choses au même
état où elles seraient, si l'on n'avait pas contracté.
Par exemple, une personne vend un pré cinquante louis, sous la condition que la vente sera
résolue si le prix n'est pas payé dans le terme
de six mois : si l'événement prévu arrive, la
vente sera résolue, le vendeur et l'acheteur seront remis au même état qu'avant l'acte ; le premier rentrera dans sa propriété, et le second
ne sera plus obligé de payer le prix ; néanmoins
dans ce cas, la résolution n'aura lieu qu'autant
que le vendeur l'exigera, parce qu'il ne doit pas
dépendre de celui qui n'exécute pas sa promesse
de résoudre la convention en négligeant ou refusant de la remplir ; l. 2, ff *de leg. commis-*
soriá. Si venditor eum inemptum esse velit, quia
id venditoris causá caveretur.

Lorsque la condition résolutoire s'accomplit,
elle est considérée comme un pacte résolutif de
la convention : *si sic empta sit, ut nisi pecunia*
intra diem certum soluta esset, inempta res
esset, non usucapturum, nisi persolutá pecuniá :

sed videamus utrum conditio sit hoc , an con-
ventio : si conventio est , magis resolvetur quàm
implebitur ; l. 2 , § 3 , ff. *pro emptore.*

140. La condition résolutoire ne suspend point
l'exécution de l'obligation ; la propriété de la
chose qui en est l'objet est transmise dès le moment de l'acte ; mais elle oblige le créancier à
restituer ce qu'il a reçu dans le cas où l'événement,
prévu par la convention , arrive.

Jusqu'à ce que la condition s'accomplisse ,
toutes choses demeurant dans l'état qui leur a été
donné par la convention , la chose est aux risques
de celui à qui la propriété en a été transmise par
l'effet du contrat ; si elle périt auparavant , il en
supporte la perte, parce que la convention subsiste
et que la chose est à lui , tant que cette convention
n'est pas anéantie par l'arrivée de la condition ;
mais si l'événement prévu se vérifie, le créancier,
par l'effet rétroactif des conditions , sera obligé
de restituer tout ce qu'il a reçu, artic. 1179,
c. c., parce que la convention est censée n'avoir
jamais existé ; l. 2 , princ. et §. 1, ff. *de in diem*
addictione ; et l 23, § 1, ff. *de œdilitio edicto.*

Néanmoins le dépossédé par l'événement de la
condition ne sera pas obligé de restituer les fruits,
parce qu'il suffit, pour acquérir irrévocablement
la propriété des fruits, d'être propriétaire au moment où ils sont perçus; il ne sera pas non plus contraint de rendre la part qu'il a eue comme maître
au trésor trouvé dans le fonds avant l'arrivée de
la condition, parce que le trésor appartient à celui
qui était propriétaire au moment de la découverte; la loi ne considère que cet instant pour en
transférer la propriété ; *et fructus et accessiones*
lucrari , et periculum ad eum pertinere , si res

interierit ; dite loi 2, §. 1 , ff. *de in diem addictione.*

141. Lorsque la convention est anéantie par l'effet de la condition résolutoire, l'ancien maître reprend la chose qui en faisait l'objet, exempte des charges que le dépossédé aurait pu y imposer , parce que celui qui la lui avait livrée rentre dans son droit, de la même manière que s'il n'en avait jamais été dépouillé. Ici la résolution a lieu en vertu d'une cause ancienne, nécessaire et inhérente à l'acte ; c'est donc le cas de l'application de la maxime , *resoluto jure dantis , resolvitur jus accipientis ;* la perte des droits du constituant entraîne celle des droits des successeurs qui les tenaient de lui ; enfin il n'avait qu'une propriété résoluble , et ainsi il n'avait pu conférer que des droits semblables , art. 2125 , c c. ; il ne pouvait en transmettre d'irrévocables puisqu'il n'en avait point lui-même : *nemo plus juris in alium transferre potest quàm ipse haberet ;* l 54, ff. *de regulis juris. Factá redhibitione , omnia in integrum restituuntur perindè ac si neque emptio , neque venditio intercessit ;* l. 60, ff. *de œdilitio edicto.*

142. La condition résolutoire est toujours sous-entendue dans les contrats synallagmatiques pour le cas où l'une des parties n'exécuterait pas l'obligation de son côté , quoiqu'elle l'ait été de la part de l'autre. En toutes conventions l'engagement de l'un des contractans est le fondement de l'obligation de l'autre ; le premier effet de la convention est que chacun des contractans, après avoir exécuté son engagement, peut obliger l'autre à remplir le sien. S'il s'y refuse, l'équité exige qu'il soit contraint de restituer ce qu'il a reçu par suite

de la convention ; le premier a droit de demander la résolution du contrat synallagmatique. J'ai vendu un champ à Paul, je le lui ai livré, il ne m'en paye pas le prix ; j'ai droit de demander de rentrer en possession du champ vendu ; art. 1184, 1654, c. c. ; §. 41, inst., *de rerum divisione*.

Dans un cas semblable, le contrat n'est pas résolu de plein droit ; la partie envers laquelle la convention n'a point été exécutée, peut forcer l'autre à l'exécution du contrat, lorsque cela est possible ; il ne doit pas être permis à un des contractans de se soustraire à ses obligations en refusant de les remplir, l'autre doit avoir le pouvoir de l'y contraindre, tant que l'exécution n'en est pas impossible ; mais si celui qui a exécuté de son côté préfère demander la résolution de la convention, la loi lui donne le droit de l'exiger avec dommages et intérêts.

Cette résolution doit être poursuivie en justice, et le juge peut accorder au défendeur, pour exécuter son obligation, un délai plus ou moins étendu selon les circonstances ; il doit le faire sans difficulté, quand celui-ci s'est trouvé dans des conjonctures difficiles qui l'ont empêché de remplir son obligation ; mais il ne pourrait accorder un second délai, parce que la loi ne parle que d'un seul. *Modicum spatium datum videri ;* l. 23 in fine, ff. *de verb. obligat. ;* l. 45, §. 10, ff. *de jure fisci.*

On a expliqué au titre des donations, chap. 5, sect 8, la différence qu'il y a entre les conditions, les charges et les modes.

SECTION III.

Des Obligations à terme.

143. L'obligation à terme est celle par laquelle une personne s'oblige à donner ou à faire une chose dans un espace de temps convenu expressément, ou qui est censé l'être d'une manière tacite, lorsque l'exécution de la convention exige impérieusement un terme. Par exemple, je promets de vous compter 1000 francs à Londres; il est convenu tacitement entre nous que j'aurai le temps nécessaire de me rendre en cette ville, afin d'y faire le payement promis, ou un délai suffisant pour y faire parvenir l'argent. *Loca etiam stipulationibus inseri solent, verbi gratiá centum Carthagini dare spondes, hœc stipulatio licet purè fieri videatur, reverà tempus habet adjectum, quo promissor utatur ad pecuniam Carthagini dandam;* §. 5, inst *de verborum oblig;* l. 73 princ., ff eodem; l. 41, §. 1; l. 137, §. 2, ff. eodem.

Si on promettait de payer aujourd'hui dans un lieu très éloigné de son domicile, l'obligation serait inutile, parce qu'elle ne pourrait pas être exécutée; *et ideò si quis Romæ ita stipuletur, hodiè Carthagini dare spondes, inutilis erit promissio, cùm impossibilis sit repromissio;* dict §. 5 à la fin; cette stipulation serait cependant valide, si celui qui s'oblige et le créancier avaient écrit auparavant à leurs correspondans sur les lieux, l'un de faire et l'autre de recevoir le payement, parce qu'alors rien ne s'opposerait à l'exécution de l'obligation; l. 141, §. 4, ff *de verborum obligationibus.*

144. Lorsque l'obligation est à terme, on a déjà vu à la première section de ce chapitre que la chose est due dès le moment de la convention, mais qu'elle ne peut être exigée qu'après l'expiration du terme. *Dies statìm cedit, sed non venit nisi post diem;* l. 213, ff. *de verb. signif.*

Le terme diffère de la condition suspensive, parce que celle-ci suspend l'obligation qui n'est formée qu'après l'accomplissement de la condition; tandis que le terme ne suspend point l'engagement, mais en retarde seulement l'exécution.

De là il suit que si le débiteur a payé avant le terme, il ne peut pas répéter ce qu'il a payé, parce qu'il était vraiment obligé; son obligation était parfaite, et il a pu avancer l'époque du payement. *In diem debitor adeò debitor est ut ante diem solutum repetere non possit;* l. 10, ff. *de cond. indeb.*

Les conditions suspensives diffèrent jusqu'à leur arrivée la formation de l'engagement; il n'est rien dû avant cette époque, et si le débiteur obligé sous une semblable condition a payé auparavant, il pourra répéter ce qu'il a déboursé; parce que non-seulement il ne doit encore rien, mais il est même possible qu'il ne soit jamais rien dû, la condition pouvant défaillir. *Quod si eá conditione debetur, quæ omnimodò extitura est, solutum repeti non potest; licet sub aliá conditione quæ an impleatur incertum est, repeti possit;* l. 18, ff. *de cond. indeb.;* l. 16 eodem.

145. Celui qui a un terme peut y renoncer et payer avant l'échéance, mais on n'a pas le droit de le forcer à s'acquitter auparavant; c'est en ce sens que l'on dit : *qui a terme ne doit rien.* Ce qui

n'est dû qu'à terme ne pourra même pas être exigé le jour de l'échéance; ce jour doit être laissé tout entier au débiteur pour satisfaire à sa promesse; on ne peut dire qu'il ne l'a pas remplie au jour convenu, tant que ce jour n'est pas écoulé. *Id autem quod in diem stipulamur statìm quidem debetur, sed peti priùs quàm dies venerit non potest; at ne eo quidem ipso die, in quem stipulatio facta est peti potest, quia totus is dies arbitrio solventis tribui debet. Neque enim certum est eo die in quem promissum est, datum non esse, priùs quàm is præterierit;* §. 2, instit. *de verborum obligationibus;* l. 42, ff. eodem; l. 50, ff. *de obligation. et actionibus;* §. 26, instit. *de inutilibus stipulat.;* l. 17 à la fin, ff. *de regulis juris;* l. 38, §. 16, ff. *de verb. oblig.;* l. 70, ff. *de solutionibus.*

Cependant on pourra demander le jour même de l'échéance, s'il a été convenu que l'on payerait dans le jour, *aujourd'hui;* parce qu'alors le terme est apposé en faveur du créancier et non dans l'intention de différer l'exécution. *In proposito enim diem non differendæ actionis insertam videri;* l. 118, §. 1, ff. *de verb. oblig.*

146. En général le terme est censé stipulé en faveur du débiteur, *ex quo apparet diei adjectionem pro reo esse, non pro stipulatore;* l. 41, §. 1 à la fin, ff. *de verb. obligat.;* il peut donc payer avant le terme, à moins qu'il ne résulte, soit de la stipulation, soit des circonstances, que le terme a été aussi convenu en faveur du créancier. La loi 17, ff. *de regulis juris,* est basée sur ces principes; elle décide que le terme du payement des legs est en faveur de l'héritier qui en est le débiteur, à moins que le testateur n'ait mis le terme

en faveur du légataire. *Cùm tempus in testamento adjicitur, credendum est pro hærede adjectum, nisi alia mens fuerit testatoris.*

On voit dans la loi 15, ff. *de annuis legatis,* et la loi 3, §. 3, ff. *de usuris,* des exemples de termes stipulés en faveur du créancier.

L'article 146 du cod. de comm. nous apprend aussi que le propriétaire d'une lettre de change ne peut pas être contraint d'en recevoir le payement avant l'échéance; d'un autre côté, l'artic. 162, même code, ne permettant de poursuivre en payement le débiteur que le lendemain de l'échéance, on peut dire que le terme de ces lettres est tout à la fois à l'avantage de ce dernier et du porteur. Cette décision a été introduite par les déclarations du roi Louis XIV, des 28 novembre 1713 et 20 février 1714, qui ordonnent aux propriétaires des lettres de change d'en demander le payement à l'époque fixée par la loi, et qui défendent au débiteur de payer auparavant, contre la volonté du créancier. Ces déclarations le voulaient ainsi, afin que les diminutions et augmentations des espèces très fréquentes à cette époque, ainsi qu'elles s'en expliquent, profitassent et nuisissent au créancier, si elles étaient survenues après l'échéance, et au débiteur, si elles avaient eu lieu avant la fin du terme des lettres de change, le créancier devant être payé *suivant le cours et la valeur que les espèces avaient* le jour fixé par la loi pour le payement; par ce moyen on empêchait les injustices qui seraient résultées, ou de l'avance de payement de la part du débiteur qui aurait pu savoir que la valeur nominale des espèces allait être diminuée avant l'échéance, ou de l'affectation du créancier à n'exiger son payement qu'après que cette valeur aurait été diminuée, pour ainsi recevoir un plus grand nombre de marcs d'argent.

147. Lorsqu'on accorde un terme au débiteur, ce n'est pas dans le but qu'il en profite pour diminuer par son fait les suretés accordées par le contrat à son créancier; s'il les a diminuées, il ne pourra plus réclamer le bénéfice du terme uniquement consenti à raison de ces suretés qui répondaient au créancier de la certitude de l'exécution : par exemple, il ne pourra plus invoquer le délai, s'il est parvenu à soustraire le gage qu'il avait livré au créancier.

Il pourra bien moins se prévaloir du terme s'il tombe dans l'état de faillite ou de déconfiture, parce que cet état rend toutes les créances exigibles, art. 448, c. de comm.; les droits des créanciers qui n'ont point d'hypothèque, ni de privilége, sont rendus dès cet instant fixes et égaux, il ne s'agit plus que de se partager le plus promptement possible la partie de leur gage commun qui a échappé au naufrage du débiteur; le terme qui n'est accordé qu'à cause de la solvabilité apparente du débiteur, ne doit plus avoir lieu lorsque celui-ci est contraint d'abandonner tous ses biens à ses créanciers pour leur payer une partie de ce qui leur est dû : il y a alors insolvabilité absolue.

C'est encore ici une différence entre le créancier à terme et le créancier conditionnel : ce dernier ne peut pas exiger sa créance quoique le débiteur soit failli; il peut seulement obliger les créanciers qui lui sont postérieurs à fournir caution de lui rapporter ce qu'ils touchent à son défaut, dans le cas où la condition s'accomplirait.

Le créancier à terme peut bien demander, avant l'échéance, le payement de sa créance au débiteur failli, mais il n'a pas le même droit contre ses codébiteurs même solidaires; il peut seulement les forcer à fournir caution de payer à l'échéance, si mieux ils n'aiment payer immédiatement; dit art. 448, cod. de comm.

148. On a parlé jusqu'ici du terme certain : lorsque l'obligation est contractée sous un terme incertain, il faut distinguer deux sortes d'incertitudes : la première porte non-seulement sur l'époque du terme, mais encore sur la possibilité de son existence, *cùm incertum est non solùm quandò, sed an existere debeat dies;* la seconde ne porte que sur l'époque de l'arrivée du terme qui doit nécessairement avoir lieu un jour. Dans le premier cas, le terme incertain tient lieu d'une condition suspensive; il en a tous les caractères, puisqu'il s'agit d'un événement futur qui peut ou arriver ou défaillir, et par là même il en a tous les effets. Ainsi, supposons que je promette quelque chose à Tertulien, quand il se mariera; puisqu'on ignore non-seulement quand il se mariera, mais encore s'il se mariera, c'est comme si je lui avais fait cette promesse sous la condition qu'il se marierait.

Si l'incertitude ne porte que sur l'arrivée du jour qui doit avoir nécessairement lieu une fois, alors l'obligation n'est pas conditionnelle; car peu importe, en matière de contrats, que le jour arrive du vivant du créancier ou non, puisque tous ses droits sont transmis à ses héritiers, pour qui il est censé avoir contracté; telle serait la promesse de payer à quelqu'un le jour de sa mort. Elle est si peu considérée comme conditionnelle, que

si le débiteur paye au créancier, et par conséquent avant la mort de celui-ci, il ne peut pas
répéter; *nam si cùm moriar dare promisero, et
anteà solvam, repetere non posse Celsus ait, quæ
sententia vera est;* l. 17, ff. *de condictione indebiti.*

Au contraire, dans les legs, tout jour incertain
tient lieu de condition. *Dies incertus conditionem
in testamento facit;* l. 75, ff. *de condit. et demons.;*
l. 4 in princ.; l. 21 in princ.; l. 22 in princ., *quandò
dies legatorum.* La loi 1, § 2, le décide précisément pour le jour dont l'incertitude ne porte
que sur l'époque, tandis que l'on est certain qu'il
arrivera nécessairement une fois, tel que le jour
où mourra l'héritier chargé de payer un legs.
*Dies autem incertus est cùm ita scribitur, hæres
meus, cùm morietur, decem dato, nam diem
incertum mors ejus habet; et ideò si legatarius
antè decesserit, ad hæredem ejus legatum non
transit, quia non cessit dies vivo eo, quamvis
certum fuerit moriturum hæredem.* La raison de
cette décision est que les dispositions à cause de
mort, uniquement faites en considération de la
personne du légataire qui a su se concilier la
bienveillance du testateur, ne sont point trans-
missibles à ses héritiers, qui n'ont plus les qualités personnelles de leur auteur, ou qui n'étaient
pas connus du défunt, lorsque ces dispositions
n'ont pas formé un droit acquis dans la personne
du légataire. Or, celui à qui on lègue cent louis
à la mort de l'héritier, n'aura des droits sur le
legs qu'autant qu'il se trouvera vivant au moment
du décès de ce dernier, ce n'est qu'alors que le
défunt a voulu le gratifier : il faut donc qu'il soit,
à cette époque, capable de recueillir; s'il meurt

auparavant, il n'a jamais eu de droits, il n'a pas
pu en transmettre : autrement ce ne serait pas la
personne gratifiée par le défunt, mais ses héritiers qui profiteraient du legs.

SECTION IV.

Des Obligations alternatives.

149. L'obligation alternative est celle par suite
de laquelle le débiteur est tenu de donner une
chose ou une autre, à son choix, si le droit de
choisir n'a pas été expressément donné au créancier, de telle manière qu'il est libéré par la
tradition de l'une ou de l'autre. Par exemple, je
promets 100 écus, ou dix mesures de blé ; je
peux m'acquitter par la délivrance de l'une des
deux choses comprises dans l'obligation ; l. 5, ff.
de cond. institut.

Le choix appartient au débiteur, à défaut de
stipulation formelle contraire, parce que dans le
doute on doit interpréter la convention de la
manière qui lui est le plus favorable ; art. 1162,
cod civ ; l. 38, §. 18, ff. *de verborum obligationibus;* or il est de son avantage de pouvoir à
son choix délivrer l'une ou l'autre des deux
choses comprises dans l'obligation, il peut en
effet avoir plus de facilité à délivrer l'une que
l'autre : ainsi, dans l'hypothèse ci-dessus, il pourra
donner à son choix les 100 écus ou les dix mesures de blé, suivant qu'il lui sera plus aisé de
se procurer l'un ou l'autre. *Cùm jure stipulatus
sum, illud aut illud dari, licebit tibi, quotiens
voles mutare voluntatem in eo quod præstaturus
sis;* l. 138, §. 1, ff. *de verb oblig. Nam cùm illa
aut illa res promittitur, rei electio est;* l. 10, §.

6 in fine , ff. *de jure dotium ;* l. 34, §. 6 , ff. *de contr. emptione.*

150. Lorsqu'il n'y a point de stipulation formelle contraire , le débiteur peut à son gré délivrer une des choses renfermées dans l'obligation alternative , mais il ne peut pas forcer le créancier à recevoir partie de l'une et partie de l'autre ; il ne remplirait plus son engagement, il le dénaturerait au préjudice du créancier ; il s'est obligé à délivrer l'une des deux choses, mais en livrant partie de l'une et partie de l'autre , il ne livrerait plus l'une des deux. Ainsi , pour revenir à notre exemple , le débiteur ne pourrait pas offrir 50 écus et cinq mesures de blé, il faut qu'il offre les 100 écus ou les dix mesures de blé.

Si quelqu'un doit chaque année dix mesures de blé ou 50 livres , il pourra choisir tous les ans , donner une année le blé et une autre l'argent , à son choix ; il suffit qu'il donne chaque an , ou tout le blé, ou tout l'argent , parce qu'il y a autant de créances que d'années ; l. 21, §. 6, ff. *de actionib. empt.*

Le créancier à qui le droit de choisir a été formellement accordé par la convention, ne peut pas non plus demander partie d'une chose et partie de l'autre; il doit demander l'une des deux choses à son choix ; l. 8, § 1, ff. *de leg.* 2°.

151. Quoique l'obligation soit contractée d'une manière alternative, elle est cependant pure et simple si l'une des deux choses promises ne pouvait pas être l'objet de l'obligation ; cette dernière n'ayant pu être la matière du contrat, il n'a réellement pour objet que l'autre chose: mon obligation est donc pure et simple. Je promets

2000 francs ou la place Notre-Dame ; mon obligation est pure et simple, quoique conçue dans
dans la forme alternative ; les 2000 francs constituent l'objet de l'obligation, parce qu'ils sont
seuls susceptibles d'être la matière du contrat,
la place Notre-Dame n'étant pas dans le commerce. Le débiteur ne peut pas dire qu'il est ici
privé du choix qu'il avait droit de faire ; son
choix ne pouvait pas tomber sur une chose qui
n'était pas dans le commerce ; n'étant point
maître de cette chose, il faut nécessairement
qu'il donne l'autre : dès-lors son obligation,
quoique conçue dans la forme alternative, n'est
dans le fait qu'une obligation pure et simple ;
l. 72, §. 4, ff. *de solutionibus.*

152. L'obligation, d'alternative qu'elle était,
devient pure et simple, si l'une des deux choses
vient à périr, et si elle ne peut plus être livrée
même par la faute du débiteur ; le prix de cette
chose ne peut pas être offert à la place ; le débiteur pouvant à son choix offrir l'une des deux
choses comprises dans l'obligation, aucune des
deux n'en est précisément l'objet : ainsi il ne
peut pas dire qu'il est libéré par la perte de la
chose qui en était la matière, puisqu'elle n'était
pas plus l'objet du contrat que celle qui reste,
et dès-lors il doit nécessairement cette dernière.
Par exemple, si je me suis obligé de livrer un
cheval ou un bœuf déterminé à mon choix, et
que le cheval périsse, mon obligation qui était
alternative devient pure et simple ; je suis tenu
dès cet instant de donner le bœuf : je ne pourrai même pas offrir le prix du cheval ; ce dernier animal ne pouvant plus être l'objet de l'obli-
-gation, elle s'est fixée sur le bœuf qui est seul

susceptible d'en être l'objet depuis la perte du cheval. Ainsi, quoiqu'en général les obligations des corps certains et déterminés soient éteintes par la perte de la chose qui en est l'objet, arrivée sans la faute du débiteur, art. 1302, c. c. Néanmoins ce principe n'est pas applicable aux obligations alternatives : elles ne s'éteignent pas par la perte de l'une des deux choses qui ont été promises sous une alternative; l'une des deux étant due, il suffit qu'il en reste une, pour qu'il y ait un sujet suffisant d'obligation, et possibilité d'exécution. *Si emptio ita facta fuerit, est mihi emptus Stichus aut Pamphilus, in potestate est venditoris quem velit dare, sicut in stipulationibus. Sed uno mortuo qui superest dandus est, et ideò prioris periculum ad venditorem, posterioris ad emptorem respicit;* l. 34, §. 6, ff. *de contrah. emptione;* l. 95, §. 1, ff. *de solutionibus.*

Le débiteur ne peut pas offrir le prix du cheval déterminé qui a péri, parce qu'il ne remplirait plus alors son engagement; ce n'est pas de l'argent qu'il a promis, c'est un bœuf, ou un cheval qu'il s'est engagé de donner; la chose qui est périe n'étant plus due, l'obligation s'étant déterminée à celle qui reste, c'est elle seule qui est la matière du contrat, le prix de la première n'est pas plus dû que la chose même; dict. leg. 34, § 6 et 95, §. 1, et loi 2, §. 3, versiculo *Qui Stichum;* ff. *de eo quod certo loco. Neque defuncti offerri æstimatio potest.* Par la même raison, le créancier auquel le droit a été accordé, ne peut demander que la chose qui reste et non le prix de la première, lorsqu'elle a péri sans la faute du débiteur : *idem dicendum est etiam si emp-*

toris fuit arbitrium quem vellet habere; dict. leg.
34, §. 6; art. 1194, 2ᵉ alinéa, c. c.

Lorsque le choix appartient au débiteur, peu
importe que la perte soit arrivée par la faute de
celui-ci : il avait le droit de donner l'une ou
l'autre des deux choses promises; sa faute lui a
seulement enlevé le droit de choisir qui n'est
plus possible ; l. 95, §. 1, ff. *de solutionib.*

153. Si les deux choses ont péri sans la faute du
débiteur, il est parfaitement libéré, parce qu'il se
trouve dans le cas de l'application de la maxime
Interitu rei, corporis certi debitor liberatur; art.
1302, c. c. Le bœuf et le cheval ayant tous
deux péri sans la faute de celui qui s'était obligé à livrer l'un ou l'autre, il est dans l'impossibilité absolue d'exécuter son obligation, et la
perte doit tomber sur le créancier qui avait acquis la propriété de la seconde chose depuis
l'instant où elle était devenue, par la perte
de la première, l'unique objet du contrat. Si
elles ont péri en même temps, le débiteur serait toujours libéré, puisque personne n'est
tenu de l'impossible; l'une des deux périt nécessairement pour le créancier, parce que l'une
d'entre elles lui était due, et qu'il est de principe que la perte des corps certains qui sont
l'objet des obligations, tombe sur le créancier; il devra néanmoins le prix promis. *Et ideò
prioris periculum ad venditorem, posterioris ad
emptorem respicit ; sed si pariter decesserunt,
pretium debebitur, unus enim periculo emptoris
vixit;* dict. leg. 34, §. 6, ff. *de contrah. empt.*

154. Lorsque les deux choses ont péri, si le
débiteur est en faute à l'égard de l'une d'elles,
il doit payer le prix de celle qui a péri la der-

nière, lors même que ce serait la première qui aurait péri par sa faute. Il est évident que par la perte de celle-ci, il était devenu débiteur de la seconde qui était restée l'unique objet de l'obligation ; cette dernière est donc la seule dont il doive payer le prix pour réparer le préjudice occasioné au créancier. Par cette décision on maintient à la fois le principe qui rend l'obligation pure et simple, dès que l'une des choses promises a péri, et celui qui rend chacun responsable du dommage qu'il a causé par sa faute.

155. Au reste, si l'obligation alternative était devenue déterminée par l'offre que le débiteur aurait faite de l'une des deux choses au créancier qui n'aurait pas voulu l'accepter, il est certain que si la chose offerte venait à périr, elle périrait pour le créancier qui, au moyen des offres, a été constitué en demeure de recevoir ; dès l'instant qu'elles ont été faites, la chose présentée est devenue sa propriété, elle a donc péri pour lui.

156. On a raisonné jusqu'ici dans l'hypothèse où le choix n'aurait pas été accordé expressément au créancier ; dans le cas contraire, voici les règles à suivre :

Si l'une des deux choses seulement a péri, le créancier ne peut que demander celle qui reste ; par la perte de l'une des choses, arrivée sans la faute du débiteur, l'obligation est devenue pure et simple, elle s'est fixée à la chose qui reste seule susceptible d'en être la matière après la destruction de la première ; dict. leg. 34, § 6.

Si la perte de l'une des choses est arrivée par la faute du débiteur, le créancier a le droit de demander celle qui reste, ou le prix de la chose qui a péri. La faute obligeant toujours son au-

teur à réparer tout le dommage qui en est résulté, art 1382 et 1583, c c., le débiteur, par
la faute duquel une des deux choses comprises
dans l'obligation a péri, doit payer le prix de
cette chose, si le créancier l'exige; c'est par sa
faute qu'il a privé le créancier du droit de choisir, il faut que ce préjudice soit réparé, en donnant au créancier la faculté de demander la
chose qui reste, ou le prix de celle qui a péri,
si elle était plus précieuse que l'autre; autrement
le créancier serait en perte par la faute du débiteur.

Si les deux choses ont péri, et que la perte
des deux, ou de l'une d'elles seulement, soit
arrivée par la faute du débiteur, le créancier
peut à son choix demander le prix de l'une ou
de l'autre. L'obligation ne pouvant plus dans
ce cas être exécutée en nature par la faute du
débiteur, qui s'est mis par là dans l'impossibilité
de l'exécuter de cette manière, la loi, pour indemniser le créancier du préjudice qu'il en
éprouve, l'autorise à demander le prix de l'une
ou de l'autre à son choix; l'élection qui ne peut
plus porter sur la chose, est transférée sur le
prix.

Si les deux choses ont péri sans aucune faute
imputable au débiteur, il est libéré de son obligation, parce qu'il ne lui est pas possible de délivrer des corps certains qui n'existent plus.

157. Au surplus, tous les principes sur la perte
des choses qui sont l'objet d'une obligation alternative n'ont lieu que dans les cas où il s'agit
de corps certains et déterminés, parce que les
genres et les espèces ne périssent jamais, *genera
non pereunt*; il n'y a jamais à leur égard im-

possibilité d'accomplir l'engagement contracté.
Ainsi, celui qui a promis 100 écus ou dix mesures de blé, ne sera pas libéré par la perte de
tout son blé et de tout son argent, parce qu'il
peut toujours remplir l'obligation en donnant
d'autres écus ou d'autre blé de la même qualité.
La perte ne tombe sur le créancier que lorsque
la numération ou la mesure a fixé et déterminé
l'objet de l'obligation, postérieurement au choix
de celui qui avait droit de le faire.

Il en est de même de l'obligation alternative
de délivrer un bœuf ou un cheval en général,
parce que ces espèces ne peuvent pas périr entièrement ; la perte ne tombera sur le créancier
qu'après qu'il aura été constitué en demeure de
recevoir un bœuf ou un cheval d'une bonté médiocre ; art. 1246, c c.

158. Tous les principes de cette section doivent
être suivis, dans le cas où l'obligation alternative comprendrait trois, quatre ou un plus grand
nombre de choses : ainsi le choix appartient au
débiteur, s'il n'y a pas stipulation contraire ; l'o-
bligation est déterminée, si une seule des choses
promises pouvait être l'objet de l'obligation ; elle
le devient si toutes les choses périssent, excepté
une. Les principes, sur la perte des choses par
la faute du débiteur, doivent aussi être appliqués
d'après la distinction entre le cas où le choix appartient à celui-ci, et le cas où ce choix a été
exprimé en faveur du créancier ; et les règles sur
la libération du débiteur, quand toutes les choses
ont péri sans sa faute, doivent aussi être suivies.

159. Lorsque l'obligation comprend plusieurs
choses qui se trouvent réunies par la conjonctive
et, en ces termes : *Je promets de donner vingt*

mesures de blé et dix louis en argent, ce n'est pas une obligation alternative; il y a autant d'obligations qu'il y a de choses dues, *tot sunt stipulationes quot res;* et le débiteur ne sera libéré qu'après les avoir toutes délivrées au créancier: *scire debemus in stipulationibus tot esse stipulationes quot summæ sunt, totque esse stipulationes quot species sunt;* l. 29, princ.; ff. *de verb. obligat.*

160. Il ne faut pas aussi confondre avec les obligations alternatives, celles appelées facultatives, c'est-à-dire dans lesquelles une seule chose est due, avec la faculté néanmoins accordée au débiteur de se libérer en délivrant une autre chose. Il y a entre ces espèces d'obligations de grandes différences: dans les alternatives toutes les choses sont dues, c'est pourquoi si l'une périt, l'obligation se conserve sur celle qui reste; dans l'obligation facultative au contraire, une chose seule est due, celle que le débiteur a la faculté de délivrer pour sa libération ne l'est pas, le créancier ne peut demander que la première qui seule est la matière de l'engagement; si elle périt par cas fortuit, le créancier en supporte la perte, et il ne peut pas exiger l'autre qui n'est pas due, quoique le débiteur ait la faculté de se libérer en la livrant au créancier; *non debetur, est tantùm in facultate luitionis.*

Autre différence: dans les obligations alternatives qui ont pour objet un meuble ou un fonds, la nature de l'action du créancier est en suspens, elle ne sera déterminée que par le choix qui sera fait; elle sera mobilière si l'on donne le meuble, et immobilière dans le cas contraire; art. 526 et 529, c. c.

Mais dans les obligations facultatives, où une

seule chose est due, c'est la nature de cette chose qui fixe celle de l'action du créancier, et non la nature de l'objet que le débiteur a la faculté de délivrer ; parce que celui-ci n'étant point dû, il ne saurait déterminer la nature de l'action du créancier qui ne peut pas porter sur cet objet, mais seulement sur la chose due. Ainsi admettons qu'une personne doive 1000 francs, avec faculté de se libérer en donnant un fonds ; l'action du créancier est mobilière, parce qu'il ne peut demander que de l'argent qui est mobilier ; et au contraire elle sera immobilière si le débiteur doit délivrer le fonds, quoiqu'il puisse s'acquitter en donnant une somme d'argent.

SECTION V.

Des Obligations solidaires.

L'obligation peut être solidaire entre les créanciers, ou de la part des débiteurs.

161. La solidarité considérée sous ces deux rapports est une qualité accessoire de l'obligation, au moyen de laquelle une chose est due à plusieurs ou par plusieurs de la même manière que si elle était due à un seul ou par un seul.

On verra dans un premier paragraphe quelle est la nature de l'obligation solidaire entre créanciers, et dans un second on s'occupera de la solidarité de la part des débiteurs.

§. Ier.

De la Solidarité entre créanciers.

162. L'obligation est solidaire entre plusieurs créanciers, lorsque le titre donne expressément

à chacun d'eux le droit de demander le payement du total de la créance, et que le payement fait à l'un d'eux libère le débiteur envers tous, encore que le bénéfice de l'obligation soit partageable et divisible entre les divers créanciers ; l. 2, ff. *de duobus reis*.

Il faut que la solidarité entre créanciers soit expresse, elle ne se présume pas ; si un débiteur s'oblige envers deux personnes à leur donner une somme, sans qu'il soit exprimé dans le titre que chacun aura le droit de demander le total, l'obligation n'est pas solidaire entre les deux créanciers, chacun d'eux ne peut exiger que la moitié de la somme promise : *cùm tabulis esset comprehensum, illum et illum centum aureos stipulatos, neque adjectum ita ut duo rei stipulandi essent, virilem partem singuli stipulari videbantur ;* l. 11, §. 1, ff *de duobus reis*.

Pour que l'obligation soit solidaire entre les créanciers, il faut que le débiteur soit obligé à délivrer à chacun des créanciers une même chose, en vertu d'un même titre : s'il promet 100 écus à Pierre et 150 à Jacques, l'obligation n'étant plus envers chacun de la même chose, elle ne peut plus être solidaire ; s'il promet à l'un 100 écus pour cause de vente, et s'il s'oblige envers l'autre jusqu'à concurrence de la même somme pour cause de prêt, il n'y a plus ici d'obligation solidaire entre les créanciers ; il s'agit bien de la même somme, mais elle est due à chacun d'eux pour des causes différentes, il y a deux obligations, il n'y a plus ici l'unité d'obligation nécessaire pour la solidarité entre créanciers, afin que par le payement fait à un seul, le débiteur soit libéré envers tous.

Le débiteur est libéré envers tous les créanciers par le payement fait à l'un d'eux, parce qu'il n'y a qu'une seule obligation, qui étant une fois acquittée, ne peut plus être due à personne : *ideòque petitione, acceptilatione unius tota solvitur obligatio ;* l. 2, à la fin, eodem.

163. Le débiteur a la faculté de payer à son choix à l'un ou à l'autre des créanciers, tant qu'il n'a pas été prévenu par les poursuites de l'un d'eux. Dans le cas contraire, le payement ne peut plus être fait aux autres créanciers sans que le poursuivant y soit appelé ; par ses poursuites il a déterminé le débiteur à ne payer que de son consentement : il est en effet possible que ceux qui ne demandent rien ayent perdu leurs droits, et qu'ils les ayent cédés à celui qui a exercé des poursuites : *ex duobus reis stipulandi, si semel unus egerit, alteri promissor offerendo pecuniam nihil agit ;* l. 16, ff. eodem; l. 9, ff. *de verb. obligationib.*

164. Quoique le débiteur soit libéré envers tous les créanciers solidaires par le payement fait à un seul, cependant la remise qui lui est faite par l'un d'eux ne le libère que jusqu'à concurrence de la part de ce créancier. Cette décision, contraire à la loi 13, §. 12, ff. *de acceptilatione ;* à la loi 2 à la fin, ff. *de duobus reis ;* à la loi 31, §. 1, ff. *de novationibus,* est conforme à l'équité; chacun des créanciers solidaires a un mandat suffisant de la part des autres pour l'exécution du contrat; mais il ne doit pas dépendre de lui de le dénaturer et de l'anéantir, en faisant d'un contrat intéressé un véritable contrat de bienfaisance, il ne doit pas lui être permis d'être libéral aux dépens d'autrui; sa libéralité ne doit porter que sur sa part, *nemo ex alieno debet esse liberalis.*

Chez les Romains, la remise du total faite au débiteur par un des créanciers solidaires ne causait aucun tort aux autres, puisqu'il n'aurait point été obligé de partager avec eux la somme reçue, à moins qu'ils ne fussent ses associés; l. 62 princ., ff. *ad legem Falcidiam;* mais chez nous, où le bénéfice de l'obligation est partageable et divisible entre les divers créanciers, art. 1197, c. c., la remise du total par l'un d'eux nuirait aux autres.

165. Le serment décisoire déféré par l'un des créanciers au débiteur, ne sert aussi à celui-ci que jusqu'à concurrence de la part de celui qui l'a déféré; parce que déférer le serment décisoire, c'est rendre le débiteur juge dans sa propre cause; c'est une dernière ressource à laquelle on ne doit recourir qu'à défaut de toute preuve; il y a imprudence de s'en rapporter à la conscience du débiteur, et les suites de cette imprudence ne doivent tomber que sur son auteur. Les autres créanciers ne doivent pas en souffrir, art. 1365, 3e alinéa, c. c. C'est encore ici une amélioration au droit romain, d'après lequel le serment déféré au débiteur, par un des créanciers solidaires, nuisait aux autres, parce qu'il tenait lieu de payement ou de remise de la dette. *Jusjurandum loco solutionis cedit, est acceptilationi simile;* l. 27, l. 28, §. 1; l. 40, ff. *de jurejurando.* La loi 28 princ., dit même en propres termes : *in duobus reis stipulandi, ab altero delatum jusjurandum, etiam alteri nocebit.*

Tout acte qui interrompt la prescription à l'égard de l'un des créanciers solidaires, profite aux autres; il n'y a qu'une seule obligation due en entier à chacun; dès que l'un d'eux la conserve par ses poursuites, ou par la reconnaissance qu'il obtient du débiteur, il la conserve en entier et pour tous, parce qu'elle appartient en entier à chacun d'eux ; il demande en effet ou il fait reconnaître le droit entier; l. dernière, au cod. *de duobus reis.*

§. II.

De la Solidarité de la part des débiteurs.

166. Il y a solidarité de la part des débiteurs lorsqu'ils sont obligés à une même chose, de manière que chacun puisse être contraint pour la totalité, et que le payement fait par un seul libère les autres envers le créancier.

Elle peut être stipulée dans toute espèce de contrats, soit prêt, vente ou louage, etc.; l. 9, ff. *de duobus reis.*

Une première chose à observer sur la solidarité de la part des débiteurs, c'est qu'elle est uniquement stipulée en faveur du créancier ; entre eux les débiteurs ne sont tenus que pour leur part et portion, et de là il suit que le créancier ne peut faire, avec un des débiteurs solidaires, que les pactes qui ne dérangent point leur position entre eux; toute convention qui changerait et empirerait leur sort est prohibée, mais celles qui ne l'altèrent en aucune manière sont autorisées par la loi.

Pour qu'il y ait solidarité de la part des débiteurs, il faut que l'obligation soit de la même chose et pour la même cause; car s'ils avaient promis des choses différentes, une telle promesse ne produirait point de solidarité; la diversité des choses promises serait une preuve manifeste des

différentes stipulations sur lesquelles chaque promesse serait intervenue; l. 9, §. 1, ff. *de duobus
reis;* princ., inst. eodem; l. 29 princ., ff. *de verb.
oblig.*

Il faut encore que, par le payement fait par un
seul des débiteurs, tous les autres soient libérés :
la raison en est qu'il n'y a qu'une obligation et
qu'une somme qui soit due; d'où il suit que si
elle est une fois payée, l'obligation est éteinte à
l'égard du créancier : comme il n'y a qu'une
obligation, dès-lors qu'elle a été acquittée par
un des codébiteurs, la bonne foi s'oppose à ce
que le créancier l'exige une seconde fois d'un
autre débiteur, *bona fides non patitur ut bis idem
exigatur;* l 57, ff. *de regulis juris. Utiquè enim
cùm una sit obligatio una et summa est, ut sive
unus solvat, omnes liberantur, sive solvatur ab
altero, liberatio contingat;* l. 3, §. 1 à la fin, ff.
de duobus reis; §. 1, inst. eodem.

Dans l'ancien droit romain, afin de constituer
une obligation solidaire, il suffisait que plusieurs
personnes eussent promis la même chose pour
une même cause à un même créancier et dans
le même temps, sans qu'il fût nécessaire d'exprimer la solidarité; l. 2, l 12 princip., ff. *de
duobus reis;* l. 3, codice eodem; mais Justinien
a changé cette jurisprudence par le droit des novelles, et il a réglé que plusieurs débiteurs d'une
même chose envers un même créancier seraient
uniquement obligés chacun pour leur part et
portion, à moins que la solidarité ne fût exprimée; novelle 99, ch. 1; et authent. *hoc, cod. de
duobus reis.*

167. La disposition du droit des novelles a été
consacrée aussi par notre code; il décide que la

solidarité ne se présume point, qu'elle doit être expressément stipulée On ne présume point la solidarité, parce qu'à défaut de stipulations contraires, on doit croire que chacun des débiteurs ne s'est obligé que pour sa part; en effet, c'est le parti le plus favorable au débiteur, à l'avantage duquel on doit interpréter ce qu'il y a de douteux dans les conventions; art. 1162, c. c.; l. 38, §. 18, ff. *de verb. oblig.*

168. Cette règle ne cesse que dans les cas où la solidarité existe de plein droit en vertu d'une disposition de la loi; ce qui a lieu 1° entre associés pour fait de commerce, par rapport aux engagemens qu'a contractés, sous la raison sociale, celui qui a la signature; art. 22 et 43, cod. de comm.; 2° entre les complices d'un même délit, pour les condamnations pécuniaires prononcées contre eux à cet égard; art. 55, cod. pén. de 1810; l. 14, §. 15, ff. *quod met. caus.*; 3° entre plusieurs personnes qui ont emprunté conjointement la même chose à titre de commodat; art. 1887, c. c.; 4° entre plusieurs mandans qui, ayant constitué le même mandataire pour une affaire commune, sont tenus solidairement des répétitions de ce dernier; art. 2002, c. c.

169. Il faut, pour la solidarité, que l'obligation des codébiteurs soit la même; cependant ce principe n'empêche pas que l'un des débiteurs ne puisse être obligé différemment de l'autre au payement de la même chose : ainsi l'un peut être obligé purement, un second à terme, un troisième sous une condition suspensive. Le terme accordé à l'un des débiteurs et la condition suspensive apposée à l'obligation du troisième ne modifient point l'engagement de celui qui s'est

obligé purement; le créancier pourra donc, sans attendre la fin du terme convenu, ou l'arrivée de la condition, demander le total à celui-ci; mais il n'a le droit d'agir contre les autres qu'après l'expiration du terme pour le second, et l'accomplissement de la condition pour le troisième.

Il suffit, pour que l'obligation puisse être solidaire, que la même chose soit due par tous les obligés; la différence qui ne porte que sur le temps, ou sur la condition apposée à l'obligation, n'empêche pas qu'elle ne soit solidaire; en effet, ces obligations seront parfaitement égales, après l'expiration du terme et l'accomplissement de la condition. D'ailleurs, ayant toutes pour objet une même chose, la différence qui existe entre elles ne tombe que sur des modifications et non sur l'essence de l'obligation commune; dès-lors on peut dire qu'elles ont toutes la même nature, quant à la substance qui ne peut pas être changée par le terme et la condition qui sont des choses purement accidentelles aux contrats : *in duobus reis promittendi, alter purè, alter in diem vel sub conditione obligari potest, nec impedimento erit dies aut conditio quominùs ab eo qui purè obligatus est petatur;* l. 7, ff. *de duobus reis,* §. 2, inst. eodem.

170. Le créancier envers qui plusieurs personnes sont obligées solidairement, peut s'adresser à celle qu'il lui plaît de choisir, sans qu'elle ait le droit de lui opposer le bénéfice de division; l'obligation ne serait plus solidaire, elle ne différerait plus des obligations ordinaires, si chacun des débiteurs ne pouvait être contraint que pour sa part. *Ubi duo rei facti sunt, potest vel ab*

uno eorum solidum peti; hoc est enim duorum reorum, ut unusquisque eorum in solidum sit obligatus possitque ab alterutro peti; l. 3, §. 1, ff. *de duobus reis.*

Quoique le créancier ait exercé des poursuites contre l'un des débiteurs solidaires, tant qu'il n'est pas payé intégralement, rien ne l'empêche d'en faire de semblables contre les autres ; les codébiteurs ne sont pas libérés par les poursuites qu'il a exercées contre l'un d'eux, mais seulement par le payement de la dette ; jusque-là leur obligation subsiste, et le créancier peut en conséquence agir contre eux ; et peu importe si le premier qu'il a poursuivi était solvable ou non, et s'il est devenu insolvable depuis les poursuites par le peu d'activité que le créancier y a mis ; ayant plusieurs débiteurs, il savait en conséquence qu'il n'avait rien à craindre, il a pu être négligent ; c'était aux autres codébiteurs à prendre leurs précautions, ils l'auraient pu en payant eux-mêmes, auquel cas ils auraient ensuite agi vivement contre celui dont les affaires se dérangeaient, pour répéter ce qu'ils auraient payé à son acquittement. *Ideoque in duobus reis promittendi constituimus, ex unius rei electione, præjudicium creditori adversùs alium fieri non concedentes : sed remanere et ipsi creditori actiones integras et personales et hypothecarias, donec per omnia ei satisfiat;* l. 28, vers. *Ideoque,* cod. *de fidejussoribus.*

171. Les codébiteurs solidaires ne se trouvent libérés envers le créancier que par le payement qu'a fait l'un d'entre eux, ou par les autres moyens d'extinction des obligations qui tiennent lieu de payement : d'où on doit conclure que si la chose

due périt par la faute ou pendant la demeure d'un ou de plusieurs des débiteurs solidaires, les autres codébiteurs doivent néanmoins payer le prix de cette chose, et que les droits du créancier sont entiers contre eux à cet égard. L'obligation n'étant pas éteinte, mais étant seulement convertie en celle du prix de la chose, les codébiteurs de celui qui est en faute ne sont pas libérés, parce qu'ils ne le sont qu'autant que l'obligation n'existe plus ; la faute de l'un d'eux n'est pas pour les autres un moyen de libération, au contraire, cette faute conserve et perpétue la dette de celui qui l'a commise ; or, comme ils sont tous tenus de la même dette, elle ne peut pas exister contre l'un des codébiteurs, sans exister en même temps contre tous les autres, et sous ce rapport on peut dire que la faute de l'un nuit aux autres : *ex duobus reis ejusdem Stichi promittendi factis, alterius factum alteri quoque nocet;* l. 18, ff. *de duobus reis.*

La faute, et la demeure de l'un des codébiteurs qui est une véritable faute, *non culpâ vacat qui in morâ est,* nuisent bien aux autres codébiteurs, en ce sens qu'elles perpétuent et conservent leur obligation, mais elles ne peuvent pas servir à l'augmenter, *nocet ad perpetuandam non ad augendam obligationem;* ainsi le créancier peut bien leur demander la valeur de la chose, mais il ne peut réclamer contre eux les dommages et intérêts qu'il souffre par l'inexécution, au-delà de l'estimation de la chose qui a péri ; il ne peut les exiger que de ceux qui les ont occasionés, c'est-à-dire de ceux par la faute desquels la chose a péri, ou qui étaient en demeure de la livrer au moment de sa perte, parce que les fautes sont personnelles, et que les peines qui en sont la suite ne doivent tomber que sur leurs auteurs. *Pœnæ suos tenéant auctores;* l. 22, cod. *de pœnis.*

C'est en ce sens que la loi 52, §. 4, ff. *de usuris,* dit que la demeure de l'un des débiteurs solidaires ne nuit pas à l'autre; *si duo rei promittendi sint, alterius mora alteri non nocet.*

172. Par suite de la solidarité il n'y a qu'une obligation dont chacun des codébiteurs est tenu pour le tout, comme s'il était seul obligé; d'où l'on doit encore conclure que si l'obligation est conservée par des poursuites exercées contre l'un d'eux, ou par la reconnaissance de celui-ci, la prescription est interrompue contre tous; il suffit que l'obligation qui est unique soit conservée pour qu'ils en soient tous tenus; tant qu'elle existe chacun est obligé de l'acquitter intégralement, la reconnaissance ou les poursuites ont conservé toute la dette, parce que le débiteur qui a reconnu ou qui a été poursuivi devait le total.

Les héritiers ne représentant le défunt, même relativement à la solidarité, que pour leur part héréditaire, les poursuites ou la reconnaissance de l'un des héritiers solidaires n'interrompent la prescription de la dette que pour sa part Afin de conserver toute la créance, il faut tous les poursuivre, ou obtenir de tous une reconnaissance, parce qu'alors toutes les parts, et par là même le tout qui n'est que l'ensemble des parts, seraient conservés.

Si les poursuites ont eu lieu contre un des débiteurs solidaires, ou si la reconnaissance provient de lui, les héritiers de l'autre seront tenus de payer chacun leur part de la dette, parce qu'alors elle a été toute conservée; art. 2249, c. c.; l. dernière, au cod. *de duobus reis.*

173. Dès qu'il n'existe qu'une obligation dont chacun des codébiteurs est tenu pour le total, si cette obligation unique commence à produire des intérêts par la demande qui en a été formée contre l'un des débiteurs solidaires, cette demande les fait courir contre tous; étant chacun tenu de la même obligation, dès qu'elle produit des intérêts, ils sont tous tenus de les acquitter conjointement avec le capital, parce que c'est leur obligation qui est due avec intérêts; l. 24, §. 1, ff. *de usuris;* l. 88, ff. *de verborum obligationibus.*

174. Chacun des débiteurs solidaires étant tenu du total de la même obligation, celui qui est poursuivi par le créancier peut opposer toutes les exceptions qui proviennent de la nature de l'obligation, parce que les exceptions qui prennent leur source dans le fond même de l'obligation, sont à la décharge de tous les obligés; si elles sont perpétuelles, il n'y a qu'apparence d'obligation, il ne peut pas être contraint d'exécuter une obligation qui est sans fondement réel; si elles sont dilatoires, il a droit de jouir des délais qu'elles procurent et de faire déclarer le créancier non-recevable quant à présent. Par exemple, si l'obligation a été consentie par force, si elle est contraire aux bonnes mœurs, si elle est nulle, faute d'être revêtue des formes requises en certains cas à peine de nullité, tels que le double écrit dans les conventions synallagmatiques rédigées sous seing privé, si elle est le fruit d'une erreur substantielle, si elle est à terme et qu'il ne soit pas échu : il peut invoquer toutes ces exceptions qui proviennent

dela nature même de l'obligation. Outre ces exceptions dérivant de la nature de l'obligation, le codébiteur poursuivi peut encore opposer toutes
celles qui sont communes à tous les obligés, par
exemple, si l'obligation est prescrite, si elle est
acquittée. Il peut aussi opposer toutes les exceptions qui lui sont personnelles, par exemple,
qu'il était mineur à l'époque où l'obligation solidaire a été contractée; mais il n'a pas le droit
de se prévaloir des exceptions personnelles à
ses codébiteurs, ce n'est pas la dette de ceux-ci
que le créancier lui demande, c'est la sienne
propre, puisqu'il est obligé d'acquitter le total :
il ne peut donc pas invoquer les exceptions qui
sont purement personnelles aux autres codébiteurs; parce qu'il exciperait du droit des tiers,
ce qui n'est jamais permis : *non auditur in foro,
excipiens ex jure tertii;* il ne pourra même pas
opposer la compensation de ce que le créancier
doit à un des débiteurs solidaires, parce que
nous ne sommes fondés à opposer la compensation que de ce qui nous est dû et non de ce qui
est dû à autrui, quand nous sommes poursuivis
pour notre propre dette et non pour celle d'autrui : or, chaque débiteur solidaire est tenu personnellement envers le créancier de payer le total; en lui demandant le tout, il ne lui demande
donc que sa dette et non celle du codébiteur, il
ne peut donc pas opposer la compensation de ce
qui est dû à celui-ci : *exceptiones quæ personæ
cujusque cohærent, non transeunt ad alios. Rei
autem cohærentes exceptiones etiam fidejussoribus competunt, ut rei judicatæ, doli mali, jurisjurandi quod metûs causâ;* l. 7, princ., et §. 1,
ff. *de exceptionibus;* art. 1294, 3e alinéa, c. c.

175. On a vu que les débiteurs solidaires ne sont tenus du total qu'envers le créancier; mais qu'entre eux ils ne le sont que pour leur part et portion, si l'affaire les intéresse tous également. De ce principe découlent plusieurs conséquences.

Il en résulte d'abord que lorsque l'un des débiteurs devient l'héritier unique du créancier, ou lorsque ce dernier est le seul successeur de l'un des codébiteurs, la confusion qui s'opère dans la personne de l'héritier des deux qualités de créancier et de débiteur, n'éteint la créance solidaire que pour la part personnelle dont était tenu l'obligé qui succède ou auquel on succède; la confusion qui se fait en la personne de cet héritier, étant bornée à la seule portion dont était tenu le codébiteur qui est héritier ou dont on est l'héritier, elle ne produit aucun changement dans les autres parts. La confusion n'éteint pas l'obligation, elle soustrait seulement la personne de celui en qui elle s'opère à l'effet de l'obligation, parce qu'il ne peut pas être obligé envers lui-même Les principes à cet égard sont développés avec plus d'étendue à la section 5 du chapitre suivant.

176 La solidarité n'étant stipulée qu'en faveur du créancier, il peut y renoncer : *omnes licentiam habent his quæ pro se introducta sunt renuntiare;* 1 31 et 46 à la fin, ff. *de pactis;* l. 29, versic. *Omnes,* cod. eod. ; l. 41, versic. *Qui,* ff. *de minoribus.* Il ne peut y avoir de difficulté à cet égard, quand il y a renoncé expressément; mais à défaut d'expression formelle, il s'agit de savoir quand il est présumé y avoir renoncé, et quels sont les effets de cette renonciation, si elle

profitera au seul débiteur en faveur de qui elle a été faite, ou si elle pourra être invoquée par tous.

On va examiner ces questions l'une après l'autre.

D'abord, il est certain que le créancier qui reçoit d'un des débiteurs solidaires la part dont il est tenu, conserve contre ce dernier et contre les autres codébiteurs sa solidarité, si dans sa quittance il se réserve ce droit ou ses droits en général, lors même qu'il serait dit dans la quittance qu'il a reçu du débiteur pour sa part. Ici l'intention du créancier est formelle; il n'a pas voulu, par l'acceptation de ce payement partiel, renoncer à la solidarité, puisqu'il en fait la réserve par une clause expresse; il en est de même si cette clause porte sur ses droits en général, parce qu'elle comprend la solidarité qui fait partie de ces derniers. L'effet qui résulte ordinairement de la mention mise dans la quittance, que c'est pour la part de celui qui paye et qui emporte renonciation à la solidarité, est détruit par cette réserve.

On ne peut pas même dire que ce sont ses droits contre les autres codébiteurs qu'il est censé s'être réservés; car il est de principe que lorsqu'on se réserve des droits dans un acte quelconque, c'est contre celui avec qui on traite qu'on est présumé l'avoir fait. Ainsi jugé par un arrêt du 6 septembre 1712, rapporté au sixième volume du journal des audiences.

177. Le créancier qui reçoit, sans aucune réserve d'un des débiteurs solidaires, une somme égale à celle dont il est tenu personnellement, n'est pas présumé lui avoir remis la solidarité, si la quittance ne porte pas expressément que

la somme reçue de ce débiteur est pour sa part. Cette décision est fondée sur ce que personne n'est censé renoncer facilement à ses droits ; il faut que sa volonté à cet égard ne présente aucun doute : or, lorsqu'il n'est pas dit dans la quittance qu'il a reçu pour la part de celui qui paye, on peut croire qu'il n'a reçu cette somme qu'à compte du total dont est tenu le débiteur, et sans entendre le décharger de la solidarité : l. 8, §. 1, ff. *de legatis* 1°. *Idem et erit si alter partem solvisset.*

Si, au contraire, la quittance délivrée à celui qui a payé une somme égale à celle dont il est tenu personnellement, porte que c'est pour la part de ce débiteur, le créancier est alors présumé lui avoir remis la solidarité, sa volonté à cet égard est constante, il ne peut y avoir le moindre doute sur l'intention de le décharger de la solidarité ; dès que le créancier reçoit du débiteur pour sa part, il reconnaît qu'il n'est tenu que d'une part, il renonce donc à la solidarité en faveur de celui - ci : *nihil tam est contrarium obligationi totius quàm obligatio partis tantùm.* Dans un cas semblable, il se forme une novation de la créance ; il intervient entre le débiteur et le créancier une nouvelle convention, par le concours de la volonté du créancier qui donne quittance au débiteur pour sa part, et de celle de ce dernier qui l'accepte. *Si creditores vestros ex parte debiti admisisse quemquam vestrûm pro suá personá solventem probaveritis, aditus rector provinciæ, pro suá gravitate, ne alter pro altero exigatur, providebit;* l. 18, cod. *de pactis,* qui a pour rubrique *de parte acceptá ab uno ex correis debendi.*

178. Le créancier ne perd point son droit de solidarité contre un des débiteurs solidaires, par la demande qu'il lui a faite en justice pour sa part de la dette, tant que le débiteur n'a pas acquiescé à cette demande ; jusqu'alors il n'y a pas le concours des deux volontés, nécessaire pour former une nouvelle convention qui innove la créance par rapport au débiteur : *quid ergò, si ab altero partem petierit? liberum erit ei ab alterutro reliquum petere;* l. 8, §. 1, ff. *de legatis 1°*.

Cependant, si le débiteur, sur la demande du créancier, a été condamné au payement de sa part, le créancier perd sa solidarité, parce qu'il est jugé que le débiteur ne doit qu'une part ; or la chose jugée est regardée comme la vérité même : *res judicata pro veritate accipitur;* l. 207, ff. *de regulis juris;* l. 25 à la fin, ff. *de statu hominum;* d'un autre côté, on quasi-contracte en jugement, *in judicio quasi-contrahimus, et judicatum quamdam novationem inducit;* le créancier est lié par le quasi-contrat qui a été formé par le jugement, il en est résulté une espèce de novation qui a réduit la créance du total à une part personnelle seulement contre le condamné.

179. Toujours d'après le principe que personne n'est censé renoncer facilement à ses droits, on doit conclure que, lorsque le créancier reçoit divisément et sans réserve la portion de l'un des codébiteurs dans les arrérages ou intérêts de la dette, il ne perd la solidarité que pour ceux qui sont échus, et non pour ceux qui sont à échoir, et encore moins pour le capital ; à moins que le payement divisé, et pour la part du débiteur, n'ait été continué pendant dix ans. Cette

quittance donnée au débiteur pour sa part des accessoires de la créance, pendant un si grand nombre d'années et sans aucune protestation, fait présumer avec raison que le créancier a renoncé à la solidarité, même pour le capital. Il faut des payemens répétés chaque année pendant les dix ans ; un seul payement de dix années d'arrérages ou d'intérêts, fait pour sa part par le débiteur, ne ferait pas présumer la renonciation pour ceux à échoir ni pour le capital : c'est l'attention qui a dû être réveillée à chaque payement, qui fait présumer l'abandon de la solidarité ; on ne pourrait pas l'induire d'un payement unique qui a pu être reçu sans réflexion pour la part du débiteur, et sans la plus légère volonté de le décharger de la solidarité.

Ayant vu quand le créancier est présumé avoir renoncé à la solidarité, il nous reste à examiner quels sont les effets de cette renonciation à l'égard des autres codébiteurs.

Pour la solution de cette question, on doit se rappeler que le créancier peut faire, avec chacun des débiteurs solidaires, tous les pactes qui n'empirent point le sort des autres ; qu'il suffit, pour la validité du pacte, que la condition des débiteurs entre eux ne soit point changée ; et qu'ainsi le créancier qui a déchargé un des codébiteurs de la solidarité, conserve son action solidaire contre les autres, sous la déduction néanmoins de la part dont était tenu le débiteur en faveur duquel il a renoncé à la solidarité.

180. Le créancier peut abandonner son droit de solidarité envers un des débiteurs solidaires,

sans que les autres puissent prétendre jouir de
la même faveur ; un tel pacte avec un des codébiteurs ne nuit point aux autres, dès que la loi
décide que le créancier ne conserve l'action solidaire contre eux, que sous la déduction de la
part dont était tenu celui à qui il a accordé cette
décharge. Par ce moyen la position des autres
reste la même qu'elle était auparavant, elle n'est
point empirée; le contrat à leur égard n'ayant
point été changé, il doit produire tous ses effets
primitifs ; ils seront obligés solidairement envers
le créancier, sous la déduction de la part dont était
tenu celui qui a reçu de ce dernier l'avantage de
ne pouvoir être contraint au payement que pour
sa part. Celui d'entre eux qui payera le tout au
créancier aura son recours contre les autres, pour
leur part et portion, et dans le fait et en définitive il n'aura réellement payé que sa part. La loi
a donc dû autoriser une semblable convention
qui est très utile à un des codébiteurs, sans changer le sort des autres entre eux : si la faveur accordée à un d'eux devait profiter à tous, elle ne
le serait jamais à personne ; et quelquefois néanmoins il est très utile, sur-tout pour un négociant
dont toutes les opérations reposent sur la confiance et le crédit, de n'être pas sous le poids d'une
obligation solidaire relativement à une créance
considérable.

Enfin les autres codébiteurs ne peuvent pas invoquer l'effet de la nouvelle convention qui s'est
formée entre le créancier et l'un des débiteurs
solidaires, par suite de laquelle ce dernier a été
déchargé de la solidarité; parce qu'il est de principe que les conventions n'ont point d'effet à l'é-
gard de ceux qui n'y ont pas été parties : *res inter*

alios acta neque nocet neque prodest, section 6 du chap. 3.

181. De ce que la solidarité n'est stipulée qu'en faveur du créancier, et de ce que la dette se divise de plein droit entre les codébiteurs qui n'en sont tenus entre eux que chacun pour leur part et portion, on doit conclure que lorsque l'un des débiteurs solidaires a payé la dette en entier, il ne peut agir en répétition contre les autres, que pour la part et portion dont chacun d'eux est tenu, lors même qu'il se serait fait subroger aux droits du créancier : en effet, les autres lui répondraient que le créancier n'a plus d'intérêt puisqu'il est payé ; que la cession qu'il a faite de ses droits à un des codébiteurs ne peut servir à ce dernier ; que la solidarité n'étant stipulée qu'en faveur du créancier, il est le seul qui puisse en profiter ; que par le fait ici, ce ne serait plus lui qui aurait cet avantage, mais un des débiteurs ; qu'il ne l'aurait même que momentanément, puisque celui qui le payerait le forcerait à la cession des mêmes droits, et qu'il reviendrait ensuite contre lui, en vertu de cette cession, pour répéter ce qu'il aurait payé, sa part déduite ; ce qui causerait un circuit d'actions que la loi a bien fait d'empêcher. Ils pourraient même ajouter que le créancier ne peut faire avec un des débiteurs solidaires aucune convention qui change le sort des débiteurs entre eux, et qui puisse rendre pire leur condition.

Au reste celui qui a payé le créancier est subrogé de plein droit, par la loi elle-même, aux actions, priviléges et hypothèques du créancier non-seulement contre les autres codébiteurs, mais encore contre leurs cautions, s'il y en a, pour répéter de chacun d'eux leur part et portion; art. 1251, n° 3°, et 1252, c. c.

Chez les Romains il n'était pas subrogé s'il avait payé sans demander la subrogation, ainsi que nous le verrons au §. 2 de la section première du chapitre 5.

182. Si à l'époque de la répétition exercée par celui des débiteurs solidaires qui a payé la dette en entier, un d'entre eux se trouve insolvable, la perte qu'occasione son insolvabilité doit être supportée proportionnellement par tous ceux qui sont solvables, tant par celui qui a payé que par les autres; ceux qui sont débiteurs solidaires d'une même dette sont en quelque façon associés : or les associés doivent supporter, dans la proportion de leur part dans la société, les pertes qui lui arrivent; d'ailleurs l'équité ne permet pas que celui qui a payé seul la dette commune, supporte en entier cette insolvabilité. Par exemple, Pierre, Paul, Jacques et Jean ont emprunté solidairemant 12,000 f.; Pierre a été forcé à payer le total; il exerce sa répétition contre chacun de ses codébiteurs pour leur part; dans ce moment Jean est insolvable : les 3000 francs qu'il devait payer se répartissent entre Pierre, Paul et Jacques, chacun en prend le tiers à sa charge, ou 1000 f.

183. D'après le principe que la décharge de la solidarité accordée à un des débiteurs solidaires ne peut ni nuire ni profiter aux autres, que la position des débiteurs entre eux ne peut être empirée par un semblable pacte, on doit décider que, dans le cas où le créancier a renoncé à l'action solidaire envers l'un des débiteurs, si un ou plusieurs des autres tombent dans l'insolvabilité, la portion qu'ils auraient dû supporter de la dette

doit être contributoirement répartie entre tous les débiteurs, même entre ceux précédemment déchargés de la solidarité par le créancier; il n'a pas pu dépendre de ce dernier de faire supporter seulement par quelques-uns des débiteurs une perte qui doit être à la charge de tous ; il a pu renoncer à ses droits, mais il n'a pu altérer ceux des autres. Lorsque plusieurs individus se rendent débiteurs solidaires, ils comptent sur le recours qu'ils auront les uns contre les autres, pour se faire supporter mutuellement les pertes causées par les insolvabilités de quelques-uns d'entre eux ; c'est dans cette confiance qu'ils contractent leurs engagemens, ils ne les auraient pas formés sans cela : il n'est donc pas juste qu'ils en soient privés par le fait du créancier.

184 On a supposé jusqu'ici que l'affaire pour laquelle l'obligation solidaire a été contractée était commune à tous les débiteurs; si au contraire cette affaire ne concerne que l'un d'eux, quoiqu'ils soient tous, vis-à-vis du créancier, débiteurs solidaires et principaux, néanmoins entre eux celui que l'affaire intéresse est le seul débiteur principal, et les autres sont considérés comme ses cautions, parce que ce sont véritablement des personnes obligées pour la dette d'autrui; et d'après ce, si celui que l'affaire concerne uniquement paye toute la dette, il n'a aucun recours contre les autres qui ne sont intervenus que pour lui faire plaisir; en payant, il a acquitté sa propre dette, il ne peut avoir de répétition contre personne. Mais si la dette a été payée par ceux qui se sont engagés pour lui rendre service, ils auront une action en répétition pour le total contre lui;

parce qu'il est réellement tenu du total, les autres n'étant que ses cautions.

185. Au reste, la solidarité peut avoir lieu non-seulement dans toutes espèces de contrats, mais elle peut aussi exister par la seule volonté du testateur. Par exemple, lorsqu'il charge Pierre ou Paul, tous deux ses héritiers, de payer une somme à une autre personne en ces termes : Pierre mon héritier, ou Paul mon héritier, payez 1,000 francs à Chrysostôme ; chacun des héritiers est tenu de payer solidairement le legs de la même manière que s'il en était seul chargé ; Chrysostôme peut s'adresser à celui des deux qu'il voudra choisir ; et si l'un a payé, ils seront libérés tous les deux à l'égard du légataire, de la même manière que s'ils s'étaient obligés envers lui solidairement. *Si ita scriptum sit : Lucius-Titius hœres meus, aut Mevius, hœres meus decem Seio dato ; cum utro velit Seius aget, ut si cum uno actum sit et solutum, alter liberetur, quasi si duo rei promittendi in solidum obligati fuissent;* l. 8, §. 1, ff. *de legatis* 1º.

SECTION VI.

Des Obligations divisibles et indivisibles.

186. L'obligation peut être divisible ou indivisible : elle est divisible lorsque la chose qui en fait l'objet peut être délivrée par parties ; ou s'il s'agit de l'obligation de faire, lorsque le fait qui en est l'objet est susceptible d'être exécuté par parties ; *et harum omnium quœdam partium prœstationem recipiunt, veluti cùm decem dari stipulamur ;* l. 2, §. 1, ff. *de verb. obligat.*

La division dont il est ici question n'est pas

la division physique qui consiste dans la solution de continuité, telle que la division d'une poutre qui est sciée en deux; il y est question d'une division civile propre au commerce des choses.

Elle est de deux espèces : l'une qui se fait en parties réelles et divisées, et l'autre qui se fait en parties intellectuelles et indivisées. Je promets 100 écus : cette obligation est susceptible d'une division réelle; je peux ne délivrèr que 20 écus chaque fois. Une chose est susceptible de division intellectuelle, lorsque les parties de cette chose n'existent pas réellement, mais seulement dans le droit et l'entendement. Par exemple, un cheval n'est pas susceptible d'une division réelle; si on le divisait réellement, il n'existerait plus : mais il est susceptible d'une division intellectuelle; il peut être en effet possédé par plusieurs, et alors chacun des propriétaires en a une partie indivisée, et ces parties se concoivent par l'entendement; par exemple, s'il appartient à quatre personnes, chacun des maîtres a la propriété d'un quart indivisé de ce cheval, et ce quart a une véritable valeur.

Il suffit qu'une chose soit susceptible de cette seconde division, quoiqu'elle ne le soit pas de la première, pour que l'obligation de donner cette chose soit divisible Un des maîtres peut en effet délivrer la part indivisée qu'il a dans la chose, et par cette tradition, tout le droit que le débiteur y avait, passera au créancier qui le possédera comme le débiteur le possédait; la prestation de cette partie intellectuelle procure un véritable avantage au créancier, elle est susceptible d'estimation.

187. On voit ici que, lorsqu'on s'est engagé à délivrer un objet susceptible seulement de parties intellectuelles, l'obligation peut s'acquitter par parties ; et c'est conformément à ces principes que la loi 9, §. 1, ff. *de solutionibus*, disait déjà que celui qui a promis un esclave déterminé n'était plus tenu que d'une moitié de cet esclave s'il avait déjà délivré l'autre, ce qui était bien dire qu'une semblable obligation était divisible, car il n'y a que celles-là qui puissent être acquittées par parties : *item qui Stichum debet, parte Stichi datâ, in alteram partem tenetur ;* la raison en était que cet esclave pouvait être possédé par plusieurs, et qu'il était ainsi susceptible de parties intellectuelles, quoiqu'il ne le fût pas de parties réelles.

On voit au contraire dans le même paragraphe que l'obligation de délivrer un homme en général, ne pouvait pas s'acquitter en délivrant la part que l'on avait dans un esclave déterminé ; que nonobstant cette délivrance, le créancier pouvait demander un homme entier : *qui autem hominem debet, partem Stichi dando nihilominùs hominem debere non desinit, deniquè homo adhuc ab eo peti potest.* Cette dernière obligation est donc indivisible.

On va expliquer les raisons de la différence de ces deux obligations, en prenant pour exemple des objets qui sont encore aujourd'hui dans le commerce, tels que l'obligation de donner un cheval déterminé, et celle de délivrer un cheval en général. La première peut s'acquitter par parties : chacun des héritiers est autorisé à l'exécuter dans la proportion de sa part héréditaire, sans que le créancier puisse refuser ce payement partiel; parce que les autres seront aussi obligés de délivrer à celui-ci les parts indivisées qu'ils ont dans le même cheval. Alors le créancier aura réellement le cheval qui est l'objet de l'obligation, l'engagement sera parfaitement exécuté à son égard; le payement partiel ne lui cause aucun préjudice; il ne peut donc pas le refuser. Au contraire, lorsque l'obligation est d'un cheval en général, si un des héritiers pouvait s'acquitter en délivrant la part qui lui appartient dans un cheval déterminé, les autres héritiers auraient aussi le droit de se libérer en délivrant les parts qui leur appartiennent dans d'autres chevaux; alors le créancier, au lieu d'avoir un cheval appartenant à lui seul, tel que cela avait été convenu avec le débiteur, aurait un tiers ou un quart dans plusieurs chevaux, et il se trouverait, sous ce rapport, en communion malgré lui avec les autres propriétaires de ces chevaux. La convention ne serait donc pas accomplie à son égard, et il en souffrirait un vrai préjudice, parce qu'il est plus utile d'avoir un cheval dont on se sert quand on veut et de la manière qui nous plaît, sans que personne puisse y former opposition, que d'avoir le quart de quatre chevaux dont on ne pourrait se servir qu'en ne nuisant pas au droit que les autres propriétaires auraient aussi de s'en servir de leur côté; art. 1859, n° 2°, c. c.

188. Après avoir fait connaître les caractères constitutifs de l'obligation divisible, la loi nous apprend que l'obligation indivisible est celle qui a pour objet une chose qui n'est susceptible ni de parties réelles, ni de parties intellectuelles. Telles sont la plupart des servitudes qui ne peu-

vent pas s'acquérir par parties ; l. 17, ff. *de servit.*

L'obligation est encore indivisible lorsque le fait qui en est l'objet n'est pas de nature à pouvoir être exécuté par parties ; comme lorsque je me suis engagé à bâtir une maison. *Stipulationes non dividuntur earum rerum quœ divisionem non recipiunt, veluti viœ, itineris, actûs, aquœductûs cœterarumque servitutum; item puto et si quid faciendum aliquid stipulatus sit, ut putà fundum tradi, vel fossam fodiri, vel insulam fabricari, vel quid his simile, horum enim divisio corrumpit stipulationem ;* l. 72 princ., ff. *de verb. oblig.;* l. 1, §. 23 et 24, ff. *de leg. 3°;* l. 80, §. 1, ff. *ad leg. Falcid.*

Ces obligations ayant pour objet des choses qui ne peuvent être délivrées, ou des faits qui ne peuvent être exécutés par parties, il y a impossibilité de les accomplir partiellement : peu importe donc qu'elles soient dues par un seul ou par plusieurs; dans l'un comme dans l'autre cas, les offres d'exécution partielle ne sont pas possibles, et par là même elles ne sont pas admissibles.

189. Il y a quatre sortes d'indivisibilités : celle qui est absolue, et qui est appelée par Dumoulin, dans son traité de dividuo et individuo, *indivisibilité de contrat, individuum contractu;* elle a lieu lorsqu'une chose est tellement indivisible de sa nature qu'elle ne pourrait ni être stipulée ni promise par parties; tel serait un droit de passage : on ne peut concevoir des parties dans un semblable droit, et par conséquent une partie d'un droit de passage ne peut être la matière d'un contrat; c'est une chose indivisible *contractu;* la convention ne peut diviser ce qui ne peut aucunement l'être par sa nature. Ce

droit peut être plus ou moins étendu ; on peut avoir le droit de passer avec une voiture, à cheval ou à pied, mais dans tous les cas on passe en entier, on ne passe pas à demi. Je puis passer sur votre fonds pour arriver au mien ; il faut que je le traverse en entier dans la partie qui est en face de mon héritage, autrement je n'y parviendrais pas, et le passage ne me serait d'aucune utilité.

La seconde espèce d'indivisibilité est appelée par Dumoulin, à l'endroit cité, *indivisibilité d'obligation, individuum obligatione;* les choses indivisibles *contractu,* le sont aussi *obligatione.* Les contractans ont voulu nécessairement que de semblables obligations ne s'acquittassent pas par parties, puisque, d'après leur nature, elles ne peuvent pas l'être de cette manière ; mais il y a des choses qui ne peuvent pas être acquittées par parties, par suite de l'obligation, quoiqu'elles soient susceptibles de l'être d'après leur nature ; celles-là ne sont pas indivisibles *contractu,* elles le sont néanmoins par suite de l'obligation, parce que le rapport sous lequel elles ont été considérées dans l'obligation fait qu'elles ne sont pas susceptibles d'exécution partielle.

Par exemple, l'obligation de bâtir une maison n'est pas une de celles qui sont indivisibles *contractu,* car il n'y a pas impossibilité physique d'exécution partielle ; on aurait en effet pu convenir, avec un maçon, qu'il ferait les murs de cette maison jusqu'au premier étage, et stipuler d'un autre qu'il l'achèverait ; mais si on est convenu avec un entrepreneur qu'il construirait une maison, cette obligation ne peut pas être acquittée par parties, elle est indivisible *obligatione ;* la construction de la maison qui est l'objet de l'obligation est, de la manière qu'elle a été considérée par les parties contractantes, quelque chose d'indivisible : il est vrai que cette construction peut s'exécuter par parties, mais ce n'est pas le fait passager de la construction qui est la matière de l'obligation ; c'est la maison à construire, *domus ædificanda,* qui est l'objet du contrat, et cette obligation ne peut être accomplie qu'autant que la maison sera bâtie ; car la qualité et la forme de maison ne peut résulter que de l'achèvement de l'ouvrage : *neque enim ullum balneum, aut theatrum, aut stadium fecisse intelligitur, qui ei propriam formam quæ ex consummatione contingit non dederit ;* l. 80, §. 1, versic. *neque enim ,* ff. *ad legem Falcid.* Jusque-là le contrat n'est pas exécuté même pour partie ; on ne peut en effet concevoir des parties dans une chose qui n'existe pas encore ; on doit donc en conclure qu'une semblable obligation, d'après le rapport sous lequel le fait qui en est l'objet a été considéré par les contractans, n'est pas susceptible d'une exécution partielle : *secunda ad opus quod testator fieri jusserit, nam singuli hæredes in solidum tenentur, quia operis effectus in partes scindi non potest ;* l. 85, §. 2, ff. *de verb. obligat.*

Il y a une troisième espèce d'indivisibilité appelée par Dumoulin indivisibilité de payement, *individuum solutione tantùm ;* c'est celle qui ne concerne que l'acquittement de l'obligation et non l'obligation elle-même, c'est-à-dire lorsque la chose due est par elle-même divisible et susceptible de parties, et peut ainsi être due pour partie à chacun des héritiers du créancier, et

être due de la même manière par chacun des
héritiers du débiteur, mais qui ne peut être acquittée par parties par la volonté expresse ou
présumée des contractans.

On en verra plusieurs exemples en parlant des
effets des obligations divisibles, dont font partie
les obligations indivisibles par le payement.

Enfin il y a des obligations qui sont indivisibles
quant à la demande, et qui sont divisibles par le
payement : telle est l'obligation de garantie contractée par le vendeur qui est décédé laissant
plusieurs héritiers. L'acquéreur peut demander
contre chacun d'eux qu'il le défende pour le
tout contre celui qui revendique le bien vendu,
et chacun des héritiers est tenu de le défendre
pour le tout, parce que la défense est indivisible,
elle ne peut avoir lieu pour partie seulement ;
mais si le procès est perdu, chacun des héritiers
n'est tenu que pour sa part des dommages et intérêts dus à l'acquéreur évincé, parce qu'ils consistent dans une somme d'argent qui est susceptible de parties non-seulement intellectuelles,
mais réelles.

190. La solidarité stipulée ne rend pas l'obligation indivisible, elle ne peut changer la nature
de la chose qui en est l'objet, et qui sera toujours
divisible de sa nature. En effet, l'obligation solidaire que contractent plusieurs personnes de
payer dix écus n'en est pas moins une obligation
divisible ; l'effet de la solidarité consiste en ce
qu'elle n'est pas actuellement divisée entre les
débiteurs solidaires ; mais leur obligation n'est pas
moins susceptible d'être acquittée par parties, et
elle se divisera de fait entre leurs héritiers Tous
les représentans d'un seul débiteur seront bien

obligés entre eux d'acquitter toute l'obligation, sauf leur recours contre les autres débiteurs so- lidaires; mais l'obligation de celui qu'ils repré- sentent se divise de plein droit entre eux ; s'ils sont quatre, chacun ne sera tenu d'acquitter l'o- bligation solidaire que pour un quart, la chose étant divisible de sa nature et ne pouvant être acquittée par parties que par suite d'une stipu- lation; ceux qui ne représentent que pour partie le débiteur ne peuvent être tenus que jusqu'à concurrence de la part pour laquelle ils le re- présentent, à la différence de l'obligation indi- visible qui doit être acquittée pour le tout, par chacun des héritiers, parce qu'elle n'est pas sus- ceptible d'être acquittée par parties.

Une autre différence entre l'obligation solidaire et l'obligation d'une chose indivisible consiste en ce que, dans la première, les débiteurs sont tenus du total, même pour les dommages et intérêts dus en cas d'inexécution de l'obligation princi- pale; parce qu'ils sont obligés au total par suite d'une convention, et qu'elle règle soit l'obliga- tion principale, soit celle subsidiaire des dom- mages et intérêts : mais dans la seconde, les dé- biteurs n'étant obligés au total que par la nature de la chose qui ne peut pas être délivrée par parties, ou par la nature du fait qui ne peut pas être exécuté partiellement, en cas d'inexécution de l'obligation, ils ne sont plus forcés de payer en entier les dommages et intérêts qui en ré- sultent; parce qu'ils consistent dans une somme d'argent qui est très divisible, et par conséquent le motif qui les contraignait au payement du total n'existe plus, par rapport à l'obligation subsi- diaire des dommages et intérêts.

§. Ier.

Des Effets de l'obligation divisible.

191. L'obligation est appelée divisible, comme on l'a vu ci-dessus, non pas de ce qu'elle est présentement divisée, mais de ce qu'elle est susceptible de l'être; c'est pourquoi, quelque divisible que soit la chose due, l'obligation avant qu'elle ait été divisée est indivise et ne peut être acquittée par parties; art. 1244, c. c. Ainsi, entre le créancier et le débiteur, l'obligation susceptible de division doit être exécutée comme si elle était indivisible Il faut donc bien faire attention de ne pas confondre l'indivision avec l'indivisibilité.

192. La divisibilité de l'obligation ne reçoit d'application qu'à l'égard des héritiers du créancier ou du débiteur; les premiers ne peuvent demander la dette que pour la part dont ils sont saisis, comme représentant le créancier, et les seconds ne sont contraints de la payer que pour la part dont ils sont tenus comme représentant le débiteur: ainsi, lorsque le créancier laisse quatre héritiers, chacun d'eux ne pourra demander que le quart de la dette, à moins qu'il n'ait une procuration de la part des autres; et si le débiteur en laisse le même nombre, chacun ne sera tenu que d'un quart, l'obligation se divise de plein droit activement et passivement entre les héritiers du créancier et ceux du débiteur; chacun des héritiers ne représentant l'auteur commun que pour une partie, il n'a aussi qu'une partie de ses droits, et il n'est tenu que d'une partie de ses obligations *Ea quæ in nominibus sunt non recipiunt divisionem, cùm ipso jure in portiones*

hœreditarias ex lege 12 tabularum divisa sint;
l. 6, cod. *famil. erciscundœ;* l. 51, ff. eodem *Pro
hœreditariis partibus hœredes onera hœreditaria
agnoscere, etiam in fisci rationibus, placuit;* l 2,
cod. *de hœreditariis actionibus;* l. 1 et 2, cod. *si
unus ex pluribus hœredibus.*

193. En principe général, la division de l'obligation susceptible d'être acquittée par parties a
lieu de plein droit entre les héritiers d'un débiteur; chacun n'est tenu que pour sa part et portion virile, art. 873, c. c. Cependant ce principe
reçoit plusieurs exceptions : premièrement, chacun d'eux est tenu pour le total, si la dette est
hypothécaire; deuxièmement, lorsqu'elle est d'un
corps certain ; troisièmement, lorsqu'il s'agit
d'une obligation alternative de plusieurs choses
au choix du créancier, dont l'une d'entre elles
est indivisible; quatrièmement, lorsque l'un des
héritiers est chargé seul par le titre de l'exécution
de l'obligation; cinquièmement, lorsqu'il résulte,
soit de la nature de l'engagement, soit de la
chose qui en fait l'objet, soit de la fin que l'on
s'est proposée dans le contrat, que l'intention des
parties a été que l'obligation ne pût s'acquitter
par parties; sauf, dans tous ces cas, le recours de
celui qui a été contraint de payer le total contre
les autres héritiers, s'il y a lieu *Sed quo casu unus
ex hœredibus solidum prœstiterit : repetitionem
habebit à cohœrede familiœ erciscundœ judicio ;*
l. 2, §. 2, ff. *de verb. obligat.*

Lorsque la dette est hypothécaire, à cause de
l'indivisibilité de l'hypothèque qui est toute entière sur tous les immeubles hypothéqués, sur
chacun d'eux, sur chaque partie de chaque immeuble, artic. 2114, c. c., on doit conclure que

celui des héritiers qui possède tout ou partie des fonds hypothéqués, est obligé de payer toute la dette, sauf son recours contre ses cohéritiers; il faut, sur la demande du créancier, qu'il acquitte la dette en totalité, ou qu'il délaisse les fonds, après avoir néanmoins payé avant le délaissement la portion de la dette dont il est tenu personnellement, c'est-à-dire sa part virile; artic. 873, 2167 et 2168, c. c. Le créancier suit le fonds hypothéqué, en quelques mains qu'il passe, et c'est le propriétaire actuel qui est tenu de l'action hypothécaire, art. 2166, c. c. *Qui possident pignus, non pro modo singularum rerum substantiæ conveniuntur, sed in solidum, ut vel totum debitum reddant, vel eo quod detinent cedant; l. 1 et 2, cod. si unus ex pluribus hæredibus; l. 9, §. 3, ff. de pignerat. actione; l. 85, §. 6 à la fin, ff. de verb. oblig.*

Si la dette est d'un corps certain, celui des héritiers du débiteur qui l'a en son pouvoir est tenu d'acquitter l'obligation en totalité. Une personne m'a vendu un cheval déterminé, il laisse trois héritiers, le cheval tombe dans le lot de l'un d'entre eux; je pourrai demander à celui-ci l'exécution de l'obligation pour la totalité, parce que lui seul peut l'acquitter; ayant en son pouvoir la chose qui en fait l'objet, il n'y a que lui qui puisse la délivrer, il peut donc être poursuivi pour le total.

Il existe une autre exception au principe de la divisibilité ou exécution partielle entre les héritiers du débiteur, lorsque l'obligation est alternative au choix du créancier, et que l'une des choses qui en fait l'objet est indivisible; tant que le créancier n'a pas fait son choix, aucune des

deux choses n'est due précisément, mais l'une des
deux est due au choix du créancier; on ne peut
donc lui offrir une partie de celle qui est divisible,
ce ne sera peut-être pas celle qu'il choisira; tant
qu'il ne s'est pas expliqué, on ne peut pas acquitter par parties une obligation qui portera peut-
être sur une chose indivisible de sa nature.

L'exécution partielle de l'obligation divisible
de sa nature ne peut encore avoir lieu de la part
des héritiers du débiteur, lorsque l'un d'eux est
chargé seul par une convention de l'exécution de
l'obligation. Celui-ci seul est tenu de l'acquitter
en totalité; ainsi, quoique l'obligation soit divisible, l'un des héritiers du débiteur peut en être
tenu pour le total, soit par une convention, soit
par le testament du débiteur qui l'en aurait seul
chargé, ou par l'office du juge qui fait le partage
des biens de la succession : dans tous ces cas, l'un
des héritiers est tenu de la dette pour le total,
sans que les autres héritiers cessent d'être obligés
avec lui, chacun pour leur part; le créancier a
la faculté de poursuivre pour la totalité celui qui
est tenu d'acquitter le tout en vertu du titre, ou
chacun des héritiers pour leur part et portion
virile; car ce titre qui lui est étranger ne peut
pas altérer ses droits.

Enfin, un autre cas où la dette quoique divisible ne peut être acquittée partiellement par les
héritiers du débiteur, est lorsque, sans qu'il y
ait de convention, il résulte, soit de la nature de
l'engagement, soit de la chose qui en fait l'objet,
ou de la fin que l'on s'est proposée dans le contrat, que la volonté des contractans a effectivement été que l'obligation ne pût être exécutée
par parties.

Cela se présume facilement, lorsque la chose qui fait l'objet de la convention, quoique susceptible de parties intellectuelles, n'est cependant pas susceptible d'être divisée réellement.

On doit encore le présumer, lorsque la chose susceptible d'être divisée, même en parties réelles, ne peut cependant l'être sans porter du préjudice au créancier. Une personne me vend un appartement complet; chacun des héritiers du vendeur est tenu de me le livrer tout entier, parce que la division ne peut s'en faire sans détérioration.

La fin que les parties se sont proposée dans le contrat peut empêcher même le payement partiel d'une somme de deniers : par exemple, vous vous êtes obligé à me payer une somme de mille écus, avec déclaration que c'est pour me fournir le moyen d'acquitter une dette de semblable somme pour laquelle je suis détenu en prison; si vous mourez peu après le contrat, laissant quatre héritiers, un d'entre eux ne pourra pas m'offrir le quart de la somme promise, parce que la fin que les parties se sont proposée dans le contrat ne serait pas accomplie, ce quart ne pourrait pas me procurer mon élargissement, et si le détenu les avait constitués en demeure, elle ne serait pas purgée par de semblables offres.

194. Dans tous les cas ci-dessus, l'héritier qui paye le total libère ses cohéritiers de la part dont ils étaient tenus, c'est pourquoi il aura un recours contre eux pour leur part. La loi ajoute *s'il y a lieu*, parce qu'il peut y avoir des cas où ce recours ne sera pas admissible : par exemple, si l'un des héritiers a eu un lot plus fort, sous la condition de payer les dettes, ou s'il en a reçu

l'équivalent de toute autre manière, ou enfin si la condition de payer la dette sans répétition lui a été imposée par le défunt dans son testament, avec l'intention d'avantager les autres héritiers qui ont été dispensés de rapport à cet égard; laquelle intention doit être exécutée, si elle n'entame pas la réserve de celui qui est chargé du payement.

195. Il faut remarquer ici que lorsque l'obligation est divisible de sa nature et indivisible seulement quant au payement, chacun des héritiers n'est réellement tenu que d'une part; s'il ne peut se libérer en l'offrant, c'est que le payement partiel n'est pas permis; mais n'étant pas réellement débiteur du total, le créancier doit mettre en cause ses cohéritiers et obtenir un jugement contre tous, sauf à l'exécuter contre celui qui lui est indiqué aux numéros ci-dessus.

196. Pour finir cette matière, on dira encore que, quoique l'obligation ait pour objet une chose divisible, si cette chose a péri par le fait ou par la faute d'un des héritiers, celui-ci est tenu solidairement de cette perte; si c'est volontairement qu'il l'a fait périr, il a manqué à la bonne foi qui est indivisible; on ne peut pas être de bonne foi pour une partie et de mauvaise foi pour une autre : on ne conçoit plus de bonne foi dès qu'elle a souffert la moindre atteinte. Si c'est par sa faute que la chose a péri, il a manqué alors à la diligence qu'il devait apporter à la conservation de la chose, et cette diligence est aussi indivisible; on ne peut pas être négligent pour une partie et diligent pour une autre : il suffit qu'il y ait eu de la négligence, pour que la diligence requise n'ait pas été observée.

C'est au reste ce qui est décidé en propres
termes par la loi 9, ff. *depositi. In depositi actione, si ex facto defuncti agatur adversùs unum
ex pluribus hæredibus, pro parte hæreditariâ
agere debeo; si verò ex suo delicto, pro parte
non ago, meritò quia æstimatio refertur ad dolum, quem in solidum ipse hæres admisit.*

C'est pourquoi Dumoulin dit que l'héritier qui
n'est tenu que de sa part héréditaire quand on
agit pour le fait du défunt, est tenu pour le total quand c'est son propre fait qui est poursuivi.
La loi 17, § 2, ff. *commodati,* avait déjà dit avant
lui : *si ex facto hæredis agatur, commodati,
in solidum condemnatur, licet ex parte hæres
est.*

Dans le cas où l'objet de l'obligation a péri
par le fait ou la faute de l'un des héritiers, les
autres sont libérés, parce qu'ils ne sont obligés
que comme le défunt l'était lui-même; or celui-
ci aurait été dégagé de l'obligation si la chose
avait péri sans sa faute. *Nec adversùs cohæredes
ejus, qui dolo carent, depositi actio competit;*
l. 10, ff. *depositi.*

Lorsque la chose a péri par le fait ou le dol
de plusieurs des héritiers, tous sont tenus solidairement d'en payer la valeur; *nec enim,* dit
Dumoulin, *qui peccavit, ex eo relevari debet,
quòd peccati habet consortem;* la solidarité est
prononcée par la loi elle-même contre les complices du même délit; art. 55, code pénal de
1810

197. Lorsque la dette divisible de sa nature
est alternative au choix du débiteur, il faut que
les héritiers s'accordent sur la chose qu'ils veulent donner, parce que le créancier n'est pas

obligé de recevoir partie de l'une et partie de l'autre, ce payement lui préjudicierait; art. 1191, c. c.

Lorsqu'elle a pour objet une chose indéterminée, un hectare de vignes, par exemple, il faut que les héritiers s'entendent aussi pour délivrer dans le même endroit cet hectare. On porterait préjudice au créancier, si on lui donnait des portions d'hectares dans des endroits différens.

La divisibilité de la dette n'ayant pour fondement que la pluralité des personnes qui la doivent ou à qui elle est due, elle n'a plus lieu si cette pluralité de personnes cesse, de telle manière qu'il n'y ait plus qu'un débiteur et qu'un créancier.

§. II.

Des Effets de l'obligation indivisible.

198. L'obligation indivisible ayant pour objet une chose qui ne peut être livrée, ou un fait qui ne peut être exécuté par parties, on doit en conclure que chacun de ceux qui ont contracté une semblable obligation est tenu pour le total, quoiqu'elle n'ait point été contractée solidairement. La stipulation de solidarité est ici parfaitement indifférente, ils ne peuvent être tenus que pour le total, puisque de sa nature la dette ne peut être acquittée partiellement.

On doit en dire de même et pour la même raison des héritiers de celui qui a contracté une pareille obligation; il faut nécessairement que chacun d'eux l'acquitte pour le total, puisqu'elle ne peut pas l'être par parties : *ea quæ in partes dividi non possunt, solida à singulis hæredibus*

14

debentur; l. 192 princ., ff. *de regulis juris;* l. 2; §. 2, ff. *de verbor. obligat.;* l. 17, ff. *de servit.;* l. 11, §. 25 et 24, ff. *de leg. 3º;* l. 7, ff. *de servit. leg.* La pluralité des personnes des héritiers ne peut pas changer la nature de la chose qui est due; *non enim ex personá hæredum conditio obligationis immutatur;* dic. leg. 2, ff. *de verb. obligat.,* §. 2.

199. Toujours d'après la nature d'une semblable obligation, on doit dire que chacun des créanciers et chacun de leurs héritiers peut demander l'exécution de l'obligation pour le tout; il ne peut pas la demander pour sa part, puisque l'engagement n'est pas susceptible d'une exécution partielle. *Ex quo quidem accidere Pomponius ait, ut stipulatoris viæ vel itineris hæredes, singuli in solidum actionem habeant;* l. 2, §. 2, vers. *Ex quo,* ff. *de verb. oblig.*

200. Cependant chacun d'eux ne peut pas faire la remise de toute la dette; il n'a pas le droit de la remettre seul, parce qu'il n'est pas seul propriétaire de la créance, il ne l'est que pour sa part héréditaire; remettre, c'est donner; or on ne peut pas donner la chose d'autrui, donner c'est perdre, *donare est perdere;* l 7 princip., ff. *de donationibus;* or il n'y a que le maître qui puisse perdre son bien; un seul héritier du créancier peut demander le payement intégral, parce que le payement partiel est impossible, mais il n'est pas pour cela maître du tout, il ne l'est que d'une partie, il ne peut donc remettre que cette partie.

Cependant cette remise faite par un des héritiers du créancier ne restera pas sans effet, son cohéritier ne pourra demander la chose indivisible qu'en

tenant compte de la valeur de la portion de celui
qui a fait la remise ; le débiteur ne pourrait pas
offrir à l'autre héritier du créancier la moitié du
prix de la chose, parce que ce n'est pas de l'argent qui lui est dû, mais une chose indivisible ;
or on ne peut pas payer au créancier une chose
pour une autre, malgré lui, art. 1243, cod. civ.;
l. 16, cod. *de solut.*; l. 2, §. 1 à la fin, ff. *de rebus
creditis*. L'héritier qui n'a pas fait la remise,
pourra demander la chose qui est l'objet de
l'obligation; mais comme son cohéritier, qui était
maître de la moitié de la chose, a pu valablement
en faire la remise, cette donation doit profiter
à celui qui l'a reçue et non au cohéritier du
donateur; il faut donc, pour concilier les droits
de toutes les parties, que celui qui demande la
chose donne au débiteur la moitié de sa valeur;
quoiqu'elle soit indivisible en soi, elle a néanmoins une estimation qui est très divisible, à
laquelle on doit avoir recours dans ce cas.

201. L'un des héritiers du créancier d'une
obligation indivisible, ne peut aussi recevoir
seul le prix au lieu de la chose ; il ne doit pas
dépendre de lui de dénaturer l'obligation, de
convertir la chose qui en fait l'objet en une
somme d'argent; ce changement qui peut lui
convenir, ne conviendra peut-être pas à son
cohéritier, ce dernier ne peut être forcé de
recevoir en payement une autre chose que celle
qui lui est due; il pourra donc demander la
chose indivisible, mais il devra aussi tenir
compte de la moitié de la valeur, parce qu'il
n'a droit qu'à la moitié de la chose; et s'il peut
la demander en totalité, c'est par la raison qu'elle

ne peut pas être délivrée partiellement ; l. 2, §. 2 ; versic *ex quo*, ff. *de verb oblig.*

202. Un des héritiers du créancier ne pouvant demander toute la chose que par la raison que la prestation partielle est impossible, il ne peut plus demander que sa part des dommages et intérêts qui sont dus en cas de l'inexécution de l'obligation principale, parce qu'ils consistent dans une somme de deniers très divisible de sa nature : *sed veriùs est, eam non venire in judicium, sed omnibus in solidum competere actionem ; et si non præstetur via, pro parte hæreditariá condemnationem fieri oportet* ; l. 25, §. 9 à la fin, ff. *famil. erciscund.*

203. Après avoir vu les effets de l'obligation indivisible par rapport aux héritiers du créancier, il nous reste à dire, par rapport à ceux du débiteur, que chacun d'eux étant débiteur d'une chose entière, peut être assigné pour exécuter la totalité de l'obligation ; mais celui qui est assigné n'étant pas débiteur solidaire, n'étant tenu pour le tout qu'à cause de l'indivisibilité de l'obligation, n'étant réellement tenu que pour sa part et ses cohéritiers pour la leur, il pourra demander un délai pour mettre ces derniers en cause, quand il s'agira d'une obligation indivisible qui peut être acquittée par chacun d'eux séparément. Par exemple, le défunt s'était chargé de bâtir une maison sur un des fonds du créancier désigné par la convention ; cette obligation étant de nature à pouvoir être exécutée par chaque héritier séparément, celui qui est assigné pour l'accomplir pourra demander un délai pour mettre en cause ses cohéritiers, afin qu'ils l'aident à remplir l'engagement ; l'obligation leur étant com-

mune et tous pouvant l'exécuter, il est juste qu'ils se réunissent à cet effet. *Si in opere faciendo aliquid relictum sit, unumquemque hœredum teneri in solidum Divus-Marcus et Lucius-Verus Proculœ rescripserunt : tempus tamen cohœredi prœstite- runt, intra quod mittat ad opus faciendum, post quod solùm Proculam voluerunt facere, im- putaturam cohœredi sumptum pro parte ejus;* l. 11, §. 23, ff. *de legatis 3o.*

Si au contraire on a assigné celui seul des hé- ritiers qui puisse acquitter l'obligation, il ne lui sera point accordé de délai pour mettre en cause ses cohéritiers; parce que cette intervention est inutile, lui seul pouvant remplir l'engagement: dans un cas semblable, il sera condamné seul à l'exécution, sauf son recours contre ses cohéri- tiers. Par exemple, le défunt avait promis de me livrer un droit de passage sur un de ses fonds désigné; cet héritage se trouve dans le lot qui est échu par le partage à l'assigné; il n'aura pas le droit, sur la demande qui lui est intentée pour la fixation de l'endroit du passage, de provo- quer l'intervention de ses cohéritiers; elle se- rait inutile, puisque lui seul peut délivrer la ser- vitude, ce droit ne pouvant être souffert sur un fonds que par le maître de ce fonds.

Si l'obligation est de nature à ne pouvoir être exécutée que par tous les héritiers conjointement, tel qu'un droit de passage sur un fonds qui leur est resté commun, ils doivent alors être tous as- signés, et ceux-là seuls qui refusent d'accomplir l'obligation doivent être condamnés aux dom- mages et intérêts du créancier, parce que ceux qui offrent de l'exécuter autant qu'il est en eux, ne sont pas en demeure ; l. 2, ff. *de servitut.*; l. 18, ff. *communia prœdiorum.*

SECTION VII.

Des Obligations avec clauses pénales.

204. L'obligation avec clause pénale est celle qui contient une clause expresse portant qu'en cas d'inexécution, et même quelquefois qu'en cas de simple retard dans l'exécution de l'obligation, le débiteur s'engage à payer quelque chose par forme de peine.

La clause pénale est donc celle par laquelle une personne, pour assurer l'exécution et quelquefois la prompte exécution d'une obligation, s'engage à quelque chose en cas d'inexécution, ou d'exécution tardive.

Relativement à la clause pénale, il existe deux principes fertiles en conséquences : c'est une obligation accessoire à l'obligation principale; elle est insérée dans l'acte pour assurer l'exécution, ou pour en empêcher le retard. Ces principes nous serviront à expliquer les décisions de la loi sur cette matière.

205. Du premier principe il résulte que la nullité de l'obligation principale entraîne celle de la clause pénale, parce que l'accessoire ne peut exister lorsque le principal est anéanti. Ainsi, lorsqu'on s'oblige sous une peine à une chose contraire aux bonnes mœurs ou impossible, la nullité de l'obligation principale rend nulle par là même la clause pénale. *Si homo mortuus sisti non potest, nec pœna rei impossibilis committetur, quemadmodùm si quis mortuum dari stipulatus est, si datus non esset pœnam stipuletur;* l. 69,

ff. *de verb. oblig.*; l. 129, §. 1, ff. *de regulis juris.*
D'ailleurs on ne peut punir quelqu'un pour n'a-
voir pas exécuté une obligation, qui étant invalide n'a pu ni dû l'être.

Si depuis le contrat, la chose qui en était l'objet
vient à périr avant la tradition, sans la faute du
débiteur et avant qu'il fût en demeure, l'obligation principale étant éteinte par cette perte,
le créancier ne peut pas exiger la peine, parce
qu'elle n'a pour but que de forcer le débiteur à
l'exécution de l'obligation principale, qui est devenue impossible par la perte de la chose qui en
était l'objet, sans que l'on puisse rien imputer
au débiteur, personne n'étant tenu de l'impossible;
l. 185 et 155, ff. *de regulis juris*, et l. 69, ff. *de
verb. oblig.* On ne peut pas infliger une peine
à celui qui n'a pas fait une chose désormais impossible.

Lorsque la nullité de l'obligation ne consiste
que dans le pouvoir qu'a le débiteur d'y contrevenir impunément, telle que la stipulation en faveur d'un tiers, dans ce cas la clause pénale mise
en faveur du stipulant pour autrui est valide,
parce qu'elle purge le vice de la convention, le
débiteur ne pouvant plus avec impunité se soustraire à l'exécution.

206. La nullité de l'obligation principale entraîne celle de la clause pénale, mais au contraire
la nullité de celle-ci ne peut pas entraîner la nullité de l'obligation principale; l'accessoire ne peut
exister sans le principal, mais rien n'empêche que
le principal ne subsiste quoique l'accessoire soit
anéanti, parce que le principal n'en dépend en
aucune manière. *Si ita stipulatus fuero, te sisti,
et nisi feceris aliquid dari quod promittendi im-*

possibile est, detractâ secundâ stipulatione, prior manet utilis, et perindè erit ac si te sisti stipulatus essem; l. 126, §. 3, et 97 princ., ff. *de verb. oblig.*

207. L'insertion de la clause pénale n'a pas pour objet de changer l'engagement du débiteur, son obligation ne se trouve pas fondue dans celle de la peine stipulée; ce n'est que pour assurer l'exécution de l'obligation principale qu'elle y est apposée : de là on doit conclure que le créancier a le choix de demander l'exécution de l'obligation principale, ou d'exiger la peine stipulée contre le débiteur qui est en demeure; celui-ci ne serait pas fondé à offrir la peine, pour se soustraire à l'exécution de son engagement; ce qui a été stipulé pour en assurer l'accomplissement ne doit pas être un moyen pour en autoriser l'inexécution. *Prædia mihi vendidisti, et convenit ut aliquid facerem; quod si non fecissem, pœnam promisi : respondit, venditor, antequàm pœnam ex stipulatu petat, ex vendito agere potest;* l. 28, ff. *de act. empt.;* l. 122, §. 2, ff. *de verb. oblig.;* l. 10, §. 1, ff. *de pactis.*

208. La clause pénale est la fixation faite par les parties elles-mêmes des dommages et intérêts que causera au créancier l'inexécution de l'obligation principale, c'est la compensation de ces dommages et intérêts : de là il suit qu'il ne peut demander en même temps l'exécution de l'obligation principale et la peine, parce qu'il aurait alors la peine sans cause; l'inexécution ne lui porte plus de préjudice si l'obligation principale est exécutée. *Si pacto subjecta sit pœnæ stipulatio...... utraque via uti posse prout elegerit qui stipulatus est : si tamen ex causâ pacti exceptione utatur,*

æquum erit accepto eam stipulationem ferre ;
l. 10, §. 1, ff. *de pactis.*

Cette règle reçoit néanmoins une exception,
lorsque la peine a été stipulée pour le simple
retard; dans ce cas la peine n'est insérée dans
l'acte que pour assurer la prompte exécution de
l'obligation, elle est l'abonnement des dommages
et intérêts qu'a soufferts le créancier par le simple
retard; on peut donc en même temps demander
l'exécution de l'obligation principale. *Qui fidem
licitæ transactionis rupit, non exceptione tantùm
summovebitur, sed et pœnam, quam si contra
placitum fecerit, rato manente pacto, stipulanti
rectè promiserit, præstare cogetur ;* l. 16, ff. *de
transac.*

209. Pour que la peine soit encourue par le
débiteur, il faut qu'il ait été constitué en demeure
de remplir son engagement; et cette décision a
lieu soit que l'obligation principale contienne ou
ne contienne pas un terme dans lequel elle doive
être accomplie, soit qu'elle consiste de la part
de l'obligé à livrer, ou à prendre, ou à faire : on
ne peut mériter une peine qu'autant qu'il y a
faute, or il n'y a pas faute de la part de celui
qui n'est pas en demeure ; on ne peut pas dire
qu'il s'est refusé à exécuter, tant que l'on n'a pas
exigé l'exécution par une constitution en demeure ; l. 122, §. 3, ff. *de verborum obligationibus.*

Cependant s'il a été convenu dans l'acte, que le
débiteur serait constitué en demeure par la seule
expiration du terme et sans qu'il soit besoin de
sommation ni d'autre acte, la peine sera encourue
à la fin du terme, parce que le débiteur est dans
ce cas vraiment en demeure; art. 1139, c. c.

Si l'obligation consiste à ne pas faire quelque chose, la peine est encourue dès le moment que l'individu obligé sous une peine a fait ce dont il avait promis de s'abstenir; dès l'instant qu'il a fait ce qu'il s'était engagé dè ne pas faire, il a violé la convention, il y a inexécution formelle; il devrait les dommages et intérêts, il doit donc la peine qui les représente; art. 1145, c. c.

210. En général le juge ne peut pas modifier la peine stipulée par les parties, elles se sont rendu justice elles-mêmes en cás d'inexécution, elles ont déterminé les dommages et intérêts qui en seraient le résultat, elles sont les meilleurs juges en cette partie; art. 1152, c. c. Néanmoins la peine pourra être modifiée par le juge, lorsque l'obligation principale aura été exécutée en partie. Lorsque l'exécution de l'obligation a eu lieu pour partie, le créancier n'a pas souffert tous les dommages et intérêts qui avaient été prévus, il n'en a éprouvé qu'une partie; il ne peut donc exiger en entier la peine qui était la fixation de tous les dommages. Le créancier ne pouvant exiger à la fois l'exécution de l'obligation principale et la peine, il n'est donc pas fondé à demander toute la peine, lorsque l'obligation a été exécutée en partie, autrement il obtiendrait, jusqu'à concurrence de la partie de l'obligation principale qui a été exécutée, tout à la fois l'exécution et la peine. Lorsque l'obligation est en partie accomplie, c'est un nouveau cas non prévu par les contractans, sur lequel ils doivent être réglés par la justice. *Si plurium servorum nomine, judicio sistendi causá uná stipulatione promittatur, pœnam quidem integram committi, licet unus status non sit, ... verùm si pro ratá*

unius offeratur pœna, exceptione doli usurum, qui ex hâc stipulatione convenitur; l. 9, §. 1, ff. si quis cautionibus in judicio sistendi causâ.

On a vu quelles étaient les règles à suivre lorsqu'il n'y a qu'un seul débiteur ou plusieurs débiteurs solidaires, dont chacun est tenu comme s'il était seul débiteur. On va maintenant voir ce qui est décidé par la loi, lorsque l'obligation principale doit être acquittée par plusieurs débiteurs non solidaires.

211. Il faut distinguer entre l'obligation indivisible et celle qui est divisible. Lorsque l'obligation primitive, contractée sous une clause pénale, est d'une chose indivisible, la peine est encourue par la contravention d'un seul des héritiers du débiteur, et elle peut être demandée contre chacun des cohéritiers pour leur part et portion et hypothécairement pour le tout, sauf leur recours contre celui qui, par sa contravention, a fait encourir la peine.

L'obligation étant d'une chose indivisible qui ne peut pas être accomplie par parties, la contravention d'un seul empêchant l'exécution de l'obligation en entier, elle donne lieu à toute la peine, parce qu'elle est le dédommagement de l'inexécution qui, relativement à une obligation indivisible, est empêchée pour le tout par la contravention d'un seul des débiteurs. Par exemple, le défunt m'avait accordé un droit de passage sur un de ses fonds, avec convention qu'il me donnerait mille écus, s'il s'opposait à mon passage; il laisse cinq héritiers, un d'entre eux ne veut pas me laisser passer; cette obligation ne pouvant être exécutée partiellement, c'est la même chose

que si j'étais empêché par tous les héritiers, parce
que dans l'un comme dans l'autre cas, je ne
peux passer en aucune manière: l'obligation principale n'est donc exécutée pour aucune partie,
la peine est donc encourue pour le tout, et chacun des héritiers représentant le débiteur pour
sa part héréditaire doit donc payer jusqu'à cette
concurrence la peine stipulée; ils ne sont pas tenus pour le tout, parce que la peine est divisible, à moins que celui contre lequel on agit
ne possède les fonds hypothéqués à la sureté du
payement de la peine, auquel cas il doit tout
payer ou délaisser; art. 2168, c. c., et l. 2 à la
fin, cod. *si unus ex pluribus hœredibus. Cato,
libro 15, scribit pœná certœ pecuniœ promissá,
si quid aliter factum sit : mortuo promissore, si
ex pluribus hœredibus unus contra, quàm cautum sit, fecerit; aut ab omnibus hœredibus pœnam committi pro portione hœreditariá, aut ab
uno pro portione suá. Ab omnibus si id factum
de quo cautum est, individuum sit veluti iter
fieri; quia quod in partes dividi non potest, ab
omnibus quodammodò factum videretur;* l. 4,
§. 1, ff. *de verborum obligationibus.* Dans le §. 3
de la l 85 eodem, il est aussi dit : *quoniam licet
ab uno prohibeor, non tamen in partem prohibeor, sed cœteri familiœ erciscundœ judicio sar-
cient damnum.*

Le créancier peut aussi, par l'action personnelle, agir pour la totalité de la peine contre
celui des héritiers qui a contrevenu : la raison
en est que l'obligation principale étant indivisible, chacun des héritiers en est débiteur pour
le total, et débiteur sous la peine stipulée; or la
contravention à une obligation dont il est tenu

pour le total, doit lui faire encourir toute la
peine; d'un autre côté, le créancier, pour éviter
le circuit d'actions, peut intenter les actions en
recours qui appartiennent à ses débiteurs, cohéritiers de celui qui a contrevenu; art. 1166,
c. c. Enfin il n'est pas poursuivi ici comme héritier, pour le fait du défunt, mais pour son fait
personnel.

212. Si au contraire l'obligation primitive,
contractée sous une clause pénale, est divisible;
dans ce cas, la peine n'est encourue que par
celui des héritiers qui contrevient à cette obligation et pour la part seulement dont il était
tenu dans l'obligation principale, sans que le
créancier puisse agir en aucune manière contre
les autres cohéritiers qui l'ont exécutée.

Lorsque l'obligation est divisible de sa nature,
elle se partage de plein droit entre les héritiers
du débiteur, chacun n'est tenu que jusqu'à concurrence de sa part héréditaire; si un de ceux-
ci contrevient à l'engagement, lui seul est pas-
sible de la peine et seulement pour sa part virile, parce qu'il n'est tenu de l'obligation principale que dans cette proportion, et qu'il ne peut
être tenu, dans l'obligation subsidiaire de la peine,
d'une part plus grande que dans l'obligation
principale, l'accessoire devant suivre le sort du
principal. D'ailleurs, si le créancier demandait
toute la peine, il aurait en même temps la peine
et l'objet de l'obligation principale, jusqu'à concurrence des parts de ceux qui auraient exécuté;
or on ne peut demander tout à la fois le principal et la peine; art. 1229, c c.; l. 10, §. 1, ff.
de pactis.

C'est pourquoi dans le §. 1 de la loi 4, ff

de verborum obligationibus, après les mots ci-dessus rapportés, on a ajouté ceux-ci : *at si de eo cautum sit quod divisionem recipiat, veluti ampliùs non agi, tunc eum hœredem qui adversùs ea fecit pro portioné suâ solum pœnam committere.*

Le créancier n'a aucune action contre les cohéritiers qui ont exécuté l'obligation, parce qu'il ne peut demander contre personne l'exécution de l'obligation principale et la peine; ceux-ci ayant accompli l'engagement primitif, ne peuvent être tenus de l'obligation subsidiaire de la peine qui représente les dommages et intérêts qui seraient dus en cas d'inexécution.

Cette règle reçoit exception lorsque la clause pénale a été ajoutée dans l'intention que le payement de l'obligation principale ne pût pas se faire partiellement, et qu'il ne se fît au contraire qu'en totalité; dans ce cas l'inexécution de la part d'un seul des débiteurs empêche l'exécution pour le tout : le créancier pourra donc demander la totalité de la peine stipulée contre celui qui a contrevenu, et contre chacun de ses cohéritiers pour leur part et portion, sauf leur recours contre celui qui, par sa contravention, a empêché l'exécution pour le total.

Dans un cas semblable, l'obligation, quoique divisible de sa nature, est indivisible quant au payement, d'après l'intention que se sont proposée les parties; elle est ce qu'on appelle indivisible *solutione,* et elle a tous les effets d'une obligation indivisible quant à la peine convenue, parce que dans le fait la contravention d'un seul empêche l'exécution pour le tout.

215. Tels sont les principes par rapport aux

héritiers du débiteur : si c'est le créancier qui est décédé laissant plusieurs héritiers, l'exécution d'une
obligation indivisible, refusée à l'un d'eux seulement, ne donne ouverture à la peine qu'en sa
faveur et que pour sa part héréditaire; la raison
en est que les autres cohéritiers ne peuvent pas
se plaindre puisque l'obligation est remplie à leur
égard; ils ne peuvent rien demander de la peine,
parce que la loi défend d'exiger tout à la fois le
principal et la peine. *Sed qui non sunt prohibiti,
doli mali exceptione summovebuntur;* l. 2, §. dernier, ff. *de verborum obligationibus.*

Si on doit le décider ainsi lorsque l'obligation
est indivisible, à plus forte raison on doit le faire
pour les obligations divisibles de leur nature.

CHAPITRE V.

De l'Extinction des obligations.

Après avoir vu, dans les quatre premiers chapitres, les différentes espèces de contrats qui
peuvent se former parmi les hommes, ce qui est
essentiel pour la validité des conventions, leurs
effets, et les différentes obligations qui en résultent, on va voir dans le chapitre cinquième comment s'éteignent les obligations.

214. Elles s'éteignent de plusieurs manières :
par le payement, par la novation, par la remise
volontaire, par la compensation, par la confusion, par la perte de la chose, par la nullité ou
la rescision, par l'effet de la condition résolutoire dont on a déjà parlé au §. 3 de la sect. 2
du chap. 4, et enfin par la prescription qui est
l'objet du tit. 20, livre 3, c. c.

Les sept premières manières d'éteindre les

obligations font la matière des sept sections de ce chapitre.

SECTION PREMIÈRE.

Du Payement.

215. En général on entend par payement, toute manière d'acquitter une obligation; tout ce qui fait la libération du débiteur tient lieu de paye- ment. *Solutionis verbo satisfactionem quoque omnem accipiendam placet;* l. 176, ff. *de verb. significat.*

Pris en ce sens, le mot *payement* peut com- prendre les novations, les délégations, les com- pensations; mais comme ces trois manières de payement ont des règles qui leur sont propres, on a dû en traiter dans des sections séparées.

Il ne s'agit ici que du payement réel ou pro- prement dit, qui est l'accomplissement effectif de ce que l'on s'est engagé à donner ou à faire. *Tollitur autem omnis obligatio solutione ejus quod debetur;* princ. instit. *quibus modis tollitur obligatio.*

Dans un sens encore plus spécial, le payement est l'acquittement d'une somme d'argent. *Solu- tam pecuniam intelligimus utiquè naturaliter, si numerata sit creditori;* l. 49 princ., ff. *de solu- tionibus.*

216. Tout payement suppose une dette; ce qui a été payé sans être dû est sujet à répéti- tion, parce que celui qui l'a délivré n'a pas voulu donner, il a voulu acquitter une obligation qu'il croyait devoir; et s'il ne devait réellement pas, l'argent se trouve sans cause chez le créancier; l. 66, ff. *de cond. indeb.*

La répétition cesse à l'égard des obligations

naturelles qui ont été volontairement acquittées. Ici il y avait une cause pour le payement, c'était l'acquittement de l'obligation naturelle, qui, quoique non obligatoire dans le for externe, l'était cependant dans celui de la conscience : d'ailleurs la répétition n'est fondée que sur l'équité naturelle, qui ne permet pas que quelqu'un retienne ce qui appartient à autrui; or cette même équité qui l'a introduite ordonne le payement de ce qui est dû naturellement. *Naturales obligationes non eo solo æstimantur si actio aliqua earum nomine competit, verùm etiam cùm pecunia soluta repeti non potest;* l. 16, §. 4, ff. *de fidejussoribus;* l. 13, ff. *de condict. indebiti.* La loi 64, eodem, dit aussi : *repetere non potest quia naturale agnovit debitum.*

La question de la répétition sera traitée avec plus de détail au chap. 1er, sect 2 du tit. 4.

Par rapport au payement, on verra dans un premier paragraphe quels sont ceux qui doivent payer, à qui, comment, quand, où, et aux frais de qui se fait le payement; dans le second, on s'occupera du payement avec subrogation; dans un troisième, de l'imputation des payemens; dans un quatrième, des offres de payement et de la consignation; dans un cinquième, de la cession de biens.

§. Ier.

Du Payement en général.

217. On doit d'abord reconnaître en principe que l'obligation de faire est acquittée, dès que l'on a fait ce qu'on s'était chargé de faire : *solvere dicimus eum qui fecit quod facere promisit;* l. 176, ff. *de verb. signif.;* et que le payement

de l'obligation qui consiste à donner, n'a lieu que par la translation de propriété de la chose qui en fait l'objet. *Non videntur data, quæ eo tempore quo dantur accipientis non fiunt;* l. 166, ff. *de regulis juris.*

Ces principes sont fertiles en conséquences, ainsi qu'on le fera observer en parcourant les articles du code sur cette matière.

218. Quand l'obligation consiste à donner, il est indifférent pour le créancier de recevoir la chose due d'une personne plutôt que d'une autre; il suffit que la délivrance en soit faite par le véritable propriétaire, capable d'en transférer la propriété : de là il suit que l'obligation de donner peut être acquittée par toute personne qui y a intérêt, tel qu'un coobligé ou une caution; dans un cas semblable le créancier ne peut pas refuser le payement, non-seulement parce qu'il agirait sans intérêt, mais encore parce que ceux qui l'offrent sont de vrais débiteurs; l. 16, princ., ff. *de acceptilat.*

Une pareille obligation peut même être acquittée par un tiers qui n'y a pas le moindre intérêt, pourvu qu'il agisse au nom et en l'acquit du débiteur, lors même que ce dernier l'ignorerait, et bien plus lors même qu'il s'y opposerait; le créancier ne peut pas refuser le payement, parce que peu doit lui importer de recevoir la chose due d'une personne ou d'une autre : *nec interest quis solvat utrum ipse qui debet an alius pro eo ; liberatur enim et alio solvente, sive sciente, sive ignorante debitore, vel invito eo solutio fiat,* princ. instit. *quibus modis toll. oblig.;* l. 39, ff. *de neg. gestis;* l. 23, l. 53, ff. *de solut.;* l. 17, cod. eodem.

Si celui qui paye la dette sans y avoir d'intérêt ne veut pas agir au nom et en l'acquit du débiteur, mais au sien propre, la loi décide qu'il ne sera pas subrogé aux droits du créancier; s'il n'agit que par esprit de vexation, et uniquement dans l'intention de donner au débiteur un créancier plus difficile, il ne peut forcer le créancier de lui céder ses actions : il n'en a pas besoin puisque rien ne l'oblige de payer. D'ailleurs, c'est ici un achat qu'il voudrait faire du créancier qui ne peut être contraint de vendre ses droits et actions : *Nulla tibi adversùs creditorem alienum actio superest, eo quod debitam quantitatem offerens, jus obligationis in te transferri desideras, cùm ab eo nomen comparasse non suggeras : licet solutione ab alio factâ nomine debitoris, evanescere soleat obligatio; l. 5, cod. de solutionibus.*

Néanmoins, d'après l'article 159 du code de commerce, celui qui paye une lettre de change par intervention, en cas de protêt, est subrogé de plein droit aux actions du porteur, quoiqu'il n'ait aucun intérêt à payer la lettre. C'est une exception que la faveur du commerce a fait introduire; il est, en effet, de l'intérêt du commerce que le payement des lettres de change se fasse avec la plus grande promptitude possible; les débiteurs y sont même intéressés : cela maintient le crédit du tireur et des endosseurs.

Dans les autres cas, celui qui ne paye pas en l'acquit du débiteur, n'est pas subrogé aux actions du créancier malgré celui-ci; il a cependant l'action *negotiorum gestorum* contre le débiteur pour répéter ce qu'il a déboursé au créancier et qui a servi à la décharge du débiteur, parce qu'il a bien fait par ce moyen les affaires du dernier, qui d'ailleurs ne doit pas s'enrichir aux dépens d'autrui.

219. Tels sont les principes sur l'obligation de donner ; quant à celle de faire, il faut distinguer entre l'ouvrage ou le fait qui n'exige pas une habileté particulière et qui peut être aussi bien exécuté par une personne que par une autre, et l'ouvrage ou le fait qui demande pour son exécution beaucoup de talens et d'habileté. Relativement au premier cas, l'obligation peut être accomplie par un autre que par le débiteur ; ainsi, un laboureur s'est engagé envers moi de faire mes semailles ; il pourra faire exécuter cette obligation par un autre laboureur, parce que ce dernier l'accomplira aussi bien que le débiteur, et qu'ainsi je suis sans intérêt et conséquemment sans action pour m'y opposer, et réclamer l'exécution de l'obligé lui-même.

Quant au second cas, on doit dire que lorsque j'ai traité avec quelqu'un pour l'exécution d'un semblable ouvrage, l'habileté et le talent personnel de celui que j'en ai chargé sont entrés en considération, et par conséquent il ne peut faire exécuter l'obligation par une autre personne. J'ai traité avec un architecte pour conduire les travaux d'un édifice ; il ne peut pas faire remplir son obligation par un autre architecte, à moins que ce ne soit de mon consentement ; il y a des différences infinies entre les connaissances et les talens des artistes : *inter artifices longa differentia est ingenii et naturæ et doctrinæ et institutionis. Ideò si . . . . insulam à se ædificandam quis promiserit . . . . . fidejussor ipse ædificans non liberabit reum ;* l. 31, ff. *de solutionibus.*

ARTICLE PREMIER.

Qui peut payer.

220. On a vu que pour acquitter l'obligation qui consiste à donner une chose, il faut en transporter la propriété au créancier. De ce principe il suit qu'il faut être propriétaire de la chose donnée en payement, pour que la libération soit valide et produise ses effets; car donner, c'est transférer le domaine de la chose donnée : ce qui ne peut avoir lieu que de la part du maître ou de son consentement, personne ne pouvant transmettre plus de droits sur une chose qu'il n'en a lui-même : *nemo plus juris in alium transferre potest quàm ipse haberet ;* l. 54, ff. *de reg. jur.*

221. Il n'est pas même suffisant que la personne qui donne la chose en payement en soit propriétaire, il faut encore qu'elle soit capable de l'aliéner, parce que celui qui est incapable d'aliéner son bien, fait des efforts inutiles pour en transporter à d'autres la propriété, la loi lui enlevant tout pouvoir à cet égard : *reddit actum impossibilem, tollit omnem potentiam juris et facti.* Ainsi le payement fait par la femme mariée sans l'autorisation du mari, celui fait par un mineur non émancipé ou un interdit, ne sont pas valides, parce qu'ils sont faits par des personnes incapables d'aliéner les choses qui leur appartiennent, et qu'ils ne peuvent par conséquent en transférer la propriété : *pupillum sine tutoris auctoritate nec solvere posse palàm est ; sed si dederit nummos, non fient accipientis, vindicarique poterunt ;* l. 14, §. 8, ff. *de solutionibus.*

Cependant si le payement fait par celui qui

n'était pas propriétaire, ou qui étant maître de
la chose due n'était pas capable de l'aliéner,
consiste dans une somme d'argent, ou autre chose
qui se consomme par l'usage, la chose délivrée
ne pourra pas être répétée contre le créancier qui
l'a consommée de bonne foi : *planè si fuerint
consumpti liberabitur*, dit §. 8 à la fin. Ici la
consommation de la chose produit le même
effet que la translation de propriété; le créancier en a usé, et il l'a consommée de la même
manière que s'il en avait été propriétaire. Les
choses délivrées ne peuvent pas être revendi-
quées contre le créancier, parce que la revendication n'est donnée que contre le possesseur,
ou contre celui qui par dol a cessé de posséder;
or ici le créancier ne possède plus les choses données en payement, et c'est de bonne foi qu'il a
cessé de les posséder.

ARTICLE 2.

A qui doit-on payer.

On a vu quels étaient ceux qui pouvaient faire
le payement; on va voir dans cet article à qui il
doit être fait, pour qu'il soit valide.

222. La loi exige que l'on paye au créancier,
c'est envers lui que l'on a contracté l'obligation;
pour en être libéré, il faut que le payement soit
fait à lui-même : s'il l'était à une autre personne,
ce serait *res inter alios acta* qui ne peut nuire
au créancier, art 1165, c. c. *Invito vel ignorante
creditore, qui alii solvit non se liberat ab obligatione;* l. 12, cod. *de solut.;* l. 39, ff. *de negot. gest.*
Au reste on entend par créancier non-seulement
la personne envers laquelle l'obligation a été con-

tractée, mais encore ses héritiers et ceux qui
ont succédé à la créance à titre singulier, tels qu'un
cessionnaire, légataire ou donataire, qui sont saisis par rapport aux tiers, par la signification
faite au débiteur du titre singulier qui leur a conféré la créance, ou par l'acceptation de la cession
faite par le débiteur dans un acte authentique;
article 1690, c. c.

223. La règle que le payement doit être fait
au créancier, reçoit plusieurs exceptions: d'abord
il peut l'être à ceux auxquels il a donné pouvoir de recevoir pour lui; on peut payer à son
mandataire, et alors le payement est censé fait à
lui-même, *qui per alios facit per se facere videtur.*
*Quod jussu alicujus solvitur pro eo est, quasi ipsi
solutum esset;* l. 1, §. 12, *de vi et vi armatâ;*
l. 180, ff. *de regulis juris;* le fondé de pouvoir
ne fait que prêter son ministère au mandant, c'est
ce dernier qui est censé avoir reçu par le moyen
de son procureur.

De là il suit que peu importe la personne qui
a reçu le mandat; quoique celle-ci soit incapable
de recevoir pour elle-même, le payement qui
lui est fait pour le mandant est valable, parce qu'il
est censé fait à ce dernier; il suffit qu'il soit capable, et il doit s'imputer d'avoir donné sa confiance à un incapable; art. 1990, c. c.; l. 4, cod.
de solut.; l. 180, ff. *de regulis juris.*

Si l'acte porte que l'on payera au créancier ou
à Pierre, on payera valablement à celui-ci qui a
été indiqué dans l'acte pour recevoir le payement,
adjectus solutionis gratiâ, lors même que le créancier aurait défendu de lui payer, parce que
la faculté de payer à Pierre fait partie de la convention, et que le débiteur ne peut pas être pri-

vé d'un avantage conféré par l'acte obligatoire qui ne doit pas être empiré à son préjudice. *Si mihi proponas aliquem stipulatum sibi aut Titio, etsi prohibear me Titio solvere, solvendo tamen liberabor, quia certam conditionem habuit stipulatio, quam immutare non potuit stipulator;* l. 12, §. 3, ff. *de solut.*

Au contraire on ne peut plus payer valablement au procureur révoqué si on a connaissance de la révocation du mandat, parce qu'il ne tenait ses pouvoirs que du créancier qui a pu les reprendre ; ce n'était plus ici un acte commun au débiteur, dite loi, §. 2 : s'il a ignoré la révocation, le payement est valable à cause de sa bonne foi ; même loi, dit §. ; l. 34, §. 3 eodem; art. 2005, c. c.

Le titre exécutoire dont est porteur l'huissier qui va de la part du créancier pour le mettre à exécution, équivaut à un pouvoir de recevoir la créance contenue dans ce titre, et la quittance qu'il donne au débiteur est aussi valable que si elle eût été délivrée par le créancier lui-même. Il a pouvoir pour mettre l'acte à exécution, art. 556, cod. procédure; il a donc pouvoir de recevoir le payement, qui est l'exécution pleine et entière de l'acte.

La seconde exception a lieu quand une personne a reçu de la loi pouvoir de recevoir pour le créancier : ainsi on peut valablement payer au tuteur du mineur ou interdit, au mari de la femme mariée non séparée de biens ; art 450, 455 et 1428, c. c.; l. 14, §. 4, 5, 6 et 7, ff. *de solut.*

Une troisième exception est admise lorsqu'une personne est autorisée par jugement à recevoir pour le créancier; ainsi, lorsque la justice ordonne à un débiteur arrêté de vider ses mains dans celles de l'arrêtant, l'arrêté est vraiment libéré envers son créancier, parce que l'arrêtant a reçu pouvoir de la justice de recevoir pour lui.

Une quatrième exception a lieu lorsque le créancier ratifie le payement fait à celui qui n'avait pas pouvoir de recevoir pour lui, ou bien s'il en a profité : dans le premier cas, le payement qui n'était pas valide le devient par la ratification du créancier, qui équivaut à un mandat qu'il aurait donné de recevoir, *quia ratihabitio mandato æquiparatur;* par la fiction de la loi, celui qui a reçu le payement est censé avoir eu un mandat à l'instant où il a été fait; la ratification a un effet rétroactif qui remonte à ce jour-là. *Hoc ipsum quod ratum habet, voluisse eum retrò recurrere ratihabitionem, ad illud tempus quo convenit;* l. 16, §. 1, ff *de pignor. et hypothecis;* l. 58 princ., ff. *de solution.;* l. 12, cod. eodem.

Dans le second cas, l'équité naturelle s'oppose à ce que le créancier qui a profité du payement s'enrichisse aux dépens d'autrui, en exigeant la somme une seconde fois; l 206, ff. *de regulis juris;* l. 66 in fine, ff. *de solution.;* l. 14, ff. *de negotiis gestis. Æquissimum erit et in patrem actionem dari....... sive in rem patris sui vertit.*

Il en est encore de même, si celui qui a reçu le payement succède au créancier, ou s'il devient de toute autre manière propriétaire de la créance, ou si le créancier recueille l'hérédité de celui à qui on a fait le payement. *Cùm institutus deliberaret, substituto pecunia per errorem soluta est, ad eum, hæreditate posteà devolutá, causa condictionis evanescit, quæ ratio facit, ut obligatio debiti solvatur;* l. 96, §. 4, ff. *de solutionibus.* Cela est fondé sur cette maxime que celui qui doit défendre une personne d'une demande, si elle était formée par un tiers, ne peut pas intenter cette demande dont il doit la garantir; or celui qui a reçu le payement, ou son héritier, doit garantir le débiteur de toute poursuite tendante à un nouveau payement; il n'a donc pas le droit de l'exiger lui-même : *quem de evictione tenet actio, eumdem agentem repellit exceptio;* l 14, cod. *de rei vind.;* l. 14, cod. *de evict.*

Enfin on peut valablement payer à celui qui est en possession de la créance, quoiqu'il n'en soit pas propriétaire, pourvu que le payement ait été fait de bonne foi, c'est-à-dire par celui qui croyait que le possesseur était le maître de la créance Ce payement conservera tous ses effets, quoique le possesseur de la créance en soit par la suite évincé. Le débiteur paye à celui qui est le maître apparent; qui passe pour propriétaire, parce qu'il possède publiquement la créance; qui est présumé l'être, parce que la possession est le plus souvent jointe à la propriété. On ne peut rien imputer à celui qui paye, il a la faculté de se libérer, et il ne pourrait plus l'exercer, s'il était obligé de discuter les titres du possesseur de la créance. Ainsi le payement fait par les débiteurs d'une succession à l'héritier apparent qui est en possession de l'hérédité, sera valide, quoique le possesseur soit par la suite évincé par le véritable héritier, sauf le recours de ce dernier contre celui qui a reçu injustement; la raison on est que celui qui possède est réputé propriétaire tant que le maître ne se présente pas.

224. Il ne suffit pas que celui à qui on paye soit créancier, il faut encore qu'il soit capable de recevoir : on ne peut payer à celui que quelque défaut personnel ou la prohibition de la loi rend incapable de recevoir; la loi craignant qu'il ne dissipe la somme, défend de la lui délivrer, et celui qui a fait le payement devra s'imputer son imprudence; il sera obligé de payer une seconde fois, à moins qu'il ne prouve que la chose a tourné au profit du créancier, parce que dans ce cas ce dernier s'enrichirait aux dépens du débiteur, ce qui est contraire à l'équité naturelle. *Æquum non est aliquem cum alterius detrimento locupletari;* l. 14, ff. *de condict. indeb.* Ainsi on ne peut payer valablement à un mineur, à un interdit, à une femme mariée, et l'on sera obligé de payer une seconde fois, à moins qu'ils n'ayent profité du payement. *Pupillo solvi sine tutoris auctoritate non potest;....... si tamen solverit ei debitor, et nummi salvi sint, petentem pupillum, doli mali exceptione debitor summovebit;* l. 15, ff. *de solution.;* l. 66 à la fin, ff. *eodem.*

225. Le payement fait au véritable créancier est valable en thèse générale; cependant si le débiteur a payé au préjudice d'une saisie-arrêt ou d'une opposition formée entre ses mains par quelques créanciers de son créancier, il est bien libéré envers ce dernier qui a reçu le payement, mais il ne l'est pas envers les créanciers saisissans ou opposans; ceux-ci peuvent, si les saisies ou oppositions sont fondées, le contraindre à payer une seconde fois, sauf, dans le cas où il serait forcé à ce nouveau payement, son recours contre son créancier. Il ne doit pas dépendre du débiteur, en payant à son créancier, d'en-

lever les droits acquis aux saisissans ou opposans par suite de leurs saisies ou oppositions; il ne peut pas vider ses mains sans l'ordre de la justice.

Mais il faut pour cela que la saisie-arrêt ou opposition ait été dénoncée au débiteur saisi, et qu'il ait été assigné pour la voir déclarer valide, le tout dans la huitaine, outre le jour par trois myriamètres de distance entre le domicile du saisissant et celui du tiers saisi, et un jour par chaque trois myriamètres de distance entre le domicile du saisissant et celui du débiteur saisi, et que dans un pareil délai de huitaine, outre celui en raison des distances, à compter du jour de la demande en validité, cette demande soit dénoncée au tiers saisi qui pourra payer valalablement à son créancier jusqu'à cette dénonciation; et la saisie ou opposition est nulle, si la demande en validité n'a pas été formée dans le délai fixé par la loi; art 563, 564, 565, cod. de proc. On a voulu par là obvier aux abus qui résultaient dans l'ancienne jurisprudence, des saisies-arrêts et oppositions, qui n'étaient que des moyens employés à la demande du débiteur lui-même, pour pouvoir pendant un grand nombre d'années se dispenser de payer son créancier; mais aujourd'hui, faute de la demande en validité, la saisie-arrêt ou opposition est nulle et ne peut être opposée au créancier, dit art. 565, et faute de dénonciation, les payemens faits par le tiers saisi sont valables.

ARTICLE 3.

Comment on peut payer.

On a vu dans les deux premiers articles, qui

pouvait payer, et à qui le payement devait être fait. On verra dans le troisième comment se fait le payement.

226. On doit donner en payement la chose même qui fait l'objet de l'obligation; le créancier ne peut être contraint de recevoir une autre chose que celle qui lui est due, lors même que la valeur de la chose offerte serait égale ou même plus forte; ce ne serait plus exécuter l'obligation, ce serait la dénaturer. Il est possible que la chose offerte, quoique plus précieuse, ne convienne pas au créancier, qu'il ait au contraire besoin de celle qui est l'objet de l'obligation, et qu'il l'ait stipulé du débiteur, parce qu'il prévoyait qu'elle lui serait nécessaire.

Le principe de notre code était adopté par le droit romain ancien, *aliud pro alio invito creditori, solvi non potest;* l. 16, cod. *de solution ;* l. 2, §. 1, ff. *de rebus creditis;* princ. inst. *quibus modis tollitur obligatio;* mais la novelle 4, chap. 3, avait permis au débiteur d'une somme d'argent, qui n'avait ni deniers, ni meubles, de délivrer en payement, à son créancier, des immeubles, d'après l'estimation qui en serait faite par experts, en donnant néanmoins au créancier le droit de se faire adjuger les meilleurs fonds.

Cette novelle n'était pas suivie en France, même avant le code civil, parce qu'elle changeait l'obligation du débiteur au détriment du créancier.

227. Cependant aujourd'hui il y a encore des cas où une chose différente de celle qui est due peut être délivrée à la place de cette dernière. Cela a lieu, 1° lorsqu'une convention y autorise le débiteur, dont l'obligation est alors appelée

facultative, parce qu'il a la faculté de se libérer en délivrant une autre chose que celle qui est due. 2° Dans le cas de l'action en rescision pour cause de lésion, la loi permet à l'acheteur de suppléer le juste prix, pour se soustraire à l'obligation de délivrer le fonds vendu qui est le seul objet de l'action rescisoire; art. 1681, c. c.; l. 2, cod. *de rescind. venditione.* 3° Par suite de la nécessité, lorsque le corps certain qui était l'objet de l'obligation a péri par la faute ou pendant la demeure du débiteur, il délivre le prix à la place de la chose due.

228. L'acquittement de l'obligation consistant dans la délivrance de la chose due, il suit de ce principe, que lors même que la chose qui en fait l'objet est divisible de sa nature, le créancier ne peut être forcé par le débiteur à en recevoir le payement en partie; parce que délivrer partie d'une chose, ce n'est pas délivrer la chose même; or l'obligation consiste à délivrer la chose et non une partie seulement; l. 41, §. 1, ff. *de usuris.* Le créancier a intérêt de recevoir la somme entière avec laquelle on fait ses affaires, plutôt que des petites sommes qui se dissipent à mesure qu'on les reçoit. Il ne suffit même pas que le débiteur offre toute la somme principale, il doit y joindre les intérêts qui sont dus; dit §. 1 de la loi 41, ff. *de usuris,* et art 1258, n° 30, c. c.

229. On peut néanmoins payer une partie de la chose due, 1° lorsque le débiteur y est autorisé par la convention, *si non hâc lege mutua pecunia data est, ut liceret et particulatìm, quod acceptum est exsolvere;* dict. §. 1; 2° en cas de compensation de la petite somme que le créancier doit à son débiteur contre partie de la

grande qui lui est due, payement partiel qui a
lieu de plein droit par la seule autorité de la loi,
dès que les deux dettes se sont rencontrées; art
1290, c. c.; l. 4, cod. *de compensationib.* 3° Lorsqu'une partie de la somme demandée est liquide
et que l'autre est sujette à contestation, le débiteur peut être admis à offrir la première, tandis que l'on contestera sur la seconde : pouvant
être condamné à payer la partie liquide et reconnue avant le jugement sur la portion contestée, art. 535, cod. de proc., il doit avoir par
réciprocité le droit de l'offrir, étant de principe
que le défendeur jouit des mêmes droits et fa-
veurs que le demandeur, et qu'il est plus favorable que celui-ci : *nihil indulgetur actori quod
non indulgeatur reo; favorabiliores sunt rei quàm
actores;* l. 125, ff. *de regulis juris;* et 41, ff.
eodem.

230. A part ces cas d'exception, la loi veut
rigoureusement que la dette ne puisse pas se
payer par parties; cependant les juges, eu égard
à la position du débiteur et en usant de ce pouvoir avec une grande réserve, peuvent accorder
des délais modérés pour le payement et surseoir
à l'exécution, toutes choses restant en état. Il est
possible que le débiteur, accablé de plusieurs
malheurs qui ont fondu à la fois sur lui, soit
dans l'impossibilité de payer actuellement, sans
qu'il y ait la moindre faute de sa part; les juges
alors pourront lui accorder des délais modérés
pour vendre ses biens ou trouver d'autres ressources pour satisfaire ses créanciers; mais ils
doivent user de ce pouvoir avec beaucoup de
réserve, parce qu'ils ne peuvent pas arbitraire-
ment suspendre le cours des actions des créan-

ciers; et pour que l'on puisse reconnaître si c'é-
tait le cas ou non de donner des délais, ils doivent en exposer les motifs dans le jugement
même qui condamne à payer; art. 122, cod. proc.

Ce délai ne peut pas être accordé par un nouveau jugement, sauf à le demander sur l'appel,
parce que le juge est dessaisi par le premier jugement, *aut benè aut malè semel functus est offi-
cio; l. 1,* cod *sententiam rescindi non posse.*

251. Lorsque l'obligation consiste à livrer un
corps certain et déterminé, par exemple un cheval désigné, le payement peut être valablement
fait par la tradition de la chose qui en est l'objet, dans quelque état qu'elle se trouve, pourvu
que les détériorations survenues ne puissent être
imputées au débiteur, ni aux personnes dont il
est responsable, tels que sont ses enfans mineurs
demeurant avec lui, ses domestiques, ses préposés, ses élèves, ni à ses animaux, ni aux choses
qui sont sous sa garde, art. 1384, 1385, 1386,
c. c.; et aussi, pourvu que le débiteur ne fût pas
en demeure de la délivrer, quand les dégradations
sont arrivées Le débiteur est seulement obligé
de céder au créancier l'action qu'il peut avoir
contre la personne qui a occasioné le dommage,
sauf aussi à ce créancier à intenter contre l'auteur du préjudice les actions qui lui appartiennent
de son chef, en sa qualité de propriétaire de la
chose, par l'effet seul du contrat et avant toute
tradition; art 1138, c c. C'est par une conséquence du même article qui met la chose à ses
risques et périls, qu'il doit supporter les détériorations qui surviennent sans la faute du débiteur
et avant qu'il soit en demeure.

Il en serait différemment, si la dette était d'un

corps indéterminé : supposez, par exemple, qu'étant possesseur de plusieurs hectares de vignes, vous ayez promis à un individu de lui en donner un, quand il serait revenu d'Espagne; si des ravines ont considérablement endommagé un de ces hectares, sans avoir beaucoup nui aux autres, vous ne pouvez pas vous acquitter de votre obligation en offrant l'hectare endommagé, vous serez tenu d'en délivrer un de ceux qui ont peu souffert; l'hectare vendu n'étant pas désigné, on ne peut pas dire que c'est le sien qui a éprouvé le dommage. *Item qui hominem dari promisit,..... ab alio vulneratum si det, condemnandus erit, cùm possit alium dare;* l. 33, §. 1, vers. *item qui,* ff. *de solution.*

232. Lorsque la dette est d'une chose qui n'est déterminée que par son espèce, par exemple d'un cheval en général, le débiteur, pour acquitter son obligation, n'est pas tenu de délivrer un cheval de la meilleure espèce, mais il ne peut pas l'offrir de la plus mauvaise, il faut qu'il délivre un cheval d'une bonté médiocre. On ne doit pas présumer que le débiteur ait voulu s'obliger à livrer une chose d'une valeur considérable, mais on doit aussi penser que le créancier n'a pas entendu recevoir une chose qui ne serait d'aucune valeur; d'après ce, on doit croire que leur consentement est tombé sur une chose d'un prix médiocre, on présume qu'ils n'ont pensé qu'à ce qui est de l'usage ordinaire; l. 52, ff. *mandati;* l. 37 princ., ff. *de legatis* 1º.

ARTICLE 4.

Où doit se faire le Payement.

233. Lorsque le débiteur s'est obligé par la

convention de payer dans un lieu désigné, cette clause doit être exécutée, elle fait partie de son obligation, et il ne la remplirait pas parfaitement, s'il voulait payer dans un autre endroit ; *toto titulo, ff de eo quod certo loco ;* l. 21, ff. *de oblig. et actionibus.* C'est aussi là que le créancier est obligé de recevoir, il ne peut exiger qu'on le paye ailleurs.

234. Si les parties n'ont indiqué aucun endroit pour l'acquittement de la dette, il faut distinguer entre l'obligation d'un corps certain et déterminé, et les autres dettes : dans le premier cas, le payement doit se faire au lieu où la chose se trouvait au moment de la convention ; à défaut de stipulation, il est naturel de croire qu'il a été convenu que le corps certain, qui est l'objet de l'obligation, serait enlevé où il était au moment où le contrat s'est formé : ainsi, lorsque je vous vends des arbres de haute futaie désignés, qui se trouvent dans ma forêt, je ne suis point obligé de les déplacer, et vous devez les faire enlever où ils sont *Si quidem certum corpus legatum est...... ibi præstabitur ubi relictum est.* l. 47, §. 1, ff. *de legatis* 1°; l. 38, ff. *de judiciis.*

Si le vendeur a transporté le corps déterminé dans un lieu plus éloigné du domicile de l'acheteur, il devra payer à celui-ci la différence du prix du transport, parce que c'est un préjudice qu'il souffre par la faute du vendeur.

Si la dette est d'une chose indéterminée, telle qu'une douzaine de chemises, un hectolitre de blé, une somme d'argent, et que le lieu du payement ne soit pas fixé par les parties, il doit se faire au domicile du débiteur. Cette décision

est fondée sur ce que les objets à l'égard desquels les parties ne se sont pas expliquées, doivent s'interpréter de la manière la moins onéreuse pour le débiteur; art. 1162, c. c. *Sin verò
non fuit certa species, hìc erit præstandum ubi
petitur;* dict. leg. 47, §. 1 et 38.

ARTICLE 5.

Quand doit-on payer.

255. Lorsque la dette est pure et simple, on
doit payer de suite, l. 14, ff. *de regulis juris;* il
en est de même de la dette contractée sous une
condition résolutoire, sauf l'obligation où sera
le créancier de restituer la chose reçue si la condition s'accomplit; art. 1183, 2e alinéa, c. c.

Lorsque l'obligation est à terme, le débiteur
n'est tenu de payer qu'après l'expiration du terme, mais il peut le faire auparavant, à moins
que le jour du payement n'ait été convenu en
faveur du créancier; art. 1186 et 1187, c. c ;
§. 26, *instit. de inutil. stipulat.;* l. 41, §. 1, ff. *de
verb. obligat.;* l. 70, ff. *de solut.* Ce qui est dû
sous une condition suspensive ne peut être demandé avant son accomplissement ; bien plus,
le débiteur est fondé à répéter ce qu'il a payé
auparavant, parce qu'il n'est rien dû tant que la
condition n'est pas arrivée; l 16 et 18, ff. *de
condict. indebiti;* art. 1181, 2e alinéa, c. c.

ARTICLE 6.

Aux frais de qui se fait le Payement.

256. Les frais du payement sont à la charge
du débiteur, parce qu'il opère sa libération ; la
quittance lui servant de titre, c'est lui qui doit

payer les frais du timbre, de l'enregistrement et les honoraires des notaires, si elle est donnée par-devant notaires : cependant le créancier est tenu solidairement envers le fisc du payement de l'amende encourue pour ne s'être pas servi de papier timbré pour la quittance, et du droit de timbre, sauf son recours contre le débiteur; art 75, loi du 28 avril 1816 sur les finances.

Le payement une fois consommé libère non-seulement le débiteur principal, mais aussi ses cautions, les meubles donnés en gage, et les fonds hypothéqués à la dette, parce que les obligations accessoires ne peuvent plus exister lorsque la principale est anéantie par le payement. *Solutione debiti liberantur fidejussores et pignora;* l. 43, ff. *de solut.;* princ. inst. *quib. modis toll. obligat.*

§. II.

Du Payement avec subrogation.

La subrogation en général est l'action de mettre une chose à la place d'une autre, ou une personne à la place d'une autre : il y a donc deux espèces de subrogations; celle des choses, et celle des personnes.

La subrogation des choses a lieu quand une chose est substituée à une autre, qu'elle prend sa place, et qu'elle est réputée avoir une même nature que la première, d'après la maxime *Subrogatum sapit naturam subrogati.*

Cette définition annonce clairement que la subrogation des choses ne consiste que dans une fiction; car on peut bien feindre qu'une chose est la même qu'une autre, mais on ne peut jamais réaliser cette identité.

On voit des exemples de la subrogation des choses au titre des absens, art. 132 , et au titre de la communauté, art. 1407 , 1434, 1435 et 1559, c. c.

237. Il est question ici de la subrogation des personnes, c'est-à-dire de la substitution d'un créancier à la place de celui qui a été payé par le subrogé, ou de ses deniers : elle peut se définir la mutation ou le changement d'un créancier en un autre créancier qui succède aux droits du premier, qui entre en son lieu et place pour les exercer.

Les anciens jurisconsultes et les lois romaines appelaient cette substitution du créancier qui a fourni les deniers pour le payement, au créancier qui les a reçus, *cessio actionum*, *beneficium cedendarum actionum*, *successio*, *substitutio*.

238. On aperçoit déjà en quoi la subrogation diffère de la délégation : celle-ci consiste précisément dans la cession qu'un débiteur fait à son créancier d'un autre débiteur qui s'oblige à payer au lieu et place du délégant; il faut, pour lui donner l'être, que trois personnes concourent, le débiteur qui délègue, le débiteur qui est délégué, le créancier qui accepte la délégation, art. 1275, c. c. La subrogation est toute différente, elle ne substitue point une dette passive à une autre dette passive ; si elle opérait un transport, ce serait celui d'une dette active ou créance à la place d'une autre dette active : et ce qui achève de démontrer qu'elle n'a rien de commun avec la délégation , c'est qu'elle se fait tantôt sans le consentement du débiteur quand c'est le créancier qui subroge dans ses droits

celui qui le paye en l'absence du débiteur, tantôt sans le consentement du créancier quand c'est le débiteur qui subroge celui qui lui prête les deniers pour payer son créancier; quelquefois elle a lieu malgré l'un et l'autre, quand elle est opérée par la loi elle-même; art. 1250 et 1251, c. c.

239. La subrogation diffère aussi essentiellement du transport. Au premier coup d'œil, la cession ou transport paraît ne différer en rien de la subrogation; celle-ci n'est même connue dans le droit romain que sous le nom de cession d'actions; et de là venait le bénéfice *cedendarum actionum* que les lois du digeste et du code attribuent au fidéjusseur qui a payé pour le débiteur principal : cependant le savant Dumoulin nous apprend, question 49 *de usuris*, que la cession d'actions à laquelle nous avons donné le nom de subrogation n'est pas ce que l'on appelle cession ou transport, ni une véritable vente de la créance, mais qu'elle se fait seulement pour conserver les anciennes hypothèques qui y sont attachées. *Cùm posterior creditor à priore pignus emit, non tam acquirendi dominii, quàm servandi pignoris sui causâ intelligitur pecuniam dedisse ; l. 6, ff. de distractione pignorum.*

On voit par là qu'il faut bien prendre garde de confondre la cession proprement dite avec la subrogation; et en effet elles ont des différences essentielles : la cession est toujours l'ouvrage du créancier; la subrogation est souvent l'ouvrage du débiteur, quelquefois même l'effet de la loi seule. La cession transfère la dette même; la subrogation en transmet seulement quelques prérogatives. Le créancier est garant de la cession; il ne l'est point de la subrogation. La cession passe avec les charges imposées par le créancier, sur la rente ou autre prestation cédée, dans le temps où elles étaient susceptibles d'hypothèques qui sont conservées par la loi du 11 brumaire an 7, art. 50; la subrogation les anéantit. Tel veut une cession pour se procurer un garant; et tel une subrogation pour conserver les hypothèques du créancier qu'il paye. En un mot, donner à la subrogation toute la force de la cession proprement dite, c'est confondre deux choses qui n'ont pas le moindre rapport ensemble; c'est pourquoi les lois romaines disaient déjà que le nouveau créancier subrogé aux droits du premier succède à la place *in locum*, mais non pas à l'action du premier, *non in actionem primi;* tit. cod. *de his qui in priorum creditorum locum succedunt.*

240. On a déjà dit que la subrogation dans les droits du créancier, au profit de la personne qui le paye, est ou conventionnelle, ou légale.

Elle est conventionnelle, lorsqu'elle résulte de a convention des parties.

Elle a lieu dans deux cas: 1° Lorsque le créancier recevant son payement d'une tierce personne, la subroge dans ses droits, actions, priviléges ou hypothèques contre le débiteur. Cette subrogation ne se présume pas, elle doit être expresse; il faut que l'intention de subroger de la part du créancier celui qui le paye, en ses droits et priviléges, soit formelle, on ne peut pas l'induire du payement qu'il a reçu; il reçoit parce qu'il n'a aucun intérêt de refuser, il y est même contraint, art. 1236, 2e alinéa, c. c; mais il ne peut être forcé de subroger celui qui le paye sans être tenu de la dette, dit article; il faut qu'il consente à la subrogation, il faut donc qu'il apparaisse d'une manière certaine de son consentement.

Il ne suffit pas que le créancier consente à la subrogation, il faut qu'elle soit accordée dans le temps même du payement; si elle était accordée après, elle ne produirait aucun effet; le créancier ne peut pas transmettre des droits qui ont été éteints par le payement. *Modestinus respondit si post solutum sine ullo pacto omne quod..... debeatur, actiones post aliquod intervallum cessæ sint, nihil eâ cessione actum, cùm nulla actio superfuerit;* l. 76, ff. *de solut.*

La loi n'exigeant aucune forme particulière pour la subrogation de la part du créancier, il pourra subroger dans ses droits, même par une quittance sous seing privé; ce serait ajouter à la loi que de demander un acte authentique, puisqu'elle veut seulement que sa volonté soit expresse; art. 1250, n° 1°, c c.

241. Le second cas de la subrogation conventionnelle a lieu, lorsque le débiteur emprunte une somme à l'effet de payer sa dette et de subroger celui qui fournit les deniers, dans les droits du créancier.

Pour que cette subrogation puisse s'opérer; il faut que l'acte d'emprunt et la quittance soient passés devant notaires; cela est exigé pour éviter, au préjudice des tiers, la rectification d'actes qui, dans le principe, n'auraient pas procuré la subrogation dans les droits du créancier. Si l'emprunt et le payement pouvaient se faire par acte sous seing privé, il serait facile de supposer après le payement que la subrogation a été accordée dans l'acte d'emprunt; on ferait pour cela un nouvel acte que l'on antidaterait; on pourrait aussi faire une nouvelle quittance dans laquelle on ferait mention que les deniers proviennent de tel emprunt, et par ce moyen on accorderait une subrogation après le payement, ce qui serait contraire à tous les principes; on ne peut en effet subroger dans des droits qui n'existent plus.

Si les actes soit d'emprunt, soit de payement, pouvaient se faire par acte sous seing privé, ce serait un moyen de se soustraire aux conditions que la loi exige pour que la subrogation ait lieu; elle veut pour cela que, dans l'acte d'emprunt, il soit déclaré que la somme a été empruntée pour faire le payement, et que dans la quittance il soit dit que le payement a été fait des deniers empruntés pour cet effet du nouveau créancier.

Quand toutes les conditions sont remplies, la subrogation a lieu sans le concours de la volonté du créancier; ce dernier n'a aucun intérêt à s'y opposer, il reçoit ce qui lui est dû, il ne doit rien désirer de plus, et il est juste au contraire que les débiteurs puissent eux-mêmes mettre à la place de leurs créanciers ceux qui payent pour eux, puisque personne n'en reçoit de préjudice, et qu'il est de l'intérêt du débiteur de pouvoir adoucir sa condition en changeant de créancier. *Non omninò succedunt in locum hypothecarii creditoris hi quórum pecunia ad creditorem transit. Hoc enim tunc observatur, cùm is, qui pecuniam posteà dat sub hoc pacto credat, ut idem pignus ei obligetur et in locum ejus succedat; l. 1, cod. de his qui in priorum credit.; l. 12, §. 8, ff. qui potiores in pignore ;* l. 3, ff. *quæ res pignori ;* l. 24, §. 3, ff. *de rebus auctoritate judicis possidendis.*

242. La subrogation légale est celle qui est opérée par le seul effet de la loi, et qui en consequence a lieu de plein droit, sans que le consentement, soit du créancier, soit du débiteur, soit nécessaire pour lui donner naissance.

Elle a lieu dans quatre cas : premièrement au profit de celui qui étant lui-même créancier paye un autre créancier qui lui est préférable à raison de ses priviléges ou hypothèques ; l'intention de ce créancier est évidente, il ne paye ceux qui lui sont préférables que pour conserver et rendre plus fermes et plus stables ses propres droits, il n'agit que dans l'intention d'être subrogé aux créanciers qu'il paye, il n'a pu avoir d'autre intérêt, ni d'autre objet que de jouir des avantages de la subrogation, et par là de conserver le gage commun, et d'empêcher qu'il ne se consomme en frais de justice, il ne fait en cela que ses propres affaires, et ses vues ne doivent pas être trompées. Ce n'est point ici un étranger qui s'ingère dans les affaires d'autrui, le but de ce dernier peut n'être que de faire plaisir au débiteur ; le créancier hypothécaire paye pour lui-même, l'étranger paye pour un autre, on doit donc subroger le premier. *Secundus creditor offerendo priori debitum, confirmat sibi pignus ;* l. 22, cod *de pignor. et hypoth. Si prior respublica contraxit fundusque ei obligatus est, tibi secundo creditori offerenti pecuniam potestas est, ut succedas etiam in jus reipublicæ ;* l. 4, cod. *de his qui in priorum creditor. locum.*

Le second cas de la subrogation légale a lieu au profit de l'acquéreur d'un immeuble qui emploie le prix de son acquisition au payement des créanciers auxquels cet héritage était hypothéqué. En payant les créanciers qui ont droit d'hypothèque sur le fonds vendu, il n'a d'autre intention que de libérer et affranchir sa propriété, de se mettre à l'abri de l'action hypothécaire ; il agit donc dans le dessein d'être subrogé aux hypothèques de ceux qu'il paye, afin de pouvoir par ce moyen repousser les attaques des hypothécaires postérieurs. En payant aux créanciers le prix de leur gage pour se l'assurer, il se le conserve pour la valeur de ce qu'il débourse, contre d'autres créanciers postérieurs, quoiqu'antérieurs à son acquisition ; il paye dans le but de se confirmer dans la possession de la chose vendue, le payement n'a point d'autre cause, il ne le fait pas pour prêter, mais pour acquérir un plus grand droit sur le fonds vendu. *Si potiores creditores pecuniá tuá dimissi sint, quibus obligata fuit possessio quam emisse te dicis.... in jus eorum successisti, et contra eos qui inferiores illis justá defensione te tueri potes ;* l. 3, cod *de his qui in priorum credit. locum ;* l. 17, ff. *qui potiores in pignore.*

Troisièmement, la subrogation a lieu de plein droit au profit du codébiteur, de la caution, et en général de tous ceux qui étaient tenus de la dette avec d'autres et pour d'autres, et qui en conséquence avaient intérêt de l'acquitter. Cette opinion de Dumoulin, fondée sur l'équité, a été préférée avec raison aux lois romaines qui n'accordaient, dans un cas semblable, la subrogation que lorsqu'elle avait été refusée par le créancier, sur la réquisition qui lui en avait été faite par le débiteur. *Cùm alter ex fidejussoribus in solidum debito satisfaciat, actio ei adversùs eum qui unà fidejussit, non competit. Potuisti sanè, cùm fisco solveres, desiderare ut jus pignoris quod fiscus habuit in te transferretur, et si hoc ita factum est, cessis actionibus uti poteris quod et in privatis debitis observandum ; l. 11, cod. de fidej.; l. 39, ff. eod.; l. 76, ff. de solutionibus.*

Notre code l'accorde, soit qu'elle ait été requise ou non du créancier, parce que le débiteur tenu avec d'autres ou pour d'autres, qui avait le pouvoir de la requérir, ne peut être censé avoir renoncé à un droit aussi important; le créancier ici n'a pas l'ombre d'intérêt, il est payé ; peu doit lui importer que celui qui le paye succède ou non à ses droits.

Enfin, la subrogation a lieu de plein droit au profit de l'héritier bénéficiaire qui a payé de ses deniers les dettes de la succession. Il ne se propose que de libérer l'hérédité, afin de pouvoir jouir de l'excédant de l'actif sur le passif; il n'a d'autre intention que de rendre sa condition meilleure : il veut donc être subrogé aux droits des créanciers qu'il paye, la loi a donc dû lui accorder cette subrogation de plein droit; d'ailleurs il ne peut jamais être tenu au-delà des forces de l'hoirie, art. 802, c. c. Il serait cependant obligé au-delà, si après avoir épuisé ses deniers jusqu'à concurrence du prix de tous les biens pour payer les créanciers antérieurs, il ne succédait pas à leurs priviléges et hypothèques ; en effet il serait nécessairement primé, à défaut de cette subrogation, par les créanciers hypothécaires postérieurs à ceux qui ont été payés; les hypothécaires auraient un droit de préférence basé sur leurs hypothèques, art. 2094, c. c., tandis que lui n'aurait que l'action *negotiorum gestorum* contre la succession, pour répéter ce qu'il aurait employé de son propre argent à l'acquittement des dettes hypothécaires et privilégiées : en un mot il ne peut jamais confondre son patrimoine avec celui de l'hoirie, dit art. 802, n° 2°; il doit donc payer les créanciers, de manière à n'être jamais tenu sur ses biens personnels, et pour cela il faut nécessairement qu'il soit subrogé aux droits, actions, hypothèques et priviléges des créanciers qu'il paye.

On a vu dans la section première, que celui qui intervient pour payer une lettre de change que le tiré laisse protester, est subrogé de plein droit, par l'art. 159 du code de commerce, à tous les droits du porteur de la lettre, même à ses hypothèques, s'il en a été accordé par contrat notarié pour la sureté de l'acquittement.

243. Dès qu'une personne est subrogée aux droits du créancier, soit par le seul effet de la loi, soit par la volonté du créancier, soit par celle du débiteur, la subrogation opère ses effets tant contre les débiteurs principaux que contre les cautions, parce qu'elle est la substitution dans tous les droits du créancier qui en avait réellement tant contre les uns que contre les autres.

244. Lorsque le créancier n'a été payé qu'en partie, les personnes qui lui ont fait des payemens partiels, et qui ont été à cet égard subrogées, ne peuvent venir en concurrence avec le créancier pour ce qui lui reste dû. La personne qui l'a payé ne doit être considérée à son égard que comme ayant voulu acquitter la dette, et non comme ayant entendu acquérir un droit contre lui ou en concurrence avec lui; le créancier a voulu amélio-

rer sa condition en recevant le payement d'un tiers, mais on ne peut jamais supposer qu'il ait consenti à se préjudicier, en donnant des droits contre lui-même. Il en est de même par rapport au cessionaire du créancier, parce qu'il a le pouvoir d'exercer tous les droits du cédant qui lui ont tous été transmis par la cession, art. 1692, c. c.; il est le procureur irrévocable du cédant dans son propre intérêt, *procurator in rem suam.*

§. III.

De l'Imputation des payemens.

245. L'imputation des payemens est la déclaration faite par le débiteur tenu de plusieurs dettes envers un même individu, ou par le créancier à défaut du débiteur, ou par la loi à défaut de l'un et de l'autre, de la dette sur laquelle doit porter le payement fait par le débiteur, lorsqu'il ne suffit pas pour éteindre toutes les dettes.

246. Lorsqu'une personne est débitrice de plusieurs dettes envers un même créancier, elle a droit de déclarer, lorsqu'elle paye, quelle dette elle entend acquitter : elle est encore propriétaire de la chose qu'elle donne en payement, elle peut donc en transférer la propriété d'une manière conditionnelle, c'est-à-dire sous la condition qu'elle sera employée à la libérer de telle ou telle obligation; elle est maîtresse de la chose jusqu'au payement, elle peut donc en disposer pour éteindre l'une ou l'autre dette à son choix : *quotiens quis debitor ex pluribus causis unum debitum solvit, est in arbitrio solventis dicere quod potiùs debitum voluerit solutum, et quod dixerit erit solutum. Possumus enim certam legem dicere ei quod solvimus;* l. 1, ff. *de solutionibus.*

Quoique le débiteur ait le droit d'indiquer la dette qu'il entend acquitter, néanmoins il ne lui est pas permis de préjudicier à son créancier et de dénaturer son obligation, par la déclaration qu'il fera à cet égard. D'après ce, le débiteur d'une dette qui porte intérêts ou produit des arrérages, ne peut pas, sans le consentement du créancier, imputer le payement qu'il fait, sur le capital par préférence aux intérêts ou arrérages : la raison en est que le capital ne peut être diminué par le payement, qu'autant que tous les accessoires dus se trouvent acquittés, autrement il serait au pouvoir du débiteur de nuire au créancier et de diminuer ses revenus; et ainsi le payement fait sur le capital et les intérêts, mais qui n'est point intégral, s'impute d'abord sur les intérêts; la somme est censée reçue à compte du capital, après les intérêts payés. *Sed ego non dubito quin hæc cautio in sortem et usuras, priùs usuras admittat; tunc deindè, si quid superfuerit, in sortem cedat;* l. 5, §. 3 à la fin, ff. *de solut.;* l. 48, eodem; l. 1, cod. eodem.

Le code parlant ici d'une dette qui porte intérêts, les principes de l'imputation sur les intérêts, avant d'atteindre le principal, ne peuvent s'appliquer qu'aux dettes qui portent intérêts d'après leur nature ou l'effet de la stipulation, et non à celles qui ont commencé à en produire par suite de la demeure du débiteur : dans ce dernier cas, ils sont adjugés en remplacement des dommages et intérêts, ils forment par eux-mêmes une dette principale et distincte de l'autre; en conséquence le payement fait à compte par le débiteur, dans un cas semblable, portera non sur les intérêts, mais sur le principal tant qu'il

n'est pas entièrement payé, parce que la dette
du principal est plus ancienne, *in antiquiorem;*
l. 5 princ., ff. *de solutionibus.*

247. Lorsque le débiteur de plusieurs dettes
envers la même personne a accepté une quittance
par laquelle le créancier a fait l'imputation de ce
qu'il a reçu sur une de ces dettes spécialement,
il ne peut pas revenir contre son acquiescement
volontaire ; il ne sera fondé à demander une
autre imputation, qu'autant qu'il aura été déterminé à consentir à celle faite par le créancier,
par l'effet du dol de ce dernier, ou par les surprises qu'il aurait exercées contre le débiteur;
on ne fait point de tort à celui qui consent, *vo-
lenti non fit injuria;* le débiteur ayant droit d'indiquer la dette qu'il entend payer, c'est par sa
faute que l'imputation se fait sur une autre dette,
il a droit de s'y opposer; et s'il y donne son consentement, il renonce à son droit, ce qui est très
permis par la loi; l. 31, et 46 à la fin, ff. *de pactis;* l 29, cod. eodem; l. 41, versic. *qui,* ff. *de
minorib.;* autrement le pouvoir accordé par la loi
au créancier, de faire l'imputation en cas de silence du débiteur, deviendrait illusoire. *Quotiens
verò non dicimus id quod solutum est, in arbitrio est accipientis, cui potiùs debito acceptum
ferat,* l 1, ff. *de solut.* Il y a néanmoins cette
différence entre notre code et la loi citée, que
d'après elle le créancier devait faire l'imputation
sur la dette que le débiteur avait le plus d'intérêt
d'acquitter, sur celle que le créancier aurait payée
lui-même s'il eût été débiteur, *in quod ipse, si
deberet, esset soluturus;* ce qui était rendre inutile
le droit d'imputation accordé au créancier, en cas
de silence du débiteur; mais notre code main-

tient toute imputation qui n'est pas le fruit du dol
et de la surprise.

Mais si le créancier a employé des manœuvres
pour engager le débiteur à consentir à l'imputation proposée, si par exemple il lui a fait entendre que la dette sur laquelle il faisait l'imputation était plus onéreuse au débiteur que les
autres, quoiqu'elle le fût beaucoup moins, dans
ce cas l'imputation viciée de dol ne produit aucun
effet, le dol et la fraude corrompent tous les actes
où ils s'insinuent.

248. Lorsque la quittance délivrée au débiteur ne porte aucune imputation, la loi la fait
elle-même, mais elle interprète ce silence le plus
favorablement possible au débiteur, *quia in dubio
pro debitore pronuntiandum;* d'ailleurs c'est lui
qui a le droit de faire cette imputation, et on
pense qu'il l'aurait faite de la manière la plus
conforme à ses intérêts; c'est pourquoi la loi déclare que le payement doit s'imputer sur la dette
que le débiteur avait le plus d'intérêt à acquitter, entre celles qui sont pareillement échues;
*quotiens indistinctè quid solvitur, in gravio-
rem causam videri solutum;* l. 5 princ., ff. *de
solutionib.* Le débiteur peut bien payer avant le
terme, mais ce n'est pas l'usage d'agir ainsi;
d'ailleurs le créancier serait fondé à refuser le
payement d'une dette non échue, tant que
celles qui le sont n'ont pas été acquittées; la
loi veut bien favoriser le débiteur, mais c'est
sans préjudicier aux droits du créancier; l'imputation doit donc se faire sur la dette échue,
quoique moins onéreuse que celles dont le terme
n'est pas expiré. *Quod si fortè à neutro dictum
sit : in his quidem nominibus quæ diem vel con-*

ditionem habuerunt, id videtur solutum cujus dies venit; l. 3, §. 1, ff. *de solution.;* l. 103, eodem.

De ces principes résultent plusieurs conséquences : l'imputation doit se faire sur celle des dettes échues que le débiteur avait le plus d'intérêt à payer : 1° sur la dette non contestée, plutôt que sur celle qui l'est; il est possible qu'il soit déchargé du payement de cette dernière par le jugement à intervenir sur la contestation. *Id est in id debitum quod non est in controversiá;* l. 1, ff. *de solution.*

2° Entre plusieurs dettes également échues et non contestées, l'imputation doit se faire plutôt sur celle qui emporte la contrainte par corps que sur une qui ne l'emporte pas; parce qu'il est du plus grand intérêt pour le débiteur de se libérer d'une dette qui est exécutoire sur sa personne même, et pour l'exécution de laquelle on peut le priver de sa liberté.

3° Entre plusieurs dettes échues, non contestées, dont aucune n'emporte la contrainte par corps, l'imputation doit se faire plutôt sur celle qui porte intérêts que sur celles qui n'en portent point; la raison en est que la dette portant intérêts augmente tous les jours et devient de plus en plus onéreuse.

4° Plutôt sur une dette contractée sous une peine en cas de simple retard, ou sous une peine excédant la valeur du principal en cas d'inexécution, parce que le défaut d'accomplissement porterait un préjudice certain au débiteur. *Potiùs quod cum poená quàm quod sine poená debetur;* l. 4 et 97, ff. *de solut.*

5° L'imputation doit se faire plutôt sur une dette hypothécaire que sur une dette chirogra-

phaire; parce que le débiteur libère par le payement de la première non-seulement sa personne,
mais qu'il affranchit encore ses biens de l'hypothèque qui les affecte. *Potior habebitur, quæ
sub hypothecâ vel pignore contracta est;* l. 97,
ff. *de solut.*

6° L'imputation doit se faire plutôt sur une
dette pour laquelle le débiteur a donné des cautions, que sur celle pour laquelle il n'en a point
donné ; c'est que par le payement de la première, il se libère envers deux personnes, le créancier et la caution; l. 4, l. 5 princ., ff. *de solutionibus. Gravior videtur quæ sub satisdatione
quàm ea quæ pura est;* dict. lege 5 *de solut.* ,
in princ.

7° L'imputation doit se faire plutôt sur la dette
dont le débiteur est tenu en son nom personnel,
que sur celle dont il est tenu comme caution ; la
raison en est qu'il n'est tenu de cette dernière que
subsidiairement et seulement dans le cas où le débiteur principal ne pourrait pas l'acquitter; en
payant, il est présumé avoir soldé une dette
contre laquelle il n'avait aucune exception, plutôt que celle contre laquelle il pouvait proposer
l'exception de discussion du débiteur principal,
artic. 2021, c. c. *Eo magis quod meo nomine,
quàm quod pro alio, fidejussorio nomine debeo;*
l. 4 et 97, ff. *de solut.*

8° Lorsque les dettes sont d'égale nature, et
telles que le débiteur n'avait pas d'intérêt d'acquitter l'une plutôt que l'autre, dans ce cas le
payement doit s'imputer sur la plus ancienne.
Lorsque les dettes sont parfaitement égales, il est
naturel de penser que l'on a voulu acquitter la
plus ancienne. La loi veut bien favoriser le dé-

biteur, mais c'est sans nuire au créancier; elle doit donc imputer le payement sur la plus ancienne, parce que c'est celle contre laquelle la prescription serait plutôt acquise au débiteur, au préjudice du créancier. *Si autem nulla prægravet, id est si omnia nomina similia fuerint, in antiquiorem;* l. 5 princ., et l. 97, ff. *de solutionibus.*

Lorsque deux dettes ont été contractées le même jour, avec différens termes, tous deux échus au moment du payement, celle dont le terme était le plus court, et qui est par conséquent échu plutôt, est présumée la plus ancienne; la dette n'étant vraiment dette qu'après l'échéance du terme, puisque c'est seulement alors que le créancier a une action pour l'exiger, on a raison de dire que de deux dettes contractées le même jour, la plus ancienne est celle dont le terme est expiré plus tôt; l. 89, §. 2, ff. *de solut.*

9° Lorsque les dettes sont de même daté et échues le même jour, toutes choses étant d'ailleurs parfaitement égales, l'imputation se fait alors sur chaque dette proportionnellement; dans un cas semblable, on n'a aucune espèce de motif pour faire porter le payement sur une dette plutôt que sur l'autre. *Si par dierum et contractuum causa sit, ex omnibus summis pro portione videri solutum;* l. 8 in fine, ff. *de solutionibus.*

§. IV.

Des Offres de payement, et de la Consignation.

249. On entend par offres en général, ce qu'on présente ou qu'on propose à quelqu'un afin qu'il l'accepte.

Ici on entend par offres la présentation réelle et effective faite par le débiteur au créancier de l'intégralité de la chose même qui fait l'objet de l'obligation.

250. Le débiteur a la faculté de se libérer quand il veut, même avant le terme; il ne doit pas dépendre du créancier de le tenir éternellement dans les liens de l'obligation, en refusant le payement; les lois qui ont toujours favorisé la libération, ont dû donner au débiteur un moyen de s'acquitter de son obligation, lorsque le créancier ne veut pas recevoir la chose qui en fait l'objet : ce moyen est la consignation en mains tierces de la chose due. Elle n'est pas un payement, puisqu'il exige que l'on transporte au créancier la propriété de la chose donnée en payement, et que dans le cas de la consignation, ce transport n'a pas lieu, la propriété n'étant transmise que par le concours de la volonté de celui qui livre la chose et de celui qui l'accepte; mais quoique la consignation ne soit pas un payement, elle équivaut à un payement, elle en produit tous les effets. *Obsignatione totius debitæ pecuniæ solemniter factâ, liberationem contingere manifestum est;* l. 9, cod. *de solut.*

Pour que la consignation produise les effets d'un payement, il faut que le créancier ait été constitué en demeure de recevoir ce qui lui est dû : d'après ces principes, on doit dire que si le créancier refuse le payement, le débiteur peut lui faire des offres réelles de la chose due; et si le créancier ne veut pas les accepter, le débiteur doit consigner la somme ou la chose offerte.

Il faut, pour que le créancier soit constitué en

demeure de recevoir, que les offres faites de la
chose due soient réelles; il faut qu'elle lui ait été
présentée de telle manière qu'il ait dépendu de
lui de la prendre s'il avait voulu : des offres labiales ne rempliraient pas cet objet.

On entend au palais, par offres labiales, celles
qui ne consistent que dans la déclaration que
l'on offre et que l'on est prêt à faire telle chose,
quand même cette déclaration serait faite par
écrit; et on les appelle ainsi pour les distinguer
des offres réelles qui sont accompagnées de l'exhibition et présentation effective des deniers et
autres choses que l'on offre par le ministère d'un
huissier.

Les offres réelles, suivies de la consignation
de la chose offerte, libèrent le débiteur, elles
tiennent lieu à son égard d'un payement réel;
mais pour cela il faut qu'elles soient valablement
faites, et la consignation régulière; si elles sont
en règle, le cours des intérêts cesse, parce que
le débiteur qui est libéré du principal ne peut
plus devoir les accessoires. *Acceptam mutuo sortem cum usuris licitis creditoribus post contes-
tationem offeras; at si non suscipiant, consigna-
tam in publico depone, ut cursus legitimarum
usurarum inhibeatur;* 1. 19, cod. *de usuris.* La
chose consignée demeure aux risques du créancier, parce qu'il n'est plus créancier d'une somme
d'argent, mais des espèces offertes qui sont des
corps certains, qui périssent ou diminuent pour
le créancier; 1. 5 et 17, ff. *de periculo et comm
rei venditæ.*

ARTICLE PREMIER.

Conditions requises pour la validité des offres.

251. Plusieurs conditions sont exigées par la loi, pour la validité des offres faites par le débiteur au créancier.

1° Les offres doivent être faites au créancier, s'il a la capacité de recevoir, sinon à son tuteur ou autre ayant qualité suffisante pour recevoir en sa place. Les offres étant faites dans le but de constituer le créancier en demeure de recevoir, pour qu'elles puissent opérer cet effet, il faut nécessairement qu'elles soient faites au créancier lui-même, ou à celui qui a pouvoir de toucher en son nom; une personne ne peut être constituée en demeure de recevoir qu'autant qu'il a dépendu d'elle de le faire, il faut qu'elle ait eu capacité à cet effet.

On peut offrir à la personne indiquée par le contrat pour recevoir, parce qu'on peut faire les offres à tous ceux à qui on peut payer; le débiteur qui, pour sa commodité, a stipulé le droit de se libérer entre les mains d'un tiers demeurant plus près de lui, n'est pas obligé d'aller chercher le créancier.

2° Il faut qu'elles soient faites par une personne capable de payer; on offre dans l'intention que le créancier accepte le payement, on présente la chose avec la volonté de se libérer, il faut donc être capable de payer, c'est-à-dire qu'il faut être propriétaire de la chose offerte, et capable d'en transférer la propriété au créancier, ce qui est nécessaire pour la validité du payement; art. 1238, c. c. : ainsi les mineurs, les interdits, les femmes mariées, qui ne peuvent pas payer valablement, sont incapables de faire des offres valides; elles doivent être faites par leurs tuteurs ou maris.

3º Il faut que les offres soient de la totalité de la somme exigible, des arrérages ou intérêts dus, des frais liquidés, et d'une somme pour les frais non liquidés, sauf à parfaire après la liquidation de ces frais, si la somme offerte pour cet objet ne suffit pas, *obsignatione totius debitœ pecuniœ;* dict, leg. 9, cod. *de solut.*

On doit offrir la somme entière, parce que le créancier ne peut pas être forcé de recevoir par parties ce qui lui est dû, art. 1244, c. c., à moins qu'il n'y ait convention contraire, auquel dernier cas, le débiteur autorisé à payer de cette manière, par exemple par quart, pourra offrir une partie de la somme, pourvu qu'il présente toute celle qu'il doit payer Il ne suffit pas d'offrir le capital, il faut encore offrir les arrérages ou intérêts dus au moment des offres. *Non retardari totius debiti usurarum prœstationem, si cùm creditor paratus esset totum suscipere, debitor qui in exsolutione totius cessabat, solam partem deposuit;* l. 41, § 1 à la fin, ff. *de usuris.* La raison en est que le payement doit s'imputer d'abord sur les intérêts et arrérages, avant de pouvoir porter sur le principal; art. 1254, c. c.; l. 5, §. 3, ff. *de solutionib.* Si le débiteur n'offrait que le principal, le créancier serait fondé à le refuser, parce que les offres ne seraient pas de la totalité de la dette; une partie de la somme offerte devant nécessairement, en conformité de l'art. 1254, c. c., être imputée sur les arrérages ou intérêts, après cette imputation, la somme présentée n'équivaudrait plus au capital entier.

On doit offrir les frais liquidés, parce qu'ils sont un accessoire de la dette et qu'ils en font partie; quant à ceux qui ne sont pas liquidés, il suffit d'offrir une somme, sauf à parfaire, parce que l'on ne sait point encore à combien ils s'élèveront par suite de la liquidation à faire.

4° Il faut que le terme soit échu, s'il a été stipulé en faveur du créancier; on ne peut pas le forcer à accepter le payement avant l'expiration du terme, ni le priver de l'avantage de la stipulation mise dans l'acte en sa faveur : on ne peut donc par des offres le constituer en demeure de recevoir; on n'a ce droit que relativement à la personne obligée d'accepter le payement.

5° Il faut que la condition suspensive sous laquelle la dette a été contractée soit accomplie. Jusqu'alors il n'est rien dû; on ne peut constituer en demeure de recevoir, celui qui ne pourrait pas recevoir, lors même qu'il le voudrait.

6° Il faut que les offres soient faites au même lieu où le payement doit l'être, parce que le créancier n'est obligé de l'accepter que dans le lieu où il doit être fait; il faut donc que les offres soient faites au lieu convenu pour l'exécution, puisque c'est celui où l'on doit payer. *Sed ita demùm oblatio debiti liberationem parit, si eo loco, quo debetur, solutio fuerit celebrata;* l. 9, cod. *de solut.*

S'il n'y a point de stipulation particulière sur le lieu du payement, il faut qu'elles soient faites ou à la personne du créancier, ou à son domicile, ou au domicile élu pour l'exécution de la convention, afin que la constitution en demeure soit acquise contre lui, parce qu'il faut pour cela que l'on soit certain que les offres sont parvenues à sa connaissance; or on ne peut avoir une certitude entière à cet égard, qu'autant que les offres ont été faites à sa personne ou à son domicile. On peut aussi les faire au domicile élu pour l'exécution, parce que c'est là que l'acte doit s'exécuter, et qu'ainsi on doit y faire le payement: art. 111, c. c.

Si la chose due est un corps certain qui doit être livré au lieu où il se trouve, lorsqu'il n'y a point de convention contraire, art. 1247, c. c, l. 47, §. 1, ff. *de leg. 1º*, l. 38, ff. *de judic.*, le débiteur doit faire sommation au créancier de l'enlever par acte notifié à sa personne ou à son domicile, ou au domicile élu pour l'exécution de la convention, c'est-à-dire au lieu où ce dernier a promis de payer le prix. Dans un cas semblable, cette sommation tient lieu d'offres de payement, et elle en produit tous les effets, parce que c'est une véritable constitution en demeure de recevoir.

7º Il faut que les offres soient faites par un huissier ayant le pouvoir d'exploiter dans le lieu où elles sont faites; qu'un officier public, du nombre de ceux à qui la loi accorde assez de confiance pour réputer vrai tout ce qu'ils attestent comme tel, certifie la réalité des offres, et qu'on en ait ainsi une preuve littérale et authentique.

Il faut que le procès-verbal dressé par l'huissier soit revêtu des formalités des autres exploits, et qu'en outre il désigne la chose offerte, de manière qu'on ne puisse pas en substituer une autre. Si ce sont des espèces, il en contiendra l'énumération et la qualité, afin que l'on sache si l'on consignera les mêmes. Le procès-verbal doit aussi faire mention de la réponse, du refus ou de l'acceptation du créancier, et s'il a signé, refusé ou déclaré ne pouvoir signer, pour qu'il soit établi qu'il y a eu refus véritable et par suite constitution en demeure de recevoir; art. 812 et 813, cod. de proc.

252. Il faut ensuite, comme on l'a déjà dit, que la chose offerte soit consignée. La consignation est le dépôt qu'un débiteur fait de la chose ou somme qu'il doit dans le dépôt public indiqué par la loi, lorsque le créancier ne veut pas la recevoir. *Ac si non suscipiant, in publico depone ;* l. 19, cod. *de usuris.*

ARTICLE 2.

Conditions requises pour la validité de la consignation, et Effets de cette consignation.

253. Pour la validité de la consignation, il n'est pas nécessaire qu'elle ait été autorisée par le juge; la loi requiert seulement,

1° Qu'elle soit précédée d'une sommation signifiée au créancier, contenant l'indication du jour, de l'heure et du lieu où la chose offerte sera déposée, pour qu'il puisse recevoir, s'il le juge à propos, ou au moins pour qu'il vérifie si l'on consigne tout ce qui est dû;

2° Que le débiteur se soit dessaisi de la chose offerte en la remettant à l'un des préposés de la caisse des dépôts et consignations créée par l'article 110 de la loi du 28 avril 1816, et mise en activité par une ordonnance du roi du 3 juillet, même année ; il doit s'adresser à celui de ces fonctionnaires qui se trouve le plus près du lieu où l'on est obligé de faire le payement, parce que cette caisse est le dépôt public indiqué par la loi pour recevoir les consignations. Il faut que le débiteur se dessaisisse de la chose offerte, parce que les offres réelles, suivies de la consignation, équivalent à un payement réel; or, pour le payement réel, il est nécessaire que le débiteur se dessaisisse de la chose qui fait l'objet de l'obligation. Il faut que l'on consigne les intérêts jusqu'au jour du dépôt, car les offres valables n'ont la force d'un payement qu'autant qu'elles sont suivies de la consignation; ce n'est que du jour du dépôt que le débiteur est censé s'être acquitté : or il est de principe que lorsque la dette porte intérêts, on les doit jusqu'au jour du payement. *In publico depone ut cursus usurarum inhibeatur;* dic. leg. 19, ff. *de usuris.*

Il paraît y avoir une contradiction entre cette disposition de notre code sur les intérêts, et l'art 816, code de procéd., portant que le tribunal qui déclarera les offres valables, ordonnera la consignation, si elle n'a pas encore eu lieu, et qu'il prononcera la cessation des intérêts, non du jour du dépôt, mais de celui de la réalisation; il n'y a aucune contradiction, la décision du code civil s'applique au cas où la consignation a eu lieu sans que les offres ayent été auparavant déclarées valables par un jugement; l'art. 816, cod. de procéd., a lieu au contraire lorsqu'on les fait déclarer valables avant de consigner, cas auquel elles sont réitérées à l'audience et réalisées en exhibant et comptant devant le tribunal les espèces offertes. Dans le premier cas, la consignation peut être faite immédiatement après les offres; si le débiteur attend quelque temps avant de la faire, c'est par sa faute qu'elle n'a pas lieu aussitôt après, il est juste qu'il paye les intérêts en peine de sa négligence; d'ailleurs ici la justice n'a pas été mise à portée de vérifier si les offres sont suffisantes : dans le second cas, le débiteur est forcé d'attendre la fin de la contestation sur la validité des offres; d'un autre côté, la justice en voit la suffisance et connaît par là même combien le refus de recevoir est injuste; la loi a dû venir au secours du débiteur.

3° Il faut que l'huissier qui assiste le débiteur dresse procès-verbal de la nature des espèces offertes, du refus du créancier de les recevoir, et s'il a fait défaut, mention sera faite de sa non-comparution, et enfin le procès-verbal contiendra mention du dépôt qui aura été fait dans le lieu indiqué par la loi du 28 avril 1816. Toutes ces précautions sont exigées pour vérifier si l'on a véritablement consigné ce qui avait été offert. Il serait possible que la somme offerte n'eût pas été suffisante, tandis que celle consignée le serait; dans ce cas, la nullité des offres entraînerait celle de la consignation, lorsque le créancier n'aurait pas paru, parce que les offres suivies de la consignation ne libèrent le débiteur qu'autant qu'elles ont été suffisantes; dans le cas contraire, on n'a rien à imputer au créancier qui n'a pas dû recevoir des offres qui étaient incomplètes.

Il n'en est pas de même si le créancier a paru à la consignation, parce qu'on lui a fait alors de nouvelles offres qui étaient suffisantes et qui ont purgé le défaut des premières.

4° Lorsque le créancier a fait défaut, le procès-verbal du dépôt doit lui être signifié, avec sommation de retirer la chose déposée; il faut que ce procès-verbal lui soit signifié, non-seulement pour qu'il puisse retirer la chose déposée qui est dès ce moment à ses risques, mais encore pour qu'il soit mis à même d'attaquer la consignation si elle n'a pas été faite conformément à la loi.

254. Lorsque les offres réelles et la consignation sont valables, les frais faits pour y parvenir sont à la charge du créancier : si les offres étaient suffisantes, si elles ont été faites conformément à la loi, et si la chose offerte a été consignée avec toutes les conditions qu'elle exige, il est juste que le créancier supporte les frais des offres et ceux de la consignation, parce que c'est son refus injuste de recevoir ce qui lui était dû qui les a occasionés.

255. Tant que le créancier n'a point accepté la consignation, le débiteur peut retirer la chose consignée, et s'il le fait, ses codébiteurs ou ses cautions ne sont pas libérés ; la raison en est qu'il peut être réputé avoir retiré la chose consignée, parce qu'il a reconnu que les offres n'étaient pas valables ou que la consignation n'était pas régulière ; tant que la justice n'a pas prononcé sur la validité des offres et de la consignation, il est incertain si elles sont valables, et en conséquence les codébiteurs et les cautions ne peuvent pas se considérer comme libérés, parce que les offres suivies de la consignation ne procurent la libération du débiteur qu'autant qu'elles sont valides.

256. Mais si le débiteur a obtenu lui-même un jugement, passé en force de chose jugée, qui ait déclaré ses offres et sa consignation valables, il ne peut plus, lors même que le créancier y consentirait, retirer la chose consignée, au préjudice de ses codébiteurs et cautions. Dès qu'il existe un jugement, passé en force de chose jugée, qui déclare les offres et la consignation valables, dès ce moment il est jugé que le débiteur est libéré, parce que les offres valables, suivies d'une consignation régulière, opèrent tous les effets d'un payement réel; si le débiteur a été libéré, l'obligation a été éteinte, personne ne peut plus en être tenu, il ne doit pas dépendre du débiteur et du créancier de faire revivre une obligation éteinte, au préjudice des codébiteurs et des cautions, qui ayant été une fois libérés ne peuvent plus être de nouveau obligés sans leur consentement.

257. La demande qui pourra être intentée, soit en validité, soit en nullité des offres ou de la consignation, sera formée d'après les règles établies pour les demandes principales; elle n'a pas néanmoins besoin d'être précédée de la tentative de la conciliation, parce que les offres sont un commencement d'instance, et qu'ainsi la demande sur la validité ou nullité des offres n'est pas introductive d'instance; art. 49, n° 7°, et 815, code de procédure.

Si la demande en validité ou nullité des offres est incidente, elle sera formée par requête; dit art. 815.

La consignation volontaire ou ordonnée sera toujours à la charge des oppositions, s'il en existe, et en les dénonçant au créancier qui ne pourra en ce cas retirer qu'avec le consentement des opposans, ou d'après l'ordre de la justice; art. 817, cod. procéd.

258. Après que les offres et la consignation ont été déclarées valables par un jugement passé en force de chose jugée, si le créancier consent que le débiteur retire la chose ou la somme consignée, il ne peut plus, pour le payement de sa créance, exercer les priviléges et hypothèques qui y étaient attachés. Par les offres suivies de la consignation déclarées valables par la justice, le débiteur a été pleinement libéré, son obligation a été éteinte, et par suite nécessaire les priviléges et hypothèques qui étaient les accessoires de la créance, ont été anéantis avec elle, *extincto principali, extinguatur accessorium necesse est*; l. 43, ff. *de solutionibus*. La dette ayant cessé d'exister par la consignation qui tient lieu de payement, le créancier n'a plus de droit sur les gages et hypothèques qu'il pouvait avoir pour sa sureté.

Si le créancier permet au débiteur de retirer la consignation, il se forme une nouvelle obligation; ce n'est pas l'ancienne qui revit, une fois éteinte elle ne peut plus renaître au préjudice des droits acquis à des tiers depuis l'extinction; le créancier ne peut plus avoir d'hypothèque que du jour où l'acte, par lequel il aura consenti que la consignation soit retirée, aura été revêtu de toutes les formes requises par la loi pour conférer hypothèque; c'en est une nouvelle qu'il obtient, il faut donc qu'il remplisse tout ce qui est precrit par la loi pour acquérir ce droit et pour le conserver; mais il ne peut pas se prévaloir des hypothèques qui étaient l'accessoire de l'ancienne créance qui n'existe plus.

259. Si la chose due est un corps certain dont

la délivrance doit être faite au lieu où il se trouve, le débiteur qui a fait sommation de l'enlever, et qui a besoin des lieux occupés par la chose constituant la matière de l'obligation, pourra obtenir de la justice la permission de la mettre en dépôt dans un autre lieu ; il ne doit pas dépendre du caprice et de la malice du créancier de priver éternellement le débiteur de la jouissance des lieux occupés par le corps certain qui est l'objet du contrat.

On a déjà vu que les consignations volontaires ou ordonnées en justice se font à la caisse des dépôts et consignations; il nous reste à dire sur cette matière, que cette caisse paye l'intérêt à 3 pour 100 de toute somme qui y est déposée, à partir du soixantième jour de la consignation jusques et non compris celui du remboursement, l. 28 nivôse an 13 (18 janvier 1805), art. 2, dont l'observation a été de nouveau prescrite par l'ordonnance du roi du 3 juillet 1816, section 3, art. 14.

§. V.

De la Cession de biens.

260. La cession de biens est l'abandon qu'un débiteur fait de tous ses biens à ses créanciers, lorsqu'il se trouve hors d'état de payer ses dettes, pour pouvoir sortir de prison, ou éviter d'y être conduit : *in eo enim tantummodò hoc beneficium prodest, ne judicati detrahantur in carcerem ;* l. 1, cod. *qui bonis cedere possunt.*

Il faut que le débiteur délaisse tous ses biens; l'abandon d'une partie seulement ne pourrait pas le soustraire aux poursuites de ses créanciers, parce que la partie qui lui resterait serait toujours leur gage, et qu'il ne serait pas dans cet état de dépouillement absolu qui lui attire la pitié de la loi. Il faut que la cession soit faite à tous les créanciers, parce que ses biens sont le gage commun de ceux-ci ; art. 2093, c. c. Mais cette cession ne peut pas préjudicier aux droits des créanciers qui ont des motifs de préférence à raison de leurs priviléges et hypothèques ; art. 2094, c. c.

261. La cession de biens est volontaire ou judiciaire. La cession de biens volontaire est celle qui est acceptée volontairement par les créanciers; elle n'opère d'autres effets que ceux resultant des clauses et stipulations mêmes du contrat passé entre les créanciers et le débiteur. C'est une convention qui sert de loi aux parties qui l'ont faite, art. 1134, c. c. ; il ne doit être question que d'en exécuter fidèlement de part et d'autre les conditions. Le plus souvent, dans des cas semblables, les créanciers laissent au débiteur une partie de son mobilier.

262. La cession de biens judiciaire est un bénéfice que la loi accorde au débiteur malheureux et de bonne foi, auquel il est permis, pour avoir la liberté de sa personne, de faire en justice l'abandon de tous ses biens à ses créanciers.

Le débiteur y est admis, nonobstant toutes clauses et stipulations contraires, parce qu'il ne lui est pas permis de renoncer au droit de libérer sa personne par l'abandon de tous ses biens ; l'ordre public s'oppose à ce qu'un débiteur puisse s'engager à rester toujours en prison, c'est un motif d'humanité qui a fait introduire le bénéfice de cession, et le même motif défend d'y renoncer.

263. La loi exige qu'il abandonne tous ses biens; cependant on pense qu'il pourra garder les habits dont il est couvert; au motif de l'humanité, se joint ici celui de la décence et des bonnes mœurs. Il pourra aussi retenir le coucher qui lui est nécessaire, ceux de ses enfans vivant avec lui; l'article 593 du code de procédure décidant en principe qu'ils ne peuvent être saisis, même pour les créances les plus privilégiées, on doit en conclure qu'aucun créancier n'a pu les regarder comme son gage, que l'humanité s'opposait à ce qu'il pût même le désirer, et qu'ainsi le débiteur peut les retenir en faisant cession de biens.

Ce bénéfice était appelé par les lois romaines, *lamentabile auxilium, flebile præsidium;* en effet, ceux qui sont obligés d'y recourir sont dans une position bien déplorable; après un tel abandon, il ne leur reste de ressources que dans la pitié des gens de bien, ou dans les faibles produits d'un travail pénible.

On verra d'abord quels sont les effets de la cession de biens faite en justice; 2° quelles sont les formes à suivre sur une semblable demande; 3° quelles sont les personnes qui ne peuvent invoquer le bénéfice de cession.

ARTICLE PREMIER.

Quels sont les Effets de la cession de biens.

264. La cession de biens faite en justice par le débiteur à ses créanciers, ne leur transfère pas la propriété des biens cédés, elle leur donne seulement le droit de les faire vendre à leur profit, et d'en percevoir les fruits jusqu'à la vente;

Non tamen creditoribus suá auctoritate dividere hæc bona, et jure dominii detinere, sed venditionis remedio, quatenùs substantia patitur, indemnitati suæ consulere permissum est; l. 4, cod. *qui bonis cedere possunt.*

Pour la vente des biens cédés, les créanciers devront remplir les formalités prescrites à l'héritier sous bénéfice d'inventaire; art. 904, code de procédure. S'il s'agit d'un négociant qui ait fait cession, les biens abandonnés seront vendus avec les formes prescrites pour les ventes par unions de créanciers, art. 574, cod. de comm., c'est-à-dire que les meubles seront vendus par les syndics de la faillite, sous la surveillance du juge du tribunal de commerce nommé commissaire à la faillite; art. 492, même code. Les immeubles seront vendus en observant les formalités prescrites pour la vente des biens des mineurs, et rapportées au titre de la tutelle, sect. 8, c. c.; art. 564, cod. de comm.

265. La cession ne dépouillant pas actuellement celui qui l'a faite de la propriété des biens abandonnés à ses créanciers, on doit en conclure que, s'il se trouve en état de payer ses créanciers avant que les biens soient vendus, il pourra les reprendre; il en sera de même s'il a de justes exceptions à opposer à leurs créances. *Is qui bonis cessit, ante rerum venditionem utiquè bonis suis non caret, quare si paratus fuerit se defendere, bona ejus non veneunt;* l. 3, l. 5, ff. *de cessione bonorum.* La loi 2, au code *qui bonis cedere possunt,* dit aussi : *si quantitatem quam . . . . . . debebas inferre paratus es.*

266. Relativement au débiteur, la cession de biens lui procure cet avantage de ne pouvoir

plus être contraint par corps à l'exécution de ses engagemens ; la contrainte par corps, après l'abandon de tous les biens, serait une voie d'exécution barbare ; le débiteur demeurerait éternellement dans les fers, puisqu'il ne lui resterait plus rien pour payer sa dette et obtenir la liberté de sa personne.

Au reste, elle n'acquitte le débiteur que jusqu'à concurrence des biens qu'il abandonne, et elle n'empêche pas qu'il ne demeure obligé pour le surplus : *qui bonis cesserint, nisi solidum creditor receperit, non sunt liberati;* l. 1, cod. *qui bonis cedere possunt.*

Si les biens cédés au créancier n'ont pas été suffisans pour les remplir de leurs créances, ceux que le débiteur pourra acquérir après la cession seront soumis aux actions des créanciers pour ce qui leur est encore dû, et il sera obligé de les abandonner jusqu'au parfait payement ; l'équité et la justice s'opposent à ce que le débiteur conserve les biens nouvellement acquis, tant que ses créanciers ne sont pas payés intégralement ; les créanciers ne pouvant refuser la cession, c'est un payement partiel forcé qu'ils reçoivent ; on ne peut donc pas dire qu'ils ont renoncé au surplus de leurs créances : *is qui bonis cessit, si quid posteà acquisierit, in quantum facere potest convenitur ;* l. 4 in princ., l. 7, ff. *de cessione bonorum ;* l. 7 in fine, cod. *qui bonis cedere possunt;* l. 3, cod. *de bonis auctor. judic. possidendis.*

ARTICLE 2.

Formes à suivre sur la demande en cession de biens.

On a vu dans l'article premier les principaux

effets de la cession de biens faite en justice; dans celui-ci on va exposer quelles sont les formes à suivre par le débiteur qui demande à être admis au bénéfice de cession.

267. Le bénéfice de cession de biens étant accordé par la loi au débiteur malheureux et de bonne foi, pour qu'il soit démontré qu'il a éprouvé des malheurs et des pertes, et que ce n'est pas par mauvaise foi qu'il agit, il faudra qu'il dépose au greffe du tribunal où la demande est portée, son bilan, c'est-à-dire le tableau de son actif et de son passif, ses livres s'il en a, et tous ses titres actifs ; c'est le seul moyen de connaître sa véritable position, et les causes de son état de détresse ; art. 898, cod. de proc.

Le débiteur se pourvoit devant le tribunal civil de son domicile, qui est le plus à portée d'être instruit de sa situation, et des motifs qui l'ont conduit à l'indigence ; art. 899, même code.

La loi déclarant indignes de la cession, pour des motifs graves, certains débiteurs, afin que ces derniers ne puissent pas obtenir un bénéfice que la loi leur refuse avec raison, elle veut que la demande soit communiquée au magistrat qui est l'organe vivant de la loi, afin qu'il fasse exclure de la cession ceux qui s'en sont rendus indignes.

Cette demande ne suspend l'effet d'aucune poursuite, sauf aux juges à ordonner, parties appelées, qu'il sera sursis provisoirement. Ainsi la demande n'empêchera point que le débiteur ne puisse être contraint par corps pour les dettes qui emportent cette contrainte ; il ne doit pas être au pouvoir du débiteur de changer sa condition et celle des tiers par son seul fait, d'autant mieux que la provision est due au titre ; mais la justice pourra accorder un sursis si elle l'en trouve digne, après avoir entendu les parties intéressées ; art. 900, même code.

268. Si la cession est faite par un négociant failli, la demande est portée devant le tribunal de commerce de son domicile, et elle est rendue publique par l'insertion dans les journaux, conformément à l'article 683 du code de proc. C'est ici une exception que la qualité de celui qui veut faire cession a rendue nécessaire, parce que les tribunaux de commerce, composés de ses pairs, sont mieux en état de vérifier s'il est ou non de bonne foi ; art. 569, 570, 571, code de comm.

269. Le débiteur malheureux méritait la protection de la loi, mais elle serait imparfaite si elle n'avait pas aussi pris les précautions nécessaires pour avertir le public de l'état d'insolvabilité de celui qui a fait cession, pour qu'il ne trompât pas ceux qui contracteraient avec lui : elle a sur-tout dû avertir le commerce qui est le nerf de l'état ; c'est pour cela qu'elle veut que le débiteur admis au bénéfice de cession soit tenu de réitérer sa cession en personne et non par procureur, ses créanciers appelés, à l'audience du tribunal de commerce ; et s'il n'y a pas de tribunal de commerce, à la maison-commune, un jour de séance ; la déclaration du débiteur sera constatée dans ce dernier cas par procès-verbal de l'huissier, qui sera signé par le maire ; art. 571, code comm.

Toutes ces formalités sont sans doute bien pénibles et bien humiliantes, elles auront ce but d'utilité qu'elles empêcheront d'abuser de l'ins-

titution, il n'y aura que l'homme vraiment insolvable qui recourra à la cession; art. 901, code
de procéd.

Si le débiteur est détenu, le jugement qui
l'admettra au bénéfice de cession ordonnera son
extraction, avec les précautions d'usage pour
qu'il ne puisse pas s'échapper jusqu'à ce qu'il
ait fait la déclaration ci-dessus prescrite; art.
902, code de procéd.

Pour que le public soit toujours mieux averti
de la position de celui qui a fait cession de biens,
la loi veut que ses noms, prénoms, profession
et demeure, soient inscrits sur un tableau à ce
destiné, placé dans l'auditoire du tribunal de
commerce de son domicile, ou du tribunal civil
qui en fait les fonctions, et dans le lieu des séances
de la maison-commune, art. 903, cod. procéd ;
et si la cession est faite par un négociant, cette
insertion aura encore lieu sur un tableau placé
à la bourse, art 573, cod. de comm., afin que les
commerçans qui se réunissent à la bourse pour
des négociations, en soient avertis.

ARTICLE 3.

Quels sont ceux qui sont indignes du bénéfice de
cession.

On a vu dans les articles précédens quels étaient
les effets de la cession de biens, et quelles étaient
les formes à suivre sur une semblable demande;
il nous reste à voir quels sont ceux qui sont indignes de jouir du bénéfice de cession.

270. La cession judiciaire n'est accordée qu'au
débiteur malheureux et de bonne foi; de ce
principe il suit qu'elle doit être refusée aux stel-

lionataires, aux banqueroutiers frauduleux, aux personnes condamnées pour vol ou escroquerie : toutes ces personnes sont dans une mauvaise foi évidente. Elle est aussi refusée aux personnes comptables, aux tuteurs, administrateurs et dépositaires; ils sont aussi de mauvaise foi, ils ont prévariqué en se servant des deniers de leur recette, ou de ceux qui leur avaient été confiés à titre de dépôt.

Le bénéfice de cession est encore refusé aux débiteurs étrangers, parce que la détention de leurs personnes est la principale et quelquefois l'unique sûreté de leurs créanciers; le plus souvent leurs biens ne sont pas à la portée de leurs créanciers français; art. 905, code procéd.; et 575, code comm.

Les exceptions confirmant la règle dans les cas non exceptés, on doit en conclure que toutes personnes, autres que celles désignées ci-dessus, peuvent invoquer le bénéfice de cession, et que les autres exceptions adoptées par l'ancienne législation sont abrogées.

271. En finissant cette matière, on dira que le bénéfice de cession n'étant accordé qu'à ceux qui ont abandonné tous leurs biens, les cautions de celui qui l'a faite et qui possèdent encore leurs biens, ne peuvent pas s'en prévaloir pour refuser de payer à la place du débiteur principal, avec d'autant plus de raison que c'est souvent dans le but de se mettre à l'abri de l'effet des cessions, que l'on exige des cautions; mais le débiteur pourra se servir du bénéfice de cession contre les cautions qui ont payé pour lui, parce qu'elles sont les véritables créanciers de celui-ci par rapport à l'indemnité qui leur est due; et

que d'ailleurs l'abandon de tous ses biens l'a
mis dans l'impossibilité de les payer.

SECTION II.

De la Novation.

272. La loi, après s'être occupée dans la première section du payement proprement dit, nous
fait connaître dans les sections suivantes les autres manières d'éteindre les obligations; elle parle
dans celle-ci de la novation qui est définie la
substitution d'une nouvelle dette à la place d'une
ancienne éteinte au moyen de celle qui lui est
substituée : *novatio est prioris debiti in aliam
obligationem vel civilem vel naturalem trans-
fusio vel translatio : hoc est cùm ex præcedenti
causá ita nova constituatur ut prior perimatur;*
l. 1 princ., ff. *de novationibus.*

§. Ier.

*Comment s'opèrent la Novation et la Déléga-
tion, et quelles sont leurs différences.*

273. La novation s'opère de trois manières :
1° lorsque les personnes du créancier et du débiteur restant les mêmes, il est seulement convenu entre eux que la première dette sera éteinte
au moyen de la nouvelle que contracte le débiteur envers le créancier, et qui lui est substituée.

2° Lorsqu'un nouveau débiteur est substitué
à l'ancien qui est déchargé par le créancier : par
exemple, Pierre s'oblige envers Jacques sous la
condition que Paul qui était obligé envers le
dernier sera libéré au moyen de l'obligation

contractée par Pierre. Cette espèce de novation s'appelle en droit romain expromission ; *nam interventu novæ personæ nova nascitur obligatio, et prima tollitur translata in posteriorem;* §. 3, instit., *quib. mod. tollit. obligatio;* l. 8, §. 3, ff. *ad senat. cons. Velleian.;* l. 18, ff. *de fidejussoribus.*

La troisième espèce de novation se forme lorsque , par l'effet d'un nouvel engagement, un nouveau créancier est substitué à l'ancien, envers lequel le débiteur se trouve déchargé : par exemple, Cyprien , mon débiteur, s'oblige par mon ordre envers Chrysostôme, sous la condition qu'il sera libéré envers moi ; l'engagement pris envers Chrysostôme éteint celui qu'il avait contracté envers moi, il se forme une nouvelle dette qui est substituée à l'ancienne; il y a donc novation réelle.

274. Lorsque la novation s'opère sans qu'il y ait aucun changement dans la personne du créancier et du débiteur, mais par l'effet seulement d'une nouvelle convention entre eux , quoiqu'il soit dit dans ce nouvel acte que les parties entendent faire novation , elle n'aura cependant lieu qu'autant que cet acte contiendra quelque chose de différent de la première obligation qui a été contractée , soit dans la qualité de l'obligation, comme si la première était alternative, et la seconde déterminée; soit sur les accessoires de l'obligation , par exemple si je donne dans la seconde une autre personne pour caution, ou si j'hypothèque d'autres biens que ceux qui avaient été hypothéqués dans la première, ou si je renonce dans la seconde aux fidéjusseurs et hypothèques qui m'avaient été donnés dans la

première, ou si j'en exige dans la seconde quoique je n'en eusse point reçu dans la première.

Si le nouvel engagement contracté sans intervention d'une nouvelle personne ne contient rien de différent du premier, il est évident qu'il n'y a point de novation, c'est un titre nouvel et non une novation ; *sed si eadem persona sit à quâ posteà stipuleris , ita demùm novatio fit, si quid in posteriore stipulatione novi sit, fortè si aut conditio, aut dies, aut fidejussor adjiciatur aut detrahatur;* §. 3, instit., *quib. mod. tollit. obligat.*

275. Telles sont les différentes espèces de novations; mais pour qu'elles puissent se former, il faut qu'elles ayent lieu de la part de ceux à qui on peut valablement payer, et qui sont capables de contracter; eux seuls ont la faculté d'innover une dette : la raison en est que la novation produit tous les effets d'un payement , puisqu'elle éteint l'ancienne dette au moyen de la nouvelle qui lui est substituée. Il faut aussi que ceux qui contractent le nouvel engagement soient capables de s'obliger par des conventions, puisqu'il s'agit de substituer une deuxième obligation à une première.

De là il suit que les mineurs, les interdits, les femmes mariées non autorisées, ne peuvent innover une dette , parce qu'ils ne sont pas capables de contracter et qu'on ne peut leur payer valablement; 1 3, l. 20, §. 1, ff. *de novationibus.* Si la novation leur est favorable, ils pourront cependant s'en prévaloir; dictis leg., art. 1125, 2e alinéa, c. c.

Un tuteur, un mari sont capables de faire novation, parce qu'on peut leur payer valablement et qu'ils ont le droit de contracter pour les biens meubles de leurs administrés; art. 464, 1428 et 1549, c. c.; l. 20, §. 1; l. dernière, §. 1, au digeste *de novat.*

Celui qui est autorisé par l'acte à recevoir pour le créancier, ne peut innover l'obligation, quoiqu'il puisse valablement libérer le débiteur qui paye; c'est qu'il y a bien de la différence entre recevoir du bon argent qu'on remettra au créancier, et recevoir en payement d'une bonne obligation un autre engagement qui n'offrira plus les mêmes suretés au créancier; l. 21, ff. *de novat.*

276. Pour que la novation soit formée, il faut nécessairement qu'il y ait eu deux dettes contractées, dont l'une soit éteinte par l'autre qui lui est substituée.

De là il suit que si l'ancienne dette est conditionnelle, tandis que la seconde est pure et simple, il n'y aura de novation qu'autant que la condition apposée à la première dette sera accomplie; jusque-là il n'y a point de première dette, on n'a donc pas pu lui en substituer une nouvelle. Si la condition défaillit, le créancier ne pourra pas demander l'exécution de la seconde obligation, parce que la novation ne s'est point opérée, n'y ayant pas eu deux dettes de contractées; l. 8, §. 1, ff. *de novat.;* § 3, instit. *quib. mod. toll. oblig.*

Il en sera de même, quoique la condition apposée à la première obligation s'accomplisse, si avant cette époque le corps certain qui en faisait l'objet vient à périr sans la faute du débiteur, parce que la première obligation a été anéantie par la perte de la chose, avant l'accomplissement de la condition, art. 1182, 2ᵉ alinéa, c. c., et qu'ainsi elle n'a jamais eu d'existence réelle et effective pour servir de fondement à une novation au moment où la condition s'est accomplie, parce qu'alors il n'y avait plus de chose qui pût être l'objet de l'obligation. *Nec novatio continget, quia non subest res eo tempore quo conditio impletur; l. 14, ff. de novat.*

Au contraire, si la première dette est pure et simple, et que la seconde qui lui est substituée soit conditionnelle, il n'y aura de novation qu'après l'accomplissement de la condition; jusque-là il n'y a point de seconde obligation dans laquelle on puisse supposer que la première s'est fondue et anéantie. Si la condition défaillit, la première dette conserve toute sa force, puisqu'il n'existe point de deuxième engagement qui lui soit substitué. *Quod autem DIXIMUS si conditio adjiciatur, novationem fieri, sic intelligi oportet, ut ita dicamus factam novationem, si conditio extiterit, alioqui si defecerit durat prior obligatio; §. 3, instit. de novationibus; l. 14, ff. de novat.*

277. La novation tendant à priver le créancier des avantages d'une première obligation, elle ne se présume pas; il faut que l'intention de l'opérer résulte clairement de l'acte, il faut qu'il ne reste aucun doute à cet égard, parce que personne n'est présumé facilement renoncer à ses droits. On n'exige plus que la volonté des contractans soit expresse, ainsi que le voulait la loi dernière, au cod. *de novat.*, et le §. 3, inst. *quibus modis tollitur obligatio;* on veut cependant que la volonté d'opérer la novation résulte clairement de l'acte, il faut sur-tout qu'elle soit

non équivoque de la part du créancier. Voici un exemple où l'intention, de l'opérer résulte nécessairement de l'acte : Jean s'oblige à me payer ce que me doit Paul, et je déclare dans l'acte que, pour faire plaisir à Paul, je veux bien me contenter de l'obligation contractée envers moi par Jean ; quoiqu'il ne soit pas dit en termes formels que le créancier veut faire novation, sa volonté à cet égard ne peut être équivoque, elle résulte clairement du contrat.

Il en serait différemment, si Jean s'était obligé envers moi à me payer ce que me doit Paul, et que je n'eusse pas dit que je me contentais de l'obligation de Jean ; dans ce cas, je n'ai point voulu faire novation, mais seulement avoir deux débiteurs pour un.

278. Lorsque la novation a lieu par suite de la substitution d'un nouveau débiteur à la place de l'ancien, elle peut se former sans le concours du premier débiteur ; la raison en est que l'on peut payer pour quelqu'un, sans que l'on ait besoin de son consentement, parce que, loin de lui nuire, on rend par là sa condition plus avantageuse. *Naturalis enim simul et civilis ratio suasit alienam conditionem meliorem quidem etiam ignorantis et inviti nos facere posse;* l. 39, ff. *de negotiis gestis;* l 8, §. 5, ff. *de novationib.;* l. 53, ff. *de solutionibus;* princ. inst. *quib. modis toll. oblig.*

279. La délégation est une espèce de novation par laquelle un débiteur, pour être déchargé envers son créancier, lui délègue une autre personne qui s'oblige envers ce créancier ou envers la personne indiquée par ce dernier. *Delegare*

est vice suâ alium reum dare creditori, vel cui jusserit; l. 11 princ., ff. *de novat.*

La délégation contient toujours une novation réelle, puisque l'obligation du déléguant se trouve éteinte au moyen de celle contractée par le délégué envers le créancier du déléguant : *solvit enim qui reum delegat;* l 8, §. 3 à la fin, ff. *ad senatus-consultum Velleianum;* le plus souvent elle contient une double novation, parce que le délégué est presque toujours le débiteur du déléguant, et il s'oblige envers le créancier du déléguant pour être libéré envers son propre créancier; dans un cas semblable, l'obligation du déléguant se trouve éteinte au moyen de celle du délégué qui se trouve substituée à la sienne, et celle du délégué envers le déléguant se trouve acquittée par suite de celle que le premier contracte envers le créancier du déléguant; il y a donc double novation, puisque la nouvelle obligation en éteint deux anciennes.

Quelquefois la délégation contient une triple novation, c'est lorsque le délégué ne s'oblige pas envers le créancier de son créancier, mais envers le créancier du premier.

Pour que la délégation opère novation, il faut nécessairement que le créancier déclare en termes exprès qu'il entend décharger son débiteur qui a fait la délégation; il résulte de là qu'il faut pour la délégation parfaite, qui produit la libération du déléguant, le concours de trois personnes : 1° il faut le concours du déléguant, c'est-à-dire du débiteur qui donne un autre débiteur à sa place; 2° de la personne déléguée qui s'oblige à la place de l'ancien débiteur envers le créancier; 3° de celui-ci qui doit formellement déclarer qu'il décharge le premier débiteur et qu'il se contente de l'obligation du délégué; arg. l 40, §. 2, ff. *de pactis.*

280. Si le créancier a expressément déchargé le déléguant, il ne peut pas recourir contre lui, si le délégué devient insolvable, à moins que l'acte n'en contienne une réserve expresse, ou que le débiteur délégué ne fût déjà en faillite ouverte, ou tombé en déconfiture au moment de la délégation.

Lorsque le créancier a accepté la délégation, il a suivi la solvabilité du débiteur délégué, il a pris sur lui les suites de son insolvabilité future; elle est survenue par sa faute, il devait le poursuivre pendant qu'il était solvable : *nomen ejus secutus est,* l. 3 in fine, cod. *de novationibus;* l. 26, § 2 in fine, ff. *mandati.* On ne considère plus l'origine de l'ancienne dette, mais seulement la seconde qui a annullé la première.

Cette règle reçoit exception lorsqu'il y a des réserves expresses dans la délégation, ces réserves doivent être exécutées ; dans ce cas le créancier n'a accepté le débiteur délégué que pour agir contre lui aux risques et périls du déléguant; il est en quelque sorte mandataire de ce dernier; c'est le mandat connu en droit romain sous le nom de *mandatum meâ et tuâ gratiâ ;* ces réserves sont des lois pour les parties contractantes Il existe une seconde exception, lorsque le délégué était déjà en état de faillite ouverte au moment de la délégation, ou s'il était déjà dans une position telle que ses biens ne pouvaient suffire à payer ses nombreux créanciers, et qu'il y eut au contraire nécessité de les distribuer entre eux par contribution au marc le

franc de la quotité respective de leurs créances.
La raison de cette décision est que la délégation
est un contrat commutatif : chacun des contractans veut recevoir l'équivalent de ce qu'il
donne; or cette égalité qui est dans leur intention serait étrangement violée, si le débiteur
délégué était déjà dans un état certain d'insolvabilité, au moment de l'acte; le créancier aurait
donné quelque chose de réel, en remettant sa
créance, et il n'aurait rien reçu de son côté.

281. La simple indication faite par un débiteur d'une personne qui doit payer à sa place,
n'opère point de novation ; ce n'est ici qu'un
simple mandat, la personne indiquée ne devient
point débitrice du créancier, c'est celui qui a fait
l'indication qui demeure toujours obligé.

On doit en dire de même de la simple indication faite par le créancier d'une personne qui doit
recevoir pour lui ; le débiteur ne devient point
l'obligé de la personne indiquée, mais son obligation envers son créancier reste la même.

§ II.

Effets de la Novation.

282. Elle opère l'extinction de la première
obligation et par suite celle des priviléges et hypothèques qui y étaient attachés, et qui n'étant que
l'accessoire de la créance doivent s'anéantir avec
elle : *novatione legitimè factâ liberantur hypo-
thecæ et pignus;* l. 18, ff. *de novationib.*

De ce principe il résulte que les priviléges et
hypothèques accordés pour la sureté de l'ancienne créance ne sont point transportés sur celle
qui lui est substituée, à moins qu'il n'y ait une

réserve expresse du créancier à cet égard ; dans ce dernier cas, la novation n'a été faite que sous cette condition : il n'y aurait donc point de novation si l'on prétendait que les priviléges et hypothèques n'ont pas été transportés sur la nouvelle obligation ; l. 12, §. 5 ; l. 3, l. 21 , ff. *qui potiores in pignor.*

Lorsque la novation s'opère par la substitution d'un nouveau débiteur à la place de l'ancien, les priviléges et hypothèques primitifs de la créance ne peuvent pas être transférés sur les biens du nouveau débiteur Ce dernier ne peut donner des droits hypothécaires sur ses biens au préjudice de ceux qui sont déjà acquis à des tiers ; il n'a donc le droit d'accorder hypothèque qu'à partir de l'acte de novation.

Au contraire, lorsque la novation s'opère sans changement de débiteur, celui-ci peut consentir au transport des anciennes hypothèques sur la nouvelle créance, parce qu'en cela il ne fait aucun tort à ses créanciers ; l'ancienne créance représentée par la nouvelle emportant hypothèque , celle-ci grevait déjà ses biens à partir du jour où elle a été acquise : la position de ses créanciers reste donc la même. Si la somme de la seconde obligation est plus forte que celle de la première, les anciennes hypothèques n'ont lieu que jusqu'à concurrence de la première somme, parce que le débiteur ne peut nuire aux créanciers intermédiaires.

Lorsque la novation a lieu entre le créancier et l'un des débiteurs solidaires, les priviléges et hypothèques de la première créance ne peuvent être réservés que sur les biens de celui des débiteurs solidaires qui contracte la nouvelle obliga-

tion. La première dette étant éteinte par la substitution de la seconde, les hypothèques et priviléges ont été par là même anéantis, et les biens
des codébiteurs ont été rendus libres, et ils n'ont
pas pu être affectés à l'acquittement de la nouvelle dette sans leur consentement. *Paulus respondit, si creditor à Sempronio novandi animo
stipulatus esset, ita ut à primâ obligatione in
universum discederetur : rursùm easdem res à
posteriore debitore sine consensu prioris obligari
non posse ;* l. 3o, ff. *de novationibus.*

285. De ce que la novation éteint l'ancienne
dette, on doit encore conclure que par la novation faite entre le créancier et l'un des débiteurs
solidaires, les autres codébiteurs sont libérés, et
que celle opérée à l'égard du débiteur principal
produit nécessairement la libération des cautions.
Les codébiteurs et les cautions n'étant point intervenus au nouveau contrat, on n'est point en
droit de les forcer à l'exécution des obligations
qui y ont été consenties; ils ne peuvent non
plus être contraints à remplir la première obligation, puisqu'elle se trouve éteinte au moyen de
la seconde qui lui a été substituée.

Cependant si le créancier n'a consenti à la
novation qu'autant que les codébiteurs dans le
premier cas, ou les cautions dans le second, ac-
céderaient au nouvel engagement, s'ils refusent
d'y accéder, il n'y a point de novation, parce
que la condition sous laquelle on avait innové la
dette n'a point été accomplie, et qu'ainsi la première obligation subsiste.

De la Remise de la dette.

284. La remise de la dette est la décharge gra-
tuite accordée au débiteur à qui on donne quittance sans avoir rien reçu de lui, §. 1, inst., *quib.
mod. toll obligat.*; c'est une véritable donation exercée envers le débiteur, l. 2, cod. *de
acceptilatione*, dont voici les termes : *Si donationis gratiâ...... per acceptilationem præstiti liberationem, omnis agendi via perempta est;* elle ne
peut donc avoir lieu que de la part d'un créancier capable de disposer de ses biens en faveur
d'un débiteur qui puisse recevoir de lui; mais
elle n'est pas soumise aux formes des donations
entre-vifs, il suffit d'une quittance sous seing
privé.

285. Les tuteurs et autres administrateurs
n'ayant pas le pouvoir de disposer des biens de
leurs administrés, mais seulement celui de les ré-
gir, on doit en conclure qu'il ne peuvent pas décharger gratuitement les débiteurs de ceux dont
ils gèrent les biens. *Imperatores Antoninus et
Verus rescripserunt, debitori reipublicæ à cu-
ratore remitti pecunias non posse, et cum phi-
lippensibus remissæ essent, revocandas;* l. 37,
ff. *de pactis;* l. 22 à la fin, ff. *de administrat. tutor.*

Il faut en excepter les remises d'une partie de
la dette, en cas de faillite du débiteur; ce n'est
pas ici une donation, c'est un acte de sage administration, on remet une partie pour s'assurer le
payement du surplus.

La remise peut être véritable ou simplement
présumée : elle est véritable, lorsqu'il est justifié

que le créancier a fait la remise ; elle est présumée , lorsque la loi veut qu'on l'induise de certains faits passés entre le débiteur et le créancier.

§. Ier.

Remise présumée.

286. La présomption de la loi est quelquefois si forte qu'elle n'admet pas la preuve du contraire : par exemple, la remise volontaire du titre original sous signature privée, faite par le créancier au débiteur, est déclarée par la loi une véritable preuve de la libération; la loi tire du fait de cette remise la conséquence que le créancier a voulu libérer son débiteur, puisqu'il s'est mis dans l'impossibilité d'établir et de prouver l'existence de la dette. Cette présomption de la loi est tellement forte, que non-seulement elle n'admet pas la preuve du contraire , mais qu'elle décide encore en termes exprès qu'elle est une preuve de la libération *Et ideò si debitori meo reddiderim cautionem , videtur inter nos convenisse ne peterem;* l 2, §. 1, ff. *de pactis;* l. 3, §. 2, ff. *de liberatione legatâ*

Il en serait autrement si le titre avait passé en la possession du débiteur sans le consentement du créancier, soit parce qu'il lui aurait été volé, soit parce qu'il l'aurait perdu ; on ne peut plus conclure de cette possession qui n'est pas le fait du créancier, qu'il a voulu libérer son débiteur: *quod debitori tuo chirographum redditum contra voluntatem tuam adseveras, nihil de jure tuo deminutum est;* l. 15, cod. *de solut.;* l. 1, cod. *de fide instrument.*

On doit présumer que la remise a été volon-

taire, tant que le contraire n'est pas prouvé,
si le débiteur est en possession du billet; parce
que c'est la manière la plus naturelle qui ait pu
lui en faire passer la possession, et que les délits
ne se présument jamais, art. 1116, 2e alinéa, c. c.;
l. 6, cod. *de dolo* ; ni la rétention d'un objet
trouvé, qui est mise sur la même ligne que le
vol par les commandemens de Dieu, *bien d'au-*
trui tu ne prendras ni retiendras à ton escient.

287. Quelquefois la présomption de la remise
que la loi tire de certains faits, peut être détruite
par la preuve du contraire; ainsi elle déclare
que la remise volontaire de la grosse du titre
fait présumer la remise de la dette ou son acquittement, sans préjudice de la preuve contraire.
Ce cas est bien différent de l'autre : dans le premier, le créancier en remettant le titre se prive
de tous moyens de prouver la dette; mais lorsqu'il existe une minute de l'acte, le créancier a
pu remettre la grosse, parce qu'il savait que la
minute qui est chez le notaire, sans être quittan-
cée, réclamait en sa faveur : ainsi, dans le second
cas, la remise de la grosse n'est qu'une présomption de libération qui admet la preuve du contraire, c'est une présomption *juris tantùm,* tandis que la présomption du premier cas est tout à
la fois *juris et de jure.*

Tant que la présomption *juris tantùm* n'est pas
anéantie par la preuve contraire, elle dispense de
toute preuve celui qui l'a en sa faveur, art. 1352,
c. c.

La remise de la chose donnée en nantissement
n'est pas suffisante pour faire présumer la remise
de la dette; le créancier a pu remettre le gage
au débiteur qui en avait peut-être besoin, et re-

noncer à ses suretés, sans vouloir par là remettre la dette. *Postquàm pignus vero debitori
reddatur, si pecunia soluta non fuerit, debitum
peti posse dubium non est, nisi specialiter contrarium actum esse probetur ;* l. 3, ff. *de pactis ;*
l. 1, §. 1, ff. *de liberat. legatâ.*

288. La remise du titre original sous signature
privée, ou de la grosse du titre, à l'un de plusieurs débiteurs solidaires, produit les mêmes effets
à l'égard de ses codébiteurs ; il n'y a qu'une même
dette, et toutes les preuves et présomptions qui
établissent son extinction doivent servir à tous
ceux qui en sont tenus.

§. II.

Remise véritable ou conventionnelle.

289. La remise véritable ou conventionnelle
peut être réelle ou personnelle. La première a lieu
lorsque le créancier déclare qu'il tient la dette
pour acquittée ; la personnelle est celle qui est
accordée par le créancier à l'un des débiteurs personnellement, en se réservant en termes exprès
ses droits contre les autres.

La décharge réelle profite à tous ceux qui
étaient obligés à l'acquittement de la dette ; personne ne peut plus être tenu d'une dette qui
n'existe plus ; d'après ce, tous les débiteurs solidaires se trouvent libérés ; l. 16 princ., ff. *de acceptilatione.*

290. Lorsque la décharge n'est que personnelle, le créancier délivre plutôt un des débiteurs
solidaires des liens de l'obligation qu'il n'éteint
la dette, *magis personam eximit ab obligatione,
quàm extinguit obligationem :* ainsi la dette n'est

point anéantie, elle subsiste toujours; seulement le créancier s'est privé du droit de la faire payer par celui des débiteurs solidaires qu'il a personnellement déchargé.

Néanmoins il ne pourra demander la dette aux autres que déduction faite de la part dont le déchargé en était tenu personnellement La raison en est que le créancier ne peut faire aucun pacte avec un des débiteurs solidaires qui puisse changer leur condition entre eux; or, chacun des débiteurs solidaires est tenu pour sa part envers celui qui a payé le total, art 1213, c. c. Ce recours des uns envers les autres ne peut leur être enlevé par le fait du créancier.

291. La remise ou décharge conventionnelle accordée au débiteur principal libère nécessairement les cautions, parce que l'obligation de celle-ci est accessoire à celle du débiteur principal; or l'accessoire ne peut pas exister lorsque le principal n'existe plus. D'ailleurs le débiteur principal ne profiterait pas de la décharge si les cautions étaient obligées de payer la dette, parce qu'elles reviendraient contre lui pour leur indemnité; l. 13, §. 7, ff. *de acceptilat.*

Au contraire, la décharge personnelle accordée à la caution ne libère pas le débiteur principal; il ne peut y avoir de cautions sans débiteur principal, mais rien n'empêche qu'il n'y ait un débiteur principal sans cautions, parce que le principal peut exister sans l'accessoire. *Fidejussoris autem conventio nihil proderit reo, quia nihil ejus interest à debitore pecuniam peti;* l. 23, ff. *de pactis.*

De même la décharge personnelle accordée à l'une des cautions ne libère pas les autres. Tant que la dette n'est pas éteinte, les cautions ne sont pas libérées ; or la décharge personnelle n'éteint pas la dette, elle prive seulement le créancier du droit de la demander à la caution qu'il a déchargée ; mais ce bénéfice accordé par une convention particulière, étrangère aux autres cautions, ne peut être invoqué par elles, parce que les conventions ne produisent d'effet qu'entre les parties contractantes ; pour les autres personnes, elles ne peuvent ni leur nuire, ni leur profiter ; c'est *res inter alios acta, quæ neque nocet neque prodest ;* art. 1165, c. c. *Fidejussoris autem conventio.............. nec confidejussoribus proderit ;* dict. l. 25, ff. *de pactis.*

Néanmoins le créancier ne pourra demander la dette aux autres cautions que déduction faite de la part personnelle dont celle qui a été déchargée était tenue envers les autres, lors même qu'elles auraient renoncé au bénéfice de division, parce que le créancier ne peut faire aucun pacte avec une des cautions qui change leur sort entre elles ; or, d'après l'art. 2033, c. c., la caution qui a acquitté toute la dette a son recours contre chacune des autres, pour sa part et portion ; d'un autre côté, d'après l'art. 2037, cod. civ., la caution est déchargée, lorsque par le fait du créancier elle ne peut plus être subrogée à ses droits et hypothèques ; or les autres cautions ne peuvent plus être subrogées aux droits du créancier, pour la part dont celle déchargée était tenue dans la dette.

292. Tout ce que le créancier a reçu d'une caution pour la décharger de son cautionnement, doit être imputé sur la dette et servir jusqu'à

due concurrence à acquitter le débiteur principal et les autres cautions. La loi 15, §. 1, ff. *de fidejussoribus*, contient quelque chose de semblable. *Si ex duobus qui apud te fidejusserant in viginti, alter, nè ab eo peteres, quinque tibi dederit, vel promiserit, nec alter liberabitur, et si ab altero quindecim petere institueris, nullá exceptione summoveris; reliqua autem quinque, si à priore fidejussore petere institueris, doli mali exceptione summoveris.*

Si ce que le créancier reçoit d'une caution, pour la décharge de son cautionnement, n'était pas imputé sur la dette, il recevrait deux fois la même chose, ce qui est contraire à la bonne foi, *bona fides non patitur ut bis idem exigatur,* l 57, ff *de reg jur,;* d'un autre côté, si la caution payait toute la dette, le débiteur serait entièrement libéré; il doit donc l'être pour partie, lorsque celle-ci a payé une partie de la dette.

SECTION IV.

De la Compensation.

293. La compensation est une libération réciproque entre deux particuliers qui se trouvent être en même temps débiteurs et créanciers l'un de l'autre, de manière que chacun d'eux retient en payement de la somme qui lui est due, celle qu'il doit à l'autre. C'est, comme on le voit, une sorte de payement fictif qui se fait de part et d'autre sans bourse délier. *Compensatio est debiti et crediti inter se contributio;* l. 1, ff. *de compensat.*

On verra sur cette matière, dans un premier paragraphe, comment s'opère la compensation;

dans un second, les conditions requises pour qu'on puisse l'opposer; dans un troisième, les cas d'exception où elle n'est pas admissible, lors même que les conditions de la loi se trouvent réunies; dans un quatrième enfin, quels sont les effets de la compensation.

§. Ier.

Comment s'opère la Compensation.

Il suit de la définition que l'on vient de donner, que toute compensation suppose nécessairement deux dettes et deux payemens qui s'opèrent en même temps, dans lesquels les créanciers et les débiteurs respectifs ne se donnent autre chose que leurs seules quittances, au moyen de quoi les dettes se trouvent, de part et d'autre, ou anéanties en totalité, si les sommes qui font l'objet de la compensation sont égales, ou seulement diminuées jusqu'à concurrence de la plus petite dette sur la plus considérable, si les sommes respectivement dues sont inégales.

L'utilité et l'équité de la compensation est évidente : d'abord elle est utile, puisqu'elle empêche le circuit d'actions et diminue le nombre des procès. Si je ne pouvais pas opposer la compensation de ce qui m'est dû par la même personne qui me demande ce que je lui dois, il y aurait réellement deux demandes à former et deux payemens effectifs à faire ; il faudrait que je payasse d'abord la somme que je dois, et que je la reprisse ensuite pour être payé à mon tour. *Quæ autem per pauca fieri possunt, non debent fieri per multa.*

La compensation est aussi fondée sur l'équité,

qui en effet s'oppose à ce que l'on se fasse délivrer une chose que l'on serait contraint de rendre sur-le-champ. *Dolo facit qui petit quod subitò redditurus est eidem;* l. 8 princ., ff. *de doli mali et metûs except;* l. 173, §. 3, ff. *de reg. jur.;* d'ailleurs il vaut mieux n'être pas obligé à payer, que d'agir ensuite pour répéter ce que l'on a déboursé. *Ideò compensatio necessaria est, quia interest nostrá potiùs non solvere, quàm solutum repetere;* l. 3, ff *de compensat.*

294. Il résulte de cet exposé que la compensation est très favorable; c'est pourquoi, dès que deux personnes se trouvent débitrices l'une de l'autre, il s'opère entre elles une compensation qui éteint les deux dettes. Elle s'opère de plein droit par la seule force de la loi, même à l'insu des débiteurs; les deux dettes s'éteignent réciproquement, jusqu'à concurrence de leurs quotités respectives, dès l'instant où elles se rencontrent et commencent à exister à la fois. *Posteaquàm placuit inter omnes, id quod invicem debetur ipso jure compensari;* l. 21, ff. *de compensat;* l. 4, l. 21 princ., cod. eodem. Je suis débiteur de Pierre de la somme de 1000 livres, il devient héritier de Paul qui me devait 500 livres. Dès ce moment ma dette de 1000 livres est réduite de plein droit à 500 par l'effet de la compensation, et cela a lieu lors même que j'aurais ignoré que Pierre fût héritier de mon débiteur Paul, les deux dettes ont été éteintes jusqu'à due concurrence : il faut bien que la compensation soit opposée, parce qu'elle est fondée sur un fait que le juge peut ignorer; mais elle ne produit pas ses effets à partir seulement du jour où l'on s'en

est prévalu devant lui, elle les a dès le moment où les deux dettes se sont rencontrées.

§ II.

Conditions requises pour pouvoir opposer la compensation.

295 Plusieurs conditions sont requises par la loi de la part de celui qui demande la compensation. Il faut : 1° que la somme dont je demande la compensation contre celle que je dois, me soit due à moi-même; 2° que les deux dettes ayent pour objet des choses fongibles de la même espèce; 3° qu'elles soient toutes les deux liquides et exigibles

La première condition est que la somme dont je demande la compensation me soit due à moi-même; je ne peux opposer en compensation ce qui est dû à autrui, parce qu'elle est un payement : en demandant la compensation d'une somme, j'en réclame le payement; or je ne peux demander le payement que de ce qui m'est dû à moi-même : *ejus quod non ei debetur qui convenitur, sed alii compensatio fieri non potest;* l. 9, cod. *de compens ;* l. 16 princ., et l. 18, §. 1, ff. eodem Ainsi un tuteur poursuivi pour ses propres dettes ne peut pas opposer la compensation de ce qui est dû au pupille; ainsi un mandataire poursuivi pour ses obligations personnelles ne peut pas demander la compensation de ce qui est dû au mandant; ainsi un débiteur solidaire ne peut pareillement opposer la compensation de ce que le créancier doit à son codébiteur; le débiteur solidaire opposerait réellement en compensation de sa propre dette ce qui est dû à autrui; chaque débiteur solidaire étant obligé à toute la dette, le créancier, en demandant à l'un d'entre eux le total, ne lui demande que ce qu'il doit; l. 10, ff *de duobus reis.* De même encore le débiteur principal ne peut demander la compensation de ce qui est dû par le créancier à la caution; il opposerait en effet, en compensation de sa propre dette, ce qui est dû à autrui, car ce qui est dû à la caution ne lui appartient en aucune manière. Au contraire la caution poursuivie par le créancier pour ce que doit le débiteur principal, pourra lui opposer la compensation de ce qui est dû par le premier au second; la raison en est que la compensation ayant éteint la dette du débiteur principal, dès le moment qu'il est devenu lui-même créancier, l'extinction de l'obligation de la caution en a été le résultat nécessaire, parce qu'il n'y a plus d'obligation accessoire dès que la principale n'existe plus, il n'y a plus ni matière ni fondement au cautionnement. *Si quid à fidejussore petatur, œquissimum est eligere fidejussorem quod ipsi, an quod reo debetur compensare malit; sed et si utrumque velit compensare, audiendus est;* l 5, l. 4, ff. *de compensationibus.*

Si le tuteur demande ce qui est dû aux mineurs, ou le mandataire ce qui est dû au mandant, le débiteur poursuivi ne peut pas opposer en compensation ce qui lui est dû personnellement par le tuteur ou le mandataire, parce que ce sont les mineurs et le mandant qui sont censés poursuivre, ce sont eux qui sont en cause par le ministère de leurs administrateurs; or les mineurs et mandant ne doivent rien au poursuivi, il n'y a pas ici créance et dette respectives.

296. Pour que la compensation puisse être opposée, il ne suffit pas que l'obligation dont je demande la compensation me soit due à moi-même, il faut 2° que les deux dettes ayent également pour objet une somme d'argent ou une certaine quantité de choses fongibles de la même espèce.

Il ne suffit pas qu'il y ait dette de part et d'autre, pour pouvoir en demander la compensation, mais il faut encore qu'il y ait ressemblance et identité entre les deux dettes Ainsi on ne peut pas opposer la compensation contre une demande d'un corps certain et déterminé: vous me devez un cheval déterminé, vous ne pouvez pas m'opposer la compensation contre cette demande, sur le fondement que je me suis obligé envers vous, à vous livrer un autre cheval déterminé ou un cheval en général; vous n'acquitteriez pas alors précisément votre obligation, je ne recevrais pas exactement ce qui m'est dû, parce qu'il n'y pas égalité parfaite entre un cheval et un autre; or personne ne peut être contraint de recevoir en payement une autre chose que celle qui lui est due, *aliud pro alio invito creditori solvi non potest;* art. 1243, c. c., et l. 2, §. 1, ff. *de usuris.*

Il faut donc, pour qu'il y ait lieu à la compensation, que les deux dettes soient d'une somme d'argent ou d'une certaine quantité de choses fongibles de la même espèce, telles que du vin, du blé, etc Je vous dois cent écus, vous m'en devez cent de votre côté; je vous dois mille mesures de froment, vous m'en devez autant : je peux dans ce cas opposer la compensation, parce qu'il y a égalité entre ces deux dettes, identité et ressemblance parfaite ; je ne peux la refuser, parce que je reçois réellement en payement ce qui m'est dû.

Au reste, il suffit qu'il y ait égalité parfaite entre les deux dettes, pour que l'on puisse opposer la compensation ; ainsi on peut, contre une dette d'un sixième indivis d'un fonds de terre, opposer en compensation la dette d'un autre sixième indivis du même fonds ; on serait sans intérêt à la contester, et par conséquent sans action, puisque l'intérêt est la mesure des actions, *nullâ differentiâ in rem vel persona- libus actionibus inter se observandâ ;* l. 14 princ., cod. *de compensat.* Au contraire, celui qui doit du vin de Pommard ne peut pas opposer en compensation le vin de Surenne qui lui est dû, quoiqu'il s'agisse de part et d'autre de choses fongibles, parce qu'il n'y a pas égalité entre les deux dettes.

297. Il faut, troisièmement, pour que la compensation soit proposable, que deux dettes soient liquides et exigibles.

Il faut qu'elles soient claires et liquides : ainsi une dette litigieuse, un droit incertain, une prétention douteuse et non réglée, un compte qui n'est pas arrêté, une obligation conditionnelle, n'empêcheraient pas l'exécution et les poursuites du créancier pour une dette claire et liquide, et ne pourraient pas valablement se proposer pour compensation, car il est encore douteux s'il est dû, ou tout au moins combien il est dû ; ce n'est plus alors le cas de la compensation, mais simplement de la réconvention dont l'objet est de faire constater et reconnaître la dette. Le créancier dont la dette est claire, liquide et reconnue, n'est pas obligé, pour la recevoir, d'attendre la fin d'une discussion qui peut entraîner des longueurs à son préjudice. D'ailleurs compenser, c'est donner en payement de ce que l'on doit, la chose qui nous est due; il faut donc qu'il soit certain qu'il nous est dû, et que l'on connaisse aussi la quotité de la dette.

Au surplus, lorsqu'on dit que les dettes à compenser doivent être claires et liquides de part et d'autre, la liquidité doit s'entendre uniquement de la certitude des dettes et de leur quotité, mais non pas de l'égalité des sommes dues; rien n'empêche que la plus petite somme ne soit compensée contre la plus grande jusqu'à due concurrence; art. 1290 à la fin, c. c.

On avait admis dans l'ancienne jurisprudence que la compensation devait avoir lieu, non-seulement lorsque la dette dont on demandait la compensation était liquide, mais encore lorsqu'elle pouvait être facilement liquidée; cela jetait trop d'arbitraire dans la distribution de la justice. Seulement la loi décide que les prestations en grains et denrées non contestées, et dont le prix est réglé par les mercuriales, peuvent se compenser avec des sommes liquides et exigibles. Dans un cas semblable la liquidation est toute faite, un simple extrait des mercuriales suffit pour cela, il ne peut y avoir à cet égard aucune espèce de discussion, cela ne peut entraîner aucun délai : l'équité exigeait donc que la compensation fût admise dans ce cas Ici les grains et denrées ont une évaluation fixe et invariable, ils peuvent donc se compenser avec des sommes claires et liquides.

298. Ce n'est pas assez que les dettes qui sont à compenser soient des deux côtés claires et liquides, il faut encore qu'elles soient échues, et que les deux créanciers puissent réciproquement les exiger; la raison en est simple, je ne peux pas être contraint d'admettre en compensation contre une dette exigible, celle de mon adversaire qui ne l'est pas; en souffrant la compensation je paye, il faut donc que le terme de ma dette soit échu, parce que je ne puis pas être forcé de payer avant le terme. *Quod in diem debetur non compensabitur antequàm dies venit quanquam dari oporteat;* l. 7 princ., ff. *de compensationibus.*

Cependant s'il s'agissait du terme accordé par grâce au débiteur, lors de sa condamnation, il ne serait point un obstacle à la compensation; dans un cas semblable la dette est vraiment échue, ce n'est que par commisération que la justice lui a accordé un délai pour se procurer de l'argent, afin de satisfaire ses créanciers; mais lorsqu'on lui oppose la compensation, il paye sans bourse délier, le motif qui lui a fait accorder le délai n'existe donc plus, il ne peut donc plus se prévaloir du terme de grâce, il n'en a plus besoin pour se procurer de l'argent, puisqu'il paye sans rien débourser. *Aliud enim est diem obligationis non venisse, aliud humanitatis gratiâ, tempus indulgeri solutionis;* l. 16, §. 1 à la fin, ff. *de compensat.*

299. Deux créances peuvent être claires et liquides quoiqu'elles procèdent de diverses causes, de contrats ou engagemens différens : par exemple, je suis votre débiteur en vertu d'une obligation par-devant notaires, vous me devez de

votre côté une somme fixe et certaine, d'après votre simple billet ; la compensation aura lieu entre nous, quoique débiteurs et créanciers en même temps l'un de l'autre par différens titres ; parce que les créances n'en sont pas moins constantes et liquides, quoiqu'elles procèdent l'une d'un titre authentique et l'autre d'un sous seing privé reconnu. Il en sera de même si je suis votre débiteur pour cause de prêt, et que vous soyez le mien pour cause de vente.

300 La compensation est opposable lors même que les dettes ne seraient pas payables au même lieu, pourvu que l'on fasse raison des frais de la remise de l'argent au lieu convenu. Je vous dois mille écus payables à Dijon, et vous m'en devez mille payables à Paris ; vous pouvez m'opposer la compensation, mais vous devez m'offrir la somme nécessaire pour faire parvenir l'argent à Paris où j'ai besoin de l'employer. *Respondit, si Titius petit, eam quoque pecuniam, quam certo loco promisit, in compensationem deduci oportet; sed cum suâ causâ, id est ut ratio habeatur, quanti Titii interfuerit, eo loco, quo convenerit pecuniam dari; l. 15, ff. de compensationibus;* par ce moyen l'égalité la plus parfaite se trouve établie entre les deux dettes, la compensation doit donc être admise.

La compensation étant un véritable payement, on doit suivre pour la compensation les règles établies pour l'imputation des payemens, c'est-à-dire que lorsqu'il y a plusieurs dettes susceptibles d'être opposées en compensation, on doit la faire porter sur celle que chacun des débiteurs avait le plus d'intérêt d'acquitter, en cas de silence de l'un et de l'autre à cet égard.

§. III.

Cas d'exception où la compensation n'est pas proposable, lors même que les conditions prescrites par la loi se trouveraient réunies.

3o1. En thèse générale, la compensation a lieu quelles que soient les causes de l'une ou de l'autre des dettes, pourvu que la créance que l'on oppose en compensation ne fût pas déjà prescrite au moment où celle que l'on nous réclame s'est formée; car il est de principe que l'on ne peut demander la compensation d'une créance contre laquelle milite une exception péremptoire. *Quœcumque per exceptionem perimi possunt, in compensationem non veniunt;* l. 14, ff. *de compens.*; ce serait opposer en compensation une créance qui n'existe plus, ce serait évoquer le néant; si on ne peut proposer en compensation la créance qui n'est pas échue, et contre laquelle il n'existe qu'une exception dilatoire, art 1291, c. c., à plus forte raison on ne peut pas opposer celle qui est détruite par une exception péremptoire; cependant on pense que la créance, prescrite pourra être compensée contre une autre, si celui qui a prescrit ne se prévaut pas de la prescription, car les juges ne peuvent pas suppléer ce moyen; art. 2223, c. c.

3o2. Tels sont les principes généraux; il existe néanmoins de certaines créances qui, d'après leur nature, ne souffrent pas la compensation et contre lesquelles on ne peut pas l'opposer.

Ainsi, 1º on ne peut pas l'opposer contre la demande en restitution d'une chose dont le propriétaire a été injustement dépouillé. Celui qui a été spolié doit être restitué dans ses droits, avant que l'on puisse écouter son adversaire, *spoliatus ante omnia restituendus;* si celui qui a dépouillé injustement quelqu'un pouvait opposer la compénsation de ce qui lui est dû contre la demande en restitution formée contre lui, ce serait un moyen de se payer soi-même avec violence et de son autorité privée; une personne s'emparerait par la force de ce qui lui est dû, et ensuite quand on se pourvoirait en restitution, elle demanderait la compensation; or il n'est permis à personne de se faire justice à soi-même, cela jetterait la société dans le trouble, le désordre et la confusion. *Possessionem autem alienam perperàm occupantibus compensatio non datur;* l. 14, §. 2, ff. *de compensat.*

303. 2° Elle n'est pas admissible contre la demande en restitution d'un dépôt et du prêt à usage; cela est fondé sur la nature de semblables obligations, la chose déposée et la chose prêtée doivent être restituées en nature; art. 1915, 1885, 1877, c. c.; l. dernière, §. 1 à la fin, au cod. *de compensat.;* l. dernière, au cod. *de commodat.;* or elles ne seraient pas restituées en nature, si je pouvais opposer la compensation contre la demande en restitution de semblables choses, ce qui m'est dû n'est pas la chose même qui m'a été déposée ou prêtée; l'objet de ma créance peut être tout au plus une chose pareille, mais ce n'est pas la même.

Cependant le dépositaire peut retenir la chose déposée jusqu'à ce qu'il soit remboursé de ce qui lui est dû à raison du dépôt; artic. 1948, c. c.

304. 3° Elle ne peut être opposée contre une

dette qui a pour cause des alimens déclarés insaisissables. Celui à qui on a donné ou légué des alimens, avec déclaration de la part du disposant qu'ils
seront insaisissables par les créanciers du donataire ou légataire, ne peut pas être contraint de
payer ses dettes avec une semblable pension
viagère, on ne peut donc lui opposer la compensation contre la demande de ces alimens; en
lui opposant la compensation, on le forcerait à
payer ses créanciers avec sa pension alimentaire,
puisque souffrir la compensation, c'est réellement
payer ce que l'on doit; on irait donc contre la
volonté du disposant qui a pu donner sous les
condition qu'il lui a plu d'imposer, sans préjudicier aux créanciers du donataire ou légataire,
qui n'avaient aucun droit sur les choses données : *donator legem dono suo dicere potest ;* l. 9,
cod. *de donat.*

Cependant, d'après l'art. 582, cod. de proc.,
qui autorise les créanciers postérieurs à la donation ou à l'ouverture du legs à saisir, avec
la permission de la justice, une portion des pensions alimentaires fixée par elle, on pense que
ces mêmes créanciers postérieurs pourront, avec
la même permission, opposer la compensation
contre une partie de la dette alimentaire; il est
possible en effet que la pension excède ce qui
est requis pour les alimens, et les créanciers postérieurs ont pu confier leurs fonds au donataire
et légataire, sur la promesse qu'il leur avait faite
de ne pas exiger d'eux une partie de la pension
alimentaire.

Voilà les exceptions indiquées par le code civil. On doit y ajouter les choses déclarées insaisissables par la loi; les provisions alimentaires

accordées par justice; toutes sommes et pensions pour alimens, lors même que le titre lu-
cratif qui les constitue ne les aurait pas déclarées
insaisissables; les pensions et traitemens dus par
l'état, sauf pour la portion déterminée par la loi,
qui varie suivant la quotité du traitement, et
sauf aussi les cas d'exception portés à l'art. 582,
cod. de procéd.

305. On doit aussi savoir que la compensation
n'est pas opposable au fisc, en matière d'impôt,
ni lorsqu'il s'agit d'affaires traitées dans des bureaux différens, dont l'un est créancier et l'autre
débiteur du même individu, parce que cela jetterait de la confusion dans les comptes du trésor : *et senatus censuit et sæpè rescriptum est
compensationi, in causâ fiscali ita demùm locum esse, si eadem statio quid debeat, quœ petit; atque hoc juris propter confusionem diver-
sorum officiorum tenaciter servandum est;* l. 1,
cod. *de compensationibus.* Ces inconvéniens du
désordre dans les comptes n'existant pas, lorsque
c'est le même bureau qui doit et qui est créancier envers la même personne, alors la compensation est proposable.

306. Lors même qu'il s'agit d'une créance ordinaire, et quoique toutes les conditions requises
par la loi se trouvent reunies, cependant si le
débiteur a accepté purement et simplement la
cession qu'un créancier a faite de ses droits à
un tiers, il ne peut plus opposer au cessionnaire
la compensation qu'il eût pu, avant l'acceptation,
opposer au cédant. Par cette acceptation pure et
simple et sans réserve de la cession, il est présumé avoir renoncé à la compensation, il s'est
reconnu débiteur personnel du cessionnaire. On

peut ajouter que toutes les fois qu'une personne donne un consentement à un acte, elle renonce par là même aux moyens qu'elle avait pour empêcher l'exécution de cet acte; l. 26, §. 1, ff. *de fidejussor.*; l. 2, ff. *de remiss. pignoris*; l. *sicut,* §. *pignoris*, ff. *quibus modis pign. aut hypotheca.*

Si au contraire la cession n'a point été acceptée par le débiteur cédé, il peut opposer la compensation de toutes les dettes contractées envers lui par le cédant, tant que le transport ne lui a pas été signifié, parce que ce n'est que la signification du transport qui saisit le cessionnaire à l'égard des tiers; jusqu'à cette époque, le débiteur cédé peut payer le cédant, et par conséquent opposer la compensation qui est un mode de payement; art. 1690, 1691, c. c.; l. 3, cod. *de novationibus.*

S'il s'agit d'une dette contractée envers le débiteur cédé avant la cession, il en existe une autre raison; elle avait éteint de plein droit la créance cédée jusqu'à due concurrence, laquelle ainsi ne pouvait plus être transportée, puisqu'elle n'existait plus. S'il devient créancier du cédant, après la signification du transport, il ne pourra plus opposer la compensation de ces créances postérieures à la notification de la cession, parce qu'à l'époque où elles ont pris naissance, le cédant n'était plus son créancier, le cessionnaire l'était devenu par la signification du transport, ce n'est plus la même personne qui réunit les qualités de débiteur et de créancier à l'égard du débiteur cédé, c'est le cessionnaire qui est créancier, et c'est le cédant qui est débiteur.

Pour finir les matières de ce §. 3, on doit encore dire que la compensation ne peut pas être opposée au préjudice des droits acquis par un tiers; ainsi celui qui, étant débiteur, est devenu créancier depuis la saisie-arrêt faite par un tiers entre ses mains, et suivie des assignations en validité et dénonciations prescrites par les art. 563, 564 et 565, cod. de procéd., ne peut pas, au préjudice du saisissant, opposer la compensation, il ne peut plus payer que suivant l'ordre prescrit par la justice.

§. IV.

Effets de la compensation.

307. Les effets de la compensation sont les mêmes que ceux du payement réel, elle éteint la dette et tous les accessoires.

De ce principe il résulte que celui qui a acquitté une dette éteinte de droit par la compensation, ne peut se prévaloir, au préjudice des tiers, des priviléges et hypothèques qui étaient attachés à sa créance dont il a négligé d'opposer la compensation; parce qu'ils ont été anéantis par suite nécessaire de l'extinction de cette créance opérée de plein droit par le seul effet de la loi, l'accessoire ne pouvant subsister sans le principal; l. 129, ff. *de regulis juris*; l. 2, ff. *de peculio legato*.

Néanmoins, s'il a eu une juste cause d'ignorer l'existence de la créance qui devait compenser sa dette, l'équité veut, dans un cas semblable, qu'il puisse se prévaloir des priviléges et hypothèques de sa créance; la rigueur du droit serait ici une souveraine injustice, ce serait le cas de dire : *summum jus, summa injuria;* il n'a pas pu opposer la compensation, puisqu'il ne connaissait pas la créance qui lui servait de base; il la perdrait, si le débiteur n'était pas solvable, sans qu'on pût rien imputer à sa négligence. Par exemple, je suis débiteur de Paul de la somme de mille écus, je le paye, et à cette époque la succession de Jacques, à qui Paul devait la même somme, venait de m'échoir, mais je n'en connaissais encore en aucune manière le passif et l'actif, l'inventaire n'en étant point fait; je n'ai pu opposer la compensation, j'avais une juste cause d'ignorance au moment du payement.

308. Un autre effet de la compensation est que si l'une des deux dettes portait intérêt, elle cesse d'en porter jusqu'à due concurrence, dès le moment que le débiteur est devenu créancier d'une somme même non produisant des intérêts, parce que cette dernière créance a anéanti de plein droit la première. *Cùm alter alteri pecuniam sine usuris, alter usurariam debet, constitutum est à Divo-Severo, concurrentis apud utrumque quantitatis usuras non esse præstandas;* l. 11, ff. *de compensat.;* l. 4, l. 5, cod. eod.

309. On peut au reste opposer la compensation en tout état de cause, parce que c'est une exception péremptoire; on peut même l'opposer après le jugement, parce qu'elle n'attaque pas la chose jugée; en effet, celui qui l'oppose ne refuse pas de payer, puisque la compensation est un payement réciproque. *Eum verò qui judicati convenitur, compensationem pecuniæ sibi debitæ implorare posse nemini dubium est;* l. 2 à la fin, cod. *de compensat.*

Si la compensation a été rejetée par le juge, parce qu'il a cru qu'on ne réunissait pas les conditions exigées par la loi, on peut, nonobstant la sentence passée en force de chose jugée, demander ce qui est dû; mais si elle a été repoussée

parce que le juge a décidé qu'il n'était rien dû
à celui qui l'opposait, il ne peut plus rien demander à cause de l'autorité de la chose jugée;
l. 7, §. 1, ff *de compensat.;* l 1, §. 4, ff. *de con-
trariâ tutelœ.*

SECTION V.

De la Confusion.

310. On entend en droit, par confusion, la
réunion sur la même tête de deux qualités incompatibles qui se détruisent mutuellement: ainsi
la servitude est éteinte, lorsque le même individu réunit les deux qualités de propriétaire du
fonds dominant et de maître du fonds servant;
parce que nous ne nous servons pas des choses qui
nous appartiennent à titre de servitude, mais à titre de propriété, *nemini res sua servit.* Il est question ici de la confusion qui a lieu quand les deux
qualités de créancier et de débiteur sont réunies
sur la même tête, ce qui opère l'extinction de
la dette, parce que personne ne peut être ni
créancier ni débiteur de soi-même. La confusion
est donc l'extinction de la dette opérée par la
réunion des deux qualités de créancier et de débiteur sur la même tête, par rapport à la même
dette. *Aditio hœreditatis nonnunquàm jure con-
fundit obligationem, veluti si creditor debitoris
vel contra debitor creditoris adierit hœredita-
tem;* l 95, §. 2, ff. *de solut.*
Ainsi, lorsque le créancier succède au débiteur, ou lorsque celui-ci succède au créancier,
pour le tout ou partie, la dette est éteinte jusqu'à concurrence de la part pour laquelle l'un
ou l'autre succède, parce que l'héritier est subrogé à tous les droits actifs et passifs du défunt;

il le représente, il est censé un autre lui-même, il se devrait donc à lui-même, ce qui serait absurde ; d'ailleurs une personne ne peut pas se poursuivre elle-même en justice.

311. La confusion qui a lieu lorsque le débiteur principal succède au créancier ou réciproquement, entraîne l'extinction de l'engagement de la caution, parce que l'obligation du fidéjusseur en suppose une principale dont elle n'est que l'accessoire, et qu'ainsi, dès qu'il n'y a plus d'obligé principal, la caution ne peut plus être engagée ; l. 43, ff. *de solut.*

Au contraire, si la caution succède au créancier ou réciproquement, la confusion qui s'est opérée dans la personne de la caution ne produit pas l'extinction de l'engagement du débiteur principal ; la raison de la différence est que l'obligation principale peut exister sans obligation accessoire, que cette dernière au contraire ne peut pas exister sans la principale.

Lorsque la caution succède au débiteur principal, ou réciproquement, c'est l'action principale qui subsiste ; l'action fidéjussoire comme moins forte est absorbée par l'action principale : le créancier poursuivra donc l'héritier comme obligé principalement. *Quoniam major tollit minorem ;* l. 50 à la fin, ff. *de solut.*

312. La confusion qui s'opère dans la personne du débiteur principal et de sa caution, lorsqu'ils deviennent héritiers l'un de l'autre, n'éteint point l'action du créancier contre celui qui s'est rendu caution de la caution ; c'est qu'en agissant contre lui, le créancier agit contre une personne différente de celle qui représente la caution, celle-ci et son héritier ne sont plus qu'une seule per-

sonne, on ne peut pas la poursuivre sous deux qualités; mais la caution de la caution est très distinguée et séparée de la caution ou de son héritier; art. 2035, c. c.

313. Si l'un des débiteurs solidaires succède au créancier, ou réciproquement, la confusion opérée par ce moyen ne profite à ses codébiteurs solidaires que pour la portion dont était tenu celui qui succède ou à qui l'on succède. La confusion opérée en ce cas dans la personne de l'héritier, étant bornée à une seule portion, elle ne fait aucun changement dans les autres. Le créancier, pour les autres parts personnelles dont sont tenus les autres codébiteurs, est distingué des débiteurs; il n'y a plus ici identité de personne entre le créancier et le débiteur qui seule opère l'extinction par confusion, *distincta est persona debitoris à creditore;* le créancier n'est plus dans le cas d'agir contre lui-même, de se poursuivre lui-même devant les tribunaux.

D'après ce, on doit conclure que la confusion n'éteint pas précisément la dette comme le payement, et les autres manières d'éteindre les dettes qui tiennent lieu de payement, telles que la compensation, la novation, etc.; si la confusion opérait totalement l'extinction de la dette, elle ne pourrait pas être exigée du débiteur principal, lorsque la confusion aurait lieu dans la personne de la caution; ni des autres débiteurs solidaires, lorsqu'elle s'opérerait dans la personne de l'un d'eux : en effet, lorsque le payement est fait par la caution, ou par un des débiteurs solidaires, le créancier ne peut plus rien exiger, la bonne foi s'oppose à ce qu'il reçoive deux fois la même chose; l. 57, ff. *de regulis juris.* Après le payement, il n'y a plus de chose due, personne ne peut plus être tenu de délivrer au créancier une chose qui lui a déjà été remise, l'obligation est parfaitement exécutée à son égard, la convention a produit tous ses effets.

Au contraire lorsqu'il y a confusion, le créancier n'a pas reçu ce qui lui est dû, l'obligation subsiste, elle est seulement inutile, parce que l'on ne peut pas se poursuivre soi-même; la confusion ne produit d'autres effets que de délivrer des liens de l'obligation celui en la personne de qui elle s'opère, mais elle ne détruit pas la dette; et pour me servir des termes des jurisconsultes, *potiùs eximit personam ab obligatione quàm extinguit obligationem;* la personne chez laquelle la confusion s'est formée cesse d'être obligée, parce qu'elle ne peut pas l'être envers elle-même; mais dans nos hypothèses, l'obligation subsiste envers le débiteur principal et envers les codébiteurs solidaires, parce que le motif de l'extinction de la dette par la confusion ne se rencontre pas dans leurs personnes, ils ne sont plus obligés envers eux-mêmes, mais envers le créancier qui a droit de leur demander la chose qui est l'objet de l'obligation, puisqu'elle n'est point encore en son pouvoir, et qu'il existe des débiteurs distingués de lui. *Multùm enim interest, utrùm res ipsa solvatur, an persona liberetur, cùm persona liberatur manente obligatione, alter durat obligatus;* l. 19, ff. *de duobus reis.* La loi 71 princ., ff. *de fidejuss.*, dit aussi : *confusione obligationis personam eximi.*

314. Dans la compensation, les deux qualités de créancier et de débiteur réunies sur la même tête opèrent aussi l'extinction de la dette; mais

il y a cette différence entre la compensation et la confusion, que par la première la réunion des deux qualités n'a pas lieu à l'égard de la même dette : je suis créancier d'une dette et débiteur d'une autre; mais par la confusion la réunion des deux qualités s'opère à l'égard de la même dette.

SECTION VI.

De la Perte de la chose due.

315 L'extinction de l'obligation, par suite de la perte de la chose due, peut être définie la libération du débiteur résultant de la perte, sans sa faute et avant sa demeure, du corps certain qui était l'objet de son obligation.

Il ne peut point y avoir d'obligation sans qu'il y ait une chose qui en soit l'objet De ce principe on doit conclure que la dette est éteinte, si le corps certain et déterminé qui en est la matière vient à périr, parce que personne ne peut être tenu de l'impossible : *impossibilium nulla est obligatio;* l. 185 et 135, ff. *de regulis juris;* or il n'est pas possible que je livre une chose qui n'existe plus; il en est de même si elle est mise hors du commerce, parce qu'alors elle cesse de pouvoir être la matière d'un engagement. L'obligation avait été valablement contractée, mais elle a été éteinte dès le moment que la chose qui en est l'objet a été mise hors du commerce; c'est le cas de l'application de la maxime *quœ rectè constiterunt, resolvi putant, cùm in eum casum reciderunt, à quo incipere non potuissent;* l. 98 princ., ff *de verb oblig.*

L'obligation est encore éteinte lorsque la chose promise est perdue de telle manière qu'on en ignore absolument l'existence, parce que, dans un cas semblable, c'est comme si elle avait péri; il y a vraiment impossibilité réelle de la délivrer.

Au reste le débiteur n'est libéré, dans les cas ci-dessus, que lorsque la chose a péri ou s'est perdue sans sa faute et avant qu'il fût en demeure de la délivrer.

316. Si la chose a péri ou s'est perdue par la faute du débiteur, il doit en payer la valeur, parce que chacun est obligé de réparer le préjudice qu'il a causé à autrui par sa faute; artic. 1382 et 1383, c. c.; l. 1, §. 4, ff. *de oblig. et act.;* l. 11, §. 1, ff. *locati;* sa faute fait substituer l'obligation des dommages-intérêts à l'obligation primitive de délivrer la chose.

Il en est de même s'il était en demeure au moment de la perte; il est en faute par cela seul qu'il n'acquitte pas ses engagemens. *Si post moram promissoris homo decesserit, tenetur nihilominùs proindè ac si homo viveret;* l. 82, §. 1, ff. *de verb. oblig.;* l. 5, ff. *de rebus creditis.*

317. Cependant, quoique le débiteur fût en demeure, s'il ne s'était pas chargé des cas fortuits, son obligation est éteinte par la perte de la chose, dans le cas où elle aurait dû également périr chez le créancier, si elle lui eût été livrée. Alors la demeure du débiteur n'a porté aucun préjudice au créancier, il ne peut donc avoir aucune action pour dommages et intérêts, puisqu'elle n'est accordée qu'à ceux qui ont éprouvé du préjudice, et dans notre hypothèse le créancier n'en a souffert aucun par la demeure du débiteur. *Quia æquum esset, naturalem interi-*

tum ad actorem pertinere utiquè cùm interitura esset ea res, etsi restituta esset actori; l. 14, §. 1, ff, *depositi.*

Si le débiteur s'est chargé des cas fortuits, il doit payer le prix de la chose périe, lors même qu'elle eût dû également périr chez le créancier, parce que c'est ici une convention qui est une loi pour lui; art. 1134, c. c.

318. Le débiteur qui allégue que le corps certain qui fait l'objet de l'obligation a péri par un cas fortuit dont il n'est pas responsable, est tenu, pour être libéré, de prouver que la perte de la chose due est arrivée sans sa faute et par cas fortuit, parce que le débiteur est ici défendeur, et que c'est à celui-ci à prouver le fait qui sert de fondement à sa défense, comme c'est au demandeur à établir celui qui sert de base à sa demande, art. 1315, c. c. Ce dernier prouve la légitimité de sa demande en produisant le titre de son obligation; le défendeur qui y oppose le cas fortuit auquel il attribue la perte de la chose, doit prouver ce cas fortuit; il est demandeur dans son exception, *excipiendo reus fit actor,* l 1, cod. *de prob.;* l. dernière, *de solut.* eodem.

319. S'il s'agit d'une chose volée, de quelque manière qu'elle ait péri on se soit perdue, le voleur est dans tous les cas tenu d'en restituer le prix. Cela a été introduit en haine des voleurs, qui d'ailleurs sont en demeure dès le moment qu'ils se sont emparés de la chose d'autrui; parce que dès cet instant l'obligation de la restituer commence pour eux; ils sont en faute en la retenant seulement une minute, *quia videtur qui invito domino rem contrectaverit, semper in res-*

tituendâ eâ quam nec debuit auferre, moram facere; l. dernière à la fin, ff. *de condic. furtivâ;* l. 47, §. final., *de leg. 1°;* l. 2, §. 9, ff. *ad exhibendum;* l. 15, § final, ff. *de rei vindicat.* On n'examine pas même si la chose aurait péri chez le créancier en cas de restitution, dans tous les cas il est tenu de la perte.

320. Lorsque la chose que devait le débiteur est périe, mise hors du commerce ou perdue, de manière qu'on ne sache pas ce qu'elle est devenue, le tout sans sa faute, l'obligation subsiste néanmoins à l'effet qu'il soit tenu, s'il y a quelques droits ou actions en indemnité par rapport à cette chose, de les céder à son créancier. Ainsi, lorsque le cheval que vous m'avez vendu a été requis par ordre de l'autorité publique, pour le service de la cavalerie, vous êtes obligé de me donner ce que vous avez reçu pour indemnité, ou de me céder votre action à cet égard, si vous n'avez encore rien reçu. La chose m'appartenait, c'est donc moi qui dois profiter de ce qui a été donné ou promis pour le prix de cette chose.

Si la chose n'a péri qu'en partie, ce qui en reste doit être délivré au créancier; il a droit de l'exiger, d'après ce principe, que ce qui reste de la chose due est dû, comme la chose entière le serait, si elle n'avait pas péri en partie. *Quod ex re debitâ superest mihi debetur.*

321. Les dispositions de la loi sur l'extinction des obligations, par suite de la perte de la chose qui en était la matière, ne s'appliquent pas aux dettes de choses fongibles, parce que ces choses ne périssent jamais, pouvant être représentées parfaitement par des choses tout-à-fait sem-

blables; il n'y a jamais impossibilité d'exécution; l'on ne doit pas telle chose déterminée, mais une chose de telle espèce. On doit en dire autant et pour la même raison, de l'obligation de livrer en général un cheval, ou un bœuf, ou autre chose semblable.

'L'obligation de l'acheteur consistant à délivrer une certaine quantité d'argent qui est une chose fongible, jamais il ne peut être dans l'impossibilité d'exécuter son obligation, quand même tout son argent périrait; la raison en est que tout le numéraire en circulation ne peut pas se perdre; ainsi il sera toujours obligé de remplir son engagement, même lorsque l'obligation du vendeur de livrer le corps certain vendu aurait cessé par la perte de cet objet sans sa faute; l. 34, §. 6, ff. *de contr. empt.*

SECTION VII.

De l'Action en nullité ou Rescision des conventions.

Il y a quatre manières d'anéantir ou de diminuer les obligations : la première, en les exécutant et en s'en acquittant, soit pour le tout, comme fait celui qui paye une somme qu'il doit, soit en partie, s'il ne fait qu'un payement partiel à compte; la seconde, en substituant un deuxième engagement au lieu du premier, de sorte qu'il n'y ait que ce deuxième qui subsiste et que le premier soit anéanti; la troisième, s'il y a impossibilité d'acquitter l'obligation, soit par suite de la perte du corps certain qui en fait l'objet, soit par la réunion sur la même tête des deux qualités incompatibles de créancier et de débiteur; enfin la quatrième manière d'éteindre les obligations a lieu lorsqu'on fait déclarer en justice l'engagement nul, ou qu'on le fait rescinder pour le tout, comme si c'est un prêt fait à un mineur dont aucune partie de la somme prêtée n'a été employée utilement, ou qu'on fait rescinder pour partie, s'il n'y a eu qu'une partie du prêt qui ait tourné à son profit.

Les payemens et les compensations qui sont des payemens réciproques sont de la première espèce; les novations et délégations sont de la seconde; l'extinction de la dette par suite de la confusion et de la perte de la chose due sont de la troisième, et enfin les rescisions et demandes en nullité sont de la quatrième.

Les rescisions et nullités des obligations sont donc des manières de les éteindre résultant d'un jugement qui a déclaré l'engagement nul, ou qui l'a rescindé en remettant les parties au même état qu'elles étaient avant l'engagement, soit pour le tout, soit pour partie.

Il y a cette différence entre toutes les autres manières d'anéantir ou de diminuer les obligations et celles qui font la matière de cette section, que toutes les autres font cesser les obligations sans donner aucune atteinte à leur validité; au lieu que les actions en rescision ou demandes en nullité, attaquent la validité des engagemens, et les annullent ou y font les changemens qui peuvent être justes.

322. On entend par rescision le bénéfice que les lois accordent à ceux qui se plaignent de quelque dol, de quelque erreur, de quelque violence, etc., qui les ont entraînés à consentir à des actes ruineux, et en vertu duquel ils sont remis au même état où ils étaient avant ces actes; L. 1, ff. *de in in-*

tegrum restitutionibus L'action en nullité est fondée sur le défaut des formes requises à peine de
nullité, lequel rend l'acte nul et le fait regarder
comme non avenu; art 1339, c. c.

On voit au chapitre 4, titre 5, de notre traité sur
l'état des personnes, que les nullités se divisent en
absolues et *relatives;* que les premières, intro-
duites pour le bien public, peuvent être propo-
sées par toutes personnes y ayant intérêt, ainsi que
par le ministère public; qu'elles ne se couvrent
jamais; que les secondes, établies en faveur de
certains particuliers, ne sont proposables que par
ceux-ci, et qu'elles sont sujettes à la prescription.

323. L'action en rescision ou en nullité est
prescrite par l'espace de dix ans, à moins que la
loi n'ait fixé un plus court terme : par exemple,
l'action en lésion dans la vente d'un immeuble
ne dure, pour un majeur, que deux ans, à partir du contrat; l'action en nullité du mariage
pour défaut de liberté de l'un des époux ou
pour cause d'erreur sur la personne, ne dure que
six mois depuis la découverte de l'erreur ou la
cessation de la violence, s'il y a eu cohabitation
continuée pendant ces six mois; art. 1676, 180 et
181, c. c.

Le temps de la prescription des actions res-
cisoires ou en nullité, ne court, dans le cas de
violence, que du jour où elle a cessé; dans le
cas d'erreur ou de dol, que du jour où ils ont
été découverts; et pour les actes passés par les
femmes mariées non autorisées, que du jour de
la dissolution du mariage.

Pendant que dure la violence, l'action ne peut
pas se prescrire, parce qu'on ne peut pas agir;
la violence que l'on continue d'éprouver est un

obstacle à l'action. On ne peut aussi demander la rescision des actes pour cause d'erreur ou de dol, qu'après qu'ils ont été découverts; on ne peut invoquer des moyens de rescision que l'on ignore avoir.

Quant à la femme mariée, on ne peut regarder comme approbation tacite valable, que celle qui résulte du temps écoulé depuis la dissolution du lien conjugal; jusqu'alors l'incapacité civile dans laquelle elle se trouve empêche qu'elle ne puisse approuver, ni tacitement, ni expressément; l'approbation serait affectée du même vice que l'acte approuvé : ne pouvant donner aucun consentement valable, sans l'autorisation du mari ou de justice, celui que l'on induirait du défaut d'action pendant les dix ans, ne pourrait produire aucun effet.

Relativement aux actes faits par un interdit, le délai ne court que du jour où l'interdiction a cessé ; quant à ceux passés par un mineur, que du moment qu'il est devenu majeur; la raison en est simple, leur incapacité dure tant que l'obstacle n'est pas levé; or il ne l'est pour le premier que du jour de la sentence qui brise le lien de l'interdiction, art. 512, c. c.; et pour le second, que du jour de sa majorité; art. 388 et 488, c. c. : on ne peut donc regarder comme approbation tacite, que ce qui se passe depuis qu'ils sont capables de contracter.

324. Toutes sortes de personnes sont restituées en entier, pour cause d'erreur substantielle, de violence grave et de dol caractérisé; mais le vice de la convention pour cause de lésion ne peut être invoqué par celui qui a contracté en majorité, que de la part du vendeur

d'un immeuble, et il faut même pour céla que la différence entre le prix reçu et la valeur réelle du fonds soit de plus de sept douzièmes, art. 1674, c. c., ou en matière de partage, par celui qui a été lésé de plus du quart, art. 887, c. c.

325 Au contraire, les mineurs non émancipés peuvent se faire restituer contre toutes sortes de contrats dans lesquels ils ont été lésés, quelque modique que soit la lésion, et les mineurs émancipés sont aussi restitués pour la plus faible lésion, relativement aux actes qui passent les bornes de la capacité résultant de l'émancipation; ainsi ils obtiennent la rescision, pour simple lésion, de tous actes qui dépassent les limites d'une simple administration, art. 481, c. c.

Quant aux actes qui sont dans les termes de leur capacité, ils ne sont restituables que de la même manière que les majeurs le seraient, dit art. 481 à la fin.

La restitution des mineurs est fondée sur la faiblesse de leur âge, et sur le peu de fermeté de leur conduite, résultant du défaut d'expérience et de la connaissance des affaires; c'est pour cela qu'elle est indépendante de la bonne ou mauvaise foi de ceux qui ont traité avec eux, et elle a lieu soit qu'ils ayent été trompés ou qu'ils se soient trompés eux-mêmes : *non omnia quæ minores gerunt irrita sunt, sed ea tantùm, quæ causâ cognitâ ejusmodi deprehensa sunt; ut si ab aliis circumventi, vel suâ facilitate decepti, aut quod habuerunt amiserunt, aut quod acquirere emolumentum potuerunt, omiserunt, aut se oneri quod non suscipere licuit, obligaverunt;* l. 44 et l. 1, ff. *de minoribus.*

326. Il suit de ce principe que le mineur n'est pas restituable pour cause de lésion, lorsqu'elle ne résulte que d'un événement casuel et imprévu lors de l'acte. Il n'est plus alors victime de la surprise d'autrui, ni de sa propre faiblesse, mais c'est un coup du sort qu'il doit supporter avec résignation. J'échange avec lui un cheval contre le sien; celui qu'il a reçu périt par l'effet d'une maladie dont il n'existait aucun germe, au moment des traditions respectives; il doit supporter cette perte, c'est ici *vis divina quœ neque prœvideri neque averti potest. Item non restituetur, qui sobriè rem suam administrans, occasione damni non inconsultè accidentis, sed fato velit restitui : nec enim eventus damni restitutionem indulget, sed inconsulta facilitas;* l. 11, §. 3 et 4, ff. *de minoribus;* l. 1, §. 11, ff. *de magistr. conveniendis.*

327. Quoique le mineur ait déclaré qu'il était majeur, cette simple déclaration n'empêchera pas qu'il ne soit restitué contre l'acte par lequel il est lésé; on la ferait insérer dans tous les actes passés avec un mineur, si elle pouvait empêcher la restitution; celui qui est assez faible ou assez ignorant pour consentir à un acte qui lui porte préjudice, ferait sans difficulté cette déclaration. Mais s'il produisait un faux acte de naissance qui ne fût point contredit par l'apparence physique de sa personne, et duquel il résultât qu'il est majeur, il ne serait pas restitué; ce ne serait plus ici, une simple déclaration de majorité, mais une manœuvre coupable employée pour tromper quelqu'un : *errantibus autem non fallentibus minoribus publica judicia succurrunt;* c'est au reste ce qui résulte de l'art. 1310, c. c.

328. Le mineur banquier, commerçant ou artisan, ne peut point invoquer le bénéfice de restitution contre les engagemens qu'il a pris à raison de son commerce et de son art; pourvu néanmoins qu'il soit émancipé et qu'il ait été autorisé à faire le commerce par son père, ou par sa mère, si le père était mort ou dans l'impossibilité de donner son autorisation, ou par délibération du conseil de famille homologuée par le tribunal civil, à défaut des père et mère; et pourvu que l'acte d'autorisation ait été enregistré et affiché au tribunal de commerce du lieu où le mineur a établi son domicile; art. 487 et 1308, c. c , et art. 2, c. de comm. : ici le bien du commerce qui fait la richesse du royaume l'emporte sur les priviléges de la minorité qui ne doivent jamais tourner au détriment du corps social.

329. Le mineur n'est point restituable contre les engagemens portés en son contrat de mariage, lorsqu'il a été assisté et autorisé de ceux du consentement desquels il a besoin pour former l'union conjugale, parce qu'alors la surprise n'est plus présumable; d'un autre côté, on aurait interdit aux mineurs le mariage si utile à la société, s'ils pouvaient être restitués contre les engagemens portés dans leurs contrats : en effet personne ne voudrait former avec eux cette union, si on ne trouvait pas dans la loi sureté entière pour les pactes matrimoniaux.

330. Dans les crimes et les délits la minorité peut bien être un motif de modérer les peines, modération qui n'a même lieu chez nous qu'en faveur des mineurs au-dessous de seize ans, art. 66, 67, 68 et 69, cod. des délits et des peines

de 1810; mais l'état de minorité n'empêche pas que le coupable ne soit condamné au dédommagement du mal qu'il a fait, il n'est pas restitué contre les obligations résultant de son délit; ici il n'a pas été trompé, il n'est même plus victime de sa propre faiblesse, il a causé du dommage sciemment et par dol; il ne peut donc pas invoquer le secours des lois dans l'instant même qu'il enfreint volontairement leurs défenses : *et placet in delictis minoribus non subveniri.......* *nam si furtum fecit, vel damnum injuriâ dedit, non ei subvenietur;* l. 9, §. 2, versic. *et placet,* ff. *de minoribus;* l. 57, §. 1 eodem; l. 1, cod. *si adversùs delicta.*

Quoique le dommage causé par son quasi-délit soit moins odieux, parce qu'il n'y a alors que faute plus ou moins grave sans volonté de nuire; cependant il ne sera pas restitué contre les obligations qui résultent de son quasi-délit, parce que le dommage causé par la faute de quelqu'un doit tomber sur son auteur et non sur le malheureux qui est victime de l'imprudence du mineur; ici ce n'est plus lui qui est lésé, c'est celui qui souffre qui a éprouvé la lésion.

331. Le mineur n'est pas non plus restitué contre les obligations qui résultent d'un quasi-contrat provenant du fait d'autrui, parce que cette obligation se forme indépendamment du consentement; elle naît d'un fait que l'équité rend obligatoire; il ne peut donc pas dire qu'il a donné son consentement par surprise : ainsi, lorsqu'on a géré ses affaires à son insu, il sera obligé de rembourser les dépenses utiles et nécessaires que le gérant a faites pour lui, sans qu'il puisse in-

voquer le bénéfice de la minorité, l'équité s'opposant à ce qu'il s'enrichisse aux dépens d'autrui; l. 14, ff. *de condict. indebiti.*

332. On lui refuse encore le bénéfice de restitution contre le défaut d'acceptation et transcription des donations qui lui sont faites; contre le défaut de transcription des actes contenant des substitutions faites à son profit par son aïeul ou aïeule, ou son oncle ou sa tante; contre le défaut d'inscription de ses hypothèques autres que l'hypothèque légale sur les fonds de son tuteur, sauf son recours, dans tous ces cas, contre celui-ci, sans qu'il puisse être restitué, lors même que le tuteur serait insolvable : l'avantage du public qui a intérêt à connaître les donations, substitutions et hypothèques, est préférable aux priviléges des mineurs; art. 942, 1070, c. c. L'art. 2135, n° 1°, ne dispensant de l'inscription que les hypothèques des mineurs et interdits contre leurs tuteurs, pour raison de la gestion de la tutelle, les soumet donc à cette formalité pour les autres hypothèques, à peine d'exclusion des ordres et sans espoir de restitution.

333. La voie de restitution est aussi fermée à un mineur contre l'obligation qu'il avait contractée en minorité, lorsqu'il l'a ratifiée après être devenu majeur; et cette disposition de la loi est applicable soit que l'acte fût nul en la forme, soit qu'il donnât seulement lieu à l'action en rescision.

Le mineur, en ratifiant après sa majorité l'acte passé pendant qu'il était mineur, approuve cet acte; et cette approbation donnée dans un âge où il est capable de contracter le rend non-recevable à l'attaquer, parce qu'à l'époque de la ratification qui a été libre de sa part, on ne peut plus croire qu'il a été trompé, ou qu'il s'est trompé lui-même, la loi présumant, d'après ce qui arrive le plus ordinairement, que les majeurs ont assez de maturité de raison pour savoir ce qu'ils font et pour n'être plus exposés aux surprises. D'ailleurs, la ratification est un nouveau contrat fait dans un temps où son incapacité n'existe plus, et qui renferme tout ce qui est requis pour la perfection des contrats. *Et placet, ut est constitutum, si quis major factus comprobaverit quod minor gesserat, restitutionem cessare;* l. 3, §. 1, vers. *et placet*, ff. *de minoribus;* l. 1, §. 2, ff. *de auctor. et consensu tutorum;* l. 2, cod. *si major factus ratum habuerit.*

334. Pour que le mineur devenu majeur soit non-recevable à attaquer l'obligation passée en minorité, il n'est pas nécessaire qu'il l'ait ratifiée expressément, il suffit qu'il l'ait approuvée tacitement en l'exécutant après sa majorité : par exemple, si celui qui pouvait se faire relever d'une obligation qu'il avait contractée dans sa minorité, fait un payement après sa majorité, à son créancier, de tout ou partie de la dette, il ne peut plus demander la restitution.

Mais si un mineur qui, pendant sa minorité, se serait engagé dans une affaire chargée de beaucoup de détails, comme une succession, recevait, peu de temps après sa majorité, un payement de quelque créance de cette succession, soit pour en prévenir la perte ou pour en acquitter quelque dette pressante, on ne serait pas fondé à le repousser par une fin de non-recevoir; il pourrait au contraire être excusé, si les circonstances faisaient juger que ce qu'il a fait après sa

majorité était moins une approbation de la qualité d'héritier, qu'un acte nécessaire pour le bien
de l'hérédité; l. 3, §. 2, ff *de minoribus.*

Il faut suivre sur cette matière la distinction
admise par Cujas sur la loi 3, ff. *de minoribus :*
Si la chose est parfaite, ce que le mineur devenu
majeur exécute comme suite d'une chose parfaite
ne lui nuit point pour la restitution, parce qu'il
est dispensé de l'attention par rapport à une
chose qu'il trouve faite et qu'il ne fait que suivre;
mais il ne peut prétendre être restitué, lorsque
dans sa majorité il donne la perfection, la fin ou
la confirmation à une chose imparfaite, parce
qu'alors il est présumé l'approuver ou plutôt la
faire en majorité, ou tout au moins la perfec-
tionner ou achever à cette époque, à quoi il doit
prêter toute son attention.

335. Au reste, lorsque le mineur est lésé, il
est restitué contre un autre mineur; car la lésion
dans sa minorité doit le faire relever de son engagement, indépendamment de la qualité de la personne envers laquelle il s'oblige, et lors même
que sa restitution causerait de la perte à un autre
mineur : par exemple, si un mineur s'était rendu
caution du débiteur d'un autre mineur, il serait
restitué contre son cautionnement, quoique le
mineur créancier fût exposé à perdre sa créance, à cause de l'insolvabilité du débiteur principal.

Si les deux mineurs se trouvent lésés, sans
qu'il y ait eu aucun dol, ni d'un côté, ni de
l'autre, celui qui est dans les liens d'un engagement envers l'autre, dont l'exécution lui serait
nuisible, obtiendra sa restitution : par exemple,
si un mineur ayant emprunté de l'argent d'un

autre mineur, n'a plus cet argent et n'en a pas fait un emploi utile, il sera relevé de son obligation de le rendre, quoique l'autre en ressente de la perte; parce que dans tous les cas de cette nature, l'obligation du mineur pour une cause dont rien n'a tourné à son profit devant être annullée, la suite de la perte qui en arrive à l'autre mineur ne change pas son droit et ne rend pas valide son obligation; mais cette perte est considérée ou comme un cas fortuit, ou comme un événement que doit s'imputer celui qui a contracté avec un mineur. Cela est fondé sur ces principes : lorsque les causes sont égales, celle du possesseur est toujours la meilleure; les défendeurs sont plus favorables que les demandeurs; l. 125 et 128, ff. *de regulis juris. Proindè si ambo capti sint, verbi gratiâ minor minori pecuniam credit, et ille perdidit, melior est causa, secundùm Pomponium, ejus qui accepit, et vel dilapidavit, vel perdidit;* l. 11, §. 6, versic. *proindè;* et l. 34 princ , ff. *de minor.*

336. L'effet de la restitution étant de remettre les parties au même état qu'elles étaient avant l'acte, quand cela est possible, on doit en conclure que lorsque les mineurs, les interdits, les femmes mariées sont admis en ces qualités à se faire restituer contre leurs engagemens, ils doivent rembourser ce qu'ils ont reçu; rentrant en effet dans leurs droits, et recouvrant ce qu'ils avaient donné soit en principal, soit en intérêts ou fruits, ils sont aussi, de leur côté, tenus de remettre à leur partie adverse ce qui a pu tourner à leur profit ; l'équité s'oppose à ce qu'ils s'enrichissent aux dépens d'autrui; de sorte que la rescision ne doit produire à leur égard d'autre

résultat que de les faire rentrer dans leurs droits, leurs parties rentrant aussi dans les leurs, suivant l'étendue de l'effet que la rescision doit avoir. *Qui restituitur in integrum, sicut in damno morari non debet ita nec in lucro; et ideò quidquid ad eum pervenit vel ex emptione, vel ex venditione, vel ex alio contractu, debet restituere;* l. unique princ., cod. *de reput. quœ fiunt in judicio;* l. 24, §. 4, ff. *de minoribus;* mais il faut pour cela que 'ce qui a été payé en conséquence de l'engagement rescindé, pendant la minorité, l'interdiction et le mariage, ait tourné au profit des mineurs, interdits et femmes mariées; il faut que cela existe encore, ou qu'ils en ayent fait un emploi utile, autrement ils sont lésés par là même qu'ils ont dissipé ce qu'ils ont reçu; l'équité exige qu'ils tiennent compte de ce qui a été employé utilement soit en acquisitions de terres, soit pour payer leurs propres dettes. *Nam in pupillum non tantùm tutori, verùm cuivis actionem, in quantùm locupletior factus est, dandam Divus-Pius rescripsit;* l. 5 princ., ff. *de auctorit. tutorum;* l. 3 princ., ff. *commodati;* l. *in minoribus,* ff. *de solution ;* l. 10, cod. *de prædiis et aliis rebus minorum. Nam hoc naturâ œquum est,* dit la l. 14, ff. *de condic. indebiti, neminem cum alterius detrimento fieri locupletiorem.*

C'est à celui qui allégue que l'argent reçu par les personnes restituées a tourné à leur profit, à prouver son allégation, *ejus est probare qui allegat,* ces personnes étant présumées n'en avoir fait aucun emploi utile à cause de la faiblesse de leur raison; art. 1312, c. c., à la fin. *Nisi si tunc dederit, cùm eum perditurum non ignoraret;* l. 24, §. 4, ff. *de minoribus.*

Le mineur relève le majeur dans les choses indivisibles; art. 710, c. c. La restitution du mineur ne sert pas à ses cautions, art. 2012, c. c., si ce n'est lorsque la restitution a détruit la qualité en laquelle le mineur avait contracté.

337. La loi a établi des formes protectrices pour les mineurs et pour les interdits : elle les a placés sous la surveillance spéciale du ministère public; elle veut que les tribunaux interviennent dans les actes qui les intéressent le plus, tels que le partage des biens qui sont indivis entre eux et des majeurs, la vente de leurs immeubles. Lorsque ces formalités ont été remplies, on doit penser que leurs intérêts ont été valablement défendus ; qu'ils l'ont mieux été que si eux-mêmes les avaient défendus après leur majorité : c'est pourquoi la loi décide que lorsque les formalités requises à l'égard des mineurs et des interdits, soit pour aliénation d'immeubles, soit pour partage de succession, ont été accomplies, ils sont considérés, par rapport à ces actes, comme s'ils les avaient passés depuis la majorité, ou avant l'interdiction; ils ne peuvent donc les attaquer que dans les cas où des majeurs jouissant de leurs droits pourraient le faire. Il est quelquefois de l'intérêt des mineurs et interdits de sortir de l'état d'indivision; il leur est aussi souvent très avantageux de pouvoir vendre leurs immeubles pour payer leurs dettes pressantes : il faut donc que l'on puisse traiter en sureté à leur égard, autrement personne n'oserait contracter avec leurs administrateurs.

Si le tuteur a vendu les fonds du mineur sans observer les formes, la vente est nulle, mais c'est une nullité relative; c'est pourquoi les cautions et hypothèques données pour la garantie sont bonnes; l. 9, cod. *de prædiis et aliis rebus min. non alien.*

APPENDICE AU CHAPITRE V.

338. Outre les manières d'éteindre les obliga-tions qu'on a expliquées jusqu'ici, on peut encore placer au nombre des modes d'extinction de cer-taines obligations, la mort du créancier, celle du débiteur, les fins de non-recevoir, l'expiration d'un certain temps, et un consentement con-traire à celui qui leur avait donné l'existence.

Quoique régulièrement une obligation ne s'é-teigne pas par la mort du créancier, il y a néan-moins de certaines créances qui cessent d'exister par cette mort; telles sont celles qui ont pour objet quelque chose de personnel au créancier : par exemple, si je me suis obligé de vous prêter mon carrosse toutes les fois que vous le désirerez, il est évident que, si vous venez à mourir, votre créance sera éteinte et ne passera point à vos héritiers; art. 1122 à la fin, c. c.; mais si, faute de vous avoir prêté mon carrosse lorsque vous l'avez voulu, j'ai été condamné à des dommages-intérêts, vos héritiers seront fondés à me les faire payer, parce que ce n'est plus ici qu'une créance d'une somme d'argent, qui de sa nature passe aux héritiers.

La créance qui résulte d'une réparation d'in-jures s'éteint aussi par la mort du créancier qui n'a formé aucune plainte ni demande en justice tandis qu'il vivait; parce qu'on présume qu'il a pardonné l'injure, dès qu'il n'a intenté aucune action à cet égard avant de mourir.

Les rentes viagères constituées sur la tête du

créancier sont encore des obligations qui s'é-
teignent par sa mort, parce que le débiteur ne
s'est obligé de les payer que pendant la durée
de la vie du créancier, dont on doit justifier
par des certificats d'existence lorsqu'on demande
les arrérages; art. 1980 et 1982, c. c.; les héritiers du crédi-rentier viager sont cependant fondés à faire payer les arrérages échus jusqu'au
jour du décès, et même le terme d'avance qui
a dû être payé avant cette époque, en produisant l'acte de décès, pour établir qu'il n'est mort
que tel jour; dit art. 1980, c. c.

339. Il y a pareillement des obligations qui
s'éteignent par la mort du débiteur; telles sont
celles par lesquelles il s'est obligé à faire des
choses qui lui sont personnelles, comme quand
il s'est engagé pour être domestique pendant
vingt-cinq ans, et qu'il meurt auparavant, ou
pour servir de pilote sur un vaisseau, etc.; dit
art. 1122 à la fin, c. c. Si faute de satisfaire à son
obligation, le débiteur a été condamné à des
dommages et intérêts, l'action peut être exercée
contre ses héritiers, parce qu'il s'agit ici d'une
simple obligation de somme d'argent qui se transmet aux héritiers et contre eux; il n'est plus question
ici de quelque chose de personnel au débiteur;
or, à l'exception des faits personnels, les héritiers du débiteur sont tenus de remplir ses engagemens.

340. Il y a des causes qui empêchent que le
créancier ne soit écouté en justice, lorsqu'il veut
obliger le débiteur à exécuter sa promesse; ces
causes se nomment fins de non-recevoir, elles
ne détruisent pas l'engagement, mais elles le rendent inutile au créancier, parce qu'elles l'em-

pêchent d'intenter l'action qui en provient, et qu'elles font en outre présumer que l'obligation est acquittée.

On place parmi les fins de non-recevoir 1º l'autorité de la chose jugée; on en parlera en traitant la matière des présomptions légales, sect. 3, §. 1, du chapitre suivant; 2º le serment décisoire prêté par le débiteur sur la proposition du créancier; il est la matière de la section 5, §. 1, dudit chapitre; 3º enfin la prescription qui est une fin de non-recevoir qui dérive du laps de temps auquel les lois ont limité l'action qu'on peut exercer en vertu d'une obligation; elle est le sujet du dernier titre du code civil.

341. On peut aussi classer le temps parmi les manières d'éteindre certaines obligations : par exemple, si je me suis engagé de payer une somme chaque année, pendant vingt ans, je ne suis plus obligé de payer après l'expiration des vingt ans; parce que je n'ai pas voulu être obligé au-delà, et que l'on ne peut donner à mon obligation des limites plus étendues que celles qui ont été fixées par ma volonté; §. 3, inst. *de verb. obligat.*; l. 52, §. 3, ff. *de pactis.*

342. Les obligations qui se forment par le seul consentement, s'éteignent par un consentement contraire donné et reçu respectivement par les parties contractantes, lorsque le contrat n'est encore exécuté d'aucun côté; le consentement mutuel leur avait donné la vie, un consentement réciproque contraire peut la leur enlever : ainsi je vous ai vendu ma maison pour mille louis, je ne vous ai point encore livré la maison, ni vous, payé le prix stipulé; nous pouvons nous départir du contrat de vente, par une volonté contraire,

parce qu'il est naturel que chaque chose soit dissoute de la manière dont elle a été formée. *Nihil tam naturale est quàm eo genere quídquè dissolvere quo colligatum est : ideò...... nudi consensús obligatio contrario consensu dissolvitur;* l. 35, ff. *de regulis juris*, §. dernier aux institutes, *quibus modis toll. obligatio;* l. 58 au commencement, ff. *de pactis;* l. 1 et 2, cod. *quandò liceat ab emptione discedere.*

Si le contrat était déjà exécuté par la délivrance de la chose vendue ou le payement du prix, ce ne serait plus la dissolution du premier contrat, mais la formation d'un second qui résulterait du consentement contraire. *Quia eo modo non tam hoc agitur ut à pristino negotio discedamus quàm ut novæ quædam obligationes inter nos constituantur;* dict. l. 58, ff. *de pactis* à la fin; l. 1 et 2, cod. *quandò liceat ab emptione.*

CHAPITRE VI.

De la Preuve des obligations et de celle du payement.

345. Celui qui se prétend créancier doit faire la preuve du fait ou de la convention qui a produit l'obligation, si son adversaire le nie; de son côté, celui qui se prétend libéré doit justifier le payement ou le fait qui a produit l'extinction de l'obligation; cela est fondé sur ce principe que chacun doit prouver le fait qui sert de fondement à sa demande ou à son exception. *Ut creditor qui pecuniam petit numeratam, inplere cogitur, ita rursùm debitor qui solutam affirmat, ejus rei probationem præstare*

debet; l. 1, cod. *de probat.;* l. ult. *de solution!*
eodem. Pour la demande, cela est fondé sur ces
principes, *ei incumbit probatio qui dicit, non qui
negat; actoris est probare; reo non probante reus
absolvitur,* puisés dans les lois 2, 4, 6, 12 à la
fin; l. 15, 18, §. 1; l. 22, 23, 24, ff. *de probat.;*
et l. 12, cod. eodem; et pour les exceptions,
notre décision a pour base la maxime *reus excipiendo fit actor,* tirée de la loi 1re, ff. *de exceptionibus,* et des lois 9 et 19, ff. *de probat. et
præsumpt.;* et l. 18, §. 1 eodem.

On entend en général par preuves ce qui per-
suade, ce qui convainc l'esprit d'une vérité; et
comme il y a des vérités de différentes espèces,
il y a aussi diverses sortes de preuves : on a dans
les sciences la connaissance d'un grand nombre
de vérités sûres et immuables; mais il y en a
d'autres qu'on appelle vérités de fait, c'est-à-
dire de ce qui a été fait, de ce qui est arrivé;
comme, par exemple, si on soutient qu'un homme
a commis un vol ou un homicide; qu'un testament est faux; que dans un incendie, une chose
que l'on avait arrachée aux flammes a été déposée entre les mains d'un voisin qui nie le dépôt; qu'un possesseur d'un fonds en a joui pendant un certain temps; qu'une telle convention a
été formée.

Il y a cela de commun à toutes les différentes
sortes de vérités, que la vérité n'est autre chose
que ce qui est, et que connaître une vérité, c'est
simplement savoir si une chose est ou n'est pas,
si elle est telle qu'on dit ou si elle est différente;
mais les preuves qui conduisent à la connaissance des vérités dans les faits, sont bien différentes de celles qui établissent les vérités qu'on

enseigne dans les sciences; toutes les vérités qu'on peut connaître dans les sciences, ont leur nature fixe et invariable; et elles sont toujours les mêmes nécessairement et indépendamment du fait des hommes et de toutes sortes de changemens : ainsi leurs preuves se tirent de leur nature même, et on les connaît, ou par leur propre évidence, si ce sont des premiers principes, et des vérités claires par elles-mêmes; ou si elles dépendent ou découlent d'autres vérités, comme des conséquences de leurs principes, leurs preuves consistent dans l'enchaînement qui les lie entre elles et qui les fait connaître les unes par les autres avec le secours du raisonnement, lorsqu'elles sont des suites nécessaires les unes des autres.

Mais dans les faits qui pouvaient arriver ou ne pas arriver, comme dépendant de causes dont les effets sont incertains, ce n'est pas par des principes sûrs et immuables, d'où dépendait ce qui est arrivé, qu'on peut les connaître, mais il faut recourir à d'autres voies pour découvrir cette sorte de vérité; les preuves des faits ne sont en quelque sorte que des présomptions : par exemple, on s'en rapporte à la déposition uniforme de deux témoins non reprochables, parce qu'on présume de leur bon sens qu'ils ne se sont pas trompés, et de leur probité qu'ils ne trompent point, le contraire cependant n'est pas impossible; on s'en réfère aux écrits, parce qu'on les croit vrais, il y en a néanmoins de faux.

344. Quant à l'existence des conventions ou celle de la libération, la loi reconnaît plusieurs moyens de les établir; elle admet la preuve littérale, la preuve testimoniale, les présomp-

tions, l'aveu de la partie, et le serment. Elles font la matière du présent chapitre qui est divisé en cinq sections, dont la première traite de la preuve littérale; la seconde de la preuve testimoniale; la troisième des présomptions; la quatrième de l'aveu de la partie, et la cinquième du serment.

La preuve en général peut être définie une conséquence légitime, qui résulte d'un fait évident dont la certitude fait conclure qu'un autre fait dont on ignorait l'existence est véritable ou non.

De la Preuve littérale.

345. Les preuves par écrit sont celles qu'on tire de quelque acte écrit, comme d'un contrat, d'un testament ou autre écrit qui renferme la vérité du fait dont il s'agit, *quibus causa instrui potest;* l. 1, ff. *de fide instrumentorum.*

On rédige par écrit les conventions, les testamens et autres actes pour conserver la preuve de ce qui a été fait par le témoignage des personnes mêmes qui y expriment leur intention. *Fiunt enim de his scripturœ, ut quod actum est per eas faciliùs probari possit;* l. 4, ff. *de fide instr.;* l. 4, *de pignor.* eodem.

La force des preuves par écrit consiste en ce que les hommes sont convenus de conserver par l'écriture le souvenir des choses qui se sont passées, et dont ils ont voulu faire subsister la mémoire, soit pour s'en faire des règles, soit pour y avoir une preuve perpétuelle de la vérité de ce qu'on écrit: ainsi on rédige par écrit les conventions, pour perpétuer la mémoire de ce qu'on s'est prescrit en contractant, et pour se faire une loi fixe et immuable de ce qui a été convenu.

346. Les actes écrits sont ou authentiques, ou sous seing privé, ou originaux, ou copies, ou primordiaux, ou récognitifs et confirmatifs.

On sent assez combien l'écriture est nécessaire pour conserver le souvenir des conventions, des testamens et des autres actes de toute espèce, et qu'il ne peut y en avoir de meilleure preuve, puisque l'écrit conserve invariablement ce qu'on lui confie, et qu'il atteste l'intention des personnes par leur signature, qui est leur propre témoignage. Mais comme toutes les personnes n'ont pas l'usage de l'écriture, on a établi pour celles qui ne savent pas écrire, des officiers publics appelés notaires, dont la fonction est telle que les contrats signés ou de deux notaires, ou d'un notaire et de deux témoins, font entre les contractans une preuve légitime et complette de la vérité de ce qui est écrit. Relativement aux personnes qui savent écrire, le ministère des notaires n'est forcé que pour certains actes, tels que les donations entre-vifs, les hypothèques, etc., article 931, 2127, code civil; quant aux actes qui peuvent se faire sous seing privé, elles ne sont pas obligées d'employer ces officiers, mais elles ont la faculté de le faire pour jouir des avantages attachés par la loi aux actes authentiques.

347. De ce qui précède il résulte qu'il y a deux sortes de titres, le titre authentique et celui sous seing privé. Le premier prouve deux faits : l'un, que l'acte a été passé entre les personnes qui y sont dénommées, dans le temps et le lieu y désignés; l'autre, que leurs intentions y sont

vraiment exprimées. Le second acte ne fait pas
foi de sa date contre les tiers; art. 1328, c. c.

Cette section est divisée en cinq paragraphes :
dans le premier on parle du titre authentique;
dans le second, de l'acte sous seing privé; dans
le troisième, des tailles; dans le quatrième, des
originaux et copies; dans le cinquième, des actes
peimordiaux, récognitifs et confirmatifs.

§. Ier.

Du Titre authentique.

348. L'acte authentique est défini par la loi,
celui qui a été reçu par des officiers publics
ayant le droit d'instrumenter dans le lieu où
l'acte a été rédigé, et avec les solennités requises.

Il y a trois sortes d'actes authentiques : les
actes judiciaires, les actes administratifs, et les
actes notariés.

Les premiers sont les jugemens rendus entre
des plaideurs, par des magistrats institués à vie
par le roi, pour décider les contestations qui s'é-
lèvent entre les hommes, et pour donner l'authenticité aux conventions que les parties passent
en jugement; ces conventions sont aussi comprises sous le nom d'actes judiciaires, ainsi que
tous les actes que la loi autorise le greffier de
recevoir, tels que les réceptions de cautions, etc.

Les actes administratifs sont ceux qui sont
reçus par les administrateurs de département,
d'arrondissement et de communes, dans les limites de leur compétence. On peut encore mettre
dans cette classe les actes des différens ministres
qui sont les chefs de l'administration, ainsi que

ceux de toutes les administrations ou régies qui travaillent sous les ordres des ministres, relativement aux choses confiées à leurs soins.

Les administrateurs sont des officiers publics nommés pour un temps, comme les maires, ou révocables au gré du roi, tels que les ministres et préfets, qui sont chargés de tout ce qui concerne l'administration publique, sous la direction du gouvernement.

Les actes notariés sont ceux qui sont reçus par deux notaires, ou un notaire et deux témoins.

Les actes notariés étant les titres authentiques les plus communs en matière de contrats, on va donner ici les dispositions principales de la loi du 25 ventôse an 11 sur le notariat.

349. Elle déclare par l'art. 1er que les notaires sont des fonctionnaires publics établis pour recevoir tous les actes et contrats auxquels les parties doivent ou veulent donner le caractère d'authenticité attaché aux actes de l'autorité publique, et pour en assurer la date, en conserver le dépôt, en délivrer des grosses ou expéditions. La loi dit *auxquels les parties doivent ou veulent donner l'authenticité*, parce qu'il y a des actes, comme nous l'avons vu, qui doivent nécessairement être reçus par des notaires, à peine de nullité; il y a au contraire des contrats, tels que la vente, le louage, etc., à qui les parties peuvent à leur gré faire donner ou non le caractère de l'authenticité.

350. Pour assurer l'indépendance de leurs fonctions, l'art. 2 de la loi précitée les déclare institués à vie, et l'art 5 décide dans l'intérêt des citoyens pour lesquels ils sont établis, qu'ils ne

peuvent refuser leur ministère quand ils en sont requis.

Ils sont établis de distance en distance, pour la plus grande commodité des Français qui en ont besoin; c'est pourquoi l'art. 4 leur ordonne de résider dans le lieu qui est fixé par le gouvernement, sous peine d'être considérés comme démissionnaires.

Il y en a de trois classes : ceux de la première ont le droit d'exercer leurs fonctions dans tout le ressort d'une cour royale, ils doivent résider dans la ville qui est le siége de la cour; ceux de la seconde ont un pouvoir circonscrit par les limites du tribunal de première instance, ils doivent avoir leur domicile dans la ville où est établi ce tribunal; ceux de troisième classe exercent leurs fonctions dans toute l'étendue de la justice de paix où est située la commune de leur résidence.

Il leur est défendu, sous peine de suspension pendant trois mois, pour la première fois, et de destitution en cas de récidive, d'instrumenter hors de leur ressort, et dans tous les cas, à peine des dommages et intérêts que les parties souffriraient du défaut de l'authenticité de l'acte.

Les fonctions de notaires sont incompatibles avec celles de juges, de procureurs du roi et autres membres du ministère public, de greffiers, avoués, huissiers, préposés à la recette des contributions directes et indirectes, juges de paix, greffiers et huissiers des justices de paix, commissaires de police et huissiers-priseurs.

351. Les notaires sont institués par le roi, et ils obtiennent de sa majesté une commission qui énonce le lieu fixé de la résidence. Pour être ad-

mis au notariat, il faut jouir des droits de citoyen, être âgé de vingt-cinq ans accomplis, justifier du temps de travail ou stage exigé par la loi, qui est de six années, dont une des deux dernières, au moins, comme premier clerc d'un notaire d'une classe égale à celle où l'on aspire; quatre ans suffisent si on a travaillé chez un notaire d'une classe supérieure pendant trois ans, et un an comme premier clerc, chez un notaire d'une classe égale ou supérieure. Celui qui a exercé dans une classe inférieure, et qui désire passer dans une supérieure, ne doit justifier d'aucun stage depuis sa réception dans la classe inférieure, parce que le travail fait pour son compte lui a procuré la même habitude des affaires que celui qu'il aurait fait chez autrui, et que d'ailleurs son intelligence et ses connaissances sont établies par le certificat délivré par la chambre des notaires du lieu où il a été reçu lors de sa première admission.

Deux années de stage chez un notaire sont suppléées par deux ans d'exercice comme avocat ou avoué près un tribunal.

Le travail devra être augmenté d'un tiers en sus, quand on demandera d'entrer dans une classe supérieure à celle du notaire chez qui a travaillé l'aspirant.

Ce temps de stage n'est exigé que pour les notaires de première et seconde classes; pour ceux de troisième classe, il leur suffit d'avoir travaillé trois ans chez un notaire de première ou seconde classe, ou qu'ils y ayent travaillé un an, et qu'ils ayent exercé pendant deux ans auparavant, comme avocat ou avoué près un tribunal.

L'aspirant doit obtenir de la chambre de dis-cipline des notaires du ressort dans lequel il veut être reçu, un certificat de moralité et de capacité qui ne peut être délivré qu'après que la chambre aura fait parvenir au procureur du roi l'expédition de la délibération qui l'aura accordé. Ces précautions sont prises pour que les fonctions de notaires qui exigent tant de probité et tant de talens, ne soient pas occupées par des hommes sans délicatesse et sans instruction.

La loi ne veut pas que les membres de la chambre agissent par caprice ou dans l'intention d'éloigner un sujet dont les connaissances supérieures aux leurs pourraient leur faire craindre la perte de leurs cliens; c'est pourquoi elle veut que les motifs de refus du certificat soient exprimés dans la délibération prise à cet égard.

Le notaire qui a reçu sa commission du roi, ne peut exercer qu'après avoir prêté, dans les deux mois de sa nomination, devant le tribunal de première instance de son arrondissement, serment de fidélité au roi, d'obéissance aux lois du royaume, à la charte constitutionnelle donnée par le roi à son peuple, et de bien remplir ses fonctions; et qu'après avoir déposé sa signature et son paraphe au greffe de chaque tribunal de première instance de son département, et au secrétariat de la municipalité de sa résidence. S'il s'agit d'un notaire établi dans une ville, siége d'une cour royale, il devra en outre déposer sa signature aux greffes des autres tribunaux de première instance du ressort de la cour; c'est afin que l'on puisse la comparer avec celle qui se trouve sur des actes produits comme reçus par tel notaire; art. 5, 6, 7, 8,

55, 36, 37, 38, 39, 40, 41, 43, 44, 45, 47, 48, 49, l. 25 ventôse an 11.

Les notaires ne peuvent être destitués ou sus-pendus qu'en vertu d'un jugement prononcé par le tribunal civil de leur résidence ; art. 53, dite loi. Ils sont assujettis à un cautionnement af-fecté à la garantie des condamnations pronon-cées contre eux pour abus et prévarications dans leurs fonctions ; art. 33, même loi.

352. Après avoir parlé des qualités et condi-tions requises pour exercer le notariat, et du pouvoir des notaires, il nous reste à nous entre-tenir des formes des actes notariés, et des pré-cautions adoptées par la loi pour leur conserva-tion.

Pour empêcher les faux auxquels on se prête plus difficilement, quand il s'agit de favoriser des étrangers, que lorsqu'il est question de pa-rens très proches, la loi déclare que les notaires ne peuvent recevoir des actes dans lesquels leurs parens ou alliés en ligne directe à tous les de-grés, et en collatérale jusqu'au degré d'oncle ou de neveu inclusivement, seraient parties, ou qui contiendraient quelque disposition en leur fa-veur : le tout à peine de nullité.

Toujours pour éviter les faux, que l'on com-met moins aisément lorsqu'à cet effet on a be-soin du concours de plusieurs individus qui par leur position personnelle présentent des garan-ties à la société, la loi veut que les actes soient reçus par deux notaires, ou par un notaire assisté de deux témoins, citoyens français, sa-chant signer, et domiciliés dans l'arrondisse-ment communal où l'acte sera passé : le tout à peine de nullité.

Toujours dans les mêmes vues, la loi décide que des notaires parens ou alliés en ligne directe à l'infini, ou en ligne collatérale au degré d'oncle et neveu, ne peuvent concourir au même acte, ni prendre pour témoins des personnes parentes ou alliées aux mêmes degrés soit des parties, soit des notaires, ni des personnes sur lesquelles ces derniers ont de l'influence, tels que leurs clercs et leurs serviteurs : le tout à peine de nullité.

Il faut que les notaires connaissent les parties par eux-mêmes ou par le témoignage et attestation de personnes dignes de foi, connues du notaire ; autrement un individu sans probité pourrait tester, ou contracter des obligations sous le nom d'autrui, et d'impudens faussaires pourraient s'emparer par ce moyen des successions et fortunes de leurs concitoyens ; c'est pour ces motifs que la loi exige que le nom, l'état et la demeure des parties soient connus des notaires, ou qu'ils leur soient attestés dans l'acte par deux citoyens connus d'eux, et ayant les mêmes qualités que celles exigées dans les témoins instrumentaires. L'omission de ces précautions n'emporte pas la nullité de l'acte, parce qu'une convention volontairement consentie entre des parties n'est pas nulle, faute par le notaire de s'être assuré de l'identité, sauf l'action de faux de la part de celui dont le nom a été usurpé, si cela a été fait.

Pour que l'on puisse reconnaître si celui qui a reçu un acte en qualité de notaire a réellement cette qualité, la loi veut que tous les actes énoncent les noms et lieu de résidence du notaire qui les reçoit, à peine de 100 fr. contre le notaire contrevenant.

Comme il n'y a d'acte authentique que celui qui est reçu par l'officier public dans le lieu où il a droit d'instrumenter, art. 1317, c. c., pour que l'on sache s'il avait ce droit dans le lieu où l'acte a été passé, il faut que le notaire exprime le nom de cet endroit dans l'acte.

Les notaires doivent également énoncer les noms des témoins instrumentaires, leur demeure, l'année et le jour où les actes sont reçus.

Les actes des notaires sont écrits en un seul et même contexte, lisiblement; il faut pouvoir les lire, puisque leur contenu doit servir de règle aux parties. Ils doivent être écrits sans aucunes abréviations, pour qu'il ne s'élève pas de procès sur la manière de les interpréter; sans blanc, ni lacune ou intervalle, pour qu'on ne puisse pas, en l'absence de quelques parties, et par suite sans le consentement de celles-ci, ajouter des clauses aux contrats, et des dispositions aux testamens. Pour que l'on ne puisse pas confondre un des contractans avec une autre personne, ils doivent contenir les noms, prénoms, qualités et demeures des parties; au moyen de ces indications, la confusion est presque impossible; il arrive bien rarement que deux personnes ayent tout à la fois le même nom, le même prénom, le même état et la même demeure. On doit par la même raison en faire autant à l'égard des personnes appelées pour attester les qualités que prennent ceux qui veulent contracter. Comme il est plus aisé de substituer un chiffre à un autre qu'une lettre à une autre lettre, les sommes et les dates doivent être écrites

en toutes lettres. Pour que les mandans ne puissent pas un jour soutenir que ceux qui ont contracté en leur nom n'avaient aucun pouvoir, ou
que les pouvoirs étaient insuffisans, on veut que
les procurations des contractans soient annexées
à la minute. On doit lire cette minute pour que
les parties puissent s'assurer que leurs volontés
ont été parfaitement exprimées, et la loi considère cette formalité comme très importante, puisqu'elle exige que l'on en fasse mention dans l'acte.
Toutes les dispositions de la loi contenues dans
cet alinéa sont prescrites sous peine de 100 fr.
d'amende contre le notaire contrevenant.

Les actes doivent être signés par les parties,
les témoins et les notaires qui sont tenus d'en
faire mention à la fin de l'acte, à peine de nullité; c'est en effet ces signatures qui servent de
clôture et de complément à l'acte.

Quoique la loi du 25 ventôse an 11, art. 14,
paraisse exiger, à peine de nullité, la mention
même de la signature du notaire, cependant un
avis du conseil d'état, du 16 juin 1810, approuvé
le 20 du même mois, porte que les actes des notaires ne sont pas nuls faute de contenir la mention
qu'ils ont été signés par ceux-ci, pourvu qu'ils les
ayent réellement signés; que la nullité ne s'applique
qu'au défaut de mention des signatures des parties
et des témoins qui doivent être certifiées véritables,
parce qu'elles n'ont aucun caractère authentique,
mais qu'elle n'est pas applicable à celle des notaires
qui est publique et qui est la certification des autres.

Si les parties ne peuvent ou ne savent signer,
le notaire doit aussi, à peine de nullité, faire
mention à la fin de l'acte de leurs déclarations à
cet égard.

La loi 17, cod. *de fide instrumentorum*, disait déjà que les conventions par-devant notaires n'étaient accomplies qu'après que les parties et notaires avaient signé : *non aliter vires habere sancimus, nisi instrumenta in mundum recepta, subscriptionibus partium confirmata, et si per tabelliones conscribantur, etiam ab ipso completa.*

Pour empêcher que l'on ne puisse ajouter des renvois et apostilles en l'absence des parties, et changer ou altérer par là leurs conventions et dispositions, les augmenter ou diminuer, la loi veut que les apostilles et renvois soient signés ou paraphés tant par les notaires que par tous les autres signataires. Pour que l'on puisse voir d'un seul coup d'œil le renvoi et la partie de l'acte auquel il se rapporte, elle exige que les renvois soient écrits en marge, excepté dans le cas où leur longueur exige qu'ils soient transportés à la fin, auquel dernier cas ils doivent être non-seulement signés ou paraphés, mais encore expressément approuvés par les parties : le tout à peine de nullité des renvois et apostilles.

Toujours pour éviter les changemens, les additions dans les actes en l'absence de quelques-unes des parties, la loi déclare qu'il ne doit y avoir ni surcharge, ni interligne, ni addition dans le corps de l'acte, et que les mots surchargés ou ajoutés sont nuls.

Pour que l'on ne puisse pas rayer des mots en l'absence des parties, et altérer par là leurs conventions et dispositions, on veut que les mots soient rayés de manière qu'on puisse en constater le nombre à la marge de leur page correspondante, ou à la fin de l'acte, et que cette mention du nombre de mots rayés soit approuvée de la manière expliquée ci-dessus pour les renvois écrits en marge; le tout à peine d'une amende de 50 fr. contre le notaire, ainsi que de tous dommages-intérêts, si la radiation en a causé à l'une des parties, même de destitution s'il a agi volontairement et par fraude.

Pour propager le nouveau système métrique et le calcul décimal, la loi enjoint aux notaires, sous peine de 100 fr. d'amende, et du double en cas de récidive, d'employer dans leurs actes les mesures nouvelles et la numération décimale.

Il est défendu aux notaires, sous peine des dommages et intérêts des parties, de recevoir les actes des interdits, et des personnes pourvues d'un conseil judiciaire, non assistées de ce conseil; et pour que les parties ne soient pas exposées à cet égard, ils doivent avoir, sous la même peine, sur un tableau exposé dans leur étude, les noms, prénoms, qualités et demeure de ces personnes, ainsi que la mention des jugemens d'interdiction ou de nomination de conseil. Les renseignemens à cet égard leur sont transmis par le secrétaire de la chambre de discipline qui les puise dans les extraits des jugemens remis à cet effet par les personnes qui les ont provoqués; décret du 16 février 1806 sur le tarif des dépens.

353. Pour que les parties ne puissent pas se soustraire à l'exécution de leurs obligations en supprimant les actes qui les contiennent, que d'un autre côté on puisse les retrouver, si les expéditions périssaient par quelque accident, la loi veut que les notaires gardent, à peine de nullité, minute de tous les actes qu'ils reçoivent.

On en excepte néanmoins les certificats de vie, procurations, actes de notoriété, quittances de fermages, de loyers, de salaires, arrérages de pension et rentes, et autres actes simples qui, d'après les lois, peuvent être délivrés en brevet.

Le droit de délivrer des grosses et expéditions n'appartient qu'au notaire possesseur de la minute ; cependant tout notaire peut délivrer copie d'un acte qui lui aura été déposé pour minute.

Les notaires ne peuvent donner expédition ou connaissance des actes à des tiers, si ce n'est en vertu d'une ordonnance du président, à peine d'une amende de 100 fr., des dommages et intérêts des parties, et d'une suspension de trois mois en cas de récidive.

Les grosses seules sont délivrées en forme exécutoire, c'est-à-dire intitulées au nom du roi, et munies du mandement d'exécution ; on ne peut délivrer une seconde grosse qu'en vertu d'une ordonnance du président, qui sera notifiée au notaire, avec sommation d'en faire délivrance aux jour et heure indiqués ; les parties seront aussi sommées de s'y trouver ; il sera fait mention de l'ordonnance au bas de la seconde grosse, ainsi que de la somme pour laquelle il sera permis d'exécuter si le débiteur présent établit, ou s'il est déclaré par le créancier, que la dette est acquittée ou cédée en partie ; art. 845, code de procédure.

Pour que le notaire ne soit pas exposé à délivrer par inadvertance une seconde grosse, il doit faire, en marge de la minute de l'acte, mention de la première qu'il délivre.

Les notaires doivent sceller leurs actes d'un

sceau particulier, portant leurs noms, qualité et résidence, et, d'après un modèle uniforme, les armes de France.

Les actes des notaires doivent être enregistrés dans les dix jours, par ceux qui demeurent dans la commune du bureau d'enregistrement, et dans quinze jours par les autres; art. 20, l. 22 frimaire an 7.

354. Les notaires de première classe sont connus dans tous les tribunaux du ressort de la cour royale; on peut par tout y comparer la signature apposée aux actes qu'on leur attribue, avec celle qui a dû être déposée à chaque greffe. Il en est de même pour ceux de deuxième et troisième classe dans les tribunaux de leur département; c'est pour cela que leurs actes n'ont pas besoin d'être légalisés, lorsqu'on s'en sert, dans le ressort de la cour pour les premiers, et dans l'étendue du département pour les autres : mais dans tous les autres lieux, les notaires peuvent n'être pas connus, et on n'a pas leurs signatures dans les greffes pour servir de comparaison; c'est pour cela que la loi veut que les actes notariés soient légalisés, savoir : ceux des notaires à la résidence des cours, quand on s'en sert hors de leur ressort, et ceux des autres notaires quand on s'en sert hors de leur département. La légalisation est faite par le président du tribunal de première instance de la résidence du notaire, ou du lieu où sera délivré l'acte ou l'expédition; le président atteste que tels et tels qui se sont qualifiés notaires, ont réellement ces qualités.

355. Pour toujours mieux s'opposer au crime de faux, la loi veut que les notaires tiennent un

répertoire de tous les actes qu'ils reçoivent ; le défaut de mention d'un acte sur ce répertoire pourrait en faire soupçonner la réalité, et il fortifierait les autres preuves de faux, s'il y en avait. Pour qu'on ne puisse pas intercaler des feuilles dans ce répertoire sur lesquelles on porterait la mention des actes supposés, la loi veut qu'ils soient cotés et paraphés par le président, ou à son défaut, par un autre juge du tribunal civil de la résidence; ils contiennent, dans des cases d'égales distances, le numéro, la date, la nature et l'espèce de l'acte, le précis des dispositions, le nom des parties, et la relation de l'enregistrement ; les actes doivent y être mentionnés jour par jour, et par ordre de date ; on ne doit laisser aucune case vide, et les préposés de l'enregistrement doivent les inspecter au moins tous les trois mois pour voir s'ils sont régulièrement tenus; art. 49, 50, 51, 52 et 53, loi 22 frimaire an 7.

Telles sont les formes des actes notariés ordinaires ; mais il y a de plus des formes particulières pour les testamens ; il faut aussi un plus grand nombre de témoins, et des qualités spéciales dans ces témoins, ainsi qu'on l'a vu au titre des donations, chap. 5.

Il nous reste à voir maintenant les précautions que la loi a prises pour empêcher la perte des minutes des actes notariés dont la conservation intéresse de la manière la plus forte une foule d'individus.

356. D'abord elle décide que les notaires ne peuvent se dessaisir d'aucune minute, si ce n'est dans les cas prévus par les lois, et en vertu de jugemens ; par exemple, lorsqu'il s'agit de com-

parer une expédition à la minute, et qu'il est soutenu qu'elles ne sont pas conformes, art. 1334, c. c., ou pour servir de pièces de comparaison, en cas d'instance en vérification d'écriture ou signatures, ou en cas d'inscription de faux, principal ou incident, ou si la minute est attaquée elle-même comme fausse; art. 201, 216, code de procéd., etc.

Pour que les parties contractantes soient toujours à même de se faire délivrer des expéditions des actes, sans être obligées de se transporter au greffe du tribunal où la minute sera envoyée, la loi veut que les notaires ne puissent se dessaisir de la minute qu'après en avoir dressé et signé une copie figurée, c'est-à-dire d'une forme parfaitement semblable à la minute, contenant les mêmes apostilles, les mêmes renvois, les mêmes ratures; cette copie, après avoir été certifiée par le président du tribunal civil et le procureur du roi, conforme à la minute, tiendra lieu de celle-ci jusqu'à la réintégration; art. 203, code de procéd.

Toujours dans les mêmes vues de conservation des minutes, la loi veut que celles des notaires destitués ou supprimés soient remises à leur successeur ou à l'un des notaires résidant dans le canton; elle ordonne au juge de paix d'apposer les scellés sur celles d'un notaire décédé, jusqu'à ce qu'un de ses collègues en ait été provisoirement chargé par ordonnance du président du tribunal civil; art. 8, 9, 10, 11, 12, 13, 14, 15, 16, 17, 18, 19, 20, 21, 22, 23, 24, 25, 26, 27, 28, 29, 30, 55, 61 et 68, l. 25 ventôse an 11.

357. Afin qu'un acte reçu par un notaire ou

autre officier public soit authentique, il faut qu'il ait été passé dans l'étendue du territoire pour lequel il est établi; hors de son territoire, un fonctionnaire n'est plus qu'un homme privé, sans caractère public, il n'a plus de pouvoir, sa présence et sa signature ne rendent plus l'acte authentique, parce que sa commission ne lui donne cette faculté que dans son territoire, il n'a pas ce pouvoir dans tout le royaume, il est circonscrit par la commission royale à un espace déterminé.

Mais si l'acte reçu par l'officier non compétent est signé de toutes les parties, il est bien nul comme acte public et authentique, mais il est valide comme écriture privée, parce qu'il contient tout ce qui est exigé et ce qui constitue l'acte sous seing privé. Si la loi requiert que l'acte soit revêtu des formes authentiques, tels que le testament par acte public, ou la suscription du testament mystique, ou la donation entre-vifs, alors ils sont absolument nuls, puisqu'ils ne peuvent se faire par acte privé; mais une vente, un louage, etc., seront valides, parce qu'ils peuvent être sous signature privée.

Si l'acte reçu par l'officier public hors de son territoire n'est pas signé de toutes les parties, il ne peut valoir ni comme acte public, ni comme acte privé.

Tous ces principes s'appliquent à l'acte reçu par un officier incapable par suite de suspension, destitution, etc.; art. 6, 52 et 68, l. 25 ventôse an 11; art. 1317, c. c.

358. Pour que l'acte puisse être considéré comme authentique, il ne suffit pas qu'il soit reçu par un officier public compétent et ca-

pable, il faut encore qu'il y ait observé les formes prescrites à peine de nullité. Les actes écrits
n'ont la force de preuves que lorsqu'ils sont dans
les formes que les lois requièrent; car ces formes
sont des précautions nécessaires pour leur donner
l'effet de preuves, et sont aussi des signes par lesquels les lois veulent qu'on reconnaisse et qu'on
distingue ce qu'elles mettent au nombre de preuves et ce qu'elles en rejettent; art. 1317, c. c.

On doit suivre, sous le rapport des formes, la
loi du lieu où ils sont reçus, d'après la maxime
locus regit actum; la loi locale exige plus ou
moins de formes, suivant le plus ou le moins de
moralité des peuples; plus la fraude est active et
ingénieuse dans un pays, plus il y faut de formalités pour servir comme d'entraves destinées à
embarrasser et arrêter sa marche; les formes lo-
cales sont d'ailleurs les seules que connaissent
les officiers qui recoivent l'acte.

On doit aussi observer les formes du temps
où l'acte est passé; ce sont les seules dont on
puisse faire usage : on ne peut employer les anciennes qui n'existent plus, ni celles qui n'existent pas encore au moment où il est fait.

Relativement à la capacité personnelle des contractans, et à la disponibilité des biens, on doit
suivre la loi qui existe au moment où l'acte re-
coit sa perfection, parce que c'est alors qu'il produit ses effets; il faut donc examiner ce moment
pour savoir si le contractant ou disposant avait
le pouvoir nécessaire, et si les biens étaient disponibles; mais quant aux formes, il suffit de
suivre celles qui ont lieu au moment où l'acte
est passé, lors même qu'il serait révocable jusqu'à la mort du disposant; art. 47 de l'ordon-

nance de 1731 sur les donations entre-vifs, et art. 80 de celle des testamens.

359. L'acte authentique est une preuve de la plus grande force, il fait pleine foi de la convention qu'il renferme entre les parties contractantes et leurs héritiers et ayant-cause ; l'autorité de cette preuve est fondée sur la fonction publique des officiers qui l'ont reçu, et qui, établis pour donner l'authenticité aux actes qu'ils signent, ont toute la confiance de la loi.

Au reste l'autorité des actes, même authentiques, n'a tous ses effets que contre les personnes dont ils contiennent le consentement, contre leurs héritiers qui les représentent, et contre tous ceux qui sont à leurs droits; mais ils ne peuvent faire de préjudice aux personnes tierces de qui l'intérêt y serait lésé : *quia non deberet alii nocere, quod inter alios actum est;* l. 10, ff. *de jurejurando.* Ainsi, quoique dans l'acte de vente d'une maison il soit dit qu'elle a un droit d'égout sur celle de Paul, cette déclaration ne peut nuire à Paul qui n'était pas partie à l'acte, et l'acquéreur devra prouver autrement que par son acte d'acquisition l'existence de la servitude.

Cependant, à cause de la véracité légale des officiers qui l'ont reçu, l'acte authentique prouve contre les tiers la chose même, *rem ipsam,* c'est-à-dire que la convention qu'il renferme est vraiment intervenue au temps et lieu désignés.

360. Quelle que soit la force de l'acte authentique entre les parties contractantes et ceux qui les représentent, néanmoins, en cas d'accusation en faux principal, l'exécution de l'acte argué de faux sera suspendue par la mise en accusation, et en cas d'inscription faite incidemment, les tri-

bunaux pourront, suivant les circonstances, suspendre provisoirement l'exécution de l'acte.

Lorsque l'acte que l'on produit comme authentique, est attaqué par l'autre partie comme
faux, si elle a porté à cet égard une plainte devant le tribunal criminel, et si les prétendus
faussaires ont été renvoyés, par la cour royale,
en état d'accusation, devant la cour d'assises;
dans ce cas, la foi de cet acte est révoquée en
doute, et il n'a plus l'autorité que la loi accorde
à l'acte authentique.

La preuve que l'on tire d'un acte public n'a
pour base que la fidélité du témoignage que
donne l'écrit de la vérité de ce qu'il contient,
et lorsqu'on donne atteinte à cette fidélité, l'é-
crit perd sa force; or on ne peut porter une
atteinte plus grande à un acte qu'en le dénonçant à la justice comme le fruit du crime, qu'en
soutenant que cet écrit est faux, qu'il n'a point
été consenti par le prétendu obligé, mais qu'il
est le produit d'un concert criminel entre le
notaire, les témoins et le prétendu créancier,
sur-tout quand ces inculpations sont présumées
avoir quelque fondement par la mise en accusation des prévenus de faux; dans un cas semblable, la question sur la vérité ou fausseté de
cet acte étant soumise aux tribunaux criminels,
les tribunaux civils doivent empêcher l'exécution de cet acte jusqu'à ce que les premiers
ayent prononcé sur la question; c'est une suite
du principe qui veut que l'action criminelle
tienne en suspens l'action civile; artic. 3, code
d'instruction criminelle; principe qui ne reçoit
d'exception qu'en matière de questions d'état;
art. 327, c. c.

, Si la question sur la fausseté ou vérité de
l'acte s'élève incidemment à une contestation
civile, c'est-à-dire si la partie contre qui on
produit un acte ou à qui on le communique
ou signifie pendant le cours d'une instance civile, soutient que cet acte est faux et déclare
s'inscrire en faux contre cet écrit; dans ce cas,
la loi laisse aux juges saisis de l'incident sur le
faux, la faculté de prononcer provisoirement
la suspension de l'acte, si l'inscription en faux incident leur paraît avoir quelque fondement;
dans le cas contraire, l'exécution de l'acte pourra
être ordonnée nonobstant la question incidente
sur le faux et sans y préjudicier. On ne veut pas que
des débiteurs de mauvaise foi puissent se soustraire à l'accomplissement de leurs obligations, en
s'inscrivant en faux contre les actes obligatoires
qu'ils ont réellement consentis.

361. L'acte soit authentique, soit sous seing
privé, fait foi entre les parties même de ce qui
n'y est exprimé qu'en termes énonciatifs, pourvu
néanmoins que les énonciations ayent un rapport direct à la disposition.

On entend par choses exprimées en termes
énonciatifs, ce qui ne fait pas partie des dispositions de l'acte, ce qui n'est pas compris parmi
les pactes et conventions des contractans, mais
ce qui est simplement mentionné, sans que le
contractant intéressé à contester l'énonciation
ait déclaré qu'elle était vraie : par exemple, je
reconnais, par un acte, devoir à un individu
présent une somme de 1000 francs portant intérêts, *dont les intérêts échus jusqu'à ce jour ont
été payés;* la mention du payement des intérêts
échus n'est exprimée qu'en termes énonciatifs,

puisque le créancier ne convient pas de les avoir reçus, et ne fait aucune déclaration à cet égard ; cependant cette énonciation fera foi entre les parties contractantes, parce qu'elle a trait direct à la disposition ; il devait en effet être question de tout ce qui était dû et de ce qui n'était pas dû, même pour intérêts, au créancier envers lequel on passait la reconnaissance.

Mais si les énonciations sont absolument étrangères au dispositif de l'acte, elles ne font pas preuve suffisante, elles peuvent seulement servir de commencement de preuves par écrit ; ainsi, lorsqu'en vous vendant une métairie, j'ai déclaré qu'elle provenait de la succession de Louis, mon parent ; Pierre, qui, comme héritier en partie de Louis, forme contre vous une demande en revendication de sa portion dans cette métairie, ne peut pas prouver par cette seule énonciation que la métairie provient en effet de la succession de Louis, quoique vous ayez été partie dans l'acte où se·trouve cette énonciation : la raison en est qu'elle est absolument étrangère à la disposition de l'acte, et que vous n'aviez pour lors aucun intérêt de vous opposer à ce qu'il y fût dit que la métairie que je vous vendais provenait de la succession de Louis.

Mais cette énonciation, quoique étrangère à la disposition, a la force néanmoins d'un commencement de preuve par écrit, parce qu'elle rend vraisemblable que cette métairie provient de la succession de Louis ; il est probable que le vendeur ne lui aurait pas donné cette origine si elle ne l'avait pas eue véritablement ; or, tout écrit qui rend vraisemblable le fait allégué, est un commencement de preuve par écrit, lorsqu'il est souscrit par celui à qui on l'oppose, ou par ses auteurs; art. 1347, 2ᵉ alinéa, c. c.

362. Les contre-lettres ne peuvent avoir leur effet qu'entre les parties contractantes, elles n'en ont point contre les tiers.

On nomme contre-lettre un acte que les parties destinent à être secret pendant quelque temps, et par lequel elles expliquent, elles étendent ou elles restreignent les conventions contenues dans un autre acte précédent et qui est public.

Anciennement tous les actes publics étaient appelés lettres; c'est de là qu'est venu le mot de contre-lettres, c'est-à-dire opposé à lettres.

Le contrat et la contre-lettre sont deux actes séparés, mais qui ne peuvent produire d'effet que dans les points où ils ne se détruisent pas. Il ne faut pas confondre la déclaration faite au profit d'un tiers, avec la contre-lettre; la première ne détruit ni ne déroge à l'acte, elle ne fait qu'en appliquer le profit à une autre personne; au lieu que la contre-lettre est une reconnaissance que le premier acte dans sa totalité ou dans quelques-unes de ses parties n'est pas sérieux.

En général les contre-lettres n'ont rien d'illicite, elles sont même souvent relatives à des objets de la publicité desquels il pourrait résulter du préjudice aux contractans, mais elles ne peuvent avoir aucun effet à l'égard des personnes tierces dont elles blesseraient l'intérêt; autrement les tiers qui ont pu traiter avec un individu d'après des actes publics qui l'établissaient propriétaire d'une grande fortune, seraient souvent victimes de leur bonne foi, si les actes secrets, qui dérogent aux actes publics ou qui les détruisent même totalement, pouvaient leur être opposés; il est de l'intérêt public de réprimer le mauvais usage que pourraient faire les particuliers de la facilité qu'ils auraient de colluder entre eux par le moyen des contre-lettres, si elles étaient opposables aux tiers.

363. En général les contre-lettres obligent ceux qui les ont souscrites; néanmoins ce principe a ses exceptions : la première s'applique au contrat de mariage Il est certain que les contrats de mariage sont les actes les plus importans de la société; ce sont en outre ceux où l'usage des contre-lettres est le plus à craindre; mais on a pris de sages précautions pour empêcher les abus que l'on pourrait en faire : on exige d'abord que les contre-lettres qui tendent à anéantir ou à changer les clauses d'un contrat de mariage soient rédigées par-devant notaires avant la célébration; en outre on requiert qu'elles soient passées en la présence et du consentement simultané de toutes les personnes qui ont été parties dans le contrat de mariage : à défaut de ce, elles ne peuvent produire aucun effet, même entre ceux qui les auraient souscrites. Sans ces précautions, le contrat de mariage ne servirait qu'à faire illusion à une famille : la dot promise par un père pourrait être réduite à la somme convenue secrètement avec sa fille; des institutions contractuelles et autres avantages faits au mari pourraient s'évanouir; si de semblables conventions pouvaient avoir effet entre ceux qui les ont souscrites, l'autre époux et les enfans en seraient victimes; de tels pactes seraient une infi-

délité qui blesserait les bonnes mœurs et la foi due à l'autre époux; lors même que celui-ci, épris d'une folle passion, y consentirait, elles violeraient toujours la foi due à ses parens qui n'auraient pas consenti au mariage s'ils avaient connu les conditions de la contre-lettre.

L'art. 40 de la loi du 22 frimaire an 7 introduit une seconde exception : elle déclare que la contre-lettre par laquelle on reconnaît que le prix d'une vente est supérieur à celui exprimé dans l'acte, est nulle et ne peut produire aucun effet; cette disposition a été faite dans le dessein d'empêcher que le vendeur et l'acheteur ne colludassent entre eux pour frauder les droits d'enregistrement, en déclarant dans le contrat de vente que la chose a été vendue pour un prix inférieur à celui réellement promis, afin que le droit d'enregistrement ne fût pas perçu sur la totalité du prix. Si la régie découvre une semblable contre-lettre, elle fait payer le triple du droit fraudé, et le vendeur est sans action dans le for externe pour demander l'excédant du prix contenu dans la contre-lettre.

§. II.

De l'Acte sous seing privé.

364. On entend par acte sous seing privé, celui qui n'est revêtu que des signatures des parties contractantes, sans qu'aucun officier public y soit intervenu.

Un semblable acte fait entre ceux qui l'ont souscrit, leurs héritiers et ayant-cause, la même foi que l'acte authentique; ainsi se trouve abrogée l'exception de deniers non nombrés, qui pouvait être proposée pendant deux ans par le débiteur, contre le billet qu'il avait souscrit, comme on le voit au titre *de litterarum obligat.* aux institutes, et aux titres du digeste et du code *de non numer. pecuniâ.* Cette exception avait déjà été abolie par l'ordonnance de Moulins de 1666 et celle de 1667.

365. L'acte sous seing privé fait la même foi entre ceux qui l'ont souscrit, que l'acte authentique; mais il y a entre ces actes la différence que le premier n'est sujet à aucune reconnaissance, il porte la preuve de sa vérité par la signature de l'officier public qui l'a reçu; au lieu que le créancier ne peut, en vertu d'un acte sous seing privé, obtenir aucune condamnation contre celui qui l'a souscrit, ni contre ses héritiers ou représentans, qu'il n'ait préalablement conclu à la reconnaissance de l'acte et qu'il n'ait été statué sur cette reconnaissance, parce qu'auparavant rien n'établit d'une manière certaine que l'acte ait été réellement consenti par celui auquel on l'attribue.

Celui qui voudra faire reconnaître un sous-scing-privé, assignera à trois jours pour avoir acte de la reconnaissance, ou pour faire tenir l'écrit pour reconnu : si le défendeur reconnaît l'écrit, le jugement en donnera acte au demandeur; si le défendeur ne comparaît pas, il sera donné défaut, et l'acte sera tenu pour reconnu; s'il dénie la signature à lui attribuée, ou s'il déclare ne pas connaître celle attribuée à un tiers, la vérification pourra en être ordonnée tant par titres que par experts et par témoins; art. 193, 194 et 195, cod. de procéd.

Il y a, comme on voit, une grande différence entre le débiteur qui a lui-même souscrit l'acte, et ses héritiers ou ayant-cause : quand on assigne ces derniers pour reconnaître l'écriture ou la signature de leur auteur, ils ne sont obligés ni de la reconnaître, ni de la dénier formellement, parce qu'il est possible qu'ils ne la connaissent pas, et s'ils déclarent ne pas la reconnaître, le juge en ordonne la vérification ; au lieu que celui qui a souscrit l'acte, ne devant point ignorer ses propres écriture et signature, est obligé de les reconnaître ou dénier formellement ; s'il ne les dénie pas, le juge en prononce la reconnaissance, parce que ce défaut de dénégation, par rapport à une chose qui est à sa parfaite connaissance, est un aveu tacite.

Lorsque devant les tribunaux de commerce le débiteur dénie ou méconnaît la signature apposée à un écrit sous seing privé, si l'autre partie persiste à vouloir s'en servir, le tribunal renverra devant les juges civils pour statuer sur la reconnaissance ou vérification, et il sera sursis au jugement de la demande principale. On renvoie devant le tribunal civil, parce que la question de savoir si un acte est vrai ou faux, n'est pas une matière commerciale. Néanmoins, si la pièce n'est relative qu'à un des chefs de la demande, il pourra être passé outre au jugement des autres chefs ; la pièce déniée ou méconnue ne pouvant influer en aucune manière sur la décision des points de demande auxquels elle est totalement étrangère, rien n'empêche que le tribunal de commerce ne statue sur ces derniers, sauf à surseoir à la décision du chef de demande auquel la pièce est relative, jusqu'à ce que le tribunal civil ait statué sur la pièce déniée ou méconnue ; art. 427, cod. de procéd.

Il y a encore une autre différence entre les tribunaux de commerce et les tribunaux civils : devant les premiers, l'acte sous seing privé fait foi, tant que le débiteur n'a pas dénié sa signature ou méconnu celle d'autrui, et le créancier peut obtenir un jugement de condamnation, sans qu'il ait été obligé de faire statuer préalablement sur la reconnaissance de la signature du débiteur; c'est ce qui résulte des termes dudit art. 427, qui n'ordonne de surseoir au jugement de condamnation que lorsque la signature est méconnue. Cela a été établi pour que la décision fût plus prompte, et que rien n'entravât les affaires de cette nature, qui périclitent par les délais; il faut que le jugement de condamnation suive le plus promptement possible le refus d'acquitter les effets commerciaux, afin que la confiance, qui est l'ame du commerce, ne soit jamais diminuée : on devait avec d'autant plus de raison le décider ainsi, que presque tous les engagemens de négocians sont sous signatures privées.

366. Il y a quatre espèces d'écritures privées : les actes sous seing privé ordinaires, les journaux des marchands, les registres et livres de de raison domestiques, et les écritures non signées, dont chacune va être examinée dans un article particulier.

ARTICLE PREMIER.

Actes sous seing privé ordinaires.

367. Les actes sous seing privé ordinaires sont ceux dont on a parlé jusqu'à présent. Ils peuvent contenir des obligations unilatérales, ou des obli-

gations réciproques de la part de tous ceux qui
les ont souscrits.

 Lorsqu'ils contiennent des obligations synallagmatiques, ils ne sont valables que lorsqu'on
en a fait autant d'originaux qu'il y a de parties
ayant un intérêt distinct; la loi l'exige avec raison, afin que les obligations respectives qu'il renferme puissent être d'une exécution forcée à l'é-
gard de tous les contractans; il faut en effet que
cet acte soit entre les mains de chacune des parties, pour que l'une ne puisse point éluder ses
obligations, si cela lui convient, ou mettre l'acte
à exécution si ce parti lui est plus favorable; il
ne faut pas qu'il dépende d'elle d'anéantir ou
de faire valoir à son gré l'acte sous seing privé :
celle des parties qui l'aurait entre ses mains jouirait
de cette faculté; si elle trouvait son intérêt à l'exécution, elle pourrait y contraindre l'autre, mais
non pas y être contrainte elle-même par cette dernière qui n'aurait aucun écrit, ce qui est contraire
à la nature des obligations qui doivent être de nécessité pour toutes les parties obligées, de sorte
qu'il ne puisse jamais dépendre de l'une d'elles
de se soustraire à l'exécution en supprimant l'é-
crit qui contient la convention réciproque.

Il suffit que les parties, ayant un même intérêt, ayent entre elles un des originaux, parce
que, quel que soit leur nombre, elles ne constituent qu'une seule partie relativement à l'autre
contractant : ainsi, trois frères me vendent un
fonds sous signature privée, il suffit qu'il y ait
deux originaux, un pour eux et l'autre pour moi,
parce que les trois frères ont le même intérêt,
et ils ne représentent entre eux qu'une partie
contractante, savoir le vendeur; un seul origi-

nal leur suffit à tous les trois, afin de me forcer à l'exécution du contrat par le payement du prix; et celui qui est entre mes mains, souscrit par tous les trois, me suffit aussi pour les contraindre tous à exécuter leur engagement par la délivrance de la chose vendue.

La preuve qu'il a été fait autant d'originaux qu'il y a de parties contractantes doit résulter de chacun d'eux, et pour ce, ils doivent tous contenir la mention du nombre des originaux qui en ont été faits; et le seul défaut d'avoir énoncé dans ces actes qu'ils ont été faits doubles, triples, etc., en emporte la nullité, lors même que les deux doubles seraient représentés.

Les motifs de cette décision de la loi sont qu'un écrit, qui dans son principe n'a point la forme d'un engagement entre les parties, n'en peut produire dans la suite; que l'engagement doit procurer à l'une et à l'autre partie une action réciproque pour obliger celle contre laquelle on veut s'en servir, à l'exécuter; que l'obligation de l'un des contractans a eu pour motifs l'obligation consentie par l'autre; que toutes les conventions, qui d'abord sont libres et de pure volonté, doivent être, après leur formation, de nécessité pour toutes les parties; qu'un écrit, dont l'exécution a pu dépendre de la bonne ou de la mauvaise foi des parties, n'a point la force d'un engagement entre elles, parce qu'il est contre la nature des conventions réciproques que l'une des parties soit obligée et qu'elle ne puisse contraindre l'autre à l'exécution Un acte qui ne donne point à la partie qui l'a passé le moyen de le faire exécuter par l'autre, est un acte de nul effet. Si l'un des contractans peut en refuser l'exécution, il faut nécessairement que cette liberté soit accordée à tous deux, et qu'il soit déclaré nul à l'égard de l'un et de l'autre.

Il n'est pas difficile d'appliquer ces principes au défaut d'énonciation du *fait double* dans les deux actes; l'une ou l'autre partie peut supprimer son double, et alors il ne reste aucun moyen à celle qui en poursuit l'exécution, de prouver qu'il a été fait double, et que par conséquent l'engagement était mutuel et obligatoire. Au contraire, si chaque original porte la mention qu'il a été fait double, le premier qui veut s'en servir trouve dans son double même la preuve qu'il a été fait deux originaux de l'acte, puisqu'il contient à cet égard une énonciation souscrite par l'autre, de laquelle il résulte que la convention est réciproque et obligatoire.

Quoique les deux doubles soient représentés, cela ne rectifie pas le défaut d'énonciation du *fait double*, cette représentation ne donne point à l'acte le caractère qu'il n'avait pas; il était nul dans le principe, parce qu'aucun de ces doubles ne fournissait aux parties la preuve que la convention était réciproque et par conséquent obligatoire; il dépendait de l'une ou de l'autre des parties de se soustraire à l'exécution, en supprimant son double; il n'y avait donc point d'obligation entre elles, et l'engagement ne peut pas se former par la représentation volontaire faite par les parties de deux doubles, si l'une d'elles ne veut pas tenir l'engagement qui était nul dans le principe, et qui ne peut devenir valable que par un nouvel acte en forme, fait du consentement de toutes les parties.

368. Les deux doubles représentés ne peuvent

pas même servir de commencement de preuve par écrit de l'obligation, parce qu'il n'y a point eu d'engagement, ni aucune espèce de lien, tant que l'on a pu se soustraire à l'exécution en supprimant l'un des doubles ; or on ne peut admettre de commencement de preuve d'une obligation qui n'a jamais existé. D'ailleurs, l'article 1325, c. c., dit que cet acte n'est pas valable ; s'il n'est pas valable, il doit donc être regardé comme non fait, comme non avenu ; il ne peut donc avoir l'effet d'un commencement de preuve par écrit.

369. Bien plus, on ne pourra pas être admis à prouver par témoins l'existence de la convention, lors même que l'objet serait d'une valeur inférieure à 150 francs ; la preuve testimoniale est inutile pour établir la convention, elle est prouvée par l'acte sous seing privé, mais il démontre en même temps que la convention est nulle, faute par les souscripteurs d'avoir rempli ce qui est prescrit par la loi pour sa validité, c'est-à-dire faute d'avoir fait la mention exigée ; dès qu'on a voulu faire une convention écrite, on a dû se conformer à tout ce que la loi demande pour la validité de l'écriture, on ne peut pas prouver par témoins lorsque les parties ont voulu que la convention fût établie par écrit C'était déjà la décision de la fameuse loi *contractus* 17, cod. *de fide instrumentor.*

370. Néanmoins le défaut de mention que les originaux ont été faits doubles, triples, etc , ne peut plus être opposé par celle des parties qui a exécuté de son côté la convention portée dans l'acte ; on ne doit pas admettre une partie qui l'a exécutée, à en opposer la nullité, parce

que cette exécution est une approbation tacite de la convention qui ferme toute voie pour s'en plaindre, et qui détruit toute action que l'on aurait à cet égard; art. 1115, 1311 et 1338, c. c.

Il est bon d'observer ici, comme on l'a vu au commencement du chapitre 1er, que les principes ci-dessus, sur les actes privés synallagmatiques, ne s'appliquent qu'aux contrats synallagmatiques parfaits, et non à ceux qui le sont seulement d'une manière imparfaite.

371. Relativement aux actes sous seing privé ordinaires unilatéraux, comme il n'y a qu'une personne obligée, il suffit que le créancier ait un double, le débiteur n'en a besoin d'aucun; la loi exige néanmoins, lorsqu'il s'agit d'un billet ou promesse sous seing privé, par lequel une seule partie s'engage envers l'autre à lui payer une somme d'argent ou autre chose appréciable, que l'acte soit écrit en entier de la main de celui qui l'a souscrit, ou du moins qu'outre sa signature, il ait écrit de sa main un bon ou un approuvé, portant en toutes lettres la somme ou la quantité de la chose. Cette décision a pour motif d'empêcher que des hommes de confiance à qui l'on remet des blancs seings pour de certaines affaires, n'en abusent, en faisant écrire au-dessus des billets par lesquels celui qui a signé se déclarerait débiteur; c'est aussi pour empêcher que l'on ne surprenne ceux qui, par trop de facilité et de confiance, signent les écrits qu'on leur présente, sans vérifier par la lecture s'ils ne renferment réellement que ce qu'on leur a dit y être contenu; déclaration du 22 septembre 1733.

372. Cependant on aurait entravé le commerce

si cela avait été exigé dans les billets et effets souscrits par des banquiers, marchands et artisans; ils pourraient se livrer à moins de spéculations, s'ils étaient obligés d'écrire par eux-mêmes tous leurs billets, s'ils ne pouvaient pas employer pour cela le ministère de leurs commis D'un autre côté, on exigerait l'impossible, si la disposition sur l'écriture du corps de l'acte, ou l'approbation en toutes lettres, était prescrite relativement aux billets souscrits par des laboureurs, vignerons, gens de journée et de travail, qui savent à peine signer leurs noms; on les aurait chargés mal à propos des frais d'un acte notarié qui tombent toujours sur le malheureux débiteur : c'est pour ces motifs que la loi contient une exception à l'égard de toutes les personnes rappelées dans cet alinéa, dite déclaration.

373. Du principe que le doute doit être interprété de la manière la plus favorable pour le débiteur, art. 1162, c. c., on a conclu avec raison que lorsque la somme exprimée au corps de l'acte est différente de celle exprimée au bon, l'obligation n'est présumée être que de la somme moindre, lors même que l'acte, ainsi que le bon, seraient écrits en entier de la main du débiteur, à moins qu'il ne soit établi de quel côté est l'erreur. *Semper in obscuris, quod minimum est sequimur;* l. 9 et l. 34 à la fin, ff. *de regulis juris.*

Tant qu'il y a doute, il faut le lever en faveur du débiteur; mais s'il est prouvé de quel côté est l'erreur, il n'y a plus de doute, la vérité est connue, on doit s'y conformer, et dans ce cas le débiteur est tenu de la somme la plus forte, s'il est établi que c'est la même qu'il s'est engagé de payer : par exemple, une personne déclare me devoir, dans le corps de l'acte, 200 fr. pour vingt mesures de blé à lui livrées à crédit, et il met dans l'endroit destiné pour l'approbation : *bon pour la somme de 100 francs;* le blé, à l'époque de la date du billet, se vendait, au prix courant, 10 fr. la mesure; cela est prouvé par les mercuriales de ce jour. Il est établi alors que l'erreur est dans le bon, et le débiteur est tenu de payer la somme exprimée dans le corps de l'acte, quoique plus forte; la cause de la dette fait ici connaître de quel côté est l'erreur : vingt mesures de blé à 10 fr. chacune, donnent 200 fr.

374. La grande facilité qu'auraient les parties d'antidater les actes sous seing privé pour frauder les tiers, a déterminé les législateurs à décider que ces actes n'auraient de date certaine contre les tiers que du jour où ils ont été enregistrés, ou du jour de la mort de celui ou de l'un de ceux qui les ont souscrits, ou du jour que leur substance est constatée dans des actes dressés par des officiers publics, tels que procès-verbaux de scellés ou d'inventaire. Si on n'avait pas fait cette disposition, un débiteur qui aurait hypothéqué ses biens, les aurait vendus ensuite par un acte privé auquel on aurait donné une date antérieure à la constitution d'hypothèque, et par là le créancier aurait été frustré de ses droits, etc , etc.

Cela a lieu même pour les actes récognitifs, parce que la loi ne distingue pas entre les actes primordiaux et récognitifs; elle ne fait aussi aucune distinction entre les actes synallagmatiques et unilatéraux.

Mais cette fraude n'est plus à craindre dans

les trois cas exceptés ci-dessus : 1° parce qu'il est certain que ces actes existaient quand on les a fait enregistrer, et la date de l'enregistrement, qui se trouve attestée par un officier public compétent, ne peut pas être contestée 2° Ces actes ont encore une date certaine contre les tiers, du jour de la mort de celui ou de l'un de ceux qui les ont souscrits, parce que n'ayant pu les souscrire après leur mort, on doit décider qu'ils les ont au moins signés le jour de leur mort. 3° Enfin, ils n'ont pu aussi être mentionnés dans les procès-verbaux de scellé ou d'inventaire que parce qu'ils existaient déjà à cette époque. À part ces trois cas, leur existence n'est établie pour les tiers que du jour de leur production constatée.

ARTICLE 2.

Livres et Journaux de marchands.

575. La seconde espèce d'écritures privées se compose des livres et registres des marchands. Ils ne font point foi contre les personnes non marchandes, des fournitures qui y sont portées; néanmoins les marchands pourront déférer le serment à ceux qui dénieraient la livraison des marchandises; art. 1360, c. c. Cette décision tient au principe que l'on ne peut se faire des titres à soi-même; si les livres et journaux des marchands faisaient preuve, contre les particuliers non marchands, des fournitures qui y sont portées, un négociant de mauvaise foi serait bientôt le créancier de toute la ville et il en serait le plus riche habitant, il n'aurait besoin

pour cela que d'un gros livre et d'un commis écrivain.

376. Les livres-journaux et registres des marchands ne font aucune foi contre les personnes non marchandes, mais s'ils sont régulièrement tenus, ils peuvent être admis par le juge pour faire preuve entre commerçans, pour faits de commerce; art. 12, cod. de comm. La faveur du commerce a nécessité cette exception, fondée d'ailleurs sur l'usage constant des négocians qui n'exigent pas des reçus de leurs confrères, des fournitures qu'ils leur ont faites, mais qui se contentent de les porter sur leurs registres; au reste, les juges de commerce ne sont pas forcés d'admettre pour preuve, entre négocians, les livres les plus régulièrement tenus, cela est laissé à leur prudence et arbitrage; ils se détermineront d'après la bonne ou mauvaise réputation dont jouit le négociant qui produit ses livres, et d'après le plus ou moins de probabilités des livraisons.

Pour que les journaux des marchands soient réguliers, il faut qu'ils énoncent jour par jour toutes leurs dettes actives et passives, toutes leurs négociations, acceptations et endossemens d'effets, généralement toutes les opérations de commerce, les dépenses de leur maison, et tout ce qu'ils reçoivent et payent; ils doivent être visés, paraphés au moins une fois par an, et cotés par première et dernière, par un des juges du tribunal de commerce, ou à défaut, par le maire ou adjoint; ils doivent être tenus par ordre de date, sans blanc, ni lacunes, ni transports en marge; art. 8, 10 et 11, cod. de comm.

377. Dans tous les cas, les livres des mar-

chands font preuve contre eux; mais celui qui en veut tirer avantage ne peut les diviser en ce qu'ils contiennent de contraire à ses prétentions. Les livres des marchands font preuve complette contre eux, en faveur de toutes sortes de personnes, négociantes ou non, parce qu'il n'est pas naturel de penser qu'ils y eussent porté des mentions contraires à leurs intérêts, si elles n'é-taient pas conformes à la vérité; on ne doit pas croire celui qui se porte lui-même créancier, parce qu'il a un grand avantage à le faire, mais on peut ajouter foi à celui qui se reconnaît dé-biteur sur ses livres, par suite d'opérations commerciales, ou qui y déclare avoir reçu ce qui lui est dû; il ne ferait pas de semblables décla-rations, si elles n'étaient pas vraies, puisqu'elles sont en opposition avec ses intérêts : de là il résulte que leurs livres font foi contre eux, par rapport aux marchés qu'ils ont conclus, aux li-vraisons qui leur ont été faites, et aux sommes qui leur ont été payées. Cette règle a lieu, lors même que les mentions insérées sur le journal du marchand ne seraient pas écrites de sa main, s'il est constant que ce journal est celui dont il se sert, parce que ce registre est en sa pos-session, et qu'ainsi rien n'y a été mis que de son consentement.

Celui qui veut argumenter des livres des mar-chands contre ces derniers, doit les adopter tels qu'ils sont; il ne peut pas se prévaloir de ce qui est favorable à ses prétentions, et rejeter ce qui y est contraire; en prenant droit de ces livres, il veut qu'ils servent de base à la décision de la contestation, il désire qu'on la juge d'après leur contenu, il faut donc qu'il les adopte en entier :

la foi d'une écriture quelconque est indivisible, si elle ne peut pas prouver pour une partie de ce qui y est renfermé, elle ne le peut pas davantage pour l'autre : en prenant droit des livres du marchand, c'est comme s'il les produisait lui-même pour preuve de ses allégations; or il est de principe que l'on ne peut désapprouver dans aucune de ses parties le titre que l'on produit, suivant le brocard du palais : *quod produco non improbo.*

ARTICLE 3.

Registres et Papiers domestiques.

378. La troisième espèce d'écritures privées se compose des registres et papiers domestiques. Ils ne font point un titre pour celui qui les a faits, parce que personne ne peut s'acquérir un droit, ni se rendre créancier d'un autre par des actes qu'il puisse faire à sa volonté. *Rationes defuncti quæ in bonis ejus reperiuntur, ad probationem sibi debitæ quantitatis solas sufficere non posse, sæpè rescriptum est;* l. 6, cod. *de probat.* La loi suivante en donne cette raison, qu'il serait dangereux d'ajouter foi à un écrit par lequel une personne se créerait des débiteurs de sa propre main. *Exemplo perniciosum est, ut ei scripturæ credatur, quâ unusquisque adnotatione propriâ sibi constituit debitorem.*

379. Les registres et papiers domestiques servent de preuve contre celui qui les a écrits : 1° dans tous les cas où ils énoncent formellement un payement reçu; il n'est pas présumable que l'on eût mentionné ce payement si réellement il n'avait pas été fait, la faveur de la libération demandait cette décision. 2° Ces registres font

foi contre ceux qui les ont écrits, lorsqu'ils contiennent la mention expresse que la note a été
faite pour suppléer le défaut de titre en faveur
de celui au profit duquel ils énoncent une obligation; l'obligation est moins favorable que la
libération. *Anianus ait, multùm interesse quœ-*
ras, utrùm aliquis obligetur an aliquis liberetur,
ubi de obligando quœritur, propensiores esse de-
bere nos, si habeamus occasionem ad negandum;
ubi de liberando ex diverso ut facilior sis ad libe-
rationem; l. 47, ff. *de oblig. et act.;* afin de
prouver l'existence de l'obligation, il ne suffit
donc pas qu'une personne se soit portée débitrice
sur ses registres; pour que le particulier envers
qui elle s'est déclarée obligée puisse argumenter de
ces livres, il faut qu'il y soit fait mention formelle
que la note a été mise dans le but de remplacer le
titre que le créancier a refusé de recevoir; à défaut de cette mention, on peut croire que la note
n'a été faite par le débiteur que pour se rendre
compte à lui-même de sa situation, mais que le
créancier avait un billet qu'il a rendu et qui a
été jeté au feu, quand il a été payé, et qu'on a
oublié d'effacer la note qui existait sur le registre; l. 5, cod. *de probat.*

Lors même que l'énonciation existant sur le
registre est dans la forme légale, si elle est bar-
rée, on doit présumer que la radiation a eu
lieu au moment où la somme a été rendue au
créancier.

ARTICLE 4.

Ecritures non signées.

380. Enfin la quatrième espèce d'écritures privées se compose des écritures non signées, mises

à la suite, en marge ou au dos d'un acte. De semblables écritures, quoique non signées ni datées par le créancier qui les a mises à la suite, en marge ou au dos d'un acte qui est toujours resté en sa possession, font foi contre lui, lorsqu'elles tendent à libérer le débiteur; il n'aurait pas mis sur le titre qui est en son pouvoir des notes mentionnant des payemens, s'ils n'avaient pas été réellement faits, et cette preuve de libération conserve toute sa force, quoique ces écritures soient barrées; car il ne doit pas être au pouvoir du créancier qui a l'acte dans ses mains, ni de ses héritiers, de détruire, en barrant ces écritures, la preuve de payement qu'elles renferment.

L'écriture non signée, ni datée, mise par le créancier au dos, ou en marge, ou à la suite du double d'un titre ou d'une quittance, qui se trouve entre les mains du débiteur, fait aussi foi tant en faveur de ce dernier quand elle tend à le libérer, que contre lui quand elle a pour objet d'ajouter à sa dette, pourvu cependant que les écritures qui tendent à augmenter l'obligation du débiteur, expriment quelque relation avec l'acte, au bas, en marge, au dos duquel elles se trouvent, au moyen de ces termes : *de plus, bien plus, je reconnais devoir,* et autres termes semblables.

Le débiteur étant possesseur du titre, rien n'a pu y être mis que de son consentement, et il n'y aurait pas laissé mettre les notes qui rendent plus considérable son obligation, si réellement il n'avait pas reçu ce qu'il s'oblige d'y restituer. Si la loi n'avait donné de l'effet à ces écritures non signées, mises sur le titre qui est en la possession

du débiteur, qu'autant qu'elles établiraient la libération, il en résulterait que ce dernier ne serait pas libéré, si le titre, où ces notes se trouvent, était dans les mains du créancier, puisque
la loi dit : *pourvu que le double soit entre les
mains du débiteur*, et alors ce dernier alinéa de
l'art. 1332, c. c , serait en opposition avec le
premier; il faut donc, pour les concilier, dire que
de semblables écritures, tendant à obliger le débiteur, font foi contre lui, pourvu que le double
sé trouve entre ses mains.

Celles qui établissent la libération font aussi
foi contre le créancier, parce que rien ne le for-
çait de les mettre sur l'acte, et qu'ainsi il est
plus que probable qu'il ne les a mises que pour
rendre hommage à la vérité du payement.

381. La loi ne parlant que des écritures mises
sur l'acte primitif, le débiteur ne peut pas invoquer pour sa libération un reçu non signé qui
se trouverait chez le créancier; ce dernier l'avait
peut-être préparé dans l'espérance de recevoir
le payement, et il l'a retenu parce qu'il ne s'est
pas effectué.

§. III.

Des Tailles.

382. On appelle tailles les deux parties d'un
morceau de bois fendu en deux , dont deux
personnes se servent, pour marquer la quantité
de fournitures que l'une de ces personnes fait à
l'autre journellement.

A cet effet chacune d'elles a un morceau de
bois; celui qui se trouve entre les mains du marchand qui fait les fournitures s'appelle proprement la taille , l'autre se nomme l'échantillon.

Au moment où se font les fournitures, l'on joint les deux morceaux de bois, et l'on y fait avec un couteau des coupures qui s'étendent sur les deux parties, qui imitent les chiffres romains et qui marquent la quantité des fournitures : telles sont les tailles des boulangers, des bouchers, etc.

Les tailles, lorsqu'elles se rapportent à leurs échantillons, c'est-à-dire lorsque les coupures sont les mêmes sur les deux morceaux de bois, ou plutôt lorsque la moitié de ces coupures se trouve sur l'un, et l'autre moitié sur l'autre, elles font foi entre les personnes qui sont dans l'usage de constater ainsi les fournitures qu'elles font et reçoivent en détail. Le débiteur qui a en sa possession un des morceaux de bois, n'y laisserait pas faire les coupures marquant une certaine quantité de fournitures, si réellement elles n'avaient pas été faites ; ainsi, dès que les tailles sont corrélatives à leurs échantillons, elles méritent la confiance de la justice. Le débitant ne peut rien y ajouter en l'absence des acheteurs, parce que ceux-ci le confondraient par la représentation de leurs échantillons, où ne se trouverait plus la moitié des coupures ajoutées.

C'est ici une espèce de preuve littérale ; les quantités peuvent s'écrire en toutes lettres ou en chiffres, et l'on écrit non-seulement sur le papier et le parchemin, mais aussi sur le bois, la pierre, etc. Un arrêté du préfet de la Côte-d'Or du 29 décembre 1812 porte que la marque sur les tailles sera pour dix livres ou cinq kilogrammes, deux entailles entières croisées X ; pour cinq livres ou deux kilogrammes et demi, une entaille entière de biais \ ; pour une livre

ou cinq hectogrammes, une entaille entière per-
pendiculaire à la longueur de la taille —; pour
une demi-livre ou deux hectogrammes cinq
décagrammes, une demi-entaille perpendicu-
laire —; pour un quart de livre ou un hecto-
gramme vingt-cinq décagrammes, une entaille
sur l'angle ; pour un huitième, un point fait sur
l'angle avec un poinçon .

385. Si le débiteur fait refus de représenter
les échantillons, ou s'il prétend les avoir égarés,
on présumera par là même qu'ils sont conformes
à la taille; il ne doit pas dépendre du débiteur
de priver le créancier de ce qui lui est dû,
en supprimant les échantillons. Cela était décidé
ainsi textuellement par la coutume de Tournai,
art. 14 de l'ampliation. On suppose au surplus
que le marchand agit dans l'année de la fourniture, autrement son action serait prescrite, et
il ne lui resterait que la ressource du serment
décisoire, si le débiteur prétendait avoir payé;
art. 2272 et 2275, c. c.

§. IV.

Des Originaux et Copies des titres.

384. Les titres originaux sont ceux mêmes qui
ont été reçus par les notaires en présence des
parties et témoins, et qui sont revêtus de leurs
signatures et de celles des notaires; ou les actes
sous seing privé revêtus des signatures des parties
contractantes.

On appelle copies les grosses et expéditions
faites des titres originaux, et qui leur sont conformes.

La vérité des actes écrits s'établit par les actes

mêmes, c'est-à-dire par la vue des originaux ; les copies ne tirent leur force que de ces derniers, elles ne méritent de faire foi qu'autant qu'elles y sont en tous points conformes, elles ne prouvent rien au-delà de ce que renferme le titre original, elles ne font foi que de ce qui y est contenu ; et lorsqu'il subsiste, la représentation peut toujours en être exigée, elle ne peut être refusée de quelque qualité que soit la personne qui se sert de la copie. *Quicumque à fisco convenitur, non ex indice et exemplo alicujus scripturæ sed ex authentico conveniendus est ;* l. 2, ff. *de fide instrumentorum ;* ainsi il ne peut point y avoir de difficulté tant que le titre original existe, puisqu'il doit servir de règle, et que les copies n'ont de force que par leur parfaite ressemblance avec lui.

585. Ces décisions supposent l'existence de l'original ; mais s'il est perdu, s'il a péri par un incendie ou autre accident, de telle sorte que la représentation en soit impossible, quelle sera la foi que mériteront les copies de cet original ?

Il faut d'abord distinguer les copies tirées par un officier public, de celles qui ne l'ont été que par un particulier. Il faut aussi distinguer cinq espèces des premières : 1° les grosses et premières expéditions faites par le notaire qui a reçu l'original ; 2° celles tirées de l'autorité du magistrat, parties présentes ou appelées ; 3° celles qui ont été tirées en présence des parties et de leur consentement ; 4° les secondes expéditions faites sans l'autorité du magistrat et sans la présence des parties, par le notaire qui a reçu l'acte, ou par un de ses successeurs, ou par tout autre officier public qui en cette qualité était dépositaire des minutes, tel qu'un greffier dans le greffe duquel une minute se trouvait déposée pour servir de pièce de comparaison; art. 245, cod. proc., etc ; 5° enfin les copies tirées sur la minute par un officier public autre que le notaire qui a reçu l'acte, ou un de ses successeurs, ou le dépositaire des minutes.

Les copies faites par de simples particuliers non revêtus du caractère d'officier public, ne méritent aucune foi, excepté contre celui qui les a produites, d'après la maxime *quod produco non improbo;* personne ne devant produire que des copies vraies, celui qui en produit d'informes en reconnaît par là même la vérité.

Les grosses et premières expéditions faites par le notaire qui a reçu l'acte remplacent l'original quand il a été perdu, et elles ont la même force que lui. On ne peut pas douter qu'elles ayent été prises sur la minute; celle-ci ne pouvant être remise aux parties et devant être conservée par le notaire, la grosse ou première expédition délivrée par ce fonctionnaire doit en quelque sorte tenir lieu d'original pour les contractans, et si la minute se trouve perdue, il faut bien que la grosse le remplace.

Les copies délivrées de l'autorité du magistrat méritent aussi la plus grande confiance, lorsqu'elles l'ont été en présence des parties intéressées, ou elles dûment appelées. Celui qui veut obtenir une semblable copie présente une requête au président du tribunal de première instance du domicile du dépositaire de la minute; en vertu de l'ordonnance qui intervient sur cette requête, il fait sommation au notaire pour faire la délivrance aux jour et heure indiqués, et aux

parties intéressées pour y être présentes; mention
est faite de cette ordonnance et des sommations
dans l'expédition, art. 844, c. proc. Ces expéditions délivrées de l'autorité du magistrat méritent
la plus grande foi, parce que tout ce qui a été
fait par l'intervention de la justice est présumé l'a-
voir été avec toutes les précautions possibles pour
empêcher le faux et l'erreur; d'ailleurs la présence
des parties intéressées ne laisse pas le plus léger
doute sur la conformité de la copie à l'original;
et si étant appelées, elles n'ont pas comparu chez
le notaire, elles ont démontré par là même qu'elles
étaient persuadées que tout se ferait en règle.

Les copies tirées sans l'intervention de la justice, mais seulement en présence des parties
intéressées et de leur consentement mutuel, font
aussi la même foi que l'original entre celles qui
y ont été présentes; en donnant leur consentement à l'expédition, elles sont convenues qu'elle
leur tiendrait lieu de l'original; elle n'a pas la
même force à l'égard de ceux qui n'y ont pas
été présens, parce qu'elle ne tient ses effets que
d'une convention, et que les conventions n'en
produisent qu'à l'égard de ceux qui les ont faites,
et pour les objets sur lesquels il est permis d'en
former; ainsi, même entre les parties qui y ont
donné leur consentement, elles n'ont pas la force
de l'original s'il s'agissait de choses dont elles
n'ont pas la disposition. Au contraire, celles
faites d'autorité de justice remplacent parfaitement l'original par rapport aux parties qui y
ont été présentes ou dûment appelées; la raison
de différence est qu'il est possible que les parties ayent consenti à la supposition d'un original qui n'existait pas, supposition qui ne peut

avoir lieu quand c'est au nom de la justice que le tout a été fait.

Mais si les copies de titres, autres que les grosses et premières expéditions, ont été tirées sans l'autorité du magistrat, ou sans le consentement des parties, il faut encore distinguer entre le cas où les copies auraient été délivrées sur la minute de l'acte, soit par le notaire qui l'a reçu, soit par l'un de ses successeurs, soit par l'officier public dépositaire des minutes, et le cas où elles l'auraient été sur la minute par d'autres notaires ou officiers publics.

Dans le premier cas, on a égard à l'ancienneté de la copie; si le temps où l'on s'en sert n'est pas très éloigné de celui où elle a été tirée, l'impossibilité de la comparer à un original qui n'existerait plus, laisserait des inquiétudes, on pourrait croire qu'elle a été fabriquée pour la cause, ou qu'elle n'est pas conforme à l'original qui a été ensuite supprimé pour que l'on ne pût pas reconnaître le vice de l'expédition, et il n'y aurait pas de certitude lors même que la copie aurait été faite par le notaire qui a reçu l'acte. Un notaire mérite toute confiance lorsque, sur la requête des contractans, il atteste un fait, *fidem facit de quo rogatur;* mais lorsqu'il déclare qu'une expédition a été tirée sur la minute, c'est un fait qui lui est personnel, et quand il ne peut le justifier par l'exhibition de l'original, il ne mérite plus, comme officier public, le même degré de confiance.

Si au contraire la seconde copie faite par le notaire qui a reçu l'acte, ou par l'un de ses successeurs, ou par le dépositaire des minutes, est ancienne, elle mérite alors la plus grande con-

fiance ; on ne peut plus dire qu'elle a été con-
trouvée pour la contestation qui s'élève long-temps
après l'époque de l'expédition ; d'ailleurs la perte
de la minute, par suite d'accidens, depuis la
confection de la copie, est plus probable après
un long espace de temps ; l'ancienneté du temps
qui détruit toutes les preuves, doit tenir lieu de
celles qu'elle anéantit; c'est le cas de l'application
de la maxime *in antiquis enuntiativa probant;*
il est énoncé dans l'expédition ancienne qu'elle
est conforme à l'original, cette énonciation mérite donc une confiance entière Les copies sont
regardées comme anciennes quand elles ont plus
de trente ans : si elles ont moins de trente ans,
elles ne peuvent servir que de commencement
de preuve. Ces copies étant délivrées par le notaire qui a reçu l'acte, ou par ses successeurs,
ou par l'officier public dépositaire, en cette qualité, des minutes, elles méritent toujours une
certaine confiance, lors même qu'elles n'ont pas
trente ans ; c'est pour cela qu'on leur donne
la force d'un commencement de preuve par
écrit; elles rendent en effet probable qu'il a existé
autrefois un original, que la copie lui est conforme, ainsi qu'on l'allègue, et la preuve est
complétée par une enquête; art. 1347, alinéa 2,
c. c.

Si la copie n'a pas été tirée sur la minute par
le notaire qui a reçu l'acte, ou par ses successeurs,
ou par les dépositaires publics des minutes, mais
par un autre officier public, l'ancienneté de cette
copie, à quelque époque que remonte sa date,
ne lui donne pas la force d'une preuve complette, elle ne peut dans tous les cas servir que
de commencement de preuve par écrit; le no-

taire qui l'a tirée est sans caractère pour attester la vérité des minutes qui ne sont pas les siennes, ou celles de ses prédécesseurs, ou dont le dépôt ne lui a pas été confié par la loi ou par la justice; rien ne lui certifie alors qu'il n'est point trompé par celui qui a produit la minute sur laquelle il donne la copie, il excède les bornes de son ministère, et c'est encore conserver à la qualité d'officier public beaucoup de confiance, que de considérer cette copie comme un commencement de preuve par écrit; c'est supposer non-seulement qu'il a été de bonne foi quand il a délivré cette copie, mais encore qu'il a pris alors les informations et les mesures nécessaires pour n'être pas trompé.

386. Les copies de copies ne peuvent jamais remplacer l'original qui n'existe plus; la raison en est qu'ici plusieurs doutes s'élèvent : la première copie était-elle conforme à l'original? la seconde copie est-elle conforme à la première? ne s'est-il point glissé d'erreurs ni dans l'une, ni dans l'autre? Tout cela jette dans l'incertitude, et elle ne peut pas être levée même par la qualité d'officier public de celui qui aurait fait cette seconde copie sur la première; c'est pour cela que la loi déclare que, quelque favorables que soient les circonstances dont on pourrait induire leur conformité avec l'original, les copies de copies ne pourront néanmoins servir que de simples renseignemens.

387. La transcription d'un acte sur les registres publics ne peut remplacer l'original de cet acte, ni prouver que l'acte transcrit a existé réellement; elle ne peut servir que de commencement de preuve par écrit, et encore on exige

pour cela, 1° qu'il soit constant que toutes les minutes du notaire de l'année dans laquelle l'acte paraît avoir été recu sont perdues, ou que l'on prouve
que la minute de cet acte a péri par un accident
particulier; 2° qu'il existe un répertoire en règle
du notaire, qui constate que l'acte a été fait à la
même date. Lorsqu'au moyen du concours de
ces deux circonstances, la preuve testimoniale
sera admise, on devra faire entendre les témoins, instrumentaires de l'acte, s'ils existent encore.

La transcription est une formalité établie par
la loi pour rendre publiques les mutations de
propriété des immeubles, priver du droit d'inscrire, quinze jours après la transcription, les hypothèques obtenues avant l'aliénation, et parvenir à purger celles qui grèvent l'immeuble
aliéné; art. 939, 2181, c. c., et 834, cod. de
proc. On présente à cet effet une expédition de
l'acte d'aliénation au conservateur des hypothèques du lieu de la situation, lequel la copie lit-
téralement et en entier sur ses registres. Cet officier transcrit tous les actes qu'on lui présente,
mais il ne peut pas attester qu'il existe une minute conforme à l'expédition qui lui est remise,
on peut en effet lui exhiber une copie fausse;
néanmoins il est probable que le plus souvent
celle présentée sera vraie; c'est pour cela que la
loi veut qu'une semblable transcription puisse
servir de commencement de preuve par écrit.

Mais pour éviter toute espèce d'abus que l'on
pourrait faire de cette disposition, elle exige qu'il
soit constant que toutes les minutes de l'année
donnée à l'acte sont perdues, ou qu'il soit établi
que la minute de l'acte transcrit a péri par un

accident particulier. On ne peut plus dire alors
que l'on a supprimé l'original qui contenait des
vices de forme que l'on avait corrigés sur la
copie, afin que cette suppression empêchât de
reconnaître ces vices, puisqu'il est établi que
toutes les minutes de l'année de l'acte ont péri,
ou que la minute de cet acte s'est perdue par
un accident particulier. La loi veut encore, pour
que la transcription puisse servir de commencement de preuve par écrit, que l'acte soit porté
à sa date sur le répertoire régulier du notaire.
Le répertoire des notaires, comme on a déjà dit
au n° 555, est un registre sur lequel ils sont
obligés de porter à fur et mesure de la réception, et date par date, les actes qu'ils reçoivent.
Si l'acte transcrit se trouve porté sur le répertoire tenu en règle, on ne peut plus douter qu'il
ait existé, puisque toutes intercallations sont impossibles sur le répertoire régulier.

Quand ces deux circonstances de la perte de
la minute et de l'inscription de l'acte à sa date sur
le répertoire se trouvent réunies, elles rendent
si probable la vérité de l'acte transcrit, qu'on ne
peut refuser à la transcription la force d'un
commencement de preuve par écrit, qui doit
être complété par la preuve testimoniale; mais
les témoins instrumentaires de l'acte qui ont la
connaissance directe des faits, doivent être nécessairement entendus, s'ils sont encore vivans.

§. V.

Des Titres primordiaux et récognitifs, et des Titres confirmatifs.

On distingue encore les titres en titres pri*

mordiaux et récognitifs, et en titres confirmatifs. On parle des deux premières espèces dans un premier article, et de la troisième dans un second article.

ARTICLE PREMIER.

Titres primordiaux et récognitifs.

388. Les titres primordiaux, comme ce nom seul le fait assez connaître, sont les premiers titres qui ont été passés par les parties, et qui contiennent une obligation contractée entr'elles. Par exemple, le titre primordial d'une rente est le contrat par lequel elle a été constituée.

Les titres récognitifs sont ceux qui ont été passés depuis le premier, par les débiteurs, leurs héritiers et successeurs, dans lesquels ils ont reconnu l'existence de l'obligation.

389. Il y a deux espèces de titres récognitifs : ceux que l'on appelle d'une certaine science, *ex certá scientia,* d'une forme spéciale, *in formá speciali,* c'est-à-dire ceux où la teneur du titre primordial est relatée; et les titres récognitifs dans la forme commune, *in formá communi,* c'est-à-dire ceux où la teneur du titre primordial n'est point insérée, mais où il est seulement énoncé que les débiteurs en reconnaissent l'existence.

Les titres récognitifs de la première espèce, que l'on appelle d'une certaine science, parce qu'ils nous apprennent tout ce qui est contenu dans le titre primordial, et auxquels on donne aussi, pour la même raison, le nom de *reconnaissance en forme spéciale,* remplacent le titre primordial, pourvu que ceux qui ont passé ces titres récognitifs fussent maîtres de leurs droits, au moment de la reconnaissance : en faisant insérer dans celle-ci la teneur du titre primordial, les reconnaissans ont voulu qu'elle tînt lieu d'un double original du premier titre.

Les titres récognitifs, dans la forme particulière rapportée ci-dessus, dispensent bien de la nécessité de représenter le titre primordial; mais s'il est produit, c'est lui qui doit servir de règle, les actes récognitifs où sa teneur est relatée ne sont que des copies du titre primordial; or il est de principe que les copies doivent être conformes à l'original, qu'elles ne méritent foi que lorsque cette conformité existe; que, dans le cas contraire, c'est l'original qui est la loi des contractans; art. 1354, c. c.; l. 2, ff. *de fide instrumentor*.

De ces principes on doit conclure que si les reconnaissances contiennent quelque chose de plus que le titre primordial, ou s'il y a quelque chose de différent, elles n'ont aucun effet à cet égard. C'est le premier titre qui contient l'obligation des parties, elles n'ont pas voulu en contracter une autre; en faisant les reconnaissances, elles ont seulement avoué l'existence de la première; elles ont accordé ces reconnaissances pour se fermer tout moyen d'opposer la prescription contre le premier titre; mais c'est toujours celui-ci qui règle leurs obligations, et par conséquent, si les reconnaissances contiennent quelque chose de plus que le titre primordial, ou une autre obligation, elles ne produisent aucun effet relativement à ces augmentations ou différences d'obligations, les parties ne peuvent jamais être tenues que de celles exprimées dans le premier titre.

390. Les titres récognitifs de la seconde espèce ne dispensent point de la représentation du titre primordial qui peut toujours être demandée, ils n'en prouvent pas l'existence, ils servent seulement à interrompre la prescription; pour opérer cette interruption, le créancier peut exiger un titre nouvel, tous les vingt-huit ans; art. 2263, c. c.

Quoique les titres récognitifs de la seconde espèce ne puissent en général dispenser de la représentation du titre primordial; cependant, s'il y en avait plusieurs conformes entre eux et suivis de la possession, et dont l'un eût trente ans de date, les juges pourraient, suivant les circonstances, dispenser le créancier de la représentation du premier titre; cette pluralité de reconnaissances, dont l'une est ancienne, et qui sont conformes entre elles, fait présumer qu'elles le sont aussi au titre primordial qui n'est pas produit, sur-tout quand elles sont en pleine exécution.

Cependant, malgré cette présomption résultant de la conformité des titres récognitifs entre eux, de leur pluralité, de leur exécution, de leur ancienneté, le créancier n'est pas dispensé de plein droit de la représentation du titre primordial; la question est laissée à l'arbitrage des juges qui se détermineront d'après les circonstances et les différentes causes qui seront alléguées de la perte des titres primordiaux.

D'après la faveur dont a constamment joui la libération, on doit dire que si les reconnaissances, suivies de la possession, dont une ait au moins

trente ans de date, tendent à diminuer l'obligation portée au premier titre, le débiteur est libéré du surplus, parce qu'il y a prescription acquise pour le reste.

ARTICLE 2.

Des Titres confirmatifs.

391. Un acte confirmatif est celui par lequel
une partie qui pourrait opposer une action en
nullité ou en rescision contre un titre, déclare
qu'elle renonce à cette action, et qu'elle entend
que l'acte vicieux soit exécuté.

Pour qu'un acte vicieux en la forme, ou qui
serait le fruit de l'erreur, du dol et de la violence, ou sujet à rescision pour cause de minorité, puisse être valablement confirmé et ratifié,
il faut 1° qu'il soit signalé dans l'acte confirmatif
de manière à n'être point confondu avec un autre,
et que par conséquent la substance de l'obligation
y soit relatée; il faut 2° que l'action à laquelle
on renonce soit aussi désignée dans la ratification, et qu'ainsi l'acte confirmatif contienne la
mention du motif de l'action en nullité ou en
rescision; il faut 3° enfin que la volonté et l'intention de réparer le vice sur lequel l'action était
fondée soit constante, et dès-lors que l'acte confirmatif renferme encore la mention de l'intention de réparer ce vice. On a pris toutes ces précautions pour qu'une partie ne soit pas privée
de son action, sans une ferme volonté de sa part
d'y renoncer, et pour qu'on n'abuse pas à cet effet
de quelques énonciations que l'on mettrait à dessein dans un autre acte où serait partie la personne à qui appartient l'action en nullité ou en

rescision, et qui souscrirait cet acte sans faire attention à ces énonciations.

392. L'acte vicieux peut être encore ratifié et confirmé d'une manière tacite; il suffit pour cela que l'obligation contenue dans le titre ait été volontairement exécutée après l'époque à laquelle l'obligation pouvait être valablement confirmée ou ratifiée d'une manière expresse Cette exécution volontaire de l'acte dans un temps où l'on a la capacité de contracter en est une approbation tacite; on pouvait opposer la nullité de cet acte pour vices de forme; on avait le droit d'en demander la rescision pour cause d'erreur substantielle, de violence grave, de dol caractérisé, de minorité, etc ; on l'exécute au lieu d'intenter ces actions, on y renonce donc par là même : mais il faut que la personne qui exécute volontairement l'obligation, le fasse dans un temps où elle aurait pu ratifier ou confirmer l'acte; ainsi il faut que l'obligation contractée par le mineur soit accomplie en majorité, et que celle contractée par une femme mariée le soit après la dissolution du mariage; autrement cette ratification tacite, résultant de l'exécution, serait elle-même sujette à rescision.

393. La ratification ou confirmation expresse faite de la manière indiquée par la loi, dans un temps où l'on est capable de contracter, et la ratification tacite résultant de l'exécution volontaire dans un temps où l'on pouvait ratifier valablement d'une manière expresse, emporte la renonciation aux moyens et exceptions qu'on pouvait opposer contre les actes, sans préjudice néanmoins des droits des tiers qui auraient acheté les biens vendus par le premier acte, ou qui au-

raient obtenu sur ces fonds des servitudes ou des hypothèques dans le temps qui s'est écoulé entre la vente vicicuse et sa ratification.

Une personne emploie la violence pour forcer quelqu'un à lui passer vente d'un certain domaine; cet acte est affecté d'un vice qui le rend rescindable; dans l'intervalle de la vente à la confirmation de cet acte, le vendeur hypothèque ou vend ce domaine à une autre personne; il ratifie ensuite la première vente : cette confirmation d'un acte vicieux, qui n'est censé avoir été fait à l'égard des tiers qu'au moment de la ratification, ne peut préjudicier à ceux qui ont acquis un droit de propriété ou autres droits réels sur les mêmes biens avant cette époque; l'acte de vente produit par la violence n'a pas transféré la propriété au premier acquéreur, parce que le domaine d'une chose ne peut passer à une autre personne que par le consentement libre et spontané du propriétaire : *nihil enim tam conveniens est naturali œquitati quàm voluntatem domini volentis rem suam in alium transferre ratam haberi;* §. 40, instit. *de rerum divisione;* mais, dans notre hypothèse, le consentement du vendeur n'a pas été libre, il a été extorqué par violence, il n'a donc pas suffi pour transférer à l'acquéreur le domaine de propriété des biens vendus, la propriété en est donc restée au vendeur, qui a pu en conséquence les aliéner ou hypothéquer à d'autres individus, et ces derniers ne peuvent être privés des droits réels qu'ils avaient acquis sur ces biens dans l'intervalle de la vente à la ratification, par suite des arrangemens pris postérieurement entre le vendeur et le premier acquéreur; la chose a été transmise par

l'effet du second acte portant ratification, avec
ses charges, s'il n'y avait eu que des hypothèques
ou servitudes accordées depuis le premier acte;
et s'il y avait eu seconde vente, le vendeur qui
avait cessé par elle d'être le maître du domaine
vendu, dont la propriété avait passé sur la tête
du second acquéreur, n'a pas pu la transférer
au premier, en ratifiant la vente vicieuse, puisqu'il est de principe que la ratification, soit expresse, soit tacite, ne peut préjudicier aux droits
acquis à des tiers.

594. Il y a des actes pour lesquels les formes
prescrites par la loi sont d'une nécessité absolue;
ce sont elles qui leur donnent l'être, sans elles
ils n'existent en aucune manière; c'est de l'accomplissement intégral des formalités qu'ils tiennent la vie : tel est l'acte de donation entre-vifs.
C'est pour cela que la loi déclare que le donateur
ne peut réparer par aucun acte confirmatif les
vices d'une donation nulle en la forme; cette confirmation ne détruirait pas ce vice; or tant qu'il
existe il n'y a point de donation, puisqu'elle
tire son essence des formes mêmes; il faut donc
nécessairement que la donation nulle en la forme, soit refaite en la forme légale.

595. Quoique le donateur ne puisse pas réparer, par un acte confirmatif, une donation
nulle en la forme, rien n'empêche néanmoins
que ses héritiers, ou ceux qui lui ont succédé à
titre singulier par rapport à l'objet de la donation, ou ses créanciers, ne puissent la confirmer
ou ratifier après sa mort ; et toute confirmation
expresse, où même tacite, résultant de l'exécution volontaire de leur part après le décès du

donateur, emporte leur renonciation à opposer soit les vices de forme, soit toute autre exception : ainsi ils ne peuvent plus, après cette ratification expresse ou tacite, l'attaquer ni sous le rapport des formes, ni sur le motif d'erreur, de violence, de dol, ou de minorité du donateur; car cette ratification emporte la renonciation à toutes actions en nullité ou rescision, pourvu cependant que l'acte confirmatif contienne toutes les mentions ci-dessus rappelées, quand il s'agit d'une confirmation expresse. Au reste, l'exécution volontaire qui ne fait que suppléer la confirmation expresse, n'emporte que la rénonciation aux actions en nullité ou rescision, parce que, d'après les termes du premier alinéa de l'art. 1338, c. c., la confirmation ou ratification expresse n'opère que cet effet; arrêt de cassation du 20 août 1812, rapporté au répertoire, 4e édit., verbo *ratification*, à la fin.

Les héritiers ou ayant-cause du donateur ne peuvent, de son vivant, confirmer ni expressément ni tacitement la donation vicieuse, parce qu'ils n'ont point encore de droit; ce serait d'ailleurs un pacte sur la succession d'un homme vivant, qui est nul et prohibé par la loi; art. 1130, 2e alinéa, 1610 et 791, c. c. : mais après sa mort cette confirmation est bonne, c'est un abandon des droits qui leur sont échus; or rien n'empêche les majeurs de faire de semblables abandons, ils renoncent à leurs propres droits, et non à ceux des tiers : *omnes licentiam habent his quæ pro se introducta sunt renuntiare;* l. 29, cod. *de pactis;* l. 46, ff. eodem.

SECTION II.

De la Preuve testimoniale.

396. La preuve testimoniale est celle qui résulte de la déposition uniforme de deux témoins
au moins, et qui soient irréprochables.

La preuve testimoniale serait la plus simple et
la plus parfaite de toutes les preuves, si les hommes étaient incapables de se tromper et de trahir
la vérité. Les actes, quelque authentiques qu'ils
soient, ne forment qu'un témoignage muet; ils ne
peuvent donner aucun éclaircissement sur des
circonstances qu'il serait important d'approfon-
dir; les témoins peuvent au contraire éclaircir
une foule de choses.

Les lois romaines admettaient la preuve testimoniale dans tous les cas, excepté en matière de
questions d'état, où elle n'était pas suffisante, et
où elle devait être fortifiée de la preuve littérale ou de quelques fortes présomptions, ainsi
que nous l'apprend la loi 2, cod *de testibus*,
dont voici les termes : *Si tibi controversia ingenuitatis fiat, defende causam tuam instrumentis
et argumentis quibus potes, soli enim testes ad
ingenuitatis probationem non sufficiunt;* mais
dans tous les autres cas elle marchait d'un pas
égal avec la preuve littérale : *in exercendis litibus
eamdem vim obtinent tam fides instrumentorum
quàm depositiones testium;* l. 15, cod. *de fide instrument.* Le droit des novelles lui donnait même
plus de confiance qu'à la preuve littérale : *nos quidem existimavimus ea quæ vivâ dicuntur voce
et cum jurejurando, hæc digniora fide quàm
scripturam subsistere;* novelle 73, chap. 3, et
novelle 47.

En France, on ne suit pas, depuis plus de deux siècles et demi, les principes des lois romaines à cet égard; la facilité avec laquelle les témoins tombent dans l'erreur, dans l'imposture et le mensonge, a engagé les législateurs à donner des bornes très étroites à cette preuve. L'ordonnance rendue à Moulins en 1566, a établi la première ces limites; par son article 54 elle défend cette preuve pour toutes choses excédant 100 livres, elle a été suivie par l'article 2 du titre 20 de l'ordonnance de 1667, et enfin le code civil a adopté la même décision. Il y a seulement cette différence entre ce code et les ordonnances, qu'il étend jusqu'à 150 francs la somme ou valeur qui peut être prouvée par témoins, mais ils sont loin de représenter la valeur de 100 livres au temps de l'ordonnance de Moulins; en effet, le marc d'argent qui valait 25 francs à cette première époque, en vaut plus de 50 aujourd'hui.

On verra sur cette matière, dans un premier paragraphe, quand la preuve vocale est admissible, ou non; et dans un second, quelles qualités doit avoir cette preuve pour faire foi en justice.

§. Ier.

Quand la Preuve testimoniale est-elle admissible, ou non?

397. On admet un premier principe en cette matière lorsqu'il existe un acte, savoir que lui seul doit prouver ce qui s'est passé entre les contractans; on n'est point reçu à prouver par témoins contre et outre le contenu aux actes, ni ce qui serait allégué avoir été dit avant, lors ou depuis les actes, dans le cas même où il s'a-

girait d'une somme ou valeur moindre de 150 f., à moins que l'on n'ait un commencement de preuve par écrit. La preuve littérale est la première de toutes; la testimoniale qui n'est qu'en second ordre, et qui repose uniquement sur la déposition de deux témoins susceptibles de se tromper, ou même de manquer à la bonne foi, ne doit pas être admise pour anéantir les titres qui ont été rédigés à l'effet de conserver éternellement la mémoire des choses passées entre les parties. La loi 1re, au code *de testib.*, disait déjà : *Contra testimonium scriptum, testimonium non scriptum non fertur.* Notre code va plus loin que la loi romaine; non-seulement la preuve par témoins n'est pas admise contre le titre, mais il ne veut pas que l'on puisse prouver de cette manière, outre ce qui s'y trouve contenu, ni tout ce qu'on alléguerait avoir été dit avant, lors ou depuis la confection de l'acte. Les contractans avaient la liberté de comprendre dans le titre ce qu'ils allèguent avoir été convenu ou dit, ils ne l'ont pas fait, on présume qu'ils l'ont omis à dessein, et la loi ne veut pas qu'on puisse le suppléer malgré eux par une preuve testimoniale, à moins qu'il n'existe un commencement de preuve par écrit, art. 1347, c. c., et art. 3 à la fin, tit. 20, ordonnance de 1667.

398. On peut prouver par témoins les faits de violence ou de dol qui ont forcé à contracter, quoique ce soit prouver contre l'acte, parce que ce sont des faits dont on n'a pas pu se procurer une preuve écrite, et qui d'ailleurs sont des espèces de délits.

399. Quand il n'existe point d'acte, on peut, dans tous les cas possibles, prouver par témoins,

toutes les fois que l'objet de la contestation n'excède pas en valeur 150 francs, puisque la prohibition ne porte que sur les valeurs excédantes; art. 1341, c. c.

400. Un second principe dans cette matière est que la preuve testimoniale n'est pas admise, lorsque l'objet de la contestation excède 150 francs, toutes les fois que l'on a pu se procurer une preuve écrite, à moins que l'on n'ait un commencement de preuve par écrit. Le code est formel, il dit que de toutes choses excédant 150 francs, même pour dépôt volontaire, il doit être passé acte devant notaire ou sous signature privée. L'ordonnance de Moulins disait qu'il en serait passé contrat, ce qui avait fait naître la question de savoir si elle était applicable à autre chose qu'à des conventions, puisque le contrat est une convention, et plusieurs jurisconsultes adoptaient la négative; mais pour lever tout doute à cet égard, l'ordonnance de 1667 s'est servie du mot *acte,* et le code civil emploie les mêmes expressions; ainsi on ne peut prouver par témoins au-delà de la valeur de 150 francs, ni l'existence des conventions, ni leur extinction, ni aucune autre chose, toutes les fois que l'on a pu se procurer une preuve littérale, si l'on n'a pas un commencement de preuve par écrit.

401. Cette disposition de la loi a lieu non-seulement lorsque la somme principale excède 150 francs, mais aussi lorsque le capital réuni aux intérêts excède cette quotité; la raison pour laquelle on ne veut pas que la preuve vocale soit admise, lorsqu'il est question de sommes considérables, est que l'on craint qu'un homme

de mauvaise foi ne parvienne à corrompre deux témoins en leur promettant la moitié, le quart, ou autre partie de ce qui est demandé ; or cette subornation est à craindre, soit que la grande somme soit un capital, soit qu'elle résulte d'une cumulation des intérêts joints au capital.

402. Toujours d'après le principe deuxième, une personne qui a formé une demande dont la valeur excède 150 francs, ne peut plus être admise à la preuve testimoniale, lors même qu'elle voudrait restreindre sa demande principale ; en formant une demande excédant en valeur 150 francs et non justifiée par écrit, elle a manifesté à la justice qu'elle ne s'était pas procuré une preuve écrite dans un cas où elle est exigée par la loi ; elle ne doit pas être admise à la preuve testimoniale, lors même qu'elle réduirait sa demande à une somme au-dessous de 150 francs, parce que malgré cette réduction il est toujours démontré que la chose passée entre les parties était d'une valeur supérieure à 150 f., et qu'en conséquence le créancier devait se procurer une preuve littérale

403. Toujours d'après le même principe, on doit décider que la preuve par témoins n'est point admise sur une demande d'une somme au-dessous de 150 francs, lorsqu'il y est déclaré que cette somme est le restant ou fait partie d'une créance plus forte qui excède 150 francs, et qui n'est point établie par écrit ; une semblable déclaration de la part du créancier fait connaître qu'il s'agit d'une convention qui doit être justifiée par titre, puisqu'elle excède 150 francs, la loi ne permettant la preuve par témoins des conventions qu'autant qu'elles ne sont pas au-dessus

de 150 francs. Ainsi un héritier pour un quart qui demande sa part héréditaire d'une somme de 200 francs, soit 50 fr., ne sera pas admis à la preuve vocale.

404. Lorsque dans une même instance une partie fait plusieurs demandes non justifiées par écrit, et qui réunies excèdent 150 fr., elle ne peut pas être admise à les prouver par témoins, lors même qu'elle alléguerait que les créances proviennent de différentes causes et qu'elles se sont formées en différens temps, à moins que ces créances ne procédassent par succession, donation ou autrement, de différentes personnes. La preuve testimoniale est prohibée quand il s'agit de choses excédant 150 francs, parce que la loi craint, comme on l'a déjà dit, qu'on ne corrompe les témoins ; mais le danger de la corruption est le même, soit qu'il s'agisse d'une créance considérable provenant d'une seule cause, soit qu'il soit question d'une somme résultant de la réunion de plusieurs créances formées en différens temps et ayant des causes différentes ; les témoins, d'un autre côté, ne sont pas plus croyables sur la cause et le temps de l'origine des créances que sur la vérité de leur existence, et les deux que l'on serait parvenu à suborner en leur donnant ou promettant une partie de la somme, déposeraient tout ce qu'on voudrait.

Il y a une exception lorsque les différentes créances, dont chacune considérée seule n'excède pas le taux déterminé par la loi, sont parvenues au créancier, en sa qualité d'héritier ou de donataire, ou de cessionnaire de plusieurs personnes : par exemple, je demande à Jean 100 fr.. en qualité d'héritier de Paul ; 100 fr., en qualité

d'héritier de Pierre; 100 fr., en qualité de donataire universel de Jacques; 100 fr., en qualité
de cessionnaire d'Alexis : toutes ces sommes excèdent bien 150 francs, puisqu'elles s'élèvent à
400 francs; mais chacune d'elles est au-dessous
de la quotité fixée par la loi, je serai donc admis à prouver par témoins l'existence de ces créances, parce que chacun de ceux que je représente, ou dont je suis l'ayant-cause, en ma qualité d'héritier, de donataire et de cessionnaire,
aurait pu prouver sa créance par une enquête;
je suis en leur lieu et place, j'exerce leurs droits,
ou plutôt ce sont les anciens créanciers qui sont
censés agir eux-mêmes par mon ministère, et demander chacun moins de 150 francs.

405. Pour empêcher que l'on ne fasse fraude
à la disposition de la loi, en demandant par
parties une créance excédant 150 francs, il est
ordonné de former toutes les demandes à quelque titre que ce soit, qui ne seront pas entièrement justifiées par écrit, dans un seul et même
exploit, après lequel toutes celles dont il n'y
aura point de preuves littérales ne seront pas
reçues Si cette décision de la loi n'existait pas,
un créancier de mauvaise foi, parfaitement instruit que la preuve vocale n'est pas admissible
quand il s'agit de demandes au-dessus de 150 fr.,
s'entendrait avec deux témoins qu'il aurait sé-
duits, et il demanderait par un exploit 90 fr.,
la même somme quelque temps après par un
autre exploit, et il pourrait, par le moyen de
plusieurs de ces actes, demander des sommes
considérables, dont il aurait exprès divisé la
quotité en plusieurs demandes pour pouvoir faire
déposer sur chacune les complices de sa fraude,

qui y seraient le plus souvent intéressés, à cause des promesses à eux faites par le prétendu créancier de les admettre au partage de l'objet des demandes, si elles réussissaient.

Le principe que la preuve testimoniale des choses excédant 150 francs n'est pas admissible, toutes les fois que l'on a pu se procurer une preuve par écrit, reçoit plusieurs exceptions.

406. D'abord une première exception a lieu par rapport aux négociations faites de marchand à marchand; elles peuvent être prouvées par témoins; lorsque les circonstances n'exigent pas que l'on rejette cette sorte de preuves, il est laissé à l'arbitrage des juges de commerce de l'admettre, quelle que soit la valeur de l'objet de la contestation; art. 109 à la fin, cod. de comm. La bonne foi, qui est l'ame du commerce, a fait consacrer cette exception; souvent les négocians traitent entre eux sans prendre aucun écrit.

407. Une seconde exception a lieu lorsqu'il existe en faveur de celui qui forme la demande non justifiée par la preuve littérale, un commencement de preuve par écrit. On appelle ainsi tout acte par écrit émané de celui contre lequel la demande est portée devant les tribunaux, ou de celui qu'il représente, et qui rend vraisemblable le fait allégué.

On a un commencement de preuve par écrit, lorsqu'on a par écrit une preuve non de la totalité du fait qui constitue l'objet de la contestation, mais de quelque chose qui y conduit ou en fait partie : par exemple, vous m'avez écrit une lettre par laquelle vous me priez de vous prêter cent louis, je les ai remis au porteur de la lettre, sans aucun reçu de sa part; je demande cette somme, et je produis la lettre que vous m'avez écrite, elle ne fait pas la preuve du prêt des cent louis, mais c'est un commencement de preuve littérale qui me fera admettre à la preuve par témoins : cette lettre rend vraisemblable le prêt des cent louis.

La seconde espèce de commencement de preuve par écrit a lieu, lorsque j'ai la preuve par écrit que quelqu'un est mon débiteur, soit par des énonciations dans des actes authentiques, soit par des écrits privés signés de lui, mais qui n'expriment point la quotité de la dette; dans ce cas je serai admis à la prouver par témoins : par exemple, une personne, en vendant son fonds, charge l'acquéreur de me payer ce qu'il me doit, sans en déterminer le quantum; d'après cet acte de vente je serai admis à prouver par enquête la quotité de la dette. Il faut néanmoins que la somme que je demande soit vraisemblable, d'après l'état et la condition tant du débiteur que du créancier.

Une troisième espèce de commencement de preuve par écrit résulte des écritures privées non signées, mais écrites par celui à qui on les oppose. Par exemple, je demande à une personne une somme que je lui ai prêtée, je rapporte un billet écrit et daté d'elle, par lequel elle reconnaît avoir reçu cette somme : cet acte n'étant point signé n'est pas suffisant pour établir ma créance, mais il peut me faire admettre, suivant les circonstances, à la preuve vocale, c'est-à-dire lorsqu'elles rendent probable la numération des espèces, et qu'il est rendu présumable par elles que c'est par oubli que le débiteur n'a pas signé.

L'acte écrit par le créancier ne peut pas ser-vir de commencement de preuve par écrit de la vérité de sa créance, parce qu'on ne peut pas se faire des titres à soi-même.

Il en est de même de l'acte écrit par un tiers, parce que ce tiers n'est que comme un témoin, et que son attestation écrite n'équivaut qu'à une preuve testimoniale. On doit ranger ici parmi les tiers la femme commune, ou un des cohéritiers qui a fait les actes, d'où on veut faire résulter un commencement de preuve par écrit d'une dette de communauté ou de succession, excepté pour leur part personnelle ; l'aveu ou demi-aveu par écrit de la femme commune a la force de la lier pour sa part, mais il ne peut influer en rien sur la part des héritiers du mari, ni les écrits d'un des cohéritiers sur les parts de ses cohéritiers ; ces derniers ne peuvent être obligés par suite d'aveux qui leur sont étran-gers.

408. Le même principe de l'inadmissibilité de la preuve vocale, lorsque l'objet de la contes-tation excède 150 francs, reçoit une troisième exception, dans le cas où le créancier a perdu le titre qui lui servait de preuve littérale, par suite d'un cas fortuit, imprévu et résultant d'une force majeure. Cette décision est fondée sur ce qu'il y aurait de l'injustice à donner au hasard la vertu de priver d'un droit légitimement acquis, la personne qui s'est conformée à la loi, et à qui par conséquent on n'a rien à imputer. *Sin verò facta quidem, per scripturam, securitas sit, fortuito autem casu, vel incendii, vel naufragii, vel al-terius infortunii perempta, tunc liceat his qui hoc perpessi sunt, causam peremptionis proban-*

tibus, etiam debiti solutionem, per testes probare,
damnumque ex amissione instrumenti effugere;
l. 18 à la fin, cod. *de testibus.*

La loi romaine qu'on vient de citer ne permet
la preuve testimoniale, dans le cas dont il s'agit,
que lorsqu'on prouve le fait qui a causé la perte
du titre, *causam peremptionis probantibus* Cette
même disposition est consacrée de nouveau par
le code civil, d'où il suit que l'on ne doit pas
admettre à la preuve testimoniale celui qui allègue la perte de ses titres par suite d'un accident
de force majeure, avant que ce fait ne soit établi
d'une manière positive. Ainsi, lorsque je prétends que mes titres ont péri dans l'incendie de
ma maison, il faut que le fait de l'incendie soit
constant, avant que je sois admis à prouver
par témoins que les titres ont existé et ont été
vus. Si on n'exigeait pas que le fait de force majeure fût vérifié avant d'admettre la preuve vocale, la défense de la loi sur l'admissibilité de
cette preuve, hors les cas exceptés, serait facilement éludée; il ne serait pas plus difficile de
trouver deux faux témoins qui attesteraient avoir
lu l'acte, que d'en produire qui assureraient avoir
assisté au moment de la formation de la convention verbale : le danger de la corruption est
aussi à craindre dans un cas que dans l'autre.

409. Lors même que l'accident est constant,
s'il s'agit d'un acte dont la forme constitue l'essence, qui n'existe que par elle, qui sans elle
n'est absolument rien, tel qu'un testament; pour
que la preuve par témoins puisse suppléer le
titre, il faut qu'il résulte des dépositions, non-
seulement que l'acte a été vu et tenu, mais encore qu'il était revêtu des formes requises par

la loi à peine de nullité; il faut que les témoins s'expliquent sur ces formalités; il faut qu'ils rapportent le contenu du testament, car il ne suffit pas, pour demander l'exécution de ces actes, qu'ils ayent existé, il est encore nécessaire qu'ils ayent été faits avec les solennités requises, à peine de nullité; arrêt de la cour de cassation du 17 février 1807, recueil de Sirey pour 1807, 1re partie, pag. 97 et suiv.

410. La preuve testimoniale n'est refusée que lorsqu'on a pu se procurer une preuve écrite; de là résulte un troisième principe relatif à cette matière, savoir que la preuve vocale est admise, quelle que soit la valeur de l'objet de la contestation, toutes les fois que l'on a été dans l'impossibilité de se procurer une preuve littérale; les lois ne pouvant exiger l'impossible, on doit en conclure qu'il est permis à un créancier d'établir par témoins l'existence de l'obligation contractée envers lui, toutes les fois qu'il ne lui a pas été possible de s'en procurer une preuve par écrit; elles ne défendent la preuve par témoins que parce qu'elles ordonnent de passer des actes: leur défense ne s'applique donc pas au cas où il n'a pas été au pouvoir des parties de se procurer cette sureté.

411. Ce troisième principe concerne d'abord les conventions faites dans des circonstances qui ne permettent pas de dresser un acte, de semblables contrats peuvent être prouvés par témoins; c'est ce que notre code décide par rapport aux dépôts nécessaires qui se font en cas d'incendie, ruine, tumulte ou naufrage; la précipitation avec laquelle on fait les dépôts, dans des circonstances aussi critiques et aussi pres-

santes, empêche qu'on ne puisse s'en procurer une reconnaissance par écrit. Il en est de même des dépôts faits par les voyageurs dans une hôtellerie ; de semblables dépôts se font aussi sans écrit ; les hôtes et aubergistes n'auraient pas le loisir de délivrer des reconnaissances à tous les voyageurs qui arrivent à chaque instant dans leur auberge ou hôtellerie Ce sont d'ailleurs des dépositaires forcés, auxquels on est obligé de s'adresser dans ses voyages ; art. 1348, n° 2, 1950 et 1952, c. c.

Néanmoins, pour que les dépositaires ne soient pas victimes, dans les deux cas ci-dessus, de déclarations fausses et exagérées, la loi ajoute que le tout aura lieu suivant la qualité des personnes et les circonstances du fait : si un voyageur, par exemple, prétendait avoir déposé des objets très précieux, tandis qu'il serait sans état et sans la moindre fortune, il ne serait pas cru, et la preuve testimoniale ne serait pas admise. Il en serait de même d'un homme pauvre qui prétendrait avoir déposé chez un voisin des diamans dans le moment que brûlait la maison où il occupait un réduit. Enfin on devra décider de même toutes les fois que les circonstances du fait rendront improbable le dépôt ; dit art. 1348, n° 2, à la fin.

412. Ce troisième principe s'applique aussi aux obligations contractées en cas d'accidens imprévus où l'on ne pourrait pas avoir fait des actes par écrit ; il faut que cet accident soit constaté, le reste est laissé à la prudence et conscience du juge, qui examinera si on a pu, ou non, se procurer une preuve par écrit. Par exemple, un enfant tombe dans une rivière ; son père promet cent louis à celui qui tirera son fils de ce danger ; un indi-

vidu accepte la proposition et se précipite dans les ondes pour sauver cet enfant ; il le ramène à bord sain et sauf ; ce fait est notoire dans la ville, ou il est avoué par le père : dans un cas semblable, celui qui a sauvé l'enfant pourra prouver par témoins l'existence de l'obligation contractée envers lui ; elle a été formée dans un cas imprévu et urgent où il n'a pas eu le pouvoir de s'en procurer un acte ; pendant la rédaction l'enfant aurait péri, en supposant même qu'elle eût été possible.

413. Ce troisième principe s'applique de même aux obligations résultant des quasi-contrats, parce qu'elles se forment sans le fait de celui à qui elles sont acquises, et que par conséquent il n'a pas été au pouvoir de celui-ci de s'en procurer une preuve par écrit. Une personne a géré mes biens pendant mon absence et sans que j'en eusse la connaissance, elle en a perçu les fruits, elle est obligée de m'en restituer la valeur ; je serai admis, en cas de dénégation, à prouver par témoins cette perception des fruits ; l'obligation de les restituer résulte du fait de la récolte qui lui est totalement personnel et auquel je n'ai pu prendre aucune part, puisque j'ignorais même sa gestion ; je n'ai donc pas eu les moyens de me procurer une preuve écrite d'une semblable obligation, on doit donc m'admettre à la preuve vocale.

414. On peut aussi prouver par témoins les délits et quasi-délits, soit que la réparation en soit demandée par la voie civile ou qu'elle le soit par la voie criminelle. Ceux qui commettent des délits et des quasi-délits contractent bien l'obligation de réparer le dommage qu'ils causent, mais ils n'en

donnent pas des preuves écrites à ceux qui en souffrent; les délinquans tâchent au contraire d'enlever aux offensés tous les moyens de les convaincre : d'ailleurs l'obligation se forme ici sans aucun fait de celui envers qui elle a lieu; il n'a donc pu s'en procurer une preuve littérale, il doit donc être admis à la preuve testimoniale, soit qu'il prenne la voie civile, soit qu'il agisse par la voie criminelle. Ce n'est pas la voie que la partie lésée a choisie qui sert de guide pour connaître si la preuve par témoins est admissible ou non, c'est la nature du fait dont on demande à fournir la preuve qui doit entièrement décider. On peut poursuivre légitimement, par-devant les tribunaux civils, la réparation du préjudice causé par les délits, et la preuve testimoniale en sera admissible comme par-devant les tribunaux criminels; au contraire, on ne peut pas recourir aux tribunaux criminels pour avoir la facilité d'y prouver par témoins des faits qui ne peuvent pas être établis de cette manière; car ce serait un moyen de faire indirectement ce qui est prohibé par la loi.

415. Néanmoins les délits qui sont accessoires à des conventions, et qui en dépendent totalement, ne peuvent être prouvés par témoins, lors même que ces délits seraient d'ailleurs susceptibles, par eux-mêmes, de ce genre de preuve. Par exemple, il est constant que l'on peut établir par témoins l'ingratitude du donataire envers le donateur; cependant, si l'ingratitude résultait de l'inexécution des clauses non écrites dans l'acte de donation, cette preuve testimoniale ne serait pas admise, parce qu'elle entraînerait celle des clauses non écrites contre la défense expresse

de la loi : on prouverait par témoins outre ce qui est contenu dans l'acte ; on ne peut pas être reçu à la preuve de la convention qui est le principal, sous prétexte qu'on serait recevable à la preuve de la contravention qui est l'accessoire ; car c'est bien une règle que le principal attire l'accessoire, mais non pas que l'accessoire attire le principal.

On ne peut pas prouver par témoins un délit qui suppose une convention sans qu'elle ait été établie auparavant d'une manière légale, autrement ce serait un moyen indirect de prouver par témoins l'existence des contrats, et d'éluder par cette voie détournée la prohibition de la loi. Ainsi on ne peut pas demander à établir par témoins la violation du dépôt volontaire, ou la soustraction de la chose déposée par le dépositaire, tant que le dépôt n'est pas justifié par écrit, ou par l'aveu de ce dernier, ou par son refus de prêter le serment décisoire ; et en effet on ne peut violer un dépôt avant qu'il existe, la preuve de son existence est donc un préalable indispensable à la poursuite de la violation.

La loi, en permettant la preuve par témoins pour les crimes et délits qui ne supposent pas une convention préexistante, paraît au premier coup d'œil d'une grande bizarrerie ; elle rejette cette preuve quand il s'agit d'un pur intérêt pécuniaire d'une valeur supérieure à 150 f., et elle l'accorde quand il est question de la vie et de l'honneur de l'accusé, mille fois plus précieux que les biens.

On répond que ce sont des motifs d'ordre public qui ont déterminé les législateurs dans les deux cas ci-dessus Si on avait admis la preuve testimoniale dans les causes civiles d'un intérêt

majeur, lorsque la partie avait pu se procurer
une preuve écrite, trois fripons associés entre
eux auraient été bientôt les maîtres de la fortune
de leurs concitoyens, au préjudice de l'intérêt
général. Si au contraire on n'avait pas admis la
preuve testimoniale pour convaincre les accusés,
la sureté et la propriété n'auraient bientôt été
que de vains noms; en effet, les crimes se commettent dans l'ombre et les ténèbres, les coupables tâchent de supprimer toutes les traces qui
pourraient les faire reconnaître; la preuve testimoniale est le plus souvent le seul moyen de
les convaincre; si on la rejetait, l'impunité des
plus grands criminels serait assurée, et leur au-
dace augmenterait au grand détriment de la société.

416. Dans tous les cas rapportés ci-dessus, la
preuve vocale est admissible, parce que la qualité des faits ne permet pas de s'en procurer une
preuve littérale; il y en a d'autres où l'on juge
encore de même, quoique les faits soient susceptibles d'une rédaction par écrit; ce sont tous ceux
où il s'agit de faits qui se sont passés entre des
tiers en fraude des droits de celui qui demande
la preuve testimoniale : elle est admise dans de
semblables circonstances, parce qu'on n'est pas
en faute de n'avoir pas tiré une preuve écrite de
ces faits, puisqu'on n'y est pas intervenu et que
l'on n'a pas pu y intervenir. Par exemple, on
doit permettre la preuve par témoins des pactes
secrets, pour faire passer les biens du défunt à
une personne prohibée, en fraude de ses héritiers; art. 911 et 1099, c c. Un héritier est fondé
à demander la preuve de la fraude du défunt,
toutes les fois que cette fraude a été faite à l'hé-

ritier, en sa qualité d'héritier. On permet de l'établir de cette manière, parce que, 1° si la preuve par témoins n'était pas admise lorsqu'il s'agit de fraude pratiquée au préjudice d'un tiers, la loi se désarmerait elle-même, et se mettrait dans l'impuissance de connaître le crime qu'elle veut réprimer ; le danger de la fraude qui serait ainsi toujours impunie, est encore plus grand'que celui de la séduction des témoins contre laquelle la justice ne manquerait pas de sévir lorsqu'elle l'aurait découverte. 2° La fraude est une espèce de crime ; or le crime se prouve par témoins. 3° La fraude cherche toujours à se cacher et à s'envelopper de ténèbres, et ainsi il serait souvent impossible de la connaître sans cette voie.

§. II.

Quelles qualités doit avoir la Preuve testimoniale pour faire foi en justice.

Après avoir vu quand la preuve vocale est admissible ou non, il nous reste à examiner quelles qualités doit avoir cette preuve pour faire foi en justice.

On peut considérer la preuve testimoniale ou par rapport à son extérieur, ou par rapport à son intérieur et à sa substance.

L'extérieur de la preuve est tout ce qui concerne le nombre, la condition, la probité des témoins, et les formes de l'enquête.

L'intérieur de la preuve se compose des faits, des circonstances, des jugemens qui sont rapportés dans les dépositions des témoins.

ARTICLE PREMIER.

Extérieur de la preuve testimoniale.

417. C'est une règle générale qu'il faut deux témoins intègres et dignes de foi pour prouver un fait. Les lois de Dieu, publiées par Moyse, l'ont établie; exode, chap. 25, verset 3; deutéronome, chap. 17, verset 6, et chap. 19, verset 1; celles des Romains l'ont confirmée, et tous les tribunaux de l'univers l'ont adoptée; en vain prétendrait-on suppléer à l'unité du témoin par l'éclat de sa naissance ou de sa dignité, nous ne voulons pas qu'on l'écoute, dit l'empereur Justinien, fût-il même sénateur : *Et nunc manifestè sancimus ut unius omninò testis responsio non audiatur, etiamsi præclaræ curiæ honore præfulgeat;* l. 9, §. 1, cod. *de testibus;* l. 12, ff. eod. De là est venue la maxime *testis unus, testis nullus.*

418. Il peut arriver qu'un seul fait soit composé de plusieurs circonstances; dans ce cas suffit-il, pour former une preuve, qu'il y ait un témoin singulier sur chaque circonstance?

Ou il s'agit d'un fait certain, unique, déterminé, et alors un témoin singulier ne prouve rien, parce que ce fait étant essentiel, il faut nécessairement que les dépositions de deux témoins concourent pour en établir la vérité.

Ou il est question d'un fait général, d'une habitude, d'une multiplicité d'actions dont on ne veut tirer qu'une seule conséquence, et alors il serait souvent impossible de demander deux témoins sur chaque fait, et injuste de rejeter les dépositions uniques sur chaque fait singulier. Prenons pour exemple la folie : il est impossible que les témoins produits, pour prouver cet état dans l'individu dont on provoque l'interdiction, ayent assisté à toutes les actions qui décèlent la démence; un des témoins aura vu un fait de cet homme qui annonce sa folie, un autre individu aura vu une autre action qui prouve le même état d'aliénation mentale ; tous ces faits singuliers démontrent que leur auteur est un homme privé de la raison, tous les témoins conviennent qu'il leur a paru insensé, de plusieurs faits particuliers ils tirent tous la même conséquence sur le fait général : ainsi ce dernier fait se trouve établi par plusieurs dépositions.

Les anciens glossateurs mettent en question si l'avantage du nombre des témoins peut être, pour celui qui l'a de son côté, une prérogative considérable et décisive; mais cette question qui aurait pu être traitée dans un de ces tribunaux où l'application de la partie consistait à citer un grand nombre d'autorités, et celle des juges à les compter, ne doit pas seulement être proposée devant les magistrats actuels, éclairés et judicieux, ils ne comptent pas les opinions des docteurs ni les suffrages des témoins, ils les pèsent : *non enim*, dit la loi 21, §. 3, à la fin, ff. *de testibus, ad multitudinem testium respici oportet, sed ad sinceram testimoniorum fidem, et testimonia quibus potiùs lux veritatis adsistit.*

419. Il faut que les témoins soient irréprochables; il faut considérer leur condition, leurs mœurs, leurs biens, leur conduite, leur intégrité, leur réputation; il faut examiner si leur honneur a reçu quelque atteinte par une condamnation en justice, s'ils sont en état de déclarer la vérité sans égard aux personnes intéressées, ou s'il est

à craindre qu'ils n'ayent quelque penchant à favoriser l'une des parties, comme s'ils sont parens, amis ou ennemis de l'une ou de l'autre : il faut, en deux mots, qu'ils ne se trouvent dans aucun des cas de reproche rapportés au code de procéd., tit. 12, liv. 2.

420. Au reste, le sexe des témoins n'est ici d'aucune importance, on ne peut pas les choisir, on ne peut faire entendre que ceux qui sont instruits des faits que l'on doit prouver, c'est-à-dire qui ont vu ou entendu ce dont il s'agit. Dans les actes notariés on exige des témoins mâles, parce qu'ils participent aux fonctions publiques des notaires, dont les femmes sont incapables; mais il ne s'agit dans les enquêtes que de déclarer ce que l'on sait sur les faits contestés, les déposans n'y remplissent aucune fonction publique : ce sont d'ailleurs des témoins nécessaires.

421. Il faut que la preuve testimoniale ait été faite en suivant les formes prescrites audit tit. 12 du code de procéd.

422. Il faut enfin qu'elle ne soit pas détruite par la contr'enquête de l'adversaire.

ARTICLE 2.

Intérieur et Substance de la preuve testimoniale.

423. Ce que l'on a dit dans le premier article concerne l'extérieur de la preuve ; quant à son intérieur, la première qualité qu'elle doit avoir est de porter sur l'objet même dont il s'agit au procès dans lequel elle a été ordonnée, ou sur quelques circonstances qui y ayent un rapport

direct. Toute déposition qui n'a pas ce caractère doit être rejetée et ne mérite aucun égard.

424. 2° Une déposition doit être vraisemblable et naturelle; si elle contient des choses absurdes, impossibles, contraires aux lois de la nature, le juge doit la rejeter.

425. 3° Pour qu'un témoin soit digne de croyance, il faut qu'il dépose d'une manière certaine, déterminée et sans équivoque; ainsi, point de *je crois, il me semble, si je ne me trompe, s'il m'en souvient;* ces expressions et autres semblables affaiblissent tellement la déposition, qu'il n'en peut pas même résulter une présomption, à moins qu'il ne s'agisse de faits dont il est difficile d'avoir la preuve.

426. 4° Un témoin doit rendre raison de la manière dont il a appris ce qu'il déclare, sans cela il ne mérite point de foi : *solâ testatione prolatam, nec aliis legitimis adminiculis causam approbatam, nullius esse momenti certum est;* l. 4, cod. *de testibus. Testis debet testari de eo quod sensu aliquo percepit, et ex sensu rationem sui dicti reddere.*

La seule raison de science qui puisse mériter les égards de la justice dans la bouche d'un témoin est, ou qu'il a vu, lorsqu'il s'agit d'un fait qui tombe sous les yeux, ou qu'il a entendu, lorsque le fait est de nature à tomber sous l'ouïe, comme une injure. Une déposition à laquelle on donne la vue pour raison de science, ne mérite foi qu'avec le concours de deux circonstances, que l'endroit où le fait s'est passé ait été assez éclairé pour que le témoin ait pu voir distinctement la chose dont il s'agit; la seconde, que la distance de ce lieu soit dans une proportion convenable à l'organe de la vue; cette seconde condition est également requise dans les dépositions fondées sur l'ouïe ; et une observation commune aux deux espèces de raisons de science, c'est que plus le fait dont un témoin dépose est ancien, moins la déposition doit être considérée, sur-tout si le fait est compliqué et de nature à s'effacer aisément de la mémoire.

427. On voit, d'après ce qu'on vient de dire, qu'il ne résulte aucune preuve de la déposition d'un témoin qui parle d'un fait d'après d'autres personnes de qui il l'a entendu dire. Loisel, dans ses règles du droit coutumier, dit à ce sujet : *Ouï-dire va par ville; en un muid de ouï-dire, il n'y a point de plein; un seul œil a plus de crédit, que deux oreilles n'ont d'audivi.*

428. Il y a cependant quelques cas où ces sortes de dépositions doivent être admises : telles sont les causes où il s'agit de prouver l'ancienneté des monumens, d'une borne. *Idem Labeo ait, cùm quæritur an memoria extet, facto opere,..... nec utiquè necesse esse, superesse qui meminerint, verùm si qui audierint eos qui memoriá tenuerint;* l. 2, §. 8, ff. *de aquá et aquæ pluvialis arcend.;* l. 28, ff. *de probationibus et præsumpt.*

Au reste, les dépositions fondées sur des ouï-dire ne doivent être considérées, dans les cas dont on vient de parler, que lorsqu'elles sont accompagnées de quatre conditions : 1° il faut que le témoin qui dépose de cette manière ait appris le fait de personnes qui y étaient présentes; 2° il doit nommer ces personnes; 3° il faut que ces personnes soient au nombre de deux et dignes de foi; 4° il faut aussi qu'il y ait impossibilité de les entendre elles-mêmes.

Lorsque l'oui-dire tombe sur la partie même contre laquelle le témoin dépose, il en résulte une confession extra-judiciaire. On verra, en parlant de l'aveu, à la section 4 de ce chapitre, quelle confiance mérite cette espèce de confession.

On peut aussi prouver la consistance et valeur du mobilier d'une succession échue à la femme commune pendant le mariage, par des témoins qui déposeront sur le bruit général, sur la commune renommée; voyez les art. 1415 et 1504, 3e alinéa, c. c. Le même droit est accordé aux enfans mineurs et autres parties intéressées, pour établir la consistance et valeur des effets communs, lorsque le survivant n'a pas fait procéder à l'inventaire; art. 1442, c. c.

429. 5° Il faut que les variations, les contrariétés, les contradictions des témoins ne les rendent pas suspects. *Et ideò testes qui adversùs fidem suam testationis vacillant, audiendi non sunt;* l. 2 à la fin, ff. *de testibus.* Dès qu'il y a variations, contrariétés ou contradictions dans une déposition, elle ne mérite point de confiance, parce que la vérité est une et qu'elle ne se contredit jamais.

430. 6° Il faut que les témoins ne se soient point rétractés; si la variation fait rejeter les témoignages, à plus forte raison ne doit-on tenir aucun compte de la déposition de celui qui s'est totalement rétracté.

431. 7° Toutes choses égales, lorsque deux témoins se contredisent, on ne doit croire ni

l'un, ni l'autre; leurs dépositions se détruisent mutuellement.

432. Pour finir cette matière, on dira que la loi qui accorde ou refuse la preuve testimoniale, accorde ou refuse par là même l'action en justice; ce n'est point ici une simple forme de procéder, mais une règle qui tient au fond du droit : *non est ordinatoria, sed decisoria litis,* pour me servir des termes des jurisconsultes; on doit donc, afin de décider s'il y a lieu ou non d'admettre la preuve testimoniale, consulter la loi du temps et du lieu où la convention a été faite, et non celle du temps et du lieu où l'action est portée en justice; car il est de principe qu'en fait de formalités on doit suivre celles du temps et du lieu où la demande est intentée, quand il ne s'agit que de mettre le procès en état d'être jugé, et qu'on doit au contraire se conformer à celles du temps et du lieu du contrat, quand il s'agit de formalités qui tendent à donner ou à priver de l'action, parce qu'une loi postérieure ou d'un autre endroit ne peut pas priver les parties de leurs droits acquis à cet égard. Le droit de citer et de faire venir à son tribunal les témoins très éloignés, tendant à mettre le juge en état de prononcer sans enlever ni donner des actions aux parties, la loi 3, §. 6, ff. *de testibus,* dit, conformément aux principes ci-dessus, que l'on doit à cet égard suivre l'usage du tribunal où la contestation est portée. *Quod ad testes avocandos pertinet, diligentia judicantis est explorare quæ consuetudo in provinciá in quam judicat fuerit;* au contraire, la quotité de la somme pour laquelle on doit cautionner pour le cas d'éviction, tenant au fond

du droit, la loi 6, ff *de evictionibus*, en conformité des mêmes principes ci-dessus, porte
que l'on doit suivre l'usage du lieu où le contrat de vente a été passé. *Si fundus venierit ex
consuetudine ejus regionis, in quâ negotium gestum est, pro evictione caveri oportet.*

On verra au titre de la prescription quelles
sont les règles particulières à la preuve par témoins de la possession immémoriale. On y re-
marquera que l'on doit produire des témoins
âgés de cinquante-quatre ans au moins, pour
qu'ils puissent déposer de ce qu'ils ont vu depuis l'âge de raison, pendant quarante ans; il
faudra qu'ils déclarent l'avoir déjà appris de
leurs pères, qui le tenaient de leurs anciens.

SECTION III.

Des Présomptions.

433. Les présomptions sont des conséquences
que la loi ou le magistrat tire d'un fait connu à
un fait inconnu. C'est un jugement porté sur la
vérité d'une chose, d'après ce qui arrive communément et ordinairement, *ex eo quod plerum-
què fit ducuntur præsumptiones.*

Il ne faut pas confondre les présomptions avec
les preuves proprement dites : ces dernières font
foi directement et par elles-mêmes d'une chose;
les présomptions en font foi par une conséquence tirée d'une autre chose : par exemple,
si je produis le billet souscrit par mon débiteur,
il fait par lui-même preuve de l'existence de ma
créance; au contraire, la remise volontaire du
billet entre les mains du débiteur ne fait pas
foi par elle-même du payement de la dette, mais

seulement par une conséquence que la loi tire de cette remise volontaire, qui ne se fait ordinairement qu'après que la dette est acquittée ; ce n'est pas une preuve, mais une présomption de libération qui tient lieu de preuve ; art. 1282, c. c.

On distingue les présomptions en présomptions légales ou établies par la loi, et en présomptions humaines ou de l'homme.

§. Ier.

Des Présomptions légales ou établies par la loi.

434. La présomption légale est celle qui est attachée par une loi spéciale à certains actes ou à certains faits.

Tels sont, 1° les actes que la loi déclare nuls comme présumés faits en fraude de ses dispositions par leur seule qualité. Ainsi elle déclare nul le contrat de vente entre époux, excepté dans trois cas, parce qu'elle présume que l'un des deux a abusé de son ascendant sur l'autre ; ainsi elle prononce la même nullité contre les ventes de droits litigieux faites à des hommes instruits des lois, parce qu'elle suppose qu'ils ont abusé de leurs connaissances pour obtenir à vil prix des objets dont ils connaissaient parfaitement la valeur ; ainsi elle déclare nulles les donations faites aux pères et mères, descendans et époux de l'incapable, parce qu'elle les présume des personnes interposées pour faire passer le don à l'incapable, sans même que les donataires soient admis à prouver le contraire, etc.; art. 911, 1595 et 1597, c. c.

2° Tels sont les cas dans lesquels la loi déclare

la propriété ou la libération résulter de certaines circonstances déterminées; ainsi, lorsque la sommité d'un mur séparant deux héritages, est droite et à plomb de son parement d'un côté et qu'elle présente de l'autre un plan incliné, lors encore qu'il n'y a que d'un côté ou un chaperon ou des filets et corbeaux de pierre qui y auraient été mis en bâtissant le mur, dans ces cas le mur est présumé appartenir au propriétaire du côté duquel sont l'égout ou les corbeaux et filets de pierre, art. 654, c. c.; ainsi la loi présume la libération de la remise volontaire du titre sous seing privé faite au débiteur; elle présume encore la remise ou le payement de la dette, de la remise volontaire de la grosse du titre notarié; art. 1282 et 1283, c. c.

455. On range aussi parmi les présomptions légales l'autorité que la loi attache à la chose jugée, la force qu'elle attribue à l'aveu de la partie ou à son serment; ces deux dernières présomptions sont la matière des sections 4 et 5.

Les présomptions légales sont de deux espèces: les premières n'admettent pas la preuve du contraire; les secondes peuvent être détruites par la preuve du contraire.

ARTICLE PREMIER.

Présomptions qui n'admettent pas la preuve du contraire.

436. Ces présomptions, appelées par les docteurs *præsumptiones juris et de jure*, sont définies par Alciat, une disposition de la loi qui présume qu'une certaine chose est véritable et veut

qu'elle passé pour telle, comme si elle en était convaincue. Suivant Menochius, elle est appelée présomption *juris*, parce que c'est la loi qui l'a introduite, et l'on ajoute à cette qualification les mots *de jure*, parce que la loi en fait le fondement d'un droit certain que l'on ne peut éluder par une preuve du contraire; ainsi elle établit d'une manière constante le droit de la partie qui peut l'invoquer.

La présomption légale n'admet pas la preuve du contraire et doit être en conséquence rangée dans la classe des présomptions *juris* et *de jure*, lorsque sur le fondement de cette présomption la loi annulle certains actes ou dénie l'action en justice, à moins qu'elle n'ait réservé la preuve du contraire, sauf cependant ce qui sera dit sur le serment et l'aveu judiciaire.

437. La présomption *juris* et *de jure* a plus de force que les preuves proprement dites, qui peuvent toujours être détruites par la preuve du contraire; en effet la preuve littérale n'empêche pas que celui contre qui elle milite ne la rende inutile par la preuve du contraire : ainsi, lorsqu'un homme produit contre moi un billet souscrit de ma main, je peux détruire la preuve résultant de ce billet, en produisant de mon côté la contre-lettre qui m'a été délivrée par le demandeur, et par laquelle il m'a déclaré qu'il ne lui était rien dû et que le billet n'était pas sérieux. De même la preuve testimoniale peut être détruite par une contr'enquête. Au contraire, la présomption *juris* et *de jure* ne peut jamais être ébranlée par la preuve du contraire, cette preuve n'est point admissible contre elle.

458. Tel est le principe général, mais notre

28

code l'a limité par deux exceptions : il veut,
1° que cette présomption puisse être détruite
par l'aveu du contraire fait volontairement en
justice, par la partie qui a en sa faveur la présomption *juris* et *de jure;* personne ne pouvant
mieux être instruit de la vérité que les parties,
toute présomption de la loi disparaît devant l'a-
veu judiciaire de celles-ci.

La loi ne parlant que de l'aveu judiciaire, on
ne pense pas que l'aveu extra-judiciaire puisse
renverser cette grande maxime, que la présomption *juris* et *de jure* n'admet pas la preuve du
contraire, parce qu'il est de principe que les exceptions confirment la règle dans les cas non
exceptés, qu'elles sont de droit étroit, qu'elles
doivent être contenues dans leurs termes et expressions, et qu'elles ne peuvent pas être étendues d'un cas prévu à un cas imprévu.

La seconde exception de notre code a lieu
lorsqu'on défère le serment litis-décisoire à celui
qui a en sa faveur une semblable présomption;
il est obligé de le prêter ou de le référer à son
adversaire, à défaut de quoi il succombera nécessairement; art. 1552, 1560, 1561, c. c. On ne
lui fait aucun tort en s'en rapportant à sa conscience pour la manifestation de la vérité; d'ailleurs en refusant de prêter serment ou de le référer, il avoue en justice que les choses sont autrement que la loi ne le présume, c'est ici un
aveu judiciaire. *Manifestæ turpitudinis et confessionis est nolle nec jurare nec juramentum
referre;* l. 38, ff *de jurejurando.*

Il existe plusieurs présomptions, *juris* et *de
jure,* établies par notre code, notamment aux
art. 911, 1100, 1282, 1285, etc., c. c.; mais on

distingue entre elles celle qui résulte de la force que la loi attache à la confession judiciaire de la partie, ou au serment décisoire qu'elle a prêté, art. 1350 n° 4°, et 1383, c. c., dont il est question, comme on a déjà dit, dans des sections particulières.

439. Une autre de ces présomptions, de la plus grande importance, est celle qui provient de l'autorité de la chose jugée. Un jugement qui a acquis l'autorité de la chose jugée est tellement regardé comme juste, que les preuves les plus claires de son injustice ne seraient pas reçues; ce qui a passé en force de chose jugée est considéré comme la vérité même. *Res judicata pro veritate accipitur;* l. 207, ff. *de regulis juris;* l. 25 in fine, ff. *de statu hominum.*

Pour qu'un jugement puisse acquérir l'autorité de la chose jugée, il faut qu'il soit définitif; celui qui n'est que provisoire ne peut passer en force de chose jugée, parce qu'il est réparable en définitive.

440 Un jugement définitif n'a acquis l'autorité de la chose jugée, que lorsqu'il ne peut plus être réformé ni rétracté par les voies ordinaires; ainsi un jugement en premier ressort n'est passé en force de chose jugée, que lorsqu'il n'est plus susceptible d'être attaqué par l'opposition simple ou par appel, soit parce que les délais sont expirés, soit parce que la partie condamnée y a acquiescé expressément ou d'une manière tacite en l'exécutant; ainsi un jugement en dernier ressort a toute l'autorité de la chose jugée, lorsqu'il est contradictoire, et s'il est par défaut, il acquiert cette autorité lorsqu'il n'est plus suscep-

tible d'être rétracté par la voie de la simple
opposition.

Un jugement qui n'est plus susceptible d'être
réformé ou rétracté par les voies ordinaires, peut
cependant être rétracté par le moyen de la requête civile, ou anéanti par suite de l'action en
désaveu de l'avoué, de la prise à partie du juge,
ou de la tierce opposition, ou cassé dans les délais, formes et cas établis par la loi; mais tant
que les jugemens passés en force de chose jugée
n'ont pas été rétractés, anéantis ou cassés, ils
conservent l'autorité de la chose jugée.

441. Il faut aussi, pour qu'un jugement puisse
acquérir la force de la chose jugée, qu'il ait été
rendu contre une partie présente ou dûment appelée, et capable d'ester en jugement; sans cela
l'acte produit ne serait plus un véritable jugement.

Les jugemens ne devant pas être vagues, mais
déterminés pour que le condamné puisse connaître à quoi ils l'obligent, on doit en conclure
que pour passer en chose jugée, ils doivent condamner à une chose ou somme certaine, lors
même que la quotité de la demande serait incertaine; il faut au moins que la quotité de la
condamnation soit fixée et déterminée par les
actes auxquels le jugement se rapporte, tels que
l'obligation notariée ou billet qui constitue la
preuve littérale de la créance, ou l'exploit qui
exprime la somme demandée, ou que cette
somme puisse devenir certaine par le rapport
des experts nommés à cet effet *Cùm apud judices ita demùm sine certâ quantitate facta con-
demnatio, auctoritate rei judicatœ censeatur, si
parte aliquâ actorum certa sit quantitas com-
prehensa;* 1 3 à la fin, l. 2, cod. *de sententiâ*

*quœ sine certâ quant. profer.; l. 59 princ., §. 1
et 2, ff. de re judicatâ.*

442. L'autorité de la chose jugée n'a lieu qu'à
l'égard de ce qui a fait l'objet du jugement, c'est-
à-dire que l'exception résultant de la chose jugée
ne peut être opposée que lorsque la demande
est la même que celle sur laquelle le jugement
a prononcé. Vous revendiquez contre moi le
domaine du Tremblay que je possède, je produis un jugement rendu entre nous, passé en
force de chose jugée, qui a décidé que vous
n'en étiez pas propriétaire; vous devez être déclaré non-recevable dans votre nouvelle demande, puisque c'est la même qui a déjà été
terminée par un jugement qui a toute l'autorité
de la chose jugée; il est décidé que vous n'êtes
pas le maître de la chose réclamée, et ce jugement est la vérité pour vous; je peux exciper
de l'autorité de la chose jugée, parce qu'il s'agit
ici de ce qui fait l'objet du premier jugement,
la demande est la même, c'est le même domaine
qui est revendiqué.

Si vous demandiez un autre domaine, le jugement ne vous serait pas opposable, parce qu'il
ne s'agirait plus alors de la même chose, *non
esset res eadem;* et, d'un autre côté, de ce que
vous n'êtes pas propriétaire du domaine du
Tremblay, il ne s'ensuit pas que vous ne le
soyez pas d'un autre domaine. *Cùm quœritur
utrùm hæc exceptio noceat nec ne, inspiciendum
est an idem corpus sit; l. 12, ff de exceptione rei
judicatœ.*

Si au contraire vous demandiez une partie du
domaine du Tremblay, vous demanderiez par là
même ce qui était l'objet du jugement, parce que

la partie est comprise dans le tout. *Si quis cùm totum petiisset, partem petat, exceptio rei judicatæ nocet, nam pars in toto est : eadem enim res accipitur etsi pars petatur ejus, quod totum petitum est;* l 7 princ. et §. 4, ff. *de exceptione rei judicatæ;* l. 113, ff. *de regulis juris.*

Le jugement qui a rejeté une demande en revendication n'empêche pas de réclamer la même chose en vertu d'un nouveau titre obtenu depuis ce jugement; la question de savoir si ce nouveau titre m'a conféré la propriété est une question nouvelle, une question différente de la première.

443. Il ne suffit pas que la demande soit la même, il faut aussi qu'elle soit fondée sur la même cause, *ut sit eadem causa petendi;* l. 14 princ., ff. *de except. rei judicatæ;* j'ai demandé contre vous la somme de 1000 francs pour cause d'une vente que je vous avais passée, il a été prononcé par un jugement qui a acquis l'autorité de la chose jugée, que vous ne me deviez rien à cet égard, ma demande en conséquence a été rejetée; je vous demande aujourd'hui 1000 francs pour cause de prêt, vous ne pouvez pas m'opposer le premier jugement rendu entre nous; je réclame bien la même somme, mais c'est pour une autre cause; il ne s'agit plus dans la nouvelle demande de ce qui a fait l'objet du premier jugement, la chose n'est pas la même, la créance sur laquelle il a été prononcé provenait d'un contrat de vente, celle que je réclame aujourd'hui est le résultat du prêt que je vous ai fait, et il est possible que vous soyez débiteur pour cause de prêt, quoique vous ne le fussiez pas pour cause de vente. Ce sont ici deux

sommes égales en quantité, mais qui résultent de causes différentes; or rien n'empêche que la même somme ne puisse m'être due pour différentes causes : *non ut ex pluribus causis deberi nobis idem potest, ita ex pluribus causis idem possit nostrum esse;* l. 159, ff. *de regulis juris.* D'après cette dernière règle, la propriété ne pouvant nous appartenir pour plusieurs causes, dès qu'il est jugé qu'on n'est pas propriétaire d'une chose, on ne peut plus la revendiquer en vertu d'une autre cause, parce qu'il n'importe pas si j'ai omis un moyen d'établir ma propriété, il suffit que j'aye pu le proposer; l. 14, §. 2, ff. *de exceptione rei judicatæ.* Cependant si j'avais restreint ma demande en revendication à un certain moyen, le jugement qui a décidé que je n'étais pas fondé dans ce moyen, ne me priverait pas du droit de revendiquer la même chose, en prouvant mon droit de propriété par d'autres moyens; l. 3, cod. *de petit. hæred ;* l 47, ff. eodem.

444. Pour pouvoir opposer cette exception, il faut que la demande de la même chose, fondée sur la même cause, soit intentée entre les mêmes parties, d'après la maxime que la chose jugée ne peut nuire et profiter qu'à ceux qui ont été parties au jugement, *res inter alios judicata neque nocet neque prodest;* maxime puisée dans la loi 5, ff. *de exceptione rei judicatæ,* dont voici les termes : *Julianus respondit exceptionem rei judicatæ obstare, quotiens eadem quæstio inter easdem personas revocatur,* et dans la loi 2, cod. *quibus res judicata non nocet* L'autorité de la chose jugée étant fondée sur le quasi-contrat formé en jugement, ceux-là seuls qui

l'ont formé se trouvent liés, et personne autre qu'eux ne peut être censé avoir pris l'engagement d'exécuter la sentence. Paul a revendiqué contre vous la maison que vous possédez, il a été jugé que Paul n'était pas fondé dans cette revendication; ensuite Pierre intente contre vous la même demande, vous ne pouvez pas lui opposer le jugement rendu contre Paul; il s'agit bien ici de la même demande, Pierre revendique la même maison qui est l'objet du premier jugement, sa demande est fondée sur la même cause que celle de Paul, parce que la revendication n'appartenant qu'au maître de la chose revendiquée, Pierre en exerçant cette action se prétend maître de la maison, comme Paul le prétendait; la demande de tous deux est fondée sur la même cause, c'est-à-dire sur le domaine de propriété. Cependant le premier jugement où Pierre n'a pas été partie ne peut pas lui être opposé, parce qu'il a bien décidé que Paul n'était pas propriétaire de la maison que vous possédez, mais il n'a ni prononcé, ni pu prononcer rien de semblable relativement à Pierre qui n'était pas partie au procès; la question du droit de propriété de cclui-ci sur la maison dont s'agit n'a donc pas été décidée, elle est donc entière, elle peut donc faire la matière d'un autre jugement; de ce que Paul n'était pas propriétaire, on ne peut conclure que Pierre ne le soit pas, ce sont deux questions tout à fait différentes.

Au reste, la demande est censée intentée entre les mêmes parties, lorsqu'elle l'est entre leurs héritiers qui les représentent et qui sont censés être les mêmes personnes; il en est de même

de ceux qui ont succédé à quelque titre que ce
soit à la chose qui est l'objet du jugement, celui
prononcé contre leur auteur peut leur être opposé, ils n'ont pas plus de droit que lui : *non
debeo melioris conditionis esse quàm auctor meus
à quo jus in me transit ;* l. 175, §. 1, ff. *de regulis juris.*

445. Pour que l'exception de chose jugée
puisse être fondée, il ne suffit pas que la demande soit la même, qu'elle ait la même cause,
qu'elle ait lieu entre les mêmes parties : mais il
faut encore qu'elle soit formée par elles et contre
elles en la même qualité : *oportet ut sit idem corpus, eadem causa petendi inter easdem, personas et eadem conditio personarum quæ nisi
omnia concurrant, alia res est ;* l 3, l. 4, l. 12,
l. 13 et l. 14, ff *de except. rei judicat* Ainsi, en
revenant à notre exemple, j'ai revendiqué contre
vous, en ma qualité d'héritier de Jacques, la
maison que vous possédez, et il a été jugé que
je n'étais pas fondé dans ma demande ; je revendique ensuite cette maison en qualité d'héritier d'Antoine, vous ne pouvez pas m'opposer
le premier jugement, il a bien décidé que Jacques n'était pas propriétaire de cette maison,
mais il n'a pas prononcé sur le droit de propriété qui appartenait à Antoine ; la question
n'est donc pas la même, je représente ici deux
personnes, la première a déja agi par mon ministère, aujourd'hui c'est la seconde qui exerce
l'action en revendication par le même moyen.

De même, si je vous ai demandé 500 fr. en
votre qualité d'héritier de Polycarpe, et que
vous ayez été déchargé à cet égard, vous ne
pouvez pas m'opposer ce jugement sur la de-

mande que je forme contre vous de la même somme, en votre qualité d'héritier de Cyprien ; de ce qu'il a été jugé qu'elle ne m'était pas due par Polycarpe, on ne peut induire qu'elle ne me soit pas due par Cyprien, il s'agit de deux créances différentes, et contre deux débiteurs différens, quoiqu'ils soient représentés par la même personne.

ARTICLE 2.

Présomptions légales qui admettent la preuve du contraire.

446. Les présomptions légales à qui les docteurs ont donné le nom de présomptions *juris tantùm*, sont celles qui dispensent de toute preuve celui au profit de qui elles existent, mais qui peuvent être détruites par la preuve du contraire.

La présomption *juris* est définie par Alciat une conjecture probable fondée sur un fait certain, que la loi prend pour une preuve entière jusqu'à ce qu'elle soit détruite par une preuve contraire.

Elle ne diffère, comme on voit, de la présomption *juris* et *de jure*, que parce que celle-ci ne peut être anéantie par la preuve du contraire, tandis que la présomption *juris tantùm* peut l'être.

447. Au reste, pour détruire la présomption de droit ou *juris tantùm*, il faut des preuves directes et claires ; elle ne peut être anéantie par des présomptions qu'autant qu'elles sont écrites dans la loi même ; ce n'est point à des conjectures, à de simples indices qu'il faut recourir lorsqu'on veut éluder une présomption de droit,

elle ne peut pas même être détruite par la preuve testimoniale, lorsque l'objet de la contestation excède 150 fr., parce que ce serait une voie pour enfreindre la prohibition de la loi par rapport à la preuve par témoins. Tant que la présomption de droit n'est combattue qu'avec de telles armes, le juge doit lui laisser tout son effet.

Il y a plusieurs présomptions de droit, *juris tantùm*, établies par le code civil, notamment aux art. 312, 553, 653, 666, 1283 et 1402.

§. II.

Des Présomptions qui ne sont pas établies par la loi.

448. Les présomptions qui ne sont pas établies par la loi sont appelées présomptions de l'homme, *præsumptiones hominis*, parce qu'elles sont incertaines et abandonnées par la loi aux lumières et à la prudence du magistrat, elles ont quelquefois la même force que les présomptions de droit; mais il faut pour cela qu'elles réunissent trois caractères : 1º elles doivent être graves et précises, c'est-à-dire porter sur des faits qui ayent une connexité certaine avec ceux dont on cherche la preuve;

2º Elles doivent être claires et uniformes, c'est-à-dire liées les unes aux autres de manière qu'elles ne se démentent point, et qu'elles tendent toutes au même but;

3º Il faut qu'elles soient en certain nombre, car une seule ne suffirait pas pour asseoir un jugement définitif.

Tout cela résulte d'un principe établi en ces termes par Danty : « Puisque l'on n'est obligé de s'en rapporter à des présomptions humaines, que lorsque la preuve par témoins ou celle par écrit viennent à manquer, il s'ensuit que la loi regarde ces présomptions comme des témoins, puisque c'est sur la foi de ces présomptions qu'elle se détermine, et que par conséquent elles doivent avoir les mêmes qualités que celles que la loi requiert dans la déposition des témoins, pour y ajouter une croyance entière ; or la première qualité d'une déposition est qu'elle doit être grave et précise, la seconde est qu'une déposition doit être claire et juste, la troisième est qu'elle ne doit pas être unique, *unus testis, nullus testis.* »

449. Il est indubitable que de semblables présomptions admettent toujours la preuve du contraire, et que même elles peuvent être détruites par d'autres présomptions semblables qui les contredisent.

450. Quoiqu'elles ayent toutes les qualités que la loi requiert, les juges ne doivent pas s'y arrêter dans les cas où elle rejette la preuve testimoniale ; la loi regardant les présomptions de l'homme comme des témoins, il en résulte qu'elles ne doivent être admises que dans les cas où la preuve testimoniale le serait elle-même ; d'ailleurs voulant qu'il soit passé acte de toutes choses excédant 150 f, de simples présomptions ne sont pas suffisantes pour autoriser le juge à s'écarter de cette base fondamentale ; néanmoins il y a une exception lorsque l'acte est attaqué pour cause de fraude ou de dol. Le dol et la fraude qui font tout pour se cacher ne pourraient jamais être prouvés, si les juges ne devaient pas s'arrêter aux présomptions graves, précises et concordantes qui les établissent; d'ailleurs il y a

ici du délit mêlé, or il est de principe que les délits se prouvent par témoins, et que les présomptions de l'homme sont admissibles dans tous les cas où la preuve par témoins l'est elle-même.

451. Pour finir cette matière, on dira que les jugemens en dernier ressort sont sujets à cassation, quand ils ont admis les présomptions de l'homme, dans les cas où la preuve testimoniale n'est pas recevable, parce qu'ils ont violé l'article 1553, c. c., qui le leur défend Mais on ne peut pas se pourvoir en cassation contre ceux qui les ont rejetées dans une cause où la preuve vocale était admissible; parce que la loi laisse à la prudence des juges de les admettre ou de les rejeter, et qu'ainsi ils n'ont fait, en les rejetant, qu'user du pouvoir que la loi leur accorde D'ailleurs les juges de la cour de cassation, qui ne doivent jamais s'occuper du fond des affaires, seraient obligés d'en connaître, s'ils voulaient examiner si on a eu raison, ou non, de rejeter les présomptions non établies par la loi.

Leur jugement serait cependant dans le cas d'être cassé, s'ils avaient décidé en principe qu'elles ne sont pas admissibles dans une matière au-dessous de 150 fr , parce qu'ils seraient contrevenus au même article 1353 qui déclare le contraire.

SECTION IV.

De l'Aveu de la partie

La vérité ou l'existence des faits n'est connue infailliblement que de ceux qui en sont les auteurs; la connaissance qu'en peuvent acquérir d'autres personnes est toujours sujette à l'erreur, parce qu'elle n'est fondée que sur les témoi-

gnages des sens qui peuvent à chaque instant
nous tromper. C'est donc à la preuve par confession qu'est dû le premier rang dans l'ordre
des moyens propres à découvrir la vérité à la
justice ; mais l'intérêt qui aveugle les hommes
leur empêche souvent de faire de semblables
aveux.

Comme il arrive plusieurs fois que celui qui a
besoin de prouver un fait contesté n'a ni écrit,
ni témoins, ni des présomptions qui soient suffisantes, dans un cas semblable il tâche de tirer
la confession de la vérité de la bouche de son
adversaire ; ce qui se fait de trois manières :

La première a lieu lorsqu'une partie sommée
de déclarer la vérité d'un fait en reconnaît l'existence en justice, ou même lorsqu'elle avoue
extra-judiciairement que le fait a existé ; on
n'obtient de semblables aveux que des personnes
assez sincères pour préférer la vérité à leurs intérêts : c'est de cette première espèce de confession dont il est question ici.

La seconde manière d'avoir l'aveu d'une partie
est celle qu'on appelle interrogatoire sur faits
pertinens, c'est-à-dire qui regardent le différent
dont il s'agit. Elle a lieu lorsque celui qui a besoin de prouver un fait n'en a pas de preuve et
qu'il ne veut cependant pas s'en rapporter au
serment de son adversaire, dans ce cas il demande qu'il soit interrogé par le juge sur des
faits dont il rédige un mémoire divisé en articles, où il comprend le fait dont il est question,
et d'autres faits ou circonstances qui peuvent s'y
rapporter et servir à la preuve. Si le juge trouve
que ces faits et circonstances concernent la matière du procès, il ordonne l'interrogatoire ; cette

ordonnance est signifiée à celui qui doit être interrogé, et lors de la comparution, il est requis de dire la vérité sur chaque article ; on écrit ses réponses, desquelles celui qui a requis l'interrogatoire tire les conséquences qui peuvent lui être favorables, soit par les confessions, ou par les dénégations, ou variations de celui qui a été interrogé : *voluit prœtor adstringere eum qui convenitur ex suâ in judicio responsione, ut vel confitendo, vel mentiendo sese oneret ; l. 4, princ. de interrogat. in jure faciend.* Cette seconde manière d'obtenir l'aveu d'une partie est traitée au code de procédure, tit. 15, liv. 2.

La troisième manière d'avoir la confession d'une partie a lieu lorsque celui qui n'a point de preuves d'un fait qu'il allègue, s'en rapporte au serment de son adversaire, et consent que la déclaration qu'il fera, après avoir prêté serment de dire la vérité, en tienne lieu et serve de décision : c'est ce qu'on appelle serment décisoire. Cette dernière manière d'aveu est le sujet du §. 1er de la section suivante.

452. Pour revenir à la première espèce d'aveu, on dira d'abord que l'aveu opposé à une partie est ou *judiciaire* ou *extra-judiciaire*, suivant qu'il est fait en jugement ou hors jugement.

§. Ier.

Aveu extra-judiciaire.

453. L'aveu extra-judiciaire est la déclaration faite hors jugement que les faits allégués par l'autre partie sont vrais. Si cette confession extrajudiciaire est faite par écrit, elle forme alors un titre, elle est une preuve littérale ou un com-

mencement de preuve par écrit, elle a en conséquence toute la foi que mérite une preuve littérale d'après la nature de l'écrit qui la contient.

Si cet aveu extra-judiciaire est purement verbal, il doit alors être justifié par témoins; il faut
que deux personnes certifient qu'en leur présence le débiteur a avoué la dette, ou le créancier le payement; et il est nécessaire pour cela
qu'il s'agisse d'une chose qui n'excède pas en valeur 150 f., autrement l'aveu extra-judiciaire purement verbal est absolument inutile, parce que
la preuve testimoniale n'en serait pas admissible,
et que rien alors ne pourrait l'établir. Si l'aveu
extra-judiciaire verbal pouvait être justifié par la
preuve vocale dans les matières où la loi la défend, on aurait un moyen facile d'éluder la prohibition, et l'on serait exposé à tous les dangers
de la corruption des témoins ; il ne serait pas
plus difficile de trouver deux faux témoins qui
assureraient avoir assisté à l'aveu de la dette,
que deux autres qui certifieraient avoir assisté à
la formation de la convention Au reste, les principes sur l'indivisibilité de l'aveu, et son irrévocabilité, si ce n'est pour cause d'erreur de fait,
s'appliquent à l'aveu extra-judiciaire comme à
l'aveu judiciaire.

§. II.

Aveu judiciaire.

454 L'aveu judiciaire est la déclaration que
fait en justice une partie ou son fondé de pouvoirs exprès : il faut que le mandataire de la
partie qui fait un aveu pour elle ait un mandat
spécial pour le faire, autrement il pourrait être

désavoué, et l'aveu serait regardé comme non
avenu; art. 352 et 360, cod. proc. Il ne doit pas dépendre de celui que j'ai chargé de mes affaires,
ou de ma défense près les tribunaux, de me lier
par des aveux imprudens qui formeraient preuve
contre moi; je l'ai constitué pour procurer mon
avantage, et non pour me nuire en me déclarant débiteur de la somme qu'on me demande;
il faut, pour pouvoir faire un aveu aussi nuisible à
mes intérêts, qu'il y soit autorisé en termes exprès
Au reste, l'avoué qui a fait des aveux pour sa
partie dans des écrits signifiés pendant un procès,
est censé avoir eu un pouvoir suffisant pour cela,
tant qu'il n'est pas désavoué.

455. L'aveu fait par la partie capable de s'o-
bliger, ou par son mandataire spécial, fait pleine
foi contre elle, mais il ne peut nuire à un tiers,
c'est pour ce dernier *res inter alios acta quæ
neque nocet neque prodest.* Celui qui avoue en
jugement se condamne en quelque façon lui-
même, et il est considéré par là comme jugé;
*confessus in judicio pro judicato est qui quodam-
modò propriâ sententiâ damnatur;* l 1, ff. et
codicis *de confessis.*; la partie étant libre d'a-
vouer ou de nier, on présume avec raison qu'elle
n'aurait pas confessé un fait contraire à ses intérêts si elle n'y avait pas été entraînée par la force
de la vérité; c'est pour cela que l'aveu de la
partie est de la plus grande autorité; *habemus,*
disent les praticiens, *confitentem reum, super-
vacua est omnis alia probatio.*

456. La confession judiciaire faite en jugement, en matière civile, est indivisible; on ne
peut diviser l'aveu contre celui qui l'a fait. Vous
n'avez d'autre preuve contre moi que celle qui

résulte de mon aveu, vous ne devez pas en faire la division, adopter ce qui vous est favorable et rejeter ce qui vous est contraire, vous devez le prendre en entier. Vous puisez vos droits dans cet aveu, il faut l'accepter tel qu'il est; vous voulez que le procès soit jugé d'après ce que j'ai avoué, rien n'est plus juste, mais il faut qu'il le soit d'après tout ce que j'ai dit, vous ne pouvez désapprouver dans aucune de ses parties un aveu dont vous argumentez pour établir la légitimité de votre demande ou de votre exception, *quob produco non improbo,* mon aveu, dont le juge vous a donné acte, est une espèce de titre que vous produisez contre moi; c'est pourquoi si, sur la demande que vous me formez d'une somme de 1000 fr. que vous prétendez m'avoir prêtée, j'avoue que je l'ai recue, mais si je dis en même temps que je vous l'ai restituée, je dois être aussi bien cru sur la restitution que sur la réception de la somme, et alors un semblable aveu vous est inutile. C'est en conformité de ces principes que Brunemann s'exprime ainsi sur la loi 28, ff. *de pactis : Si quis confessionem adversarii alleget vel depositionem testis, dictum cum suâ quantitate approbare tenetur.*

Si une personne avait cependant commencé par nier la convention, par exemple un dépôt qui serait d'ailleurs établi, si elle avoue ensuite l'avoir recu en ajoutant qu'elle l'a restitué, on pourra diviser l'aveu; elle ne mérite plus la confiance de la justice, *qui semel mentitur, semper mentitur :* ainsi jugé par arrêt de la cour de cassation du 26 octobre 1806, rapporté par Sirey, tom. 6, 1re partie, pag 44 et suiv.

L'aveu est indivisible en matière civile, mais

il n'en est pas de même en matière criminelle;
on peut prendre dans l'aveu d'un coupable ce
qui tend à le charger, et on peut rejeter la partie qui tend à sa justification, parce qu'il est
intéressé à mentir à cet égard, pour éviter le
supplice infligé par la loi à son crime: ainsi, lorsqu'un assassin déclare avoir tué son semblable,
et que c'était dans un cas de légitime défense,
on le croira sur le meurtre, mais non sur la circonstance de la nécessité de la défense personnelle, qui enleverait toute criminalité à son action; art. 328, code des délits et des peines de
1810.

Il existe encore, par rapport à l'aveu, une
autre différence entre les matières civiles et les
matières criminelles : en matière civile l'aveu
seul fait pleine foi; il n'en est pas ainsi en matière criminelle, il faut qu'il soit accompagné de
quelques preuves, ou présomptions, ou indices
graves, parce qu'on ne doit pas écouter celui
qui veut périr, *non auditur perire volens*.

457. Pour revenir à l'aveu judiciaire en matière civile, il ne peut être révoqué, à moins que
l'on ne prouve qu'il est la suite d'une erreur de
fait, il ne peut pas l'être sous prétexte d'une
erreur de droit L'aveu fait en justice peut être
révoqué lorsqu'il est le fruit d'une erreur de
fait, parce que celui qui se trompe n'avoue pas,
dit la loi 2, au digeste *de confessis; non fatetur
qui errat;* on ne peut pas dire qu'il a consenti à payer la chose demandée, puisque l'erreur détruit le consentement; *non videntur qui
errant consentire;* l. 116, §. 2, ff *de reg. juris.*
On ne doit pas en dire de même de l'erreur de
droit, parce que personne n'est présumé ignorer

le droit; on est en faute de ne s'en être pas instruit, c'est pour cela que la loi 2, ci-dessus citée, dit : *non fatetur qui errat, nisi jus ignoravit;* on ne peut donc pas alléguer l'erreur de droit pour fonder la révocation de l'aveu qu'on a fait.

Ceci s'éclaircira par un exemple : Une personne me demande un legs qu'elle prétend lui avoir été fait par le testament de mon père dont la minute était égarée à cette époque, j'avoue le lui devoir; je pourrai révoquer cet aveu en produisant un testament postérieur de mon père qui a révoqué ce legs et que je n'ai découvert qu'après l'aveu; c'est ici l'ignorance de l'existence d'un second testament, et par conséquent celle d'un fait, mais je ne pourrai pas révoquer ma confession, sous prétexte que le notaire n'a pas dit dans la minute qui s'est retrouvée après l'aveu, que le testament est écrit de sa main, et que j'ignorais alors qu'un semblable testament est nul; c'est ici une ignorance de droit qui n'est pas présumée et que dans tous les cas on doit s'imputer.

SECTION V.

Du Serment.

Lorsqu'une personne n'a aucune preuve ni présomption suffisantes du fait qui sert de fondement à sa demande ou à son exception, et que son adversaire dénie ce fait, il ne lui reste d'autre ressource que de s'en rapporter à la conscience de celui-ci, il faut qu'elle intéresse sa religion, et qu'elle le constitue juge dans sa propre cause, en présence et sous l'invocation du souverain juge, à qui rien n'échappe et qui est le vengeur du parjure.

Lorsque les preuves ne sont pas suffisantes, le juge peut aussi déférer le serment à la partie qui a en sa faveur ce commencement de preuve pour les compléter.

Le serment est un acte de religion qui a lieu en présence du juge, dans lequel celui qui jure prend Dieu à témoin de ce qu'il affirme, et pour vengeur de son parjure s'il ne dit pas la vérité. *Jurisjurandi contempta religio satis Deum ultorem habet; l 2, cod. de rebus creditis.*

458. Le serment judiciaire est de deux espèces : 1º celui qu'une partie défère à l'autre pour en faire dépendre le jugement de la cause, il est appelé pour cela litis-décisoire;

2º Celui que le juge défère d'office à l'une ou à l'autre des parties.

§. Ier.

Du Serment litis-décisoire.

459. Le serment décisoire est celui, comme on a déjà dit, qu'une partie défère à l'autre pour en faire dépendre la décision de la contestation, de sorte que la personne qui le défère convient de s'en rapporter à ce qui sera affirmé par son adversaire.

460. Ce serment est très favorable, parce que c'est un moyen prompt et expéditif de terminer les procès et de rétablir la tranquillité qu'ils troublent plus ou moins; *maximum remedium expediendarum litium in usum venit jurisjurandi religio; l. 1, ff. de jurejurando;* c'est pourquoi il peut être déféré sur quelque espèce

de contestation que ce soit; ce qui doit cependant s'entendre de celles sur lesquelles les parties peuvent transiger, parce que c'est ici une
espèce de convention par laquelle celui qui le
défère s'en rapporte à ce que l'autre affirmera,
et consent à renoncer à son droit si son adversaire jure qu'il n'en a point, *quâ vel ex pac-
tione ipsorum litigatorum deciduntur controver-
siæ;* dict leg. 1, ff *de jurejurando.* On ne peut
donc le déférer sur les questions qui intéressent
l'ordre public, les bonnes mœurs; telles sont les
questions d'état sur lesquelles il n'est permis ni
de transiger, ni de compromettre; art. 1003 et
1004, cod. de proc. Il faut aussi, pour le déférer,
avoir capacité de contracter, puisqu'il s'agit de
former une convention, art. 2045, c. c.; 48, cod.
de procéd ; ainsi les femmes mariées non autorisées, les mineurs, les interdits, ne peuvent déférer le serment.

461. Il peut être déféré sur tout fait personnel
à celui à qui on le défère, parce qu'il ne peut
pas ignorer son propre fait; mais il ne peut pas
lui être déféré sur le fait d'autrui, parce qu'il
serait possible qu'il l'ignorât; il ne peut en effet
être obligé de prendre Dieu à témoin d'un fait
dont il n'est peut-être pas instruit, il ne saurait
rien affirmer à cet égard : par exemple, si une
personne se prétendant créancière d'une somme
non justifiée par écrit, non susceptible d'être
prouvée par témoins et déniée par son adversaire, déclare qu'elle s'en rapporte à son serment, celui-ci sera tenu de jurer qu'il ne doit
rien, ou il sera condamné à payer. *Ait prætor :
eum à quo jusjurandum petetur, solvere aut*

*jurare cogam......... si non jurat, solvere cogen-
dus erit;* l. 54, §. 6, ff. *de jurejurando.*

Si au contraire je demande à quelqu'un une
somme que je prétends avoir prêtée à Pierre dont
il est héritier, je ne pourrai pas lui déférer le serment sur ce fait qui ne lui est pas personnel;
mais je pourrai l'exiger de lui, sur la question
de savoir s'il n'est pas instruit du prêt, parce que
cette connaissance est quelque chose qui lui est
personnel; art. 2275, 2e alinéa, c. c., et art. 189,
2e alinéa, cod. de comm.

462. Il peut être déféré en tout état de cause,
et encore qu'il n'existe aucun commencement
de preuve de la demande ou de l'exception sur
laquelle il est exigé. Celui auquel on propose de
terminer la contestation par le moyen du serment décisoire ne peut jamais se plaindre de ce
que son adversaire veut bien s'en rapporter à
son affirmation, et peu importe qu'il y ait ou
non un commencement de preuve, on ne lui fait
pas injure en consentant de s'en référer à sa
conscience. D'ailleurs le serment est la dernière
ressource de la partie dénuée de toute espèce
de preuves, et elle en serait privée si on avait
besoin, pour pouvoir le déférer, d'un commencement de preuve de la demande ou de l'exception sur laquelle il est provoqué. On peut le
déférer même à celui qui a un titre, ou une présomption *juris* et *de jure,* 1352 à la fin, c. c.
*Omnibus aliis probationibus deficientibus jusju-
randum deferens audiendus est;* l. 35 princ., 34,
§. 6, et l 38, ff. *de jurejurando.*

463. Si celui à qui on défère le serment refuse de le prêter, ou s'il ne consent pas de le
référer à son adversaire, ou si ce dernier à qui

le serment est référé refuse de le prêter, il doit succomber dans sa demande ou dans son exception. Celui à qui on défère le serment doit ou le prêter ou le référer à son adversaire; s'il ne fait ni l'un ni l'autre, il reconnaît par là même l'illégitimité de sa demande ou de sa défense, et la fausseté de ce qu'il allégue, puisqu'il n'ose pas prendre Dieu à témoin de ses allégations; constitué juge dans sa propre cause, il se condamne lui-même en refusant de prêter le serment qui est un acte de religion, lorsque le fait sur lequel on le prête est vrai; et s'il a une ame trop timorée, il lui reste la faculté de le référer à son adversaire; mais s'il ne fait ni l'un ni l'autre, il avoue par là même que la cause de ce dernier est fondée. *Manifestæ turpitudinis et confessionis est nolle nec jurare, nec jusjurandum referre;* 1 38, ff. *de jurejurando.*

Celui qui a déféré le serment et à qui on le réfère doit aussi être condamné, s'il ne veut pas le prêter; il reconnaît aussi par ce refus le peu de fondement de ses allégations, puisqu'il n'ose pas les affirmer par la voie du serment, il avoue la vérité de celles de son adversaire; comme il lui est si facile d'obtenir gain de cause en prêtant le serment qui lui est référé, s'il le refuse, il manifeste par là qu'il mérite de la perdre. Il ne doit pas désapprouver cette manière de finir le procès qu'il a proposée lui-même. *Datur autem et alia facultas reo ut si malit referat jusjurandum, et si is qui petet, conditione jurisjurandi non utetur, judicium ei prætor non dabit, æquissimè enim hoc facit, cùm non deberet displicere conditio jurisjurandi ei qui detulit;* l. 34, §. 7, ff. *de jurejurando;* l. 9, cod. *de rebus credit.*

464. Le serment ne peut pas être référé à celui qui le défère, lorsque le fait sur lequel il est provoqué n'est pas celui des deux parties, mais est purement personnel à celui auquel le serment avait été déféré. On n'a pas le droit d'exiger qu'une personne prenne Dieu à témoin d'un fait qui ne lui est pas personnel, qui peut-être lui est totalement inconnu, ou que du moins elle n'est pas censée assez connaître pour pouvoir l'affirmer avec serment : par exemple, je trouve écrit sur les livres de mon oncle, dont je suis héritier, qu'il a prêté cent louis à Etienne; ces livres de raisons ne sont pas une preuve de la créance, parce qu'on ne peut pas se faire des titres à soi-même, art 1331, c. c ; l. 5 et 6, cod. *de fide instrument* ; Etienne assigné en payement nie la dette, je lui défère le serment, il faut qu'il le prête ou qu'il paye; il ne peut me référer le serment, parce que le fait du prêt ne m'est pas personnel, c'est le fait de mon oncle et du défendeur, et non le mien.

465. Lorsque le serment déféré ou référé a été fait, il a l'autorité d'une transaction et de la chose jugée en dernier ressort; il en résulte une présomption si forte de la vérité du fait, qu'elle n'admet pas la preuve du contraire, de telle manière que celui qui l'a proposé n'est pas recevable à en prouver la fausseté; il est convenu de s'en rapporter au serment de l'autre partie, il a consenti d'être jugé par elle, cette convention est une loi contre laquelle il ne lui est pas permis de revenir, même sous prétexte de titres découverts après la prestation du serment, art. 1134, c. c ; son adversaire a exécuté la convention en prêtant le serment proposé, lui-même

doit l'accomplir de son côté en se soumettant au jugement prononcé par ce dernier, et il ne peut pas l'attaquer, même en prouvant le parjure, il est lié d'une manière irrévocable par la convention. *Adversùs exceptionem jurisjurandi replicatio doli mali non debet dari, cùm id prœtor agere debet ne de jurejurando cujusquam quœratur;* l. 15, ff. *de exceptionibus. Nec perjurii prœtextu retractari potest;* l. 1, cod. *de rebus creditis;* l. 8 eodem.

Cette disposition de la loi paraît en contradiction avec l'art. 366 du code des délits et des peines, portant que celui à qui le serment aura été déféré ou référé, et qui aura fait un faux serment, sera puni de la dégradation civique. D'après ce dernier article on peut donc prouver la fausseté du serment, et en détruire la force, en établissant le parjure; on répond que la partie qui a proposé le serment n'a aucune action à cet égard, que tout est terminé pour elle; mais que le procureur général, chargé de la vindicte publique de tous les crimes qui nuisent à la société, pourra poursuivre et faire condamner le coupable de faux serment, parce que la société a le plus grand intérêt à la répression de ce crime, pour que l'impunité n'encourage pas d'autres personnes à s'emparer du bien d'autrui en commettant des parjures.

466. L'offre du serment décisoire, pour en faire dépendre la décision du procès, étant une véritable convention, d'après la nature des contrats, elle n'est parfaite qu'autant que les volontés des deux parties ont concouru, il faut que celui à qui le serment est proposé ait déclaré qu'il est prêt à le faire; si une fois cette déclaration est

faite, la convention est formée, celui qui a proposé le serment ne peut plus se rétracter; le
contrat judiciaire a reçu sa perfection par la
volonté des deux parties, il ne peut pas être résolu par la volonté de l'une d'elles seulement, il
doit être dissous, comme le contrat extra-judiciaire, de la même manière qu'il a été formé,
c'est-à-dire par le consentement des deux parties; art. 1134, 2ᵉ alinéa, c. c.; §. dernier, inst.
quibus modis toll. oblig.

467. Le serment décisoire n'étant qu'une convention, d'après la nature des contrats, il en résulte que le serment prêté ne fait preuve qu'au
profit de celui qui l'a déféré, ou contre lui, ou au
profit de ses héritiers qui le représentent, ou de
ses ayant-cause etcontre eux; une convention ne
peut en effet nuire et profiter qu'aux seuls contractans ou à ceux qui les représentent, soit dans
tous leurs droits, soit par rapport aux choses
qui sont l'objet du contrat; art. 1165, c. c ; *quia
jusjurandum alteri neque prodest, neque nocet;*
l. 3, §. 3, vers *quia jusjurandum;* l. 9, §. 7; l. 10,
ff. *de jurejurando.*

468. D'après la rigueur des principes romains,
le serment déféré par un des créanciers solidaires nuisait à ses cocréanciers, parce que le
serment tient lieu de payement, et que par le
payement fait à un des créanciers solidaires le
débiteur est libéré envers tous les autres. *In duobus reis stipulandi, ab altero delatum jusjurandum etiam alteri nocebit;* l. 28 princ. et § 1,
et l. 27, ff. *de jurejurando;* mais notre code décide avec raison que le serment déféré par l'un
des créanciers solidaires au débiteur ne libère
celui-ci que pour la part du premier; il a bien

pouvoir de recevoir un payement réel, dont
l'objet sera divisible entre lui et les autres créanciers, art. 1197, c. c.; mais n'étant pas maître
de disposer de ce qui appartient aux autres, il
ne peut pas sans leur consentement s'en rapporter à la conscience du débiteur, le constituer
juge dans sa propre cause, et le placer ainsi
entre sa vertu et son argent : les autres créanciers ne doivent pas être victimes de son imprudence.

469. Le serment déféré au débiteur principal
procure aussi la libération des cautions, dont
l'engagement accessoire ne peut pas subsister
lorsque l'obligation principale est anéantie; d'ailleurs il ne serait pas vraiment libéré si ses fidéjusseurs ne l'étaient pas, parce que ceux-ci, après
avoir payé le créancier, auraient un recours en
indemnité contre lui. *Quod reus juravit etiam
fidejussori proderit;* l. 28, §. 1, ff. *de jurejurando.*

470. Le serment déféré au débiteur solidaire
profite à ses codébiteurs, et celui déféré à la
caution profite au débiteur principal, lorsqu'il a
été déféré sur l'existence de la dette, parce qu'a-
lors il est établi qu'il n'y a point de dette et
qu'ainsi personne ne peut en être tenu; l. 28,
§ 3, ff. *de jurejurando;* si au contraire le serment
déféré au débiteur solidaire ne l'a été que sur
le fait de la solidarité, il ne profite qu'à lui; en
effet, de ce qu'il est établi qu'un tel n'est pas
débiteur solidaire avec un tel, il ne suit pas
qu'il ne soit rien dû par ce dernier, il peut être
débiteur sans avoir de codébiteur. De même, le
serment déféré à la caution sur la question de
savoir si elle n'est pas intervenue pour un tel

ne profite qu'à elle; il en résulte seulement qu'elle n'est pas caution, mais on ne peut pas en conclure qu'il ne soit rien dû par le débiteur principal, ce sont deux questions différentes; rien n'empêche que celui-ci ne doive, quoique personne n'ait répondu pour lui, le principal pouvant exister sans accessoire. *A fidejussore exactum jusjurandum prodesse etiam reo Cassius et Julianus aiunt : nam quia in locum solutionis succedit....... si modò ideò interpositum est jusjurandum ut de ipso contractu et de re, non de personâ jurantis ageretur; l. 28, §. 1, ff. de jurejurando.*

§. II.

Du Serment déféré d'office

471. Le serment déféré ou référé par un des plaideurs ayant de si grandes conséquences pour celui qui le propose, il arrive rarement qu'une partie provoque l'autre au serment décisoire; il faut qu'elle soit dépourvue de tout commencement de preuve, pour en venir à un moyen aussi dangereux, quand celui à qui on offre un semblable serment n'est pas un homme de probité.

- Au contraire, il arrive souvent que le serment est déféré d'office par le juge; il peut le déférer, soit pour en faire dépendre la décision de la cause, soit seulement pour déterminer le montant de la condamnation, dans les cas où il est constant que le défendeur doit être condamné, mais que toute la contestation roule sur la quotité de la somme à laquelle il doit l'être.

De là il résulte qu'il y a deux espèces de ser-

ment déféré d'office, savoir : le serment supplétif, et le serment en plaid.

ARTICLE PREMIER.

Du Serment supplétif.

472. Le serment supplétif ou supplétoire est
— celui que le juge défère, pour en faire dépendre
la décision du procès, à celle des parties qui a
pour elle un commencement de preuve de sa
demande ou de sa défense, et il est ainsi appelé
parce qu'il est employé comme supplément ou
complément de preuve. *Maximum remedium expediendarum litium in usum venit jurisjurandi
religio quâ........ vel ex auctoritate judicis deciduntur controversiœ; l. 1, ff. de jurejurando.*

473. Pour que le juge puisse déférer d'office
le serment, ou sur la demande, ou sur l'exception qui y est opposée, il faut que les deux circonstances suivantes concourent : 1° que la demande ou l'exception ne soit pas pleinement
justifiée ; lorsque la demande est parfaitement
établie, le juge doit condamner le défendeur
sans exiger le serment du demandeur, il n'est
pas nécessaire de rien suppléer à la preuve puisqu'elle est complette ; de même lorsqu'elle n'est justifiée en aucune manière, ou lorsque les exceptions du défendeur le sont pleinement, et qu'aucune des parties ne requiert le serment, le juge
doit alors rejeter la prétention du demandeur, sans
avoir recours au serment de l'autre partie. *Ac-
tore non probante reus absolvitur; l. 9, cod. de
exceptionibus.*

2° Il faut que la demande ou la défense,
quoique non complétement établie, ne soit pas

néanmoins totalement dénuée de preuves, il est nécessaire qu'elle soit accompagnée de quelques présomptions ou commencement de preuve qui rendent la question incertaine; le serment d'office est alors employé par le juge, comme le seul moyen de se déterminer au milieu du doute qu'il éprouve. *Solent enim sæpè judices in dubiis causis, exacto jurejurando, secundùm eum judicare qui juraverit; l 31, ff. de jurejurando.*

474. Le serment ne peut être déféré qu'après que les parties ont fait valoir leurs moyens respectifs, soit à l'audience, soit par écrit dans les instructions par écrit, parce que c'est seulement alors que le juge peut savoir si la demande ou l'exception n'est pas pleinement justifiée, et si elle n'est pas dénuée de toute espèce de preuve. *Inopiá probationum per judicem, jurejurando, causá cognitá, res decidi potest; l. 3, cod. de rebus creditis.*

Lorsque le juge est réduit à cet expédient, il doit réfléchir attentivement à laquelle des parties il convient de déférer le serment; il faut qu'il se détermine, ou d'après la considération des qualités des parties litigantes, pour savoir laquelle mérite plus de foi, ou d'après la nature du fait qui peut être mieux connu d'une des parties que de l'autre, ou d'après la nature des semi-preuves ou présomptions qu'elles rapportent à l'appui de leurs prétentions; *inspectis personarum et causæ circumstantiis,* chap. dernier, decret, lib. 2, tit. 24, *de jurejurando.*

475. La règle générale en cette matière est que, toutes choses égales d'ailleurs, le serment doit être déféré au défendeur, par la raison que c'est au demandeur à prouver la légitimité de sa prétention, et qu'il doit être repoussé s'il n'y

parvient pas, d'après la maxime que le défendeur doit être absous, lorsque le demandeur n'établit pas la justice de sa demande, et d'après cette autre maxime que le premier est plus favorable que l'autre, *favorabiliores rei quàm actores;* l. 125, ff. *de reg. juris;* l. 9, cod. *de exceptionibus.*

Il y a néanmoins plusieurs exceptions à ce principe : 1° tel est le cas d'une demande exercée par un marchand contre un autre marchand, pour raison des opérations commerciales qu'ils font ensemble, lorsque le demandeur a un registre en bonne forme contenant les fournitures qu'il a faites; ce registre est une preuve en sa faveur, art. 12, cod. de comm ; et s'il restait quelques doutes dans l'esprit du juge, d'après les circonstances de la cause, il devrait déférer le serment au demandeur par préférence au défendeur.

2° Tel est encore le cas de l'action intentée par un propriétaire contre ses preneurs, lorsqu'il y a contestation sur le prix du bail verbal dont l'exécution a commencé et qu'il n'existe point de quittance, le propriétaire en sera cru sur son serment, quoiqu'il soit demandeur; si mieux n'aime le preneur requérir l'estimation par experts dont il supportera les frais, si le prix déterminé par l'expertise excède celui qu'il a déclaré : la présomption dans un cas semblable est en faveur du bailleur; ce dernier présente une plus grande garantie à la société, sa qualité de propriétaire lui concilie plus de confiance; c'est au preneur à s'imputer de n'avoir point fait de bail écrit, ni retiré de quittances du payement de ses loyers; d'ailleurs en ne demandant point l'estimation, bien que la loi l'y autorise formellement, il reconnaît la légitimité de la de-

mande du bailleur, art. 1716, c. c. Ce dernier
est encore admis, par préférence au preneur, au
serment supplétoire lorsqu'il demande ses loyers,
parce qu'il a en sa faveur la fourniture du logement qui est un fait positif et une présomption
qui milite pour lui.

3° Celui auquel on réclame des pensions, soit
pendant qu'il est encore pensionnaire, soit immédiatement après sa sortie, ne peut pas être
déchargé de la demande en offrant d'affirmer
qu'il ne doit rien ; c'est au contraire au demandeur que le serment doit être déféré, parce que
le logement et la nourriture qu'il a fournis établissent une présomption qui ne peut être détruite que par des quittances. Il en serait autrement, si le demandeur avait attendu long-temps
après la sortie du pensionnaire ; la présomption
de payement résulterait de son inaction pendant
ce long intervalle, et le serment devrait être déféré de préférence au défendeur.

On suppose ici que le maître de pension agit
dans les délais fixés par la loi, ou que la prescription, qui ne peut pas être suppléée par le
juge, art. 2223, c. c., ne lui est pas opposée ;
si au contraire les délais sont expirés, et que le
pensionnaire se prévale de la prescription, il
ne reste d'autre ressource au demandeur que
de déférer le serment décisoire au défendeur.

Il y a plusieurs autres cas semblables où le
serment peut être déféré au demandeur, ce qui
dépend des circonstances du fait et autres.

476. Le serment déféré d'office par le juge
à l'une des parties, ne peut être par elle référé
à l'autre ; c'est une des différences qui se trouvent entre ce serment et celui déféré par une

des parties, ce dernier peut toujours être référé à celui qui le propose, mais le premier ne
peut pas l'être; la raison de la différence est que
le juge ne le défère qu'en grande connaissance de
cause, et après avoir bien examiné laquelle des
parties mérite le plus de confiance, soit d'après
le genre de ses preuves, soit d'après sa moralité; or toutes ces circonstances ne se trouvent
plus du côté de l'autre partie.

ARTICLE 2.

Du Serment en plaid.

477. Le serment en plaid, appelé *juramentum
in litem* par les lois romaines, est celui que le
juge peut se trouver dans le cas de déférer, pour
fixer et déterminer la quotité de la condamnation.

Le juge doit déférer ce serment, dans le cas
où il est certain que le défendeur doit être condamné, et qu'il n'y a de doute que sur la quotité de la somme à laquelle doit monter la condamnation; ce qui arrive lorsque la chose demandée ne peut être restituée, parce qu'elle
n'existe plus, et que la valeur n'en est connue
que de celui qui la réclame : tel serait le cas de
la perte d'une malle ou d'un ballot confié aux
messageries, et qui se serait perdu soit en route,
soit dans les bureaux, de telle sorte que la représentation en soit impossible, et que la valeur
de l'objet ne puisse en être constatée d'aucune
manière; dans ce cas, le serment sur la valeur
de la malle ou du ballot est déféré au demandeur.

478. Le juge ne doit au reste lui déférer ce

serment, que lorsqu'il est d'ailleurs impossible de constater autrement cette valeur; ce moyen de découvrir la vérité est un peu suspect, celui qui jure se trouve placé entre sa conscience et son intérêt, on ne doit y recourir qu'à toute extrémité.

Le juge doit aussi avoir égard à la qualité de la personne du demandeur, au plus ou moins de vraisemblance de ses allégations, et il doit enfin peser toutes les circonstances de fait; art. 1348, n° 2°, c. c.

479. Pour que le demandeur ne fasse pas une déclaration exagérée, et qu'il ne jure pas *in immensum*, suivant les expressions des lois romaines, le juge doit, d'après les circonstances de la cause, déterminer une somme jusqu'à concurrence de laquelle le demandeur en sera cru sur son serment : *sed judex potest præfinire certam summam usque ad quam juretur, licuit enim et à primo non deferre;* l. 5, §. 1, ff. *de in litem jurando.*

Règles communes aux deux espèces de serment déféré d'office.

480. Le serment déféré d'office, et même le serment décisoire, sera fait par la partie en personne, et à l'audience; dans le cas d'un empêchement légitime, il pourra être prêté devant un juge commis, qui se transportera à cet effet chez la partie, assisté du greffier : il faut qu'il soit fait par la partie en personne, parce que le serment prêté par un procureur, même spécial, ne produirait pas sur le mandant le même effet que s'il

l'était en personne ; prêté par le ministère d'autrui, il paraît étranger à la partie à laquelle il a
été déféré ; art. 121, cod. de procéd.

481. Le serment doit être fait en présence de
l'autre partie, ou elle dûment appelée ; c'est pour
que l'assistance de celle-ci à l'audience en impose
à celui qui va faire le serment, et qu'elle le retienne au moment de commettre un parjure,
par la considération que son adversaire est instruit de la vérité des faits, et qu'il sait très bien
qu'il va prêter un faux serment, dit art. 121
ci-dessus.

482. Relativement au serment déféré d'office,
il faut observer qu'étant une fois prêté, la partie
qui l'a laissé faire ne peut plus appeler du jugement qui le défère, elle a par là même acquiescé
au jugement, elle doit donc appeler avant le
jour de la prestation du serment.

Si le jugement portait que le serment serait
prêté aussitôt après la prononciation, et que cela
ait été exécuté, on ne peut en tirer aucune fin de
non-recevoir contre l'appel de l'autre partie qui
n'a pas pu appeler avant la prestation, parce
qu'il est certain que les déchéances et fins de
non-recevoir, qui sont des espèces de prescrip-
tions, ne courent pas contre celui qui n'a pas pu
agir ; l. 1, cod. *de annal. except. ital. contract.*

483. Le serment ordonné par le juge n'a point
d'effet envers les tiers, c'est *res judicata quæ
neque prodest neque nocet tertio,* art. 1351, c. c. ;
l. 3, ff *de exceptione rei judicatæ.* Relativement
aux cautions et débiteurs solidaires, il a le même
effet que le serment déféré ou référé par une

des parties à l'autre, et on doit y faire les mêmes distinctions.

484. La loi déclare que lorsque le serment déféré ou référé par une des parties a été fait, l'adversaire n'est point recevable à en prouver la fausseté, parce qu'il est lié par une convention, il a été d'accord de s'en rapporter à l'affirmation de son adversaire; mais il n'en est pas de même du serment déféré d'office, c'est contre la volonté de la partie qu'il l'a été, elle n'est point liée par une convention; et de même qu'elle peut faire rétracter un jugement rendu, sur le fondement d'une pièce reconnue par la suite pour fausse, elle a aussi la faculté, après avoir prouvé la fausseté du serment qui a servi de base à la condamnation, de faire rétracter le jugement qui l'a condamnée; il y a d'ailleurs ici dol personnel de la part de son adversaire. Il faudra qu'elle agisse pour demander la rétractation du premier jugement dans les trois mois, à partir du jugement criminel rendu sur la question du faux serment; argument tiré des art 448 et 488, cod. de procéd. Le parjure peut être considéré comme une pièce fausse de la procédure, dont la fausseté est constatée par le jugement criminel. *Admonendi sumus etiam post jusjurandum exactum permitti constitutionibus principum ex integro causam agere, si quis nova instrumenta se invenisse dicat quibus nunc solis usurus sit; sed hœ constitutiones tunc videntur locum habere cùm à judice aliquis absolutus fuerit. Solent enim sœpè judices in dubiis causis, exacto jurejurando, secundùm eum judicare qui juraverit. l. 31, ff. de jurejurando.*

485. Des contrats naissent des actions personnelles par suite desquelles les parties obligées
sont contraintes d'exécuter leurs engagemens,
ainsi qu'on le verra dans les traités sur les différens contrats particuliers.

FIN.

TABLE

Des Chapitres, Sections, Paragraphes, etc., *contenus dans le titre des Obligations conventionnelles.*

FIN DE LA TABLE DES CHAPITRES, etc.

TABLE
ANALYTIQUE et ALPHABÉTIQUE
DES MATIÈRES
Contenues dans le Traité des Obligations conventionnelles.

———

(Les renvois se font aux numéros du Traité)

A.

l'on nous donnera notre propre chose, mais on le peut pour le cas où elle cesserait de nous appartenir, n. 58.

loi pouvoir de recevoir pour lui, ou à celui qui est indiqué dans l'acte pour recevoir, n. 251.

Il faut, 2° qu'elles soient faites par une personne capable de payer, ibid.

Il faut, 3° qu'elles soient de toute la somme due en principal, intérêts et frais liquidés, et d'une somme pour frais non liquidés, sauf à parfaire, ibid.

Si on est autorisé à payer par parties, on peut offrir la partie entière convenue, ibid.

4° Il faut que le terme soit échu quand il est stipulé en faveur du créancier, ibid.

5° Il faut que la condition suspensive soit accomplie, ibid.

6° Il faut qu'elles soient faites au lieu convenu pour le payement; à défaut de convention, à la personne ou domicile du créancier, ou au domicile élu, ibid.

Si c'est un corps certain qui doit être livré au lieu où il se trouve, sauf convention contraire, on doit sommer le créancier à personne ou domicile, ou au domicile élu, pour l'enlever, ibid.

7° Il faut que les offres soient faites par un huissier, ibid.

Son procès-verbal contient les formes des autres exploits, et en outre la désignation de la chose offerte, et la réponse du créancier, etc., ibid.

Pour la validité de la consignation, il n'est pas nécessaire qu'elle soit ordonnée par le juge, il faut, 1° que le débiteur se désaisisse de la chose offerte entre les mains du préposé de la caisse des consignations. Il doit consigner les intérêts jusqu'au jour du dépôt, n. 253.

Conciliation de l'art. 816, cod. proc., et de l'art. 1259, n° 2°, c. c., ibid.

Il faut, 2° qu'elle ait été précédée d'une sommation au créancier, contenant indication des lieu, jour et heure où elle sera faite, ibid.

Il faut, 3° que l'huissier dresse procès-verbal de la nature des espèces offertes, du refus du créancier de recevoir, ou de sa non-comparution, ibid.

4° Lorsque le créancier a fait défaut, il faut lui faire notifier le procès-verbal, avec sommation de retirer, ibid.

Lorsque les offres et la consignation sont valables, les frais tombent sur le créancier, n. 254.

Tant que le créancier n'a point accepté la consignation, le débiteur peut la retirer, n. 255.

Les contre-lettres n'ont point d'effet contre les tiers, n. 362.

En général elles ont effet entre les parties contractantes, ibid.

Exception à ce dernier principe, n. 363.

Copies de titres : ce que c'est, n. 384.

Ne font foi que de ce qui est contenu dans l'original, qui doit toujours être représenté tant qu'il existe, ibid.

Copies faites par une personne privée ne méritent aucune foi, excepté contre celui qui les produit, n. 385.

Cinq espèces de copies tirées par un officier public, ibid.

1° Les grosses et premières expéditions remplacent parfaitement l'original quand il n'existe plus, ibid.

2° Les copies délivrées par ordre du magistrat méritent aussi la plus grande foi, quand on a observé les formes prescrites, ibid.

3° Les copies tirées sans l'intervention de la justice, mais en présence des parties intéressées, méritent aussi la plus grande foi entre les parties qui y ont été présentes; mais elles n'ont pas tout à fait autant de force que celles délivrées par ordre de la justice, ibid.

4° Celles tirées sans l'autorité du magistrat, ou sans la présence des parties, par les notaires qui ont reçu l'acte, ou par leurs successeurs, ou par les dépositaires des minutes, ont la plus grande force quand elles ont trente ans de date; autrement elles ne servent que de commencement de preuve, ibid.

5° Celles tirées par un officier autre que celui qui a reçu l'acte, ou ses successeurs, ou les dépositaires des minutes, ne servent, dans tous les cas, que de commencement de preuve, ibid.

Les copies de copies ne peuvent jamais remplacer l'original; elles ne servent que de simples renseignemens, n. 386.

La transcription d'un acte sur les registres des hypothèques ne sert que de commencement de preuve de l'existence de cet acte, et encore il faut, 1° qu'il soit constant que toutes les minutes du notaire de l'année où l'acte a été reçu ont péri, ou que la minute de cet acte a péri par un accident particulier; 2° qu'il existe un répertoire en règle du notaire, sur lequel l'acte soit porté à sa date. On doit, dans le cas où la preuve testimoniale est admise, entendre les témoins de l'acte, n. 387.

Créance. (Voy. *obligation.*)

O.

Si une personne attaquée par des voleurs s'oblige à payer une somme à ceux qui la délivreront, et que des tiers se soient, sur cette promesse, exposés pour elle, elle ne peut invoquer la violence dans laquelle elle était au moment du contrat, n. 33.

Elle ne pourra pas même demander la réduction de la somme promise, ibid.

La seule crainte révérentielle envers les ascendans, quand il n'y a eu aucune violence d'exercée, n'est pas un motif suffisant pour demander la nullité des conventions, n. 34.

La rescision pour cause de violence n'a pas lieu de plein droit, elle doit être demandée, n. 38.

(Voy actes confirmatifs.)

Voleur répond de la perte de la chose volée, de quelque manière qu'elle périsse, et sans examiner si elle aurait péri chez le créancier en cas de restitution, n. 319.

FIN DE LA TABLE DES MATIÈRES.

ERRATA.

Page 8, ligne 18, acquisition et transmission, *lisez* acquisitions et transmissions.

Page 15, ligne 19, *supprimez* mais.

Page 16, ligne 16, il est commutatif, *lisez* ils sont commutatifs.

Page 19, ligne 17, y ait, *lisez* n'y ait.

Page 102, ligne 19, a souffert, *lisez* ait souffert.

Page 277. ligne 14, au créancier, *lisez* aux créanciers.

Page 297, ligne 18, celle-ci, *lisez* celles-ci.

Page 341, ligne 29, *inplere*, lisez *implere*.

Page 357, lignes 23 et 24, après le mot parties, *ajoutez* intéressées

Page 375, ligne 30, de deux, *lisez* des deux.

Page 398, ligne 34, augmentions, *lisez* augmentations.

Page 417, ligne 30, cet accident, *lisez* l'accident.

Page 466, ligne 27, *supprimez* en.

www.ingramcontent.com/pod-product-compliance
Lightning Source LLC
Chambersburg PA
CBHW052057230326
41599CB00054B/3016